普通高等教育"十一五"国家级规划教材
"十三五"江苏省高等学校重点教材（2019-1-101）
江苏省精品教材
首批江苏省本科优秀培育教材
国家级一流本科会计学专业系列教材

成本会计学

第4版

主　编　侯晓红　林爱梅
参　编　高燕燕　姚　圣
　　　　张亚杰　李秀枝

机械工业出版社

本教材突出了"成本会计为企业管理创造价值的主题",将成本核算与成本管理有机结合,旨在帮助学生培养一种利用成本信息进行决策的意识和能力,使他们能够成为更好的成本信息使用者(管理者)和更好的成本信息提供者(会计人员)。本教材分三篇,共十六章。第一篇总论,主要讲述成本会计的基本理论与企业成本会计系统的功能及实现;第二篇成本核算,主要讲述产品成本核算的基本理论、程序与方法;第三篇成本管理,主要以企业的价值链分析为基础,讲述作业成本计算与作业成本管理、生命周期成本管理、目标成本管理、约束理论、全面质量成本管理、供应链成本管理、环境成本管理、人力资源成本管理和成本报表分析等新的概念、理论和方法,并将作业成本计算与作业成本管理贯穿于企业的成本管理过程中。本书以大量的图示将许多成本、费用的计算方法、程序以及成本管理的方法和程序清晰地表达出来,易于理解,便于学习。

本教材既可作为高等院校会计学专业和其他工商管理类专业及工商管理硕士(MBA)成本会计课程的教学用书,也可作为需要利用会计信息进行决策的所有管理者学习成本管理理论与方法的自学用书和培训教材。

图书在版编目(CIP)数据

成本会计学/侯晓红,林爱梅主编. —4版. —北京:机械工业出版社,2021.4(2023.1重印)

国家级一流本科会计学专业系列教材 普通高等教育"十一五"国家级规划教材 "十三五"江苏省高等学校重点教材 江苏省精品教材 首批江苏省本科优秀培育教材

ISBN 978-7-111-67990-5

Ⅰ.①成… Ⅱ.①侯… ②林… Ⅲ.①成本会计—高等学校—教材 Ⅳ.①F234.2

中国版本图书馆 CIP 数据核字(2021)第 065672 号

机械工业出版社(北京市百万庄大街22号 邮政编码100037)
策划编辑:刘鑫佳 责任编辑:刘鑫佳
责任校对:张玉静 封面设计:陈 沛
责任印制:郜 敏
北京富资园科技发展有限公司印刷
2023年1月第4版第2次印刷
184mm×260mm·26印张·625千字
标准书号:ISBN 978-7-111-67990-5
定价:79.00元

电话服务 网络服务
客服电话:010-88361066 机 工 官 网:www.cmpbook.com
     010-88379833 机 工 官 博:weibo.com/cmp1952
     010-68326294 金 书 网:www.golden-book.com
封底无防伪标均为盗版 机工教育服务网:www.cmpedu.com

序

中国矿业大学会计学专业1983年开始招收本科生，2003年成为江苏省首批"高等学校品牌专业建设点"，2006年被正式授予省级"品牌专业"称号，2010年被教育部、财政部遴选为"高等学校特色专业建设点"，2012年成为江苏省高等学校本科"工商管理类重点专业"的核心专业，2019年被教育部遴选为中央赛道的"国家一流本科专业建设点"。会计学学科1993年获"会计学"（学术型）硕士学位授予权，2011年获"会计"专业硕士（MPACC）学位授予权，2013年在管理科学与工程一级学科下自主增设"财务管理系统工程"二级学科博士点，已经形成了本科、专业型硕士、学术型硕士和博士研究生多层次人才培养格局。为进一步提升中国矿业大学会计学专业本科人才培养质量，彰显中国矿业大学会计学专业"立信创行"人才培养特色，扩大中国矿业大学会计学专业办学示范效应和社会声誉，建设国家级一流本科会计学专业，我们组织编写和修订了这套国家级一流本科会计学专业系列教材。

本系列教材包括《基础会计学》《中级财务会计》《成本会计学》《高级会计学》《财务管理学》《管理会计》《审计学》7本主教材及其配套的学习指导，编写和修订的指导思想是：紧密结合中国会计改革与发展实践，适应经济全球化与人工智能时代对会计教育提出的挑战，遵循会计学专业本科教育规律，满足中国特色社会主义市场经济对会计人才的需求。各教材编写和修订力求做到"全、准、新、中、顺"，服务中国矿业大学会计学国家级一流本科专业培养目标。编写和修订的具体思路是：

（1）基础性与前瞻性并重。本系列教材编写和修订既注重对各学科基础知识、基本理论和基本技能的全面介绍与准确表述，又重视科学预测与概括经济全球化、知识经济与人工智能时代各学科最新的发展动态，确保系列教材的知识含量与理论高度，以教材内容的全面性、准确性和前瞻性保证教材的稳定性。

（2）本土性与时代性并重。本系列教材编写和修订既立足于中国会计改革实践，遵循会计实际工作经验与规律，又兼顾国际会计趋同需要，实现会计国家特色与国际化的协调。同时，依照中国特色社会主义市场经济建设对高质量会计专业人才的培养需求，结合各教材特点，尽可能增加各教材的思政元素，确保系列教材的本土性与时代性特色。

（3）系统性、综合性与研究性并重。本系列教材编写和修订既突出各学科理论体系的完整性和系统性，又考虑会计学专业各主干学科之间的内在逻辑联系，强调各教材内容的衔接性、互补性和综合性。各教材章节编排力求按问题提出、理论介绍、模型推演、案例分析的研究型教学范式进行编写与修订，实现系统性、综合性和研究性"三性"统一，提升系列教材的高阶性、创新性和挑战度。

由于水平和经验有限，在系列教材的编写过程中对一些问题的认识还不够深刻，各教材均可能存在不成熟或谬误之处，恳请读者批评指正。

中国矿业大学国家级一流本科会计学专业系列教材编审委员会

前言

我们编写《成本会计学》教材的宗旨在于帮助学生培养利用成本信息进行决策的意识和能力。如果学生有了这种意识和能力，就能够成为更好的成本信息使用者和提供者。我们相信，通过本教材的范例、图解、习题和案例，能够帮助教师讲授成本会计信息在企业管理中的应用。

本教材自 2005 年 5 月至今已经连续出版 4 版，由于其体系、框架和内容不断创新，受到教师和学生的欢迎与认可，先后入选普通高等教育"十一五"国家级规划教材，江苏省精品教材和"十三五"江苏省高等学校重点教材，2021 年入选首批江苏省本科优秀培育教材。本教材具有如下特色：

（1）突出和强化了成本会计为企业创造价值的理念。成本会计的主要内容是成本核算，但成本会计的最终目标是成本管理，并通过管理指导企业的生产和经营活动，从而为企业创造价值。为此，本教材遵循成本会计为企业创造价值这一理念，在第一篇总论中以具体的案例和理论分析从总体上阐述了成本会计如何为企业创造价值；在第二篇成本核算中也适当增加了成本会计信息在企业管理中的应用内容；第三篇则具体阐述了成本管理的理论与方法。

（2）反映了成本会计理论和实务的最新发展成果。本教材充分反映了成本会计的最新发展动态和研究成果，以教材内容的超前性保证其稳定性，如教材第九章中的"作业效率分析"、第十章中的"扩展企业中的目标成本管理"、第十一章第五节中的"标准成本制度在作业成本体系中的改进与应用"以及第六节"基于 ERP 的标准成本制定与分析"、第十二章中的"质量成本的作业成本计量法"和"作业质量成本管理"、第十三章"供应链成本管理"等内容都是成本会计领域近年来对新理论与新方法的应用，是成本会计理论与实务的最新发展成果。

（3）总结了现代经济技术环境对成本会计的影响。本教材增加了服务业成本核算与管理的内容，反映了其从工业经济向服务型经济的转变，体现在教材的第一章、第三章、第七章和第九章等内容中；增加了成本会计在电子信息技术下的应用，以反映技术进步对成本会计的影响，主要有 Excel 在成本会计中的应用、条形码、计算机辅助设计和 ERP 等条件下标准成本制度的改进及应用。

（4）反映了我国成本会计领域成功的实践经验。本教材遵循了成本会计的实际工作规律，力求反映我国在成本会计领域成功的实践经验，尽可能地做到理论与实践相结合，尤其是体现在成本管理方面，如邯郸钢铁公司的班组经济核算和目标成本管理方法，煤矿企业的材料成本管理经验，江西铜业集团公司的成本管理方法，以及 TCL 公司和第一汽车集团公司的成本核算模式等。

（5）应用了大量的图示与案例。本教材以大量的图示将许多成本和费用的计算方法、程序以及成本管理的方法和程序清晰地表达出来，简洁明了，易于理解；同时，将抽象的理论以案例说明，强化了对理论的理解，并且本教材中的案例充分吸收了国外教材中的典型案例，不仅说理清晰而且所含的理论和方法全面，对于开展成本会计实践工作具有很强的启发性。

（6）强化了成本会计实践中的会计职业道德内容。教材的第一章介绍了道德的作用，并阐述了成本会计人员的道德行为准则，与本教材配套的《成本会计学习指导》（第3版）中提供了案例和习题，让学生明确在提供成本信息过程中可能遇到的道德冲突及解决方法，这样的案例几乎贯穿在成本核算的每一章内容中。

（7）出版了配套的《成本会计学习指导》（第3版）。学习指导中不仅将每一章的重点和难点内容进行了提炼和总结，还设计了难度等级不同的习题和案例，增加了习题的综合性、复杂性、创新性和开放性，并且将会计职业道德内容融入各章习题中。

（8）提供了增值的教学课件和教学资源。成本会计课程是江苏省精品课程和江苏省一流本科课程，有配套建设的"在线开放课程"，包括与本教材配套的教学视频、教学课件、随堂测试、单元习题、讨论题目、单元测验和阅读材料等学习资源，其网址为 https://www.icourse.163.org/course/CUMT-1462706171，为广大学生提供了更方便、更灵活的学习平台，为方便教师教学，本教材的教学课件、习题答案和教学教案可在机械工业出版社教育服务网（http://www.cmpedu.com）免费下载。

（9）覆盖了广泛的使用群体。本教材可供会计学专业本科生成本会计课程40～48学时使用，主要内容为第一到第九章以及第十六章；会计学专业本科的会计案例课程使用，主要内容为第十到第十五章，本教材中不仅有基于现实的案例，而且在配套的学习指导中还有综合的案例分析可供讨论；会计专业硕士研究生使用，主要内容为第九章到第十五章；MBA和各类管理人员的培训使用，主要内容为第一到第三章以及第九到第十五章。

随着企业环境的不断变化和新技术的应用，成本会计的理论与实务也在发展，根据成本会计的发展和变化，本教材进行了修订，本次修订的内容主要有：

（1）在第一章中增加了当代成本会计的内容，反映了成本会计理论与实务的发展成果，为更好地理解成本会计为企业创造价值的理念奠定了基础；增加了成本会计与财务会计和管理会计之间关系的图示；对利用成本信息增加企业价值的内容进行了重新阐述，较好地与企业价值链的各项活动相结合，更便于学生理解。

（2）在第二章中对成本会计人员应具备的能力进行了重新表述，并且增加了企业对财务人员能力重要性的评价，强调了成本会计人员的管理与决策能力。

（3）在第三章中增加了制造业、商业和服务业的成本流内容，为更好地理解和计算各种类型企业的成本奠定了基础。

（4）随着社会经济的发展，服务业正面临前所未有的发展，但由于服务业向客户提供产品的特殊性——服务（无形产品），如何对其进行成本计量，是成本会计目前需要解决的问题。为此，本次修订中在第七章中增加了服务型组织的分批成本法，在第九章中增加了服务型企业的客户成本计算等内容。

（5）电子信息技术已广泛应用于企业中，传统的成本核算方法和管理制度如何面对挑战，以及如何提供有关电子商务的相关成本信息，是成本会计目前需要解决的问题。为此，本次修订在第十一章中增加了标准成本制度在信息技术下的改进与应用以及基于ERP

的标准成本制定与分析等内容。

（6）为了更好地理解成本管理是成本会计的目标，本次修订在第七章中增加了分批成本信息在企业管理中的应用，在第九章中增加了客户成本计算与客户盈利能力分析等内容。

（7）在第十二章中增加了全面质量管理的概念及其对成本会计系统的影响，更好地促进了质量成本管理与企业战略的结合。

除此之外，本次修订还对一些错误进行了更正，删除了一些不适用的内容，并对有些章节内容进行了重新编写，涉及的内容有第二章、第四章、第五章、第七章、第八章、第九章、第十四章和第十六章等。

本书由侯晓红和林爱梅任主编。各章执笔人如下：第一、二、三、四、九、十、十三章由侯晓红撰写；第六、七、八章由林爱梅撰写；第十四章和第十六章由姚圣撰写；第十一章由张亚杰撰写；第五章和第十二章由高燕燕撰写；第十五章由李秀枝撰写。全书由侯晓红和林爱梅修改、补充和总纂。

由于编者水平有限，书中难免有错误和不足之处，恳请广大读者批评指正。

编　者

目 录

序
前言

第一篇 总 论

第一章 成本会计概述 ········· 2
  第一节 成本会计的形成与发展 ········· 2
  第二节 成本数据在管理中的应用 ········· 12
  第三节 成本会计人员的职业道德 ········· 18

第二章 成本会计系统 ········· 23
  第一节 成本会计信息系统 ········· 23
  第二节 成本会计管理系统 ········· 26
  第三节 成本会计组织系统 ········· 30

第二篇 成本核算

第三章 成本核算概述 ········· 42
  第一节 费用的分类 ········· 42
  第二节 成本核算及其方法体系 ········· 51
  第三节 成本核算的原则与要求 ········· 53
  第四节 成本核算的程序 ········· 57
  第五节 制造业、商业和服务业的成本流 ········· 61
  附录 其他行业的产品成本核算项目 ········· 64

第四章 费用在各种产品之间的归集和分配 ········· 67
  第一节 各项要素费用的分配 ········· 67
  第二节 辅助生产费用的归集和分配 ········· 79
  第三节 制造费用的归集和分配 ········· 92
  第四节 生产损失的归集和分配 ········· 100
  附录 Excel 在成本会计中的应用 ········· 107

第五章 完工产品和在产品成本的划分 ········· 110
  第一节 在产品数量的核算 ········· 110
  第二节 完工产品成本和在产品成本的划分方法 ········· 112
  第三节 完工产品成本的结转 ········· 119

第六章 产品成本计算方法概述 ... 120
第一节 企业的生产类型及其特点 ... 120
第二节 生产特点及管理要求对成本计算方法的影响 ... 122
附录 不同行业的产品成本核算对象 ... 124

第七章 产品成本计算的基本方法 ... 126
第一节 产品成本计算的品种法 ... 126
第二节 产品成本计算的分批法 ... 141
第三节 产品成本计算的分步法 ... 154

第八章 产品成本计算的辅助方法 ... 179
第一节 产品成本计算的分类法 ... 179
第二节 产品成本计算的定额法 ... 185
第三节 联产品、副产品、等级品的成本计算 ... 193
第四节 产品成本计算方法的实际应用 ... 201

第三篇 成本管理

第九章 作业成本计算与作业成本管理 ... 204
第一节 作业成本计算 ... 204
第二节 作业成本管理 ... 216
第三节 作业效率分析 ... 230

第十章 生命周期成本、目标成本与约束理论 ... 235
第一节 全生命周期成本管理 ... 235
第二节 目标成本管理 ... 238
第三节 约束理论 ... 259

第十一章 标准成本制度 ... 264
第一节 标准成本制度概述 ... 264
第二节 标准成本的制定 ... 268
第三节 成本差异的计算与分析 ... 272
第四节 成本差异的账务处理 ... 280
第五节 标准成本制度的应用与改进 ... 286
第六节 基于ERP的标准成本制定与分析 ... 289

第十二章 质量成本管理 ... 297
第一节 质量成本的形成与发展 ... 297
第二节 质量成本的计量 ... 301
第三节 质量成本管理 ... 311
第四节 全面质量管理 ... 317

第十三章 供应链成本管理 ... 321
第一节 供应链和供应链成本管理的基本概念 ... 321
第二节 供应链物流成本管理 ... 327
第三节 供应链仓储成本与运输成本管理 ... 338

第四节　供应链成本管理方法 …………………………………………………… 341
第十四章　环境成本管理 ……………………………………………………………… 346
　　第一节　环境成本概述 …………………………………………………………… 346
　　第二节　环境成本的计量 ………………………………………………………… 350
　　第三节　环境成本报告 …………………………………………………………… 353
　　第四节　环境成本管理 …………………………………………………………… 355
第十五章　人力资源成本的核算与管理 ……………………………………………… 361
　　第一节　概述 ……………………………………………………………………… 361
　　第二节　人力资源成本的核算 …………………………………………………… 364
　　第三节　人力资源成本管理的价值评估模型 …………………………………… 375
第十六章　成本报表的编制和分析 …………………………………………………… 381
　　第一节　成本报表概述 …………………………………………………………… 381
　　第二节　成本报表的编制 ………………………………………………………… 383
　　第三节　成本分析 ………………………………………………………………… 391
参考文献 ………………………………………………………………………………… 403

第一篇 总　　论

第一章　成本会计概述
第二章　成本会计系统

第一章

成本会计概述

本章学习目标

- 理解成本的含义；
- 理解成本会计的含义；
- 了解成本会计的发展趋势；
- 理解成本数据在管理中的应用；
- 理解成本会计人员的职业道德及道德冲突的解决方法。

第一节 成本会计的形成与发展

 一、成本的经济内涵

（一）广义的成本概念

成本是一个普遍的经济范畴，在经济活动中，成本问题无所不在，无时不有。管理者在从事或放弃某项工作时，无不考虑到成本问题。毫不夸张地说，他们对每项尽可能地控制和减少成本并达到预期目的的方法都抱有极大的兴趣。他们希望能够以最小的花费取得最大的成果。那么，成本是什么？通常来说，成本就是资源的一种牺牲。然而，这种牺牲是为了达到某一特定的目的所失去或放弃的资源。比如，医疗机构为了提供治病诊疗服务、国家机关为了实现其职能、科研机构为了完成科研项目、学校为了完成教学任务而从事的各种业务活动，以及制造企业为了生产和销售产品而从事的生产和销售活动，都必须耗费一定的人力、物力和财力，而这些人力、物力和财力的耗费都可以用货币计量。因此，美国会计学会所属的成本会计概念和准则委员会1951年曾经将成本定义为：成本是为了达到特定目的而已经发生或可能发生的以货币计量的牺牲。具体来说包括以下几层含义：①成本必须发生于某一特定的会计主体，符合会计主体假设。②成本的发生是为了达到一定的目的，如果成本的发生没有明确的目的，则只能是一种浪费。③成本必须是可以用货币计量的，否则就无法进行成本的计算。

由于不同的部门和单位对生产经营活动或业务活动所发生的人力、物力和财力耗费的管理和补偿的方式不同，因此，耗费的核算与考核也就不同。物质生产部门要以自己的收入抵补自己的支出并要有所盈余，因而就必须对所发生的各种劳动耗费进行核算，以确定这种耗费的补偿尺度。而行政机关和一些事业单位，虽然在从事各种业务活动中同样要发生人力、物力和财力的耗费，但是这些耗费不是靠自己的收入而是靠国家财政预算的拨款来补偿。因此，它的耗费管理不要求核算其成本，只要求如实核报即可，在管理上以预算进行考核。

成本会计所要研究和探讨的成本，是具有典型意义的物质生产部门为制造产品而发生的成本，即产品成本，为此必须明确产品成本的经济内涵。

(二) 产品成本的经济内涵

产品成本是产品制造过程中所发生的成本，所以，也称为制造成本或生产成本。产品生产是物质生产企业的基本经济活动。产品的生产过程，同时也是物化劳动和活劳动的消耗过程和产品价值的创造过程。马克思在分析资本主义商品生产时指出："按照资本主义方式生产的每一个商品的价值w，用公式来表示是$w=c+v+m$。如果我们从这个产品价值中减去剩余价值m，那么，在商品中剩下的只是一个在生产要素上耗费的资本价值$c+v$的等价物或补偿价值。"㊀"商品价值的这个部分，即补偿所消耗的生产资料价格和所使用的劳动力价格的部分，是补偿商品中资本家自身耗费的东西，所以对资本家来说，这就是商品的成本价格。"（引用同上）马克思在这里所称"商品的成本价格"指的就是产品成本。这一经典论述，既从耗费角度指明了成本是由物化劳动和活劳动中必要劳动的价值所组成；同时，又从补偿角度指出了成本是补偿商品生产中资本家自身消耗的东西。由此可见，成本是商品价值中最重要的组成部分，是耗费和补偿的统一体，它既是生产中耗费的反映，又是生产补偿的尺度。因此，要以资本耗费$c+v$的价值部分作为成本研究的理论基础，同时又要以成本价格的补偿尺度作为成本研究的实际出发点。马克思的成本价格理论，同样适用于社会主义市场经济。社会主义社会的商品价值由以下三部分组成：一是生产经营过程中耗费的物化劳动价值（c），即已耗费的劳动工具和劳动对象的价值；二是劳动者为自己劳动所创造的价值（v），即活劳动消耗中的必要劳动部分；三是劳动者为社会劳动所创造的价值（m）。其中，$c+v$即商品价值中物化劳动转移价值和活劳动中必要劳动所创造价值的货币表现就是产品成本的经济内涵，也称为产品的"理论成本"。

产品成本的形成过程与产品价值的创造过程可用图1-1表示。

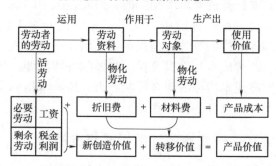

图1-1 产品成本的形成过程与产品价值的创造过程

(三) 产品成本的实际含义

在实际工作中，为了使企业成本计算口径一致，防止乱挤、乱摊成本，保持成本的可

㊀ 《马克思恩格斯全集》第25卷，第30页，北京，人民出版社，1974。

比性，应由国家统一制定产品成本的开支范围，明确规定哪些费用开支允许列入产品成本，哪些费用开支不允许列入产品成本。按照这种法定的内容计算并登记入账的现实成本，称为财务成本，也称核算成本或制度成本。

成本开支范围的规定是财务制度的重要组成部分，直接涉及企业生产经营的劳动耗费补偿和利润取得的多少。它对于加强成本管理，正确评价企业经济效益，保证企业生产和再生产的顺利进行，具有重要的意义。综合有关财务制度规定，产品成本开支范围包括以下内容：

（1）为制造产品而消耗的原材料、辅助材料、外购半成品和燃料的原价和运输、装卸、整理等费用。

（2）为制造产品而耗用的动力费。

（3）企业生产单位支付的职工薪酬。

（4）生产用固定资产的折旧费、租赁费（不包括融资租赁费）和低值易耗品的摊销费用。

（5）企业生产单位因生产原因发生的废品损失，以及季节性、修理期间的停工损失。

（6）企业生产单位为管理和组织生产而支付的办公费、取暖费、水电费、差旅费，以及运输费、保险费、设计制图费、试验检验费和劳动保护费等。

为了严肃财经纪律、加强成本管理，财务制度还明确规定，下列各项开支不得列入产品成本：

（1）购置和建造固定资产、无形资产和其他长期资产的支出。这些支出属于资本性支出，在财务上不能一次列入成本，只能按期逐月摊入。

（2）对外投资的支出以及分配给投资者的利润支出。

（3）被没收的财物，支付的滞纳金、罚款、违约金、赔偿金、企业赞助、捐赠等支出。

（4）在公积金、公益金中开支的支出。

综上所述，国家规定的成本开支范围是以成本的经济内涵为基础，同时也考虑到国家的分配方针和企业实行独立核算的要求而制定的。因此，成本的现实内容同其经济内涵又稍有背离。比如，生产单位的财产保险费，应属于 m 中进行分配的部分，也列入产品成本。又比如，废品损失和停工损失等纯粹是损失性支出，并不形成产品的价值。但考虑到促使企业加强经济核算、改善成本管理以及保证必要的补偿需要，将这些费用也计入产品成本之内。这样，可以提高成本指标的综合反映能力，使成本指标全面地反映企业工作质量的好坏，充分发挥成本经济杠杆的积极作用。

二、成本会计的含义——成本会计的形成与发展

成本会计是基于生产发展的需要而逐步形成和发展起来的。但成本会计产生在什么年代，学者认识并不一致。一种说法，认为成本会计的若干理论和方法，早在 14 世纪就已经产生（参见《工商经济月刊》1948 年第二卷第三期《成本会计之史的发展——美国会计学会所属成本会计委员会之初步报告之一》一文）；另一种说法，认为成本会计是在 19 世纪下半叶，首先是为了决定价格而产生的（参见日本新版《会计学大辞典》第 281～282 页）。两种说法显然有很大差别。但多数学者认为，1880 年～1920 年是成本会计的奠

基时期,它是随着社会经济发展,先后经历了早期成本会计、近代成本会计、现代成本会计和当代成本会计四个阶段。

(一) 早期成本会计阶段(1880年~1920年)

成本会计起源于英国,后来传入美国及其他国家。当时英国是资本主义最发达的国家。随着英国产业革命的完成,用机器代替了手工劳动,用工厂制代替了手工工场,企业规模逐渐扩大,出现了竞争,生产成本得到普遍重视。英国会计人员为了满足企业管理上的需要,对成本计算进行了研究,起初是在会计账簿之外,用统计方法来计算成本。为了提高成本计算的精确性,适应企业外部审计人员的要求,将成本计算同普通会计结合起来,形成了成本会计。这个时期是成本会计的初创阶段。由于当时的成本会计仅限于对生产过程中的生产耗费进行系统的汇集和计算,用以确定产品生产成本和销售成本,所以,也称为记录型成本会计。在这一时期,成本会计取得了以下进展:

1. 在实务方面

(1) 建立了材料核算与管理办法。如设立材料账户和材料卡片,并在卡片上标明"最高存量"和"最低存量",以确保材料既能保证生产需要,又可节约使用资金;建立了材料管理的"永续盘存制",采取了领料单制度(当时称领料许可证)控制材料耗用量,按先进先出法计算材料耗用成本。

(2) 建立了工时记录和人工成本计算方法。对工人使用时间卡片,登记工作时间和完成产量;将人工成本先按部门归集,再分配给各种产品,以便控制和正确计算人工成本。

(3) 建立了制造费用的分配方法。随着工厂制度的建立,企业生产设备大量增加,制造费用也很快增长,成本会计改变了过去那种只将直接材料和直接人工计入成本,而将制造费用作为生产损失的做法。于是,对制造费用的分配进行了研究,在实践中先后提出了按实际数进行分配和制造费用按正常生产能力分配的理论。

(4) 根据制造业的生产特点,产生了分批成本计算法和分步成本计算法计算产品成本。

2. 在理论方面

在这一时期,成本会计著作纷纷出版。被称为第一本成本会计著作的是1885年出版的 H. 梅特卡夫(H. Metcalfe)著的《制造成本》一书。英国电力工程师 E. 加克(E. Garcke)和会计师 J. M. 费尔斯(J. M. Fells)合著的《工厂会计》于1887年问世。该书提出了在总账中设立"生产""产成品""营业"等账户来结转产品成本,最后通过"营业"账户借、贷双方余额的结算,得出营业毛利。这本书对于成本会计的建立,具有极为重要的意义,被认为是19世纪最有影响的成本会计专著。

3. 在组织方面

1919年,美国成立了全国成本会计师联合会,同年,英国也成立了成本和管理会计师协会。他们对成本会计开展了一系列研究,为成本会计理论和方法基础的奠定做出了贡献。

早期研究成本会计的会计专家劳伦斯(W. B. Lawrence)对成本会计做了如下的定义:"成本会计就是应用普通会计的原理、原则,系统地记录某一工厂生产和销售产品时所发生的一切费用,并确定各种产品或服务的单位成本和总成本,以供工厂管理当局决定经济的、有效的和有利的产销政策时参考"。

(二) 近代成本会计阶段（1921年~1945年）

1. 标准成本制度的实施

20世纪初，西方企业开始推行泰罗的科学管理制度。这个制度"一方面是资产阶级剥削的最巧妙的残酷手段，另一方面是一系列最丰富的科学成就"[一]。所以，它得到了资本家的普遍重视，先在美国广泛推行，以后又传播到世界各地工业发达的国家。泰罗的科学管理制度，也给成本会计带来了启示。于是，美国会计学家提出的标准成本制度脱离实验阶段而进入实施阶段，为生产过程成本控制提供了条件。在此之前，成本没有控制，发生多少算多少；生产中浪费了，只有事后计算实际成本时才知道。实行标准成本制度后，成本会计不只是事后计算产品的生产成本和销售成本，还要事先制定成本标准，并据以控制日常的生产消耗以及定期的成本分析。这样，成本会计的职能扩大了，发展成为管理成本和降低成本的手段，使成本会计的理论和方法有了进一步完善和发展，形成了成本管理会计的雏形。它标志着成本会计已经进入了一个新的阶段。

2. 预算控制的完善

预算控制作为成本控制制度的另一方面被引进成本会计体系。开始时，预算控制是采用固定预算方法，但是由于产量变动，使制造费用的预算数和实际数无法比较，影响了预算控制的实际效果。到了1928年，美国的一些会计师和工程师根据成本与产量的关系，提出分别制定弹性预算和固定预算，从而使企业预算合理地控制不同属性的费用支出，提高了预算的控制效果。

3. 成本会计的应用范围更加广泛

在这一时期，成本会计的应用范围也从原来的工业企业扩展到各种行业，并深入应用到一个企业内部的各个主要部门，特别是应用到企业经营的销售方面。

4. 成本会计形成了完全独立的学科

在这一阶段的后期，出版了不少成本会计名著。例如，美国尼科尔森（J. L. Nicholson）和罗尔巴克（F. D. Rohrback）合著的《成本会计》，陀尔（J. L. Dohr）著的《成本会计原理和实务》等，使成本会计具备了完整的理论和方法，形成了完全独立的学科。

这一时期的成本会计定义，可引用英国会计专家杰·贝蒂（J. Batty）的表述："成本会计是用来详细地描述企业在预算和控制它的资源（指资产、设备、人员及所耗的各种材料和劳动）利用情况方面的原理、惯例、技术和制度的一种综合术语。"

(三) 现代成本会计阶段（1945年~1987年）

第二次世界大战以后，科学技术迅速发展，生产自动化程度大大提高，产品更新换代很快；企业规模越来越大，跨国公司大量出现，市场竞争十分激烈。为了适应社会经济出现的新情况，考虑现代化大生产的客观要求，管理也要加速现代化，要把现代自然科学、技术科学和社会科学的一系列成就综合应用到企业管理上来。随着管理现代化，运筹学、系统工程和电子计算机等各种科学技术成就在成本会计中的广泛应用，成本会计发展到了一个新的阶段，即成本会计发展重点已由事中控制成本、事后计算和分析成本转移到预测、决策和规划成本，形成了新型的重在管理的经营型成本会计。其主要内

[一] 《列宁全集》第3卷，第511页，北京，人民出版社，1972。

容如下：

1. 开展成本的预测与决策

为了主动控制成本，现代成本会计逐步转向把成本的预测和决策放在重要地位。运用预测理论和方法，建立了数量化的管理技术，对未来成本发展趋势作出科学的估计和测算；运用决策理论和方法，依据各种成本数据，采用数学模型，按照成本最优化的要求，研究各种方案的可行性，选取最优方案，谋取企业的最佳效益，于是线性规划、概率论等数学方法日益渗透到成本会计领域，使成本会计向预防性管理方向发展。

2. 实行目标成本计算

随着美国管理学家德鲁克（P. Druker）在20世纪50年代所提出的目标管理理论的应用，成本会计有了新的发展。在产品设计之前，按照客户能接受的价格确定产品售价和目标利润，然后确定目标成本，用目标成本控制产品设计，使产品设计方案达到技术适用、经济合理的要求。这样，成本会计扩展到技术领域，从经济着眼，从技术着手，把技术与经济结合起来，有效地促使成本降低。

3. 实施责任成本计算

随着企业规模日益扩大和管理日趋复杂，管理集权制转为分权制。为了加强企业内部各级单位的业绩考核，1952年美国会计学家希琴斯（J. A. Higgings）倡导了责任会计，将目标成本进一步分解为各级责任单位的责任成本，进行责任成本核算，使成本控制更为有效。

4. 实行变动成本计算法

这种成本计算方法只把生产成本中的变动成本计入产品成本，而将生产成本中的固定费用从当期销售收入中扣除，免去了固定成本的分配计算程序。这样既减少了成本计算的工作量，还为企业进行预测和决策创造了便利条件。但是，由于这种方法存在一定缺陷，所以只停留在企业内部使用。

5. 推行质量成本计算

随着工业生产的发展，企业对质量管理日益重视。到20世纪60年代末，质量成本概念基本形成；确定了质量成本项目、质量成本的计算和分析方法，从而扩大了成本会计的研究领域。

由此可见，现代成本会计是根据会计资料及其他有关资料，对企业生产经营活动过程中所发生的成本，按照成本最优化的要求，有组织、有系统地进行预测、决策、计划、控制、核算、分析和考核，促使企业提高产品质量，降低成本，实现生产经营的最佳运转，不断提高企业的综合效益。

（四）当代成本会计阶段（1987年以后）

20世纪80年代以来，现代高科技被广泛应用于生产，如自动化设备、机器人、计算机辅助设计、计算机辅助生产等。企业制造环境已从过去的劳动密集型向资本密集型和技术密集型转化。在新的制造环境下，产品成本结构发生了重大变化。如有些企业的直接人工成本占总成本的比例从20世纪70年代的40%左右急速下降至10%左右，在某些高科技企业甚至已低于5%，而制造费用占总成本的比例却大幅度提高，其构成内容也更加复杂，在某些企业甚至高达75%，其分摊标准如果只用人工小时单一标准，难以正确反映各种产品成本。为适应新的制造环境,"适时生产系统"(Just-In-Time Production System,JIT)应运而生。JIT 是一种严格的需求带动生产的制度,要求企业生产经营管理的各环节紧密协调配合,保质、保量并适时送到后一加工(或销售)环节,无须建立原材料、在产品和产成品的库存,实现"零存货"(Zero Inventory),以降低存货的库存成本。正因为如此,适时生产系统必须和"全面质量管理"(Total Quality Control,TQC)同步进行。TQC 同传统质量管理不同,它从事后的质量检验为主转向事先的预防为主,从只管理产品质量转向管理质量赖以形成的工作质量,从专职人员的检验转向广泛吸收全体人员参加,把重点放在操作工人自我质量监控上,自动纠正质量缺陷,以保证企业整个生产过程实现"零缺陷"(Zero Defect)。可见,"全面质量管理"是"适时生产系统"顺利实施的一个必要条件。在新的制造环境下,成本会计又有了新的发展:

(1) 完善了质量成本会计。在以往质量成本核算的基础上,根据全面质量管理的要求,采用质量成本决策、最佳质量成本模型和质量成本综合控制等方法进行系统管理,借以全面降低质量成本,并提高产品的社会效益、企业效益和客户效益。

(2) 实行以作业为基础的成本计算制度(Activity-Based Costing System,ABC 制度)。ABC 制度在西方人工成本比重低、制造费用比重高的企业中得到了广泛的应用。它是将制造费用按作业类别归集到不同的成本库中,然后按照不同成本库采用不同的分配基础,将制造费用分配到各产品。该制度的特点是明细了制造费用的核算过程,从而使提供的成本信息更加准确,为正确进行经营决策,加强成本控制提供准确的信息。

(3) 实行了供应链成本管理。供应链是围绕核心企业,通过对信息流、物流、资金流的控制,从采购原材料开始,到制成中间产品,以及最终产品,最后由销售网络把产品送到客户手中的供应商、制造商、分销商、零售商,直到最终客户的网络系统。管理同供应商和客户的上下游关系,以供应链整体最低成本传递最优客户价值是供应链管理的基本思想。在供应链环境下,产品成本客观上是由供应链全体成员共同保证和实现的。产品成本的形成和实现过程实际上分布在整个供应链范围内,成本管理的概念已经扩展到企业间,不仅要注重企业内部的成本管理,而且还加强与合作企业之间的成本管理合作和协调,确保整个供应链具有持续稳定的成本竞争力。

(4) 强调了环境成本管理。可持续发展概念的提出使得企业经营环境发生了重大变化,环境因素已经影响到企业的生产和销售流程,环境成本在企业的成本费用中所占的比例越来越大,已成为企业成本控制不可或缺的部分。披露环境成本信息不仅是企业提高公众形象的需要,更是企业取得竞争力的需要,并且通过环境成本的确认计量和管理,与取得的环境效益进行对比,可以为企业的可持续发展提供支持。

(5) 人力资源成本管理越来越受到重视。1996 年,以发达国家为主要成员的经济合作与发展组织(OECD)发表的一份题为《以知识经济为基础的经济》报告中首次提出了"知识经济"(Knowledge Economy)这个概念。知识经济是建立在知识和信息的生产、分配与使用之上的经济,是以知识为主导的经济,因此对企业人力资源成本和收益进行核算与管理,不仅可以为企业管理层进行人力资源投资决策和有效管理提供依据,而且也是企业投资者评价企业可持续发展的重要信息。

综上所述,成本会计的方式和理论体系,随着发展阶段的不同而有所区别:

从成本会计的方式来看,在早期成本会计阶段,主要是采用分批或分步成本会计制度计算产品成本，以确定存货成本及销售成本；在近代成本会计阶段，主要采用标准成本制度和成本预算制度，为生产过程的成本控制提供了标准；在现代成本会计阶段，加强事前成本控制，广泛应用管理科学的成果，其发展重点趋向预测、规划及决策，实行最优化控制，随着电子计算机的应用，反馈成本信息更及时，为成本会计开创了新的天地。在当代成本会计阶段，完善了质量成本会计，实行了以作业为基础的成本计算制度，拓展了成本管理的空间，实行了供应链成本管理，更加注重企业的可持续发展，环境成本管理和人力资源成本管理越来越受到重视。

从成本会计理论体系来看，开始属于财务会计体系，主要从财务会计理论来研究成本计算，并纳入会计账簿体系；到了近代成本会计阶段，成本会计具备了完整的理论和方法，形成了独立的学科；随着经营管理的发展，成本概念十分广泛，成本会计范围更加开阔，逐步向经营型成本会计发展，形成了企业会计中财务会计、成本会计和管理会计的三分局面。随着世界经济的一体化，社会经济的可持续发展，高新技术的飞速发展，以及信息产业化和知识经济的到来，成本会计的内涵也日趋丰富和发展，包括质量成本管理、作业成本计算、供应链成本管理、环境成本管理和人力资源成本管理等内容，成为以全面提高企业竞争力为核心的当代成本会计。这一发展过程可用表1-1表示。

表1-1 成本会计不同发展时期的比较

	早期成本会计	近代成本会计	现代成本会计	当代成本会计
成本会计方式	分批法 分步法 事后计算	标准成本制度 成本预算制度 事中控制	目标成本 预测、决策 事前成本控制	质量成本 作业成本 供应链成本 环境成本 人力资源成本
理论体系	属于财务会计	形成独立学科	财务会计、成本会计、管理会计三分局面	财务会计、管理会计和成本会计相互融合

（五）正在变化的企业环境

21世纪的企业已不同于20世纪的企业，市场竞争变得更加激烈，而获取信息也变得更为重要。现在，很多企业的优势来源于它们拥有更好的信息，而不是机械设备。像亚马逊公司便以深入掌握来自客户和供应商的信息为荣。因此这种公司必须不断地完善它们的会计信息。而那些用于辅助20世纪八九十年代的传统企业的信息已经不再适合现代的企业环境了。

影响当今成本会计发展的趋势是：①从工业型经济向服务型经济的转变。②全球竞争的加剧。③技术的进步。④流程再造。

1. 服务性组织

成本会计的基本思想很大程度上来源于生产制造型企业的会计。然而，这些思想通过演变已经可以适用于各行各业，包括服务性组织和非营利性组织。服务性组织是指那些制造或销售非有形商品的企业。注册会计师事务所、律师事务所、管理咨询公司、房产租赁公司、运输公司、银行、保险公司和旅馆，都是以营利为目的的服务性组织。大多数非营利性组织（如医院、学校、图书馆、博物馆和政府机构）也是服务性组织。

服务性组织具有如下特点：

（1）劳动力成本占成本中的主要部分。对于类似学校和律师事务所这样的组织，费用中所占比例最大的就是和工资有关的支出，而不是那些与使用机器、设备和固定设施有关的支出。

（2）产出难以计量。因为服务业的产品是无形的，所以很难准确地计量。例如，大学的产出可以定义为授予学位的数量，但是很多评论家坚持认为真正的产出应该是学生学到的知识。

（3）主要的投入和产出不能储存。服务不能被储存起来。例如，一个航班多余的机位不能暂时储存起来供下次航班使用，一家旅馆每天提供的服务和房间同样不能储存。如今，美国大约80%的劳动力受雇于服务性组织，我国大约50%的劳动力在服务性组织。服务行业竞争相当激烈，它们的管理人员越来越依赖于会计信息。

非营利性组织的管理人员和会计人员与营利性组织的同行之间有很多的共同之处。他们都需要筹集和利用资金、制定预算、设计并执行控制系统。他们都有责任有效地利用资源。灵活运用会计信息，提高经营效率，对营利性组织和非营利性组织完成目标都是至关重要的。

2. 全球竞争

由于很多国家类似关税等的贸易壁垒已经降得很低，全球的竞争更加激烈。并且，世界各地的国家都存在着一种降低管制的趋势，这种趋势会导致世界经济力量的重新分配。为了重新获得竞争优势，很多企业开始重新设计会计系统，进而帮助企业提供更精确、更及时的有关生产和服务成本的信息。为了更具有竞争力，管理人员必须清楚自己的决策对成本的影响，而会计人员提供的信息可以帮助他们实现这个目的。

3. 技术的进步

在过去的10年中，对成本会计影响最大的就是技术的发展，它既影响生产过程，又影响会计信息的使用。计算能力的增强和成本的降低使得会计人员改变了收集、储存、使用和报告信息的方法。在很多情况下，管理人员可以自己直接从数据库中获得信息并产生他们所需要的报告和分析。现在，管理人员和会计人员一起工作，确保所需数据的可用性，并确保管理人员知道如何组织和利用数据。

如今发展最为迅猛的技术之一就是电子商务（Electronic Commerce 或 E-Commerce），即在线交易。2001年之前，在线交易注重于企业对消费者的电子商务（B2C）；2001年之后，企业对企业的电子商务（B2B）年增长率达到50%。B2B为参与交易的企业真正地节省了成本。例如，通过电子商务，一些公司降低了约70%的采购成本。

技术发展对会计系统的直接影响就是企业资源计划（Enterprise Resource Planning，ERP）系统的使用，它把用于支撑企业所有功能领域的信息都整合了起来。在这个系统中，会计只是一个组成部分。甲骨文公司这样描述它的ERP系统："这个系统可以帮助你整合公司所有方面——顾客关系管理、公司资产管理、公司资源利用、供应链管理和供货商管理。"其他著名的ERP系统供应商还有SAP、Microsoft Dynamics和The Sage Group。在企业中，会计人员必须和管理人员一起工作，确保ERP系统提供的财务信息是管理者所需要的。

最后，可扩展商业报告语言（eXtensible Business Reporting Language，XBRL）的发

展,帮助财务信息实现了电子交流。这种语言使公司之间的信息对比更加简单,从而对公司的内部报告和外部报告都产生了极大的影响。

4. 流程再造

成本会计是为了帮助企业管理层进行决策,因此会计系统必须适应管理行为的改变。一些公司通过重新设计企业流程对操作流程进行彻底的变革,也就是通过对商业流程的重新思考和根本性的重新设计,完成对公司在成本、质量、服务和速度等领域的改变。流程再造(Process Reengineering)不是抓住现行系统进行一系列逐步改进,而是详细图解企业流程,对其质疑,然后重新全面设计以取消不必要的步骤,减少出错的可能性和降低成本。企业流程(Business Process)是执行企业某项任务而经历的一系列步骤。例如,全聚德烤鸭店制作一只烤鸭所完成的步骤就是企业流程。当你存入一张支票,银行所采取的步骤也是企业流程。

流程再造集中在简化和消除浪费。它的核心思想是应消除所有不增加产品或服务价值的作业。作业如不能增加顾客愿意购买的产品或服务的价值,就称为非增值作业(Non-Value-Added Activities)。例如,把大批的在产品从一个车间搬运到另一个车间就是非增值作业。

为什么商业流程的改变影响成本会计?因为这些活动都直接影响成本,而会计人员就负责计量真正的成本节约、预测未来的成本节约以及计算不同的市场环境下产品和服务的不同成本。当企业为完成经济目标而改变生产流程时,会计人员就要预测和衡量这种改变所产生的经济影响。

三、成本会计与财务会计和管理会计的关系

会计主要分为财务会计和管理会计两种,而成本会计是连接财务会计和管理会计的桥梁。

会计信息强调三种不同功能:①向外部利益相关者(股东、债权人等)提供信息,以帮助他们进行投资决策和贷款决策。②计量组织提供产品或服务的成本。③向组织内部的管理者提供有用的信息,以帮助他们进行计划、控制、决策和业绩评价。

财务会计旨在服务于不直接参与公司日常管理的决策者。这些信息的使用者往往是公司的外部人士。至少对上市公司而言,信息一般是公开的,可以在公司网站上查阅。公司管理者非常关注财务会计报告中所包含的信息,但是财务会计信息不足以制定经营决策。利用财务会计数据制定决策的机构和个人往往关注于公司间的比较,例如决定投资中国工商银行还是中国建设银行。财务会计的一个主要特点是具有可比性,也就是说投资者在审视中国工商银行的收入时,它和中国建设银行的收入所反映的内容是一样的。财务会计的基本目的在于为投资者和债权人提供关于公司即管理绩效的信息。服务于这一目的的财务会计信息受公认的会计原则的规范,公认会计原则提供了一个公司与另一个公司之间用于财务报告目的的会计数据的一致性。这就意味着用于计算销货成本、存货价值以及其他用于外部报告的财务会计信息都必须按照公认的会计原则提供。

管理会计旨在服务于公司的管理者,为公司管理者的经营决策提供信息。由于管理者只为本组织制定决策,不需要信息与其他组织的类似信息具有可比性,因此管理会计信息不必遵循公认的会计原则,管理层可以自由定义成本信息。尽管财务会计与管理会计在目

标和属性上都不一致，但所有的会计信息都来源于同一数据系统和会计账簿。会计信息系统向管理层说明成本的构成，包括从生产过程中的原材料投入、产成品的制造，直至销货成本的形成。

成本会计旨在计量、分析和报告从组织内获取或使用资源的与成本相关的财务和非财务信息。例如，计算产品成本是成本会计的一项功能，可满足财务会计的存货估价需要和管理会计的决策需要。

成本会计与财务会计是一个整体，因为它提供财务报表中有关产品成本的信息；成本会计与管理会计也是一个整体，因为它提供管理者日常管理所需要的定量成本方面的信息。成本会计、管理会计和财务会计被看做是独立的会计"类型"。成本会计作为管理会计与财务会计之间的桥梁，将两者紧密地联系在一起形成一个信息网络。正因为管理会计系统与财务会计系统是紧密相关的，会计人员必须理解成本会计是如何为财务会计提供成本信息，又是如何满足管理信息的需求的。成本会计与财务会计和管理会计的关系如图1-2所示。

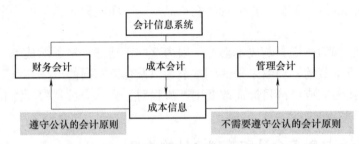

图1-2　成本会计与财务会计和管理会计的关系

第二节　成本数据在管理中的应用

一、成本在决策制定中的运用

在计算几个可供选择方案的财务结果时，最困难的工作之一就是在它们中间如何估计成本的差异。假设一家百货商店的管理部门正在考虑扩展其业务和容纳几个新产品系列的储存空间，或是在一个不同地区增设新的批发店。这个决策的关键是哪种选择最有利可图：保持现有规模；在现营业地点扩大经营；或开设新店。

例如，假设詹尼弗的三明治商店只是从星期一至星期五的上午11点到下午2点营业。老板兼管理者的詹尼弗正在考虑延长营业时间：星期一至星期五下午5~8点。现在詹尼弗有一个艰巨的任务，她必须估计出延长营业时间到下午5~8点后收入和成本的变动情况，她利用工作经验和成本知识来预计成本的变化，并确认成本动因，即引起成本变动的因素。例如，加工三明治需要人力。因此，引起成本增加的原因是加工三明治的数量及人工成本。为了预计增加下午5~8点营业对加工三明治成本的影响，詹尼弗先估计出如果她在下午5~8点营业应该额外加工多少三明治，根据这种估计，来确认公司销售更多的三明治而追加的成本和收入。

这种分析既有趣又富有挑战。在企业中，没有人知道未来会发生什么事，因而在制定决策中，管理人员必须持续地预测未来如何发展。成本会计对预估未来的成本具有很大的作用。对于制定决策来说，过去的信息是达到目的的一种工具，它有助于预测未来。

假设，詹尼弗认为如果在晚上营业，她的收入、原料成本、人工及水电费将增加50%。每月租金不变，其他成本将增加25%。她现在的成本和估计的成本、收入及利润分别列在表1-2中的第2、3栏，第4栏中列示的是第2栏和第3栏成本之间的差异。

表1-2 詹尼弗三明治商店预计的一周损益表　　　　　　　单位：美元

项　　目	11:00am～2:00pm	11:00am～2:00pm 5:00pm～8:00pm	差　　异
销售收入	2 200	3 300	1 100
原材料	1 000	1 500	500
人工	400	600	200
水电费	160	240	80
租金	500	500	0
其他	120	150	30
成本合计	2 180	2 990	810
营业利润	20	310	290

我们把第4栏显示的成本和收入项目用特定的术语来归类：差异成本和差异收入。差异成本和差异收入是与特定方案变化有关的成本（差异）和收入（差异），表1-2中的第4栏便是差异成本，因为这是詹尼弗决定下午5～8点营业成本变化的差异额。

分析显示，若该商店在傍晚营业会增加290美元的营业利润。以此为依据，詹尼弗决定增加在傍晚的营业时间。

二、成本在制定预算和业绩评价中的应用

让我们再以詹尼弗的三明治商店为例。开张之初，由她本人管理全部经营业务。当生意越来越成功时，她又新增了餐饮服务项目，于是雇了两位经理：山姆管理三明治部门，卡罗管理餐饮服务部门。身为总经理的詹尼弗监督整个营运。表1-3的上半部分显示了该商店的组织结构图。

每个经理对本部门的收入和成本负责。詹尼弗自己的工资、租金、水电费和其他成本由两个部门分摊。她直接控制这些分摊的成本，部门经理则无此责任。

表1-3列出了部门的损益表，合计栏是整个公司的数据。注意损益表底部的成本没有分摊给两个部门，它们是经营整个公司的成本。这些成本既不归山姆也不归卡罗负责。比如租金，是詹尼弗而不是山姆和卡罗负责与房屋所有者就租赁事项谈判，所以，她把管理这项成本作为经营整个组织职责的一部分。另一方面山姆和卡罗负责管理原料、人工成本（而不是他们自己的工资）和部门收入。

表 1-3　詹尼弗三明治商店损益表
（10 月 1~31 日）

单位：美元

项　　目	三明治部门	餐饮服务部门	合　　计
销售收入	17 000	11 000	28 000
部门成本			
原材料	7 000	3 000	10 000
人工①	3 000	5 000	8 000
部门成本合计	10 000	8 000	18 000
部门毛利②	7 000	3 000	10 000
一般管理费			
水电费			1 500
租金			2 500
其他			900
总经理工资（詹尼弗）			4 000
一般管理成本合计			8 900
营业利润			1 100

① 包括部门经理工资，但詹尼弗的工资除外。
② 部门的收入和成本之差。

管理人员对实现计划规定的目标负责。将某个经理实际所耗用的资源与预算数进行比较，可评价该责任中心和该经理的业绩。例如，百货商店每天要把日销售额与预算比较；航空公司的管理人员每天将飞机的载客率与他们的预算比较；旅馆和医院的管理人员每天将入住率与其预算比较。通过将实际结果与预算进行比较，管理人员能够采取措施调整其实际业务活动或重新修订其目标与计划。

作为计划和控制过程的一部分，管理人员编制的预算包括下一期的预期收入和成本。在该期间结束时，他们将实际结果与预算比较，以便寻找改善未来经营的各种措施。表 1-4 介绍的是詹尼弗商店的三明治部门将预算与实际结果比较的例子。

例如，山姆注意到三明治部门销售了 4 100 只三明治，正好与预算持平，但是实际成本却比预算高，需要进一步研究鱼、肉和店员工资的成本。山姆应该调查鱼和肉在使用过程中是否存在浪费？每磅的成本是否迅速上涨？顾客拿到的量是否比较多？店员是否有计划外加班的现象？这仅是根据表 1-4 的信息可能提出的几个问题。

表 1-4　詹尼弗商店的三明治部门预算与实际数据比较

（10月1～31日）　　　　　　　　　　　　　　　　单位：美元

三明治部门	预　算	实　际
原料		
烤面包粉	1 100	1 050
肉	2 500	2 700
鱼	1 500	1 750
奶酪	1 500	1 500
原料成本合计	6 600	7 000
人工		
经理	2 000	2 000
店员	800	1 000
人工成本合计	2 800	3 000
三明治部门成本合计	9 400	10 000
三明治销售数量（只）	4 100	4 100

三、成本在为组织创造价值中的应用

许多组织在这种假设下经营：其开发、生产及销售过程中的每一步都可为产品或服务增加价值。在新产品的设想未形成之前，不会有价值存在。然而，一种设想已被确立，价值就会被创造出来。新产品的研究与开发开始时，价值就会开始增加。当产品进入设计阶段，价值继续增加。该过程的每一步都会为产品或服务增加价值。

（一）价值链

价值链是指增加一个企业产品或服务实用性（或价值）的一系列作业活动。这些作业活动被客户认为能增加他们购买的商品或服务效用的活动，因而也被称为增值活动。价值链包括由研究开发到生产过程、到客户服务的各种活动，它们是根据其对最终产品的服务、质量和成本的贡献来进行估价的。一般而言，企业的价值链由研究开发、设计、生产、营销、销售和客户服务等作业活动构成，如图1-3所示。

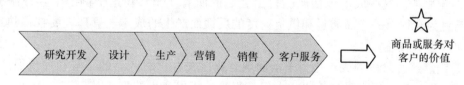

图1-3　一般企业的价值链

以索尼公司的电视机分部来说明上述价值链活动的内容。

研究开发：有关新产品、服务或过程的思想创造和开发。在索尼公司，这一活动包括研究不同电视信号的传送方法（模拟、数字、高清）和不同形状和厚度的显示屏的清晰度。

设计：产品、服务或过程的详细开发及技术。在索尼公司，这一活动包括确定一台电视机的零件数和不同产品设计对质量和产品成本的影响。

生产：取得、协调和集中资源以生产一种产品或提供一种服务。在索尼公司，这一活动是指电视机的生产，包括取得并组装电子部件、机壳和包装。

营销：告诉潜在的客户关于产品或服务的性能并促使其购买的过程。在索尼公司，这一活动主要是指通过商展、报刊广告和网络对其电视机进行营销。

销售：将产品或服务传递到客户的过程。索尼公司的销售包括发货给零售商店、通过互联网直销和客户购买电视的其他活动。

客户服务：提供给客户有关产品或服务的支援性活动。索尼公司以客户服务热线、网络支持和保修等形式提供针对电视机客户的服务。

【例1-1】 计算价值链上各环节中的成本对公司的管理至关重要。假设你是星巴克的管理人员或会计人员，针对下面列举的每项活动，请问其执行的是价值链的哪部分活动？在这个活动中对管理者有用的是哪些会计信息？

1. 工艺工程师负责研究缩短焙烧咖啡豆的时间和更好地保留咖啡豆风味的方法。
2. 建立一个送货上门的电子订货系统来销售咖啡。
3. 购买阿拉伯咖啡豆并运送到公司的加工车间。
4. 成立专门小组，研究调查建立一条卡布其诺咖啡饮品新生产线的可行性。
5. 为电子订货的客户开通一条热线，收集有关产品质量和供货速度的反馈意见。
6. 公司所属的每家零售店向客户提供有关咖啡制品生产工序的信息。

答案：

1. 设计。不论是产品设计还是这里所说的工艺设计，都是设计活动的一部分。管理人员需要有关的不同种备选产品的成本信息以制定决策。
2. 销售。这里开发了一条向客户提供产品的新途径。管理者需要衡量送货上门产生的收益和成本。
3. 生产。咖啡豆的买价和运输及装运成本都是生产阶段发生的成本的一部分。星巴克只购买优良的咖啡豆，但是公司始终关注支付的价格和运输成本。
4. 研发。在管理人员最终决定设计和生产新产品之前，这些成本（主要是工资）就已经发生了。针对卡布其诺市场预测收入和成本可以帮助管理者设计一种既有市场竞争力又具盈利能力的产品。
5. 客户服务。这些成本包括产品售出之后的所有支出。在这个例子中客户服务成本包括星巴克为获得有关产品质量和供货速度的反馈而产生的成本。管理者要权衡热线的成本和由此产生的收益。
6. 营销。这一阶段的成本是为了增加现有或潜在客户对产品的了解和评价而产生的。就像很多广告一样，很容易计算出成本但是很难计算出产生的收益。

（二）利用成本信息增加价值

以价值链作为参考，成本会计信息如何能增加组织的价值呢？比如，在价值链的生产环节，通过会计人员提供的生产成本信息可以帮助管理者不断改进生产流程，并且利用计划成本、预算和业绩报告控制生产过程；在研发阶段和设计阶段，通过成本信息管理人员可以决定哪项设计付诸生产，哪项产品应该放弃，并通过这些信息引导管理人员和设计人员减少产品或服务的生命周期成本；在营销阶段，营销成本信息可以帮助营销人员进行营销方案的选择。成本信息也有利于销售和顾客服务环节，比如公司是将产品直接销售给零售商还是批发商？选择火车还是汽车进行运输？

（三）找出并消除非增值的活动

在寻求不断改进生产过程时，公司要确认并消除非增值活动。非增值活动是那些不增加商品或服务价值的活动，它们经常产生于现有产品或程序的设计。如果生产中的设备布局不合理，并且产品在生产过程中必须进行搬运，则公司可能正在从事非增值的活动。

为什么要强调管理人员必须消除非增值的活动呢？成本会计中一个重要概念是活动产生成本，搬运存货是一种引起成本的非增值活动（如搬运存货的员工工资和用来搬运存货设备的成本）。一般情况下，如果公司能够消除不能增加价值的活动，那么它们产生的成本也将被消除。

（四）战略成本分析

提高客户价值以创造可持续竞争优势是通过审慎的战略选择实现的。在这一过程中成本信息发挥着关键性的作用，而成本信息发挥作用是通过战略成本管理的过程实现的。所谓战略成本管理，就是运用成本数据来制定和识别能够带来持续竞争优势的战略。一般而言，企业的战略主要有成本领先战略和差异化战略。成本领先战略的目标是以比竞争对手更低的成本向客户提供相同的或更好的价值，也就是以减少客户利失（包括购买产品的成本、获得与学习使用产品所花费的时间和精力以及产品的使用和维护成本等）来增加客户价值。例如，通过改进生产流程来降低产品的制造成本可以使企业降低产品售价，从而减少客户利失。差异化战略则是通过增加客户利得（包括产品特性、服务、质量使用说明、声誉品牌和其他客户认为重要的因素）来增加客户价值。向客户提供其他竞争对手没有提供的产品或服务为企业创造竞争优势。例如，计算机零售商可以向客户提供现场维修服务，而这一服务在当地市场上独此一家。当然，要使差异化战略行之有效，企业必须使客户通过差异化获得的价值增值超过企业提供差异化的成本。通常不同的战略需要不同的成本信息，这意味着企业采取的战略不同则其采用的成本系统也相应有所不同。

成功实施成本领先战略或差异化战略都要求成本会计人员了解企业的价值链。对企业价值链的有效管理是提高客户价值的基础。因此，对客户价值的重视迫使管理者确定价值链中哪些作业对客户是重要的。成本会计系统必须跟踪价值链内与作业相关的成本信息。例如，以交货环节为例，及时交付产品或服务是整体产品的重要构成部分，因而对客户是有价值的。提高交付产品或服务的速度能够增加客户价值。中国邮政利用价值链的这一环节，成功地开发了 EMS 快递服务（当时没有提供的服务）。

产业价值链对于战略成本分析也同样至关重要。产业价值链是指从原材料到终端消费者对最终产品的处理的一系列相互关联的价值创造作业。图 1-4 表明了造纸行业的产业价值链。该行业中某个特定企业的经营活动也许不会扩展到整条价值链，但图 1-4 表明企业不同，其参与价值链的具体环节也不同。把企业的价值链分解为具有战略重要性的各个作业是成功实施成本领先战略或差异化战略的基础。认识到企业内部和外部的作业之间存在复杂的相互联系是价值链框架的根本意义所在。企业的作业中存在内部和外部两种联系方式。内部联系是在整个产业价值链上涉及公司内所发生的各项作业之间的关系（内部价值链）。外部联系是公司与其供应商和客户之间的作业关系。了解产业价值链并且把视野扩展到企业的直接供应商和直接客户之外有利于揭示企业的潜在利益。当然,了解价值链的目的是使企业能比竞争对手更好地处理这些作业间的相互联系,以形成竞争优势。成本战略的价值链分析如表 1-5 所示。

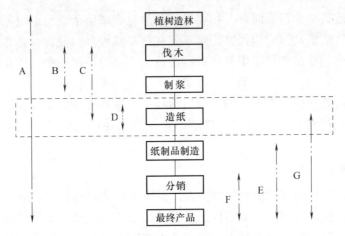

图 1-4　造纸行业的产业价值链

表 1-5　成本战略的价值链分析

价值链活动	一般商品用纸			差别化纸箱		
	利润（元）	占总产业价值链利润百分比	资产报酬率	利润（元）	占总产业价值链利润百分比	资产报酬率
涂布	59	3%	2%	59	0.5%	2%
抄浆	28	1%	15%	28	0.25%	15%
纸器制造	268	7%	32%	124	1.2%	15%
纸器品加工	1 296	40%	24%	3 456	33%	120%
零售	1 728	49%	96%	6 768	65%	376%
	3 379	100%		10 435	100%	

（五）全球战略

获得战略优势的另一种方法是确定把公司的资源投到价值链中的哪一部分,以使竞争对手难以与其抗衡。许多在研究和开发领域有巨额投入的软件公司正在利用全球战略充分发挥其竞争优势。这些公司如此行动的理由是:潜在的竞争者只有在研究和开发中进行大量投入才能生产出与对手竞争的产品,因为这些成本对它们来说早已发生,所以它们能够制定一个较低的价格,从而使市场中的新进入者盈利非常困难。

第三节　成本会计人员的职业道德

商业道德在最近被给予了广泛的关注。人们想知道商业道德和其他种类的道德有何不同。他们提出商业道德是否应该,进而是否能够进入商业教学课程中。由于公司的经济表现被给予了过多的关注,因此管理者和成本会计人员将注意力过度地集中于获利,以至于形成了这样一种信念，即认为商业活动的唯一目标就是公司利润的最大化。然而，利润最大化目标应该受到这样的约束，即利润应该通过合法和合乎道德规范的手段取得。

一、道德行为

道德行为（Ethical Behavior）包括选择"正确""恰当"和"合理"的行为。人们经常按照自己的理解对这些道德词语进行区分，然而在世界上不同的国家，道德氛围差别很大。但无论如何，所有的道德系统都适用一个普遍的原则，可以表达为一种信念——团体中的每个人都对其他个人的利益负有一定的责任。道德行为的核心是为了团体的利益，愿意牺牲自己的个人利益。

这种为了其他人的利益而牺牲自己个人利益的观念产生了某种核心价值观——以更具体的语言描述了什么是正确和错误的价值观。詹姆斯·W·布瑞克纳在为《管理会计》杂志的道德专栏所写的文章中作出了以下的评论：

为使道德和伦理教育有意义，必须对被认为是"正确"的价值观达成一致意见。迈克尔·约翰逊在《讲授道德性决策和原则性推理》中识别和描述了这些价值观中的10种。对历史、哲学和宗教的研究表明，特定的普遍的永久的价值观对道德生活至关重要。这10个核心价值观引申出一系列的原则，以通常所用的词语说明了正确和错误。因而提供了一种行为指导……

引文中所提到的10个核心价值观包括：诚实、正直、遵守诺言、忠实、公平、关心他人、尊重他人、责任感、上进、可靠。

尽管个人利益与整体利益看上去似乎是矛盾的，但为了整体的利益牺牲个人利益不仅是可能的，而且是正确的，它不仅能给整体中的个人带来价值，而且还可能对企业大有裨益。具有完善道德章程的公司能够带来顾客群和员工的高度忠诚。虽然撒谎者和欺骗者或许偶尔会胜利，但他们的胜利经常是短期的。长期经营的公司发现他们对所有委托人保持诚实和公平的对待是值得的。近期的一项关于公司在财务和社会业绩方面道德的研究证实了这一结论。最大的500家公众持股公司被归入以下三组之一：A组没有管理报告；B组有管理报告但未提到伦理道德；C组有提到伦理道德的管理报告。在这500家公司中，C组占了126家，也就是25.2%。接着在这些组之间比较了它们的财务和社会业绩。在财务方面，统计出的C组公司的平均财务业绩明显高于A组和B组的公司（这种差别是偶然产生的可能性仅有1%）。A组和B组公司之间在财务业绩方面并没有统计的明显差别（这种差别是偶然产生的可能性只有0.4559%），在社会表现方面也有相似的发现。

二、职业道德规范

会计人员报告的会计信息对管理人员的前程有重要影响。管理人员一般要对实现财务业绩的目标负责，而未实现这些目标对管理人员会产生严重的负面影响，包括失去工作。如果一个分公司或总公司难以实现其财务业绩目标，会计人员也可能迫于管理当局的压力，作出提高业绩报告的会计选择。

例如，分公司经理在收入取得之前确认销售收入。提前确认的收入通常发生在报告期结束之前，比如说在12月末（公司以12月31日作为会计年度结束日），管理当局以这笔销售在1月份可随时实现为借口，使这笔提前确认的收入合理化，这种做法是将下一年的销售（及利润）挪到本年。

这种做法是错误的。作为一名专职的会计人员或企业界人士，你每天都会面临着道德问题。因此，作为学生，对将来遇到的这些问题应有所准备。"管理会计师的行为准则"，意在帮助你对将来所面临的决策做好准备。

成本会计师有必须遵守最高职业道德标准的义务。为使这一义务得到公认，有关专业机构通常颁布相关的职业道德准则。如美国的管理会计师协会（Institute of Management Accountants，IMA）就为管理会计师制定了职业道德准则。1983 年 6 月 1 日，IMA 的管理会计实务委员会（Management Accounting Practices Committee）发表了一份公告，概括了管理会计师的道德行为准则。在这份报告中，管理会计师被告诫，"他们不应有采取违反这些准则的行为，也不应宽恕其企业中其他人员的此类行为。"表 1-6 列示了管理会计师道德行为准则。

表 1-6　管理会计师道德行为准则

管理会计师有义务对其所服务的组织、他们的职业组织、公众和他们自己保持道德行为的最高标准。为明确这些义务，管理会计师协会颁布了如下管理会计师道德行为准则。遵守这些准则是实现管理会计目标必不可少的要素。管理会计师不应违背这些准则，也不能允许组织中其他人员违反这些准则。

专业能力
管理会计师有责任：
- 通过持续地发展他们的知识和技能来保持适当水平的执业能力
- 按照相关的法律、法规和技术规范履行他们的职责
- 在适当地分析相关和可靠的信息后，能够准备完整、清晰的报告和推荐书（Recommendation）

保密
管理会计师有责任：
- 除非法律的强制要求或得到授权，不得披露工作过程中获得的机密信息
- 告知下属对待工作中获得的信息要有恰当地保密性，并监督他们的行为以保证保守机密
- 禁止为个人或通过第三方获取不道德的或违法的利益而使用或似乎使用工作中获得的秘密信息

诚实正直
管理会计师有责任：
- 避免事实上或表面上的利益冲突，并对可能出现冲突的各方进行劝告
- 禁止从事各种可能会影响其按道德准则履行职责能力的任何活动
- 拒绝任何可能影响其行动的礼物、优惠或接待
- 禁止主动和被动地破坏合法的、道德的组织目标实现
- 禁止从事或支持各种破坏职业声誉的任何活动

客观性
管理会计师有责任：
- 公正、客观地交流信息
- 充分披露会影响潜在使用者对所公布的报告、评论和建议理解的所有相关信息

表 1-6 介绍的是管理会计师协会的行为准则。在"管理会计师道德行为准则"中，管理会计师协会主张管理会计师有责任保持最高的道德行为标准。他们也有责任保持职业生存条件，防止泄露商业秘密并在其工作上保持诚实可靠和客观。

三、职业道德冲突的解决

成本会计师在工作中会遇到很多道德冲突。下面的例子会说明这一问题。

【例1-2】 某公司的成本会计师知道软件部门已经将研究开发费用资本化。他知道如果不这样处理，会导致软件部门内部报告出现亏损，并导致进一步裁员。虽然软件部经理一直想证明研究开发的新产品会在市场上取得成功，但是却拿不出可靠的证据支持自己的观点，而且以前开发的两个旧产品的市场销售也并不好，因而他对该部门的商业前景担忧。成本会计师有很多朋友在软件部门工作，他想避免与软件部门经理发生个人冲突。试问这位会计师应不应该将研究开发费用予以资本化？

【例1-3】 一个包装供应商邀请一家公司的成本会计师去旅游胜地免费度周末。该供应商正在参与这个公司新业务的招标活动，但在发出邀请时他没有提到这一情况。成本会计师不是这个供应商的私人朋友，他担心供应商会向他询问有关其他竞争对手的成本细节。

上述例子中成本会计师面临职业道德冲突。例1-2涉及了能力、客观性和公正性，例1-3涉及保密性和公正性。职业道德并不是非黑即白的简单选择。例1-3中的供应商也许并不打算提到有关的问题。但是，例1-3中所出现的那种利益冲突足以使很多公司禁止员工接受免费的恩惠。表1-7给出了IMA关于解决道德冲突的指导原则。

表1-7 解决职业道德冲突的指导原则

在应用职业道德行为准则时，管理会计师可能会遇到如何确定不道德的行为或如何解决道德冲突的问题。当遇到关键性的道德问题时，管理会计师必须遵守权威机构制定的准则。如果这些准则不能解决问题，管理会计师可以考虑下列方法：
与直接上级讨论这些问题（如果他没有卷入冲突），否则上报到高一级的管理层。可以接受的检查机构包括同级的审计委员会、董事会、行政管理委员会、信托委员会或大股东
与一位客观的建议人秘密讨论，以澄清相关利益方面
如果经过各种尝试，道德冲突依旧存在，且道德冲突发生在很关键的事项上，管理会计师只能提出辞职并给合适的领导提交一份详细的备忘录
除非法律规定，与无关的上级或未被组织雇佣或联系的个人讨论上述道德冲突是不合适的

资料来源：Institute of Management Accountants, Statements on Management Accounting: Objectives of Management Accounting, Statement No 1 B (Montvale, NJ).

经过对"澳大利亚会计师协会"的1 500名成员的调查，发现最经常遇到的职业道德冲突是：

(1) 客户和管理者提出的避税建议。
(2) 利益冲突。
(3) 操纵财务报表的建议。
(4) 允许管理会计师自身的错误。
(5) 为遵循领导的命令而实施不道德的行为。

全球大部分会计师组织发布了职业道德准则。许多内容与IMA制定的内容类似，但也有不少区别。例如，英国管理会计师协会（CIMA）与IMA一样分出能力、保密性、客观性、公正性四种原则。但是IMA指出"除非法律规定，与无关的上级机关或未被组织雇佣或联系的个人讨论上述道德冲突是不合适的。"而CIMA则规定当问题仅靠内部力量无法解决时，允许会计师聘请独立的职业机构。

成本会计人员如何迎接成本会计的挑战如表1-8所示。

表1-8 迎接成本会计的挑战

当工作要求和个人或职业道德准则冲突时，成本会计人员应该怎么做？

工作要求和个人道德准则之间的冲突是最紧张的职业经历之一。冲突引起的工作压力可能导致身体和精神上的一些疾病，如头痛、背痛、失眠、焦虑、退缩、无法集中精力或无法工作等。这些疾病使人衰弱，影响健康。而且，对冲突的反映可能会失去工作，丧失声誉，甚至受到法律起诉。显然，道德冲突不能轻率地做决定，没有两种情况是完全相同的，但有一些指南可以帮助你应对工作和个人道德之间的冲突：

弄清楚上司给你的工作，也许你误解了工作或要求。如果没有，考虑下列步骤：

(1) 不要仓促应对，除非威胁已逼近健康或安全

(2) 向道德监察人员或能帮助你理解冲突并给出行动建议的可信任的经验丰富的同事寻求建议

(3) 向恰当的内部机构，如级别高于你老板的上级、内部审计人员或审计委员会成员提出你的担忧

(4) 辞职。即使在经济困难时期，也不值得为工作牺牲健康和声誉

(5) 不向媒体或外界泄露信息，直到你获得法律地位和举报人保护方面的法律忠告

第二章

成本会计系统

本章学习目标

- 明确成本会计信息系统的目标及成本报告的目的；
- 了解成本会计管理系统的意义及内容；
- 了解成本会计组织系统的内容。

第一节 成本会计信息系统

一、成本会计信息的目标

成本会计是基于生产发展的需要而逐步形成和发展起来的，主要经历了早期成本会计阶段、近代成本会计阶段、现代成本会计阶段和当代成本会计阶段。通过成本会计发展的阶段，我们可以看出成本会计所提供的信息是在不断地变化的，而且更加丰富和全面。早期成本会计阶段主要提供成本核算的信息，近代成本会计阶段主要提供成本控制的信息，现代成本会计阶段和当代成本会计阶段主要提供企业发展决策的成本信息。

因此，成本会计信息的目标主要包括：①提供存货价值和完工产品成本的信息，以利于资产负债表和利润表的编制，以便于外部利益相关者了解企业的资产状况和产品的盈利能力。②提供生产控制所需的成本信息。为了提高效率，改善流程和对生产成本的控制，需要准确及时的成本信息反馈。③提供战略管理决策所需的成本信息。例如，决定最佳产品组合，选择能充分利用外部资源的价值链。管理者需要的与价值链相关的单个产品、服务、客户和流程的成本信息，需要质量管理、供应链管理、环境管理和人力资源管理等的成本信息。

二、成本信息的质量要求

企业成本会计提供的各类成本信息必须符合一定的质量要求，才能真正有利于企业提高成本管理水平，并使成本信息真正发挥其应有的作用。企业成本信息的质量要求主要表现在以下几个方面：

（一）真实可靠性

真实可靠性是指成本会计提供的成本信息要与客观经济事项的实际情况相一致，它主要包括真实、全面和可核实性三方面内容。真实的成本信息对企业经营管理决策是至关重要的，如果信息不实，不但会造成决策失误，更可能导致重大损失。同时成本信息必须在一定的范围内全面和完整，绝不能根据个人好恶而有偏向地披露，并且这些信息必须要能够进行必要的核实。成本信息是企业十分重要的基础性和综合性信息，真实可靠性是其最基本的质量要求。

（二）管理有用性

管理有用性是指成本会计提供的信息必须要符合企业不同成本管理的要求，成本信息的提供应该具有针对性。因为成本信息是为企业成本管理服务的，要判断成本信息是否有用，其鉴别标准应该看其对完成企业不同的成本管理目的是否有所帮助。这种有用性主要包括决策价值和反馈价值，即这种信息要能有助于企业经营决策的正确制定和实施，并能通过反馈信息及时地对企业的生产经营活动进行修正，确保企业的生产经营高水平地运行，否则这种信息不但无效，而且还是一种浪费。

（三）一致可比性

该质量要求企业不同时期提供的成本信息应该具有可比性。这就要求企业在整个成本计量和核算的过程中，采用的方法应前后一致，各期所用成本核算资料的口径应该一致。不一致的成本信息不但不符合真实可靠的质量要求，而且也无法达到对企业成本管理有用的要求，还有可能导致成本的虚假，使成本信息无法发挥其应有的功能。

（四）及时性

成本信息的及时性是指成本信息应该在其尚未丧失其决策价值之前就被及时提供。及时性是确保成本信息有用性的重要前提，过时的信息不但是无用的，而且可能会导致决策的失误。及时和高质量的成本信息能保证企业在最短的时间内做出合理的决策。

（五）重要性

重要性是指成本信息的提供应该是有重点和具有针对性的披露。这项质量标准要求成本信息的核算和披露应该是有重点的。对成本有重大影响的项目应该重点核算和全面披露，力求精确；而对于次要和一些琐碎的成本项目，则可以简化核算、合并披露。

（六）稳健性

稳健性是会计核算的一项基本原则，同样也是成本信息的一项重要质量要求。它是指在企业的成本核算及计量某些特殊管理用成本项目时，应充分估计各项支出和可能发生的损失，即要求在企业成本核算和计量过程中应具有充分的成本风险意识，不能因为过分的乐观而低估成本，并导致利润的高估。当然，稳健性的质量要求必须是适度的，应在合理的范围内，过度稳健会导致成本和利润等信息的失实。

三、成本报告

（一）成本报告的意义

成本报告是根据企业日常成本核算和计量的有关资料编制的，用来反映企业一定时期的产品成本构成及其变化，以及企业费用预算和产品成本计划执行情况的书面性报告文件。比如，第一章中詹妮弗三明治商店的三明治部门的预算与实际数据的比较报告，还有企业的生产成本计算表等都是成本报告。

成本报告的编制和披露过程实质上是将企业日常核算所形成的大量分散的成本信息，进行全面分类、概括、综合并使其系统化的过程。它为成本信息的使用者定期了解和掌握企业全面的成本信息提供了可能，使企业管理当局能及时把握各项成本的变动态势和发展趋势，并采取必要的改进措施以降低成本。

（二）成本报告的作用

定期编制企业成本报告是成本会计信息系统的一项重要内容，它对加强成本管理，提高企业的整体经营管理水平具有重要的作用，主要表现在以下几方面：

1. 提供综合的成本管理信息

企业的定期成本报告能向企业的管理当局和所有的成本信息使用者提供综合的成本信息，使它们能完整全面地了解企业各种产品、部门和特定管理范围内的成本、费用的发生情况及其变动状况，全面掌握成本计划、费用预算和有关成本管理标准的执行情况，对于制定企业的整体经营战略具有重要意义。

2. 揭示成本变动的结构和原因

通过企业的定期成本报告，可以全面了解和掌握企业及各部门成本变动的具体项目，通过比较和分析，可以查明各项成本变动的原因，从而为寻求降低成本的途径和进一步有效地控制成本及费用水平指明努力方向。

3. 为制定新的成本计划提供依据

通过编制企业定期的成本报告，及时揭示企业成本变动的内容和原因，能为有效制定新的成本计划和费用预算提供依据，能够明确努力的方向，并且将各项具有针对性的改进措施融入新的成本计划中，使企业的成本管理水平不断提高。

4. 为实施企业各项特定成本管理目的提供依据

各项特定的成本管理报告能为企业的成本决策、控制、考核、分析和评价提供依据。如通过成本报告可以了解企业有关部门的预算执行情况是否良好，责任成本的考核制度是否健全，成本决策是否达到一定水平，部门成本控制效果是否理想，并为企业进行全面的业绩评价和成本分析等提供依据。因此，为特定成本管理要求所编制的成本报告，对于及时披露有关成本管理信息和促进企业综合成本管理水平的提高具有重要的作用。

另外，成本报告对于企业员工、部门经理、企业管理当局和上级公司都具有重要的信息价值。员工关注成本的高低与企业的效益和自身的利益，部门经理主要注重计划和预算的执行情况，管理当局关心企业的整体成本水平变化与市场的竞争能力，而上级公司着重于对企业成本管理的指导和监督。总之，企业的成本报告是企业各有关部门了解企业成本计划和费用预算等执行情况的主要途径，也是对企业各部门进行成本考核的重要依据。

（三）成本报告种类

企业一般的财务报表都是对外报告，如资产负债表、损益表和现金流量表等，它们的编制和报送等都必须符合严格的公认程序。由于企业的成本信息是一种商业机密，一般是不对外披露的，所以企业的成本报告是内部报告，主要目的是服务于企业内部的成本管理要求，其报告格式、编制要求和报送时间等，一般都是由企业及其主管部门根据企业生产和经营过程的特点及成本管理的要求而具体确定的。

企业的成本报告可以说种类繁多，但一般分为两类：一类是日常的生产成本报告，这是企业最主要的成本信息，直接关系到企业产品在市场上的竞争能力和企业一定时期的盈利水平。这类成本报告主要有：

- 商品产品成本汇总表
- 主要产品单位成本表
- 制造费用明细表
- 职工薪酬明细表
- 销售费用明细表
- 管理费用明细表
- 其他成本报告

上述这些日常成本报告之间都有一定的内在联系，它们之间具有相互补充的关系，构成了一个完整的反映企业生产成本计划和相关费用预算执行情况的报表体系。

第二类是根据企业成本管理的特殊要求编制的成本报告，主要用来考核和分析企业有关成本管理目标完成情况的报告，它们没有统一的格式，完全根据企业不同时期的成本管理要求和目标编制，在编制时间上也是灵活的。主要有以下几种：

- 产品生产和销售成本预测报告
- 部门成本分析报告
- 产品或部门成本预算完成报告
- 产品或部门成本控制报告
- 部门成本业绩评价报告
- 项目成本决策分析报告
- 标准成本差异分析报告
- 总成本变动因素分析报告

由于企业成本管理的要求是多方面的，所以用于特殊管理目标的成本报告的编制可能永远都没有标准的种类和固定的格式，成本会计人员应该根据企业管理当局和不同成本信息使用者的要求编制不同种类的成本报告，并要根据客观经济环境的变化和企业及部门成本管理要求的发展，及时修正和改善成本报告的编制格式，以满足企业成本管理的要求。

第二节 成本会计管理系统

一、成本会计管理系统的意义

成本会计的主要内容是成本核算，但成本会计的最终目标是成本管理，并通过管理指导企业的生产和经营活动。所以，成本会计的生命力所在不单是一种核算体系，更是一种管理体系。成本会计不是为"算而算"，而是为"管而算"，这样才使成本信息具有管理价值，而且也确保成本会计在整个成本核算过程中，始终是根据企业的成本管理目的和要求而进行的。成本核算只是手段，而成本管理才是最终目标。

从会计体系来看，企业成本会计的管理系统可以说是相对独立的，因为企业的成本核算相对地独立于企业的一般会计核算系统，如会计体系的资产、负债和权益的核算一般不涉及生产成本核算，成本核算的内容主要决定于企业一定时期的销售成本，仅作为企业损益表的一部分内容，至于这部分内容是如何核算、运作和控制的详细情况，在损益表中并不能了解，所以成本会计的核算系统在会计系统中是相对独立的。

与其说成本会计是一种会计，还不如说成本会计是一种管理。因为企业的成本会计作为一种特殊的管理活动，与企业的整个管理体系有着十分紧密的天然的联系，而且可以说企业的整个经营管理活动的全过程，无一不是与成本管理紧密相联的。企业的经营管理过程在许多方面与企业的成本管理过程是相似的，而且在很多方面两者是吻合的。这种关系我们可以通过图2-1来认识。

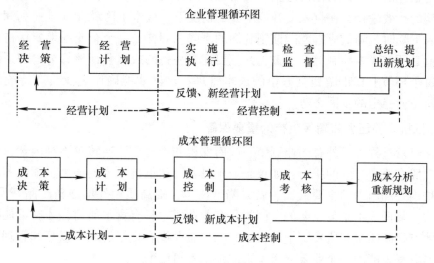

图 2-1　企业管理与成本管理循环图

正如成本会计的发展历程所显示的一样，现代成本会计的本质是企业的成本核算与管理的有机结合。企业成本会计的管理系统是企业整个经营管理系统的一个重要组成部分，成本管理系统应该与企业的经营管理系统保持一致，并要根据企业管理的要求确定一定时期的成本管理目标，并以此来决定企业成本的核算方法，并定期或不定期地披露真实可靠的对企业管理决策有用的成本信息。

二、成本会计管理系统的作用

在企业中由于成本太"普遍"而容易被人们忽视。在一些管理体系不完善的企业中，往往没有专门的成本管理职能部门，企业没有严格的成本控制制度，这种企业可能由于产品和市场的原因，短期内经济效益尚可，但这种短期效益的良好却掩盖了企业管理水平的低下，从长远来看，这种企业最终是没有发展后劲的，可能随时会被市场所淘汰。

另外，企业的成本管理是一个系统工程，它是不可能仅靠少数专业人员就能管全和管好。企业的成本耗费涉及企业的所有部门和员工，成本管理是每个人都必须具备的管理职责。所以，如此庞大的管理活动，不通过完备的制度机制是不可能完成的。每一个管理比较成熟的企业都应建立完备的成本会计管理体系，这样才能确保企业在市场上具有良好的竞争能力，并使企业保持长远发展的能力。

建立和健全企业成本会计管理系统对于企业的长远健康发展具有重要意义，其主要作用表现在以下几个方面：

（一）增强企业的竞争能力

科学的成本会计系统，对于增强企业的市场竞争能力具有重要意义。从某种意义上讲，企业之间的竞争，本质上是成本的竞争。如果一个企业没有良好的成本管理和控制水平，最终将被市场打败。成本领先是企业在市场上立于不败之地的重要保障。而企业如果要具备高质量的成本管理水平，建立一个完善的成本会计核算与管理体系至关重要。

（二）增加盈利的根本途径

盈利是企业的根本目的，也是企业发展长久的原动力，在任何情况下，降低成本永远是增加利润的有效途径，在收入上升或不变的情况下，成本下降就能使企业利润增加，而当企业收入下降时，降低成本就能抑制利润的下降。同样，一个企业如果要保持长久的盈利能力，就必须在成本控制上下工夫，并且要建立完备的成本会计核算与管理系统，在每个部门和每个环节上真正做到全方位的成本管理，这样才能确保企业具有持续的盈利能力，并保持企业稳定的发展态势。

（三）抵抗内外压力和确保生存的重要保障

企业在经营过程中，外有同业竞争、政府课税和经济环境逆转等不利因素，内有职工改善待遇和股东要求分红的压力，如果企业不具备一定抵抗压力的能力，就会萎缩。而企业用以抵抗内外部压力的主要武器，就是降低成本，提高质量并增强新产品开发的能力。而在这当中，降低成本是最重要的。因为只有企业成本具有竞争能力，才有可能提高市场占有率，才有提高质量和研发资金的投入。如果企业没有良好的成本核算和管理系统，成本就不会具有竞争能力，企业要立于不败之地是不可能的。

（四）企业稳步发展的基础

企业成本管理系统的完备与否是衡量企业综合管理水平高低的重要标志之一。企业只有做到成本控制严密，成本制度完备，才能确保其成本水平在同行业中具有领先地位。而要保持这种地位，同样必须通过进一步完善企业的成本管理系统才能实现。另外，企业的任何战略性发展，都必须具有成本意识，并要受成本管理系统的严格监管。无论是新产品的开发，还是企业的扩张投资、价格战略等，都必须进行严格的成本测算，只有在合理的成本预测和决策的指导下，并在整个运作过程中实施严格的成本控制，才能使企业真正做到稳步发展。

▶ 三、成本管理系统的构成

所谓成本管理系统的构成，也就是指企业成本管理应具备的基本职能，主要有成本预测、成本决策、成本计划、成本控制、成本核算、成本分析和成本考核。上述各项成本管理职能是相互沟通和紧密联系的，构成企业的综合成本管理系统。前三项成本管理职能属于成本计划范畴，也称为成本的事前控制，当中两项成本管理职能属于成本控制范畴，也称为成本的事中控制，后两项成本管理职能属于成本业绩评价范畴，也称为成本的事后控制。

（一）成本预测

成本预测是指企业在生产经营之前，根据历史的成本数据资料、企业市场环境的变化和实际的生产经营状况，运用科学的预测方法，对企业未来一定期间的产品和一定部门的生产经营成本的发生额所作的合理预测。它有助于企业管理人员了解和把握未来成本的发展状况，掌握企业一定时期应有的成本水平。成本预测是成本决策的基础。

（二）成本决策

成本决策是指在成本预测的基础上，按照既定或要求的目标，运用一定的专门方法，对有关方案进行正确的计算和判断后，从中选出最优方案。作好成本决策对于企业正确地制定成本计划，促进企业提高经济效益具有十分重要的意义。

（三）成本计划

成本计划是指根据成本决策所确定的目标，具体规定计划期内产品生产耗费和各种产品的成本水平，并且提出达到规定成本水平所应采取的措施方案。成本计划是建立成本管理责任制的基础，对于控制成本、挖掘降低成本潜力具有重要作用。

（四）成本控制

成本控制是指预先制定成本标准作为各项费用消耗的限额。在生产经营过程中，对实际发生的费用严格控制在限额标准范围内，并要随时揭示和及时反馈实际费用与标准费用之间的差异，系统分析成本差异原因，进而采取措施，消除生产中的损失、浪费。通过成本控制，有利于实现预期的成本目标，不断降低成本。

（五）成本核算

成本核算是指对生产经营过程中发生的生产费用进行审核，并按照一定的对象和标准进行归集和分配，采用适当的方法，计算出各成本计算对象的总成本和单位成本。通过成本核算，不仅可以考核成本计划的执行情况，揭露生产经营中存在的问题，还可以为制定价格提供依据。

（六）成本分析

成本分析主要是指利用成本核算及其他有关资料，全面分析成本水平与构成的变动情况，系统地研究成本变动的因素和原因，挖掘降低成本的潜力。通过成本分析，可以正确认识和掌握成本变动的规律，有利于实现降低成本的目标，并为编制成本计划和制定新的经营决策提供依据。

（七）成本考核

成本考核主要是指企业将计划成本或目标成本指标进行分解，制定企业内部的成本考核指标，分别下达给各内部责任单位，明确它们在完成成本指标上的经济责任，并按期进行考核。成本考核要与一定的奖惩制度相联系，以调动各责任者努力完成责任成本的积极性。

必须指出，成本会计的各种职能是相互联系的，它们互为条件，相辅相成，放松或者削弱任何一项职能，都不利于加强成本会计工作。成本预测是成本会计的第一个环节，它是成本决策的前提；成本决策是成本会计的重要环节，在成本会计中居中心地位，它既是成本预测的结果，又是制定成本计划的根据；成本计划是成本决策的具体化；成本控制是对成本计划的实施进行监督，是实现成本决策既定目标的保证；成本核算是成本会计的最基本职能，提供企业管理所需的成本信息资料，是发挥其他职能的基础，同时也是对成本计划是否得到实现的最后检验；成本分析和成本考核是实现成本决策目标和成本计划的有效手段，只有通过成本分析，查明原因，制定和执行改进和完善企业管理的措施，才能有效降低成本，通过正确评价与考核各责任单位的工作业绩，才能调动各部门和全体职工的积极性，进行有效控制，为切实执行成本计划，实现既定目标提供动力。

成本会计管理系统的简单图示如图 2-2 所示。

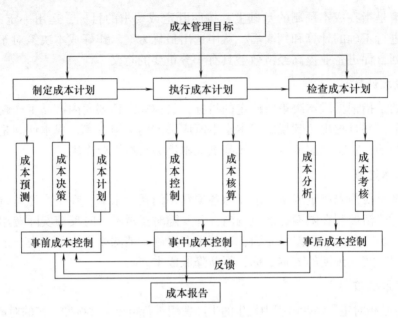

图 2-2　成本会计管理系统图

第三节　成本会计组织系统

为保证成本会计系统的有效工作，企业必须建立和健全成本会计的组织系统，也就是建立健全成本会计机构、配备必要的成本会计人员，制定和推行合理的成本会计制度和加强成本会计的基础工作。

▶ 一、成本会计的机构

建立成本会计的组织机构，必须考虑符合企业生产的特点，适应成本会计工作的内容和目的，贯彻落实经济责任制，做到技术与经济相结合，有利于成本会计工作的全面开展。

（一）成本会计的领导机构

根据技术与经济相结合的原则，一般企业成本会计工作的领导核心应由总经理、总会计师、总工程师和总经济师组成，总经理是成本会计工作的领导者，并对本公司的成本负完全责任；总会计师、总工程师、总经济师应从经济、技术以及两者的结合上组织企业成本工作，并采取有效的措施降低成本。成本会计领导机构的主要职责有：制定企业成本战略；审定公司的目标利润和目标成本；解决、协调成本工作中的问题和矛盾；组织、领导、决策各项重大的降低成本方案及特殊的成本调查和分析；动员全体员工管理成本。

（二）成本会计的职能机构

成本会计的职能机构，在大中型企业设置成本处或成本科，也有的企业设置成本股或成本组；在规模小的企业里，一般是在会计部门中指定一些人专门负责成本会计工作。

成本会计的职能机构是成本会计的综合部门，其主要职责有：组织成本的集中统一管理，为企业领导提供各种成本信息；进行成本的预测和决策，编制企业成本计划，并分解下达到各部门和车间；实行成本控制，监督生产费用支出，正确地核算全厂产品成本；检查和考核工厂成本计划的执行情况，开展成本综合分析；组织车间成本核算和管理，加强对班组经济核算的指导和帮助；制定全厂成本会计制度，不断总结和推广成本管理、降低成本方面的先进经验。

（三）成本归口管理部门

根据成本责任制的要求，企业的其他职能部门都应对成本承担一定的责任。

1. 生产部门

生产部门负责制定生产定额和控制外部加工费用，编制和落实生产、作业进度计划、组织均衡生产，提高工时利用率，保证完成产量、品种等计划指标，力求缩短生产周期，减少在产品、半成品的资金占用。

2. 技术工艺部门

技术工艺部门负责制定物资消耗定额，从产品设计和工艺技术上保证产品质量优、成本低、适销对路，减少原材料等各种物资消耗，节约工时，提高生产效率。

3. 质量部门

质量部门负责全面质量管理，提高优级品率，减少不合格产品和废品损失。

4. 物资供销与储运部门

物资供销与储运部门负责制定物资储备定额，控制物资的消耗，合理组织物资的采购、运输，节约物资的采购和保管费用，减少物流成本。

5. 设备部门

设备部门负责制定设备利用定额，提高设备完好率和利用率，降低设备修理成本，减少设备维护保养费用。

6. 动力部门

动力部门负责水、电、气消耗定额的制定和管理，在保证生产需要的前提下，努力控制能源消耗。

7. 人力资源部门

人力资源部门负责劳动力的合理组织，制定劳动定额，提高工时利用率和劳动生产率，控制职工薪酬的支出，节约劳动保护费用开支。

8. 其他部门

其他部门负责与其本身责任有关的成本工作，提高工作效率，减少费用开支。

在以上这些职能部门管理和控制的指标中，有的直接和成本相联系，属于成本指标，也有的指标，如产量、品种、废品率、劳动生产率、工时利用率和设备利用率等，其本身不是成本指标，但这些指标完成的好坏，必然引起成本水平的升降。所以，管理和控制成本不应局限于成本指标，而必须同时从技术与经济、增产与节约的不同方面着手，全面提高成本管理水平。

（四）班组经济核算

班组是企业的最基层环节，产品生产过程中的各种消耗，大多数是在班组中发生的。

所以，班组对成本控制的效果，直接影响成本的高低。我国一些企业根据班组的大小，配备专职或兼职班组核算员，把班组成本控制和班组核算结合起来。其内容包括将消耗指标分解、落实到个人；核算和控制班组、个人的生产消耗；检查、分析定额和费用指标的执行，并采取措施，保证定额和费用指标的实现。这是组织工人参加成本管理工作的一种好形式，也是具有中国特点的责任会计的一种形式，它对于降低成本发挥着重要作用。

二、成本会计人员

在企业中配备必要的能胜任成本工作的会计人员，是顺利进行成本会计工作，全面进行成本管理的关键。成本会计工作要求从事该项业务的人员，除了具备会计职业道德之外，不仅要具备会计和财务管理知识，还应具备经营管理知识，熟悉生产技术，具有运用价值工程、成本最优化理论和方法的技能。

现代成本会计工作不局限于计划、核算和考核，还要进行成本技术经济分析和成本效益分析，尤其是要把预测和决策放在重要地位。所以，成本会计人员要熟练掌握现代成本会计的理论和方法，学会分析，学会预测，学会决策，具备过硬的岗位本领。

随着市场经济的发展，作为企业管理工作综合体现的成本会计工作必然不断地发展与革新。因此，成本会计人员要树立起强烈的经营意识、竞争意识、技术进步意识和效益意识。

现代成本会计要借助于电子计算机。企业的成本会计工作，以电子计算机为手段，可以加快信息反馈速度，增强信息处理能力，对于及时、准确地进行成本预测、决策和核算，有效地实施成本控制，全面地考核、分析成本，都有重要意义。因此，要求成本会计人员会使用电子计算机进行信息处理，以适应经济发展对成本会计越来越高的要求。

战略成本管理是当代成本会计的重要内容之一，因此成本会计人员应具备企业战略管理的知识和能力，在制定企业战略时，能够为管理者提供有关竞争优势来源的信息，如本企业相对于竞争对手在成本、生产能力或效率上的优势，或新增特性的产品或服务能给企业带来的价格优势及收益信息。

企业的成本管理工作是需要企业所有部门和全体员工共同参与的，要想引导企业员工共同努力实现企业的成本管理目标，成本会计人员需要具备很强的领导能力。这些能力包括：①在技术上胜任你的专业领域，并熟悉你的职能领域之外的其他业务。如果你的专业能力不强或不熟悉企业的生产过程和实际运转情况，你就不可能领导其他人；②你必须非常诚信，不仅自己要做出合乎道德的决定，还要以你的言语和行动，帮助建立组织的诚信文化；③你要了解如何有效地实现组织变革，这需要界定未来的愿景，并能够激励和帮助其他人实现这一愿景；④需要很强的沟通能力，必须能与组织的同事在经营和财务方面进行有效沟通，这需要演讲技巧和有效的聆听技巧；⑤必须能够激励和指导他人，应该能够帮助下属进行职业生涯规划或成长；⑥能够有效地管理团队，为达到团队的目标能形成共识。图2-3是企业负责人对财务人员能力重要性的评价[⊖]。

⊖ 资料来源：熊焰韧，苏文兵. 新常态下中国企业需要什么样的管理会计人才？——基于江苏企业负责人的调查，会计研究，2016.12：64－71.

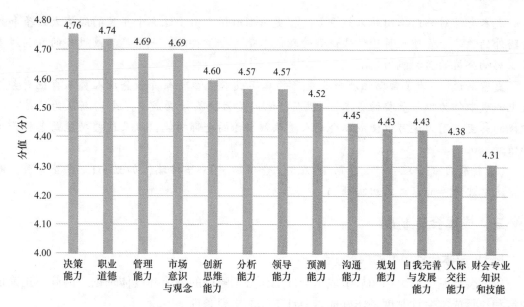

图 2-3 财务人员能力重要性评价

美国管理会计师协会就财务管理人员当前和未来的工作活动和能力做了研究,并公布在 www.ima.net/pracana 上。研究表明在许多企业财务管理人员的职责正转向顾客盈利、流程改进、业绩评价和战略规划。财务管理人员最重要的品质是强烈的职业道德感、理解企业、解决问题、人际沟通和倾听技巧。现代财务和成本经理不再是老套的成本会计人员,而是一位成功的企业顾问。过去的成本会计人员就是精于算计,在办公室里记录着业务的财务数据,这早已成为许多企业的历史。这些企业里现在几乎没有"成本会计人员"的称谓。更常见的头衔是"财务分析师"或"内部企业顾问",还有些企业使用"成本管理分析人员"。这些称谓和所代表的工作证明会计人员从报告编制成为主动管理的管理人员和咨询人员,整个过程出现了飞跃。

资料 1

马门集团成本会计人员的角色

成本会计人员在现代优秀企业中的作用越来越重要。马门集团属于伯克希尔-哈撒韦公司,麾下有 130 多家工厂及服务机构,该集团公司的平均年收入超过 70 亿美元。该集团公司的业务遍布全球 40 多个国家,拥有上千种不同的产品和服务(包括手套、饮水机、铁路油罐车、医药产品以及为银行提供信用服务)。马门集团的管理人员在制定决策的时候都要使用大量的成本会计信息。

在马门集团中成本会计人员的角色是什么?马门集团前任成本管理总裁史密斯说:"在我们的诸多公司中,成本会计的角色已经发生了翻天覆地的变化。"以前,成本会计人员只不过是一些文职人员,他们的工作就是月底的时候分析企业的成本差异。然而现在,马门集团的成本会计人员同经营人员和销售人员紧密配合,并为他们提供有意义的成本信息。史密斯说:"在过去的几年中,成本会计人员已经不仅仅是财务战略和商业战略的咨询者,经营和销售人员也同样需要他们提供的信息。成本会计人员可以帮助他们分析他们的行为是怎样影响成本和利润的。"

中承担和处理企业的全部成本核算工作。这种管理形式有利于减少核算层次，保证核算的质量，但不利于内部各部门的成本控制和管理，不利于全员参与成本管理。它主要适用于规模较小、成本核算简单、成本核算的层次不很复杂的企业，并且这种企业一般对成本的控制和成本责任的考核没有很高的要求。

（2）非集中核算的成本会计管理制度。这种制度也称分级成本核算制度，在此管理制度下，企业一级成本会计管理机构负责组织、领导、协调和管理企业的各级成本核算工作。具体的成本核算，包括成本控制和成本分析等一系列成本管理工作，都由不同职能部门的成本会计人员来承担和处理。企业的一级成本会计管理机构负责总体成本数据的汇总，核算企业一级所发生的各项成本费用，最后提供企业的完整成本管理信息。这种成本会计管理制度有利于提高部门的成本管理意识，并能对部门成本的发生实行有效的控制，且能进行部门成本责任的考核。当然，这种管理方式会增加成本核算与成本管理的层次，要增加一定的会计人员，但对于一个规模较大的企业来讲，这种方式可能是较适宜的。

2. 成本核算按实际或标准成本分类

（1）实际成本核算制度。这种成本核算制度是一种与财务会计制度相一致的核算制度。其所有账户处理和核算程序都是以实际发生额为依据，所有成本信息的提供也全部是以实际成本数据为准。这种方法的优点是能与企业的法定财务会计系统直接相连，但其工作量较大，如要进行成本考核和分析必须另外在账外建立成本标准或成本预算。

（2）标准成本核算制度。这种成本核算制度是一种不同于财务会计的成本核算制度。其所有账户处理和核算程序都是以事先制定的标准成本为依据，所有成本信息的提供也全部以标准成本数据为准，但要在核算过程中专门设立各类成本差异账户，在需要时可随时计算出实际成本。这种方法的优点是不仅可以简化成本的核算工作量，而且有利于企业的成本控制，并将成本的控制融于成本核算的过程中。不足之处是它不能直接与财务会计相连，如要确定企业一定时期的利润，必须将标准成本加减成本差异调整为实际成本。

图 2-4 是 TCL 公司成本会计人员的设置情况。图中的数字代表该部门约当全职员工数。该公司电视机的生产步骤包括自动插件、表面固定技术、半散件组装和电视机成品组装四个步骤。

图 2-5 是第一汽车集团的会计职能层次及相互关系图。从图中可以看出，该集团公司的财务结构主要分为三个层次。图中第一层次为集团层次的财务部门，主要是按照国家的要求负责确定公司的会计和管理体系，监督第二层次对这些制度的实施，并完成应由本层次的财务部门完成的职责，如汇编集团报表，作出预测、分析和协助制定决策。第二层次是子公司层次上的财务部门，负责确定和监督自身的实施细节，并履行数据收集、预算编制、成本控制和数据分析职能。第三层次是分厂或分公司层次，是基本的核算单位，这些单位必须执行上级的各项要求。在这一层次上，各分厂可以制定自己的管理制度，向上级管理层次反馈情况，并履行数据输入、预算编制、成本控制和成本分析等职责。

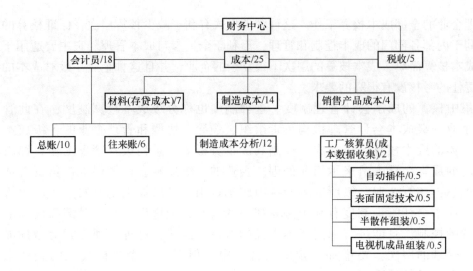

图 2-4　TCL 公司成本会计人员的设置

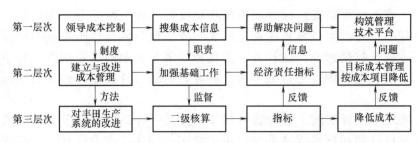

图 2-5　第一汽车集团的会计职能层次及相互关系

四、成本会计的基础工作

完善的成本管理基础工作是成本系统功能发挥作用的必要前提条件和保证。企业应在成本管理机构的领导下，组织各职能部门认真做好成本管理的基础工作。成本管理的基础工作包括以下几个方面：

（一）建立健全原始记录

原始记录是企业在生产经营活动发生时，记载业务事项实际情况的书面凭证。在成本管理中，与成本核算和控制有关的原始记录是成本信息的载体。成本核算是否真实，首先要看原始记录能否正确全面反映各项生产资料和劳动力的消耗情况，以及资金耗费在企业内部的运行状况。企业应根据其生产特点和管理要求，设计简明适用，便于统一组织核算的各类原始记录。与成本管理有关的各类原始记录一般有：

（1）设备使用记录。设备使用记录主要反映设备交付使用、设备开动和运转、设备维修、设备事故、安全生产等情况，如设备交付使用单、设备运转记录、事故登记簿等。

（2）材料物资消耗记录。材料物资消耗记录主要反映材料领取、材料使用、材料退库等情况，如收料单、限额领料单、切割单、材料退库单、代用材料单、补料单、材料消耗单、工具借缴登记簿等。

（3）劳动记录。劳动记录主要反映职工人数、职工调动、考勤、工时记录、工资结算情况，如考勤簿、停工单等。

（4）费用开支记录。费用开支记录反映水、电、劳务以及办公费开支情况，如各种发票、账单等。

（5）产品生产记录。产品生产记录主要反映在产品和自制半成品转移、产品质量检查、产品入库等情况，如生产通知单、废品通知单、自制半成品入库单、产成品入库单等。

（二）建立健全计量验收制度

在企业生产经营活动中，一切财产物资、劳动的耗费和生产成果的取得，都必须进行准确的计量，才能保证原始记录正确，因而计量验收是采集成本信息的重要手段。企业经济活动的计量单位一般分为三类，即货币计量、实物计量和劳动计量。在成本核算中，各项费用开支采用货币计量，劳动生产成果采用实物计量，劳动耗费采用劳动计量，各项财产物资的变动结存，同时采用货币计量与实物计量，并通过二者的核算达到相互核对的目的。

企业一切物资的收发都要经过计量验收并办理必要的凭证手续。为此，第一，要提高员工对这项工作重要意义的认识，同时还须根据不同计量对象，配置必要的计量器具，尤其对消耗量大的水、电、风、气的计量器具要配备齐全。第二，应当设置专职的质量检验机构，辅之以群众性的质量把关活动，形成专职机构与群众检查相结合，以专职机构为主的质量检验制度，做到不符合质量、规格要求的材料物资不入库，不发货。第三，应建立计量仪器和器具的管理与定期检验制度，以保证计量仪器与器具始终处于良好状态。对零部件和产品的质量应不定期进行抽查，以检查质量验收制度的执行情况。

领发材料、半成品、工具等物资，都要有严格的手续和制度规定。有消耗定额的，按定额发料，没有消耗定额的，按照合理用量发料，防止乱领乱用，造成积压浪费。对于每月发生或每批生产剩余的物资应及时办理退库手续或结转到下期继续使用，以便使计入产品成本的物资消耗正确无误。

库存物资应定期进行清查、盘点，做到账实相符，避免差错和毁损变质，防止积压浪费和贪污盗窃，以保护财产物资的安全。

（三）建立健全定额管理制度

定额是指企业在生产经营过程中，对人力、物力、财力的利用应达到的标准。做好定额工作，可以使企业的成本计划编制建立在科学的基础上；使成本核算具有可靠的依据，也为开展成本控制和成本分析提供客观尺度。因此，定额管理是成本控制的基础。与成本有关的定额按其内容可分为：

（1）劳动定额。包括单位产品生产工时定额、单位时间产量定额、台时产量定额等。

（2）设备利用定额。包括单位产品设备台时定额、设备工时利用率定额、台时产量定额等。

（3）物资消耗定额。包括单位产品材料消耗定额，单位产品燃料、动力消耗定额，材料利用定额等。

（4）费用开支定额。包括各种制造费用、销售和管理费用开支定额等。

（5）劳动生产定额。包括生产批量定额、劳动人员定额、出勤定额等。

（6）质量定额。包括产品合格率、一级品率、废品率、返修率等。

制定定额的方法有：

（1）技术计算法。它是根据某项工程、产品或劳务的设计和生产工艺的要求计算出材料消耗定额、工时定额等。

（2）统计分析法。它是根据过去生产同类产品或类似产品的统计资料，并结合当前生产、技术、组织条件的变化等因素，经过分析研究确定各种定额。

（3）经验估计法。它是根据生产工人和技术人员的生产技术经验，结合分析设计图样、工艺过程、所使用的设备与工具、生产组织等实际情况制定各种定额。

各项定额的制定是一项十分复杂的细致工作，需要在企业统一领导下，由各职能部门密切配合进行。在定额制定工作中，一要考虑企业生产发展、经营管理水平提高的要求，同时兼顾企业目前的生产能力和管理现状，使定额既先进，又可行。二要保持定额的相对稳定，同时期的经济活动情况具有可比性。三要注意各种定额之间的内在联系，防止相互脱节、彼此矛盾的情况出现。四要采取相应的组织措施，定期检查分析，保证定额的贯彻执行。

五、制定内部结算价格

为明确企业内部各单位经济责任，企业内部对物资、半成品、产成品在各单位之间的流转，以及相互提供的劳务可以采用内部结算的形式进行核算与管理。内部结算价格不仅是企业内部经济核算的依据，也是划清各责任单位成本责任的依据。

企业对原材料、辅助材料、燃料、动力、工具、配件、在产品、半成品、产成品和劳务等都应制定合理的内部结算价格。

内部结算价格的制定，通常是以计划单位成本作为内部结算价格，也有些单位以产品计划单位成本加上一定利润作为结算价格。后一种方法能调动提供产品或劳务单位的积极性，但是由于所加利润额的多少受主观因素影响较大，对内部单位业绩考评的准确性有一定影响，也不便于计算最终产品的实际成本。

六、建立健全各种规章制度

规章制度是企业为了进行正常的生产经营和管理而制定的有关制度、章程和规则。规章制度是人们行动的准绳，是实施有效成本管理的保证。成本管理的有关规章制度包括：计量验收制度、定额管理制度、岗位责任制度、质量检查制度、设备管理与维修制度、材料收发领用制度、物资盘存制度、费用开支规定，以及其他各种成本管理制度等等。各种规章制度的具体内容，应随其生产经营情况的变化和管理水平的提高而不断改进。

资料2

济宁矿业集团运河煤矿材料成本管理经验

济宁矿业集团运河煤矿材料费用管理实行"全面预算管理、归口分级管理"的原则，即全部资金费用归口分级管理及各类消耗纳入全面预算管理，材料费用管理实行定额、限额、制度管理三种形式。为强化材料管理，促进节支降耗工作，2006年主要采取了以下措施：

1. 定期修订材料定额，科学合理，简便易行

2006年对材料消耗定额进行了全面修订，为了保证科学合理并便于实施，召集各归口部门主要考核人员讨论，确保可操作性。其中，在采煤工区材料消耗定额管理部分，除了针对实际情况对一些定额进行了调整外，为鼓励工区修旧利废，注重设备保养维护，提高设备使用周期，特别规定了这么一条：新面安装的新设备，半年以内下调原定额的10%；新面安装的修复设备，半年以内的原定额不变；修复设备使用半年以上时，材料定额上调10%。也就是说使用修复设备并使用时间长的，增加部分材料费。这一措施，在相当程度上改变了工区过去使用设备时"喜新厌旧"的毛病，节约了大量材料费用。

2. 强化两大部门职责，科学分工，明确责任

对生产区队的材料消耗划分为机电归口材料和生产归口材料两部分。为了便于对工区的管理考核，使工区和归口管理部门合理分担材料费，又把生产归口材料和机电归口材料进行了细分，即大型材料和普通材料，大型材料费用由两大归口管理部门承担，普通材料费用归各工区承担，这样更加便于分类控制考核。材料消耗管理中，对生产、机电两大归口费用进行了明确的界定划分，规范理顺了对生产部门的归口管理范围和职责，有助于其提高责任意识，发挥技术优势促进材料管理。

3. 构建综合控制网络，归口管理，各司其职

除生产、机电两大归口控制部门外，其他归口管理部门，如财务科、矿办、企管办、劳资科、政工科、后勤科、科技信息中心等，也都进行了相应的职责划分和业务界定，使材料费的管理控制形成一个综合的网络，各项材料消耗如机关材料、办公用品、计算机耗材、低值易耗品等都有了各自归口管理部门，强化了职责，提高了效率。另外，他们对于个别材料消耗较多的机关后勤部门，如后勤科、车管科、政工科等建立专项费用，加强专项控制。

4. 强化责任人绩效考核，三级管理，节奖超罚

强化了各工区有关责任人的责任意识，实行三级管理，工区区长、技术员和材料计划员作为责任人员都参与到材料管理中来。各生产工区材料费考核实行月度考核，各工区当月材料奖罚金额直接和工资总额挂钩，按照当月材料费节超金额的50%节奖超罚，并对主要责任人根据节超情况和责任大小进行个人奖励或罚款。这些措施激励性强，强化了有关人员的责任意识，调动了节约积极性，极大地调动了工区的节约意识，构建了更为全面的材料管理体系，使更多人参与到材料管理中来，提高了管理效果。

5. 每月进行材料管理分析，总结经验，解决问题

每月都召开经济活动分析会，及时进行分析总结。主要有：分析矿计划和归口管理部门计划的落实情况；对比分析原煤成本明细项目的消耗情况和升降原因；归口部门对分管材料费的消耗情况，对比分析升降原因；分析全矿用电情况，说明峰谷用电量及主要用电分布和变化；对固定资产、大型材料、专项工程材料等使用消耗进行分析；研究新技术、新工艺，促进技术创新，降低消耗；总结节支降耗和材料考核的经验，提出合理化建议和意见。通过以上工作，能够及时地发现问题、分析问题、解决问题，并在会后按照任务进行解决、落实，保证了材料管理的深化发展和问题得到及时解决。

通过以上措施，运河煤矿材料管理有了很大提高，取得了良好的成绩。扣除不可比因素，2006年材料消耗总额比2005年降低了737万元，材料单位成本降低5元/t，对于降低成本消耗、提高企业经济效益起到了积极的作用。

（资料来源于网络，http：//www.coal.org.cn/news/140030.htm。）

资料3

江西铜业集团公司的成本管理方法

江西铜业集团公司是中国最大的铜生产企业，它拥有两处中国最大的铜矿以及一处中国最大的冶炼厂。它在中国最先采用从日本和芬兰引入的新技术，其冶炼炉耗能较低，自动化程度较高。除铜外，它还生产银、金和其他副产品。该公司的降低成本方法包括：

（1）技术创新。成本节约中约有50%来自这一项。技术创新包括对现有闪速炉（其产能从75 000t提高到300 000t）的改进。

（2）管理上的改进。成本节约中有20%来自这一项。这一类的创新包括装置一个调度（卫星）系统、提高回收率和提高铜精矿的品位。

（3）资本管理和资产管理。成本节约中有3%~5%来自这一项，包括降低债务筹资的成本。

（4）材料集中采购。成本节约中约有1/3来自这一项。

该公司每年都会为次年编制计划。必要时还会对计划作"动态调整"。如果能源成本有所变化，公司就会调整采购部门的计划成本。凡遇重大的自然条件变化或重大的市场价格变化（如石油），或政府的新规定对成本产生重大影响时，都会进行调整。

该公司的成本控制在三个层面上展开，分别是公司层面、分厂（冶炼厂和矿山）层面和车间层面。

（资料来源于《管理会计在中国》，瑞夫·劳森著，杨继良，姚炜译，经济科学出版社。）

第二篇 成本核算

第三章　成本核算概述
第四章　费用在各种产品之间的归集和分配
第五章　完工产品和在产品成本的划分
第六章　产品成本计算方法概述
第七章　产品成本计算的基本方法
第八章　产品成本计算的辅助方法

第三章

成本核算概述

> **本章学习目标**
> - 明确费用按经济内容分类与按经济用途分类的意义;
> - 理解费用要素与成本项目、生产费用与产品成本的含义及相互关系;
> - 了解成本核算的含义及其方法体系;
> - 明确成本核算的原则与要求;
> - 掌握成本的核算程序;
> - 明确制造业、商业和服务业的成本流。

第一节 费用的分类

工业企业生产经营过程中的耗费是多种多样的,为了科学地进行成本管理,正确计算产品成本和期间费用,需要对种类繁多的费用进行合理分类。费用可以按不同的标准分类,其中最基本的是按费用的经济内容和经济用途分类。

一、费用按经济内容分类

企业的生产经营过程,也是物化劳动(劳动对象和劳动手段)和活劳动的耗费过程,因而生产经营过程中发生的费用,按其经济内容分类,可划归为劳动对象方面的费用、劳动手段方面的费用和活劳动方面的费用三类。这三类可以称为费用的三大要素。为了具体反映各种费用的构成和水平,还应在此基础上,将其进一步划分为以下几个费用要素:

(1)外购材料。它是指企业为进行生产经营而耗用的一切从外单位购进的原料及主要材料、半成品、辅助材料、包装物、修理用备件和低值易耗品等。

(2)外购燃料。它是指企业为进行生产经营而耗用的一切从外单位购进的各种固体、液体和气体燃料。

(3)外购动力。它是指企业为进行生产经营而耗用的一切从外单位购进的各种动力。

(4)职工薪酬。它是指企业应计入产品成本和期间费用的职工薪酬。按《企业会计准则第9号——职工薪酬》的规定,职工薪酬主要是指职工工资、奖金、津贴和补贴、职工福利费、医疗保险费、工伤保险费和生育保险费等各项社会保险费以及住房公积金、工会经费、职工教育经费等。

(5)折旧费。它是指企业按照规定的固定资产折旧方法计算提取的折旧费用。

(6)利息支出。它是指企业应计入财务费用的借入款项的利息支出减利息收入后的净额。

（7）其他支出。它是指不属于以上各要素但应计入产品成本或期间费用的费用支出，如差旅费、租赁费、外部加工费以及保险费等。

按照以上费用要素反映的费用，称为要素费用。将费用划分为若干要素分类核算的作用：一是可以反映企业一定时期内在生产经营中发生了哪些费用，数额各是多少，据以分析企业不同时期各种费用的构成和水平。二是可以反映企业生产经营中外购材料、燃料、动力以及职工薪酬的实际支出，因而可以为企业核定储备资金定额、考核储备资金的周转速度，以及编制材料采购资金计划和职工薪酬计划提供资料。但是，这种分类不能说明各项费用的用途，因而不便于分析各种费用的支出是否节约、合理。

二、费用按经济用途分类

成本会计系统的核心目标之一是计算产品成本以编制对外财务报表。为了计算产品成本，会计准则要求成本按其服务的目的或用途（职能）分类。成本按其用途分为生产成本和非生产成本两类。生产成本是与生产产品或提供服务相关的那些成本；非生产成本则是与研发、设计、营销、配送、客户服务和日常管理相关的那些成本。非生产成本一般又分为两大类：营销、配送和客户服务的成本，通常被称为销售费用；研发成本、设计成本和日常管理成本通常被称为管理费用。

1. 制造成本（生产成本）

对于有形商品而言，生产成本和非生产成本分别被称为制造成本和非制造成本。制造成本可以再进一步分为直接材料、直接人工和制造费用，在提供对外财务报表时，一般只有这三种成本要素可以被分配到产品。

（1）直接材料。它也称原材料，是指构成产品实体的原材料以及有助于产品形成的主要材料和辅助材料。因为通过实际观察可以计量每种产品耗费材料的数量，因而这些材料能够直接追溯到生产的具体产品或服务上去。例如，制造汽车使用的钢铁、做家具使用的木料以及做牛仔裤使用的粗厚布料都是直接材料。

（2）直接人工。它是指在生产中对材料进行直接加工和制成产品所耗用的人工的工资、奖金、津贴和补贴，以及按规定比例提取的职工福利费、医疗保险费、养老保险费、失业保险费、工伤保险费和生育保险费等社会保险费、住房公积金、工会经费和职工教育经费。同直接材料一样，通过实际观察也可以计量出生产某种产品或服务耗费的人工数量。那些把原材料转化成产品或向客户提供服务的员工就是直接人工。如海尔电器公司装配线上的工人、家具厂的油漆工人、餐馆的厨师、制衣厂的缝纫工和中国国际航空公司的飞行员都是直接人工。

（3）制造费用。它是指在生产中所发生的那些除了直接材料及直接人工以外的各种费用。具体指企业各生产单位（分厂、车间）为组织和管理生产所发生的费用，以及生产单位房屋、建筑物、机器设备等的折旧费、设备租赁费（不包括融资租赁费）、机物料消耗、低值易耗品摊销、水电费、运输费、设计制图费、试验检验费、劳动保护费、季节性停工和修理期间的停工损失等费用。

西方成本会计中，制造费用也称为厂房费用（Factory Overhead）或间接制造成本（Indirect Manufacturing Cost），这些名称的含义与制造费用是一致的。

以上各项目按经济用途划分是多数企业计算产品成本时成本分类的依据，所以将这些项目称为成本项目。各企业生产特点不同，可根据各项费用支出的比重和成本管理的要求，在上述成本项目的基础上，按需要适当增加项目，如外部加工费较多的企业可增设"外部加工费"项目；工艺上耗用燃料和动力较多时，应增设"燃料和动力"项目；废品损失在产品成本中占有一定比例时，应增设"废品损失"项目。

上述制造成本项目与费用要素既有联系又有区别。两者的联系在于成本项目是在费用要素基础上进行的再分类。凡由一个费用要素构成的成本项目称为单一成本项目，例如直接材料、直接人工；凡由几个费用要素构成的成本项目称为综合成本项目，如制造费用、废品损失等。成本项目与费用要素的区别是：①两者分类的角度不同，前者按经济用途进行分类，后者按经济内容进行分类。②两者构成的内容不同，费用要素从性质看具有单一性的特点，从去向看则是多样性的。成本项目从性质看，有些项目是综合性的，其去向则是同一性的。③两者用途不同，费用要素用途已如上所述，成本项目则是用于组织成本核算，实行成本控制，进行成本分析、考核以及计算盈亏。

对制造成本中的上述三个项目按照不同方式进行组合，又可以得到一些不同的成本概念。例如，直接材料和直接人工之和称为主要成本，它们通常是产品成本的主要部分；直接人工和制造费用之和称为加工成本，它是指产品加工时所发生的各项成本。但是，在企业生产自动化之后，产品成本结构发生了重大变化，有些企业的制造费用占制造成本的比例已超过50%。在这种情况下，直接材料和直接人工之和显然不再是主要成本了。此外，在高度自动化的企业中，生产工人往往必须完成多种工作，而且直接人工只占制造成本极小部分，很难或不值得花很大精力将工资归属到各产品，所以，有些企业将直接人工成本与制造费用合并为一个项目名称为加工成本，直接材料则单独列为一项。

2. 非制造成本（非生产成本）

非制造成本是指与产品制造过程没有直接联系的非生产性成本耗费。它按照经济用途可分为销售费用、管理费用和财务费用三类。

（1）销售费用。它是指企业销售商品和材料、提供劳务的过程中发生的各种费用，包括保险费、包装费、展览费和广告费、商品维修费、预计产品质量保证损失、运输费、装卸费以及为销售本企业商品而专设的销售机构（含销售网点、售后服务网点等）的职工薪酬、业务费和折旧费等经营费用。

（2）管理费用。它是指企业为组织和管理企业生产经营所发生的管理费用，包括企业在筹建期间内发生的开办费、董事会和行政管理部门在企业的经营管理中发生的或者应由企业统一负担的公司经费（包括行政管理部门职工薪酬、物料消耗、周转材料摊销、办公费和差旅费等）、董事会费（包括董事会成员津贴、会议费和差旅费等）、聘请中介机构费、咨询费（含顾问费）、诉讼费、业务招待费、房产税、车船使用费、土地使用税、印花税、技术转让费、矿产资源补偿费、修理费、研究开发费用和排污费用等。

（3）财务费用。它是指企业为筹集生产经营所需资金等发生的筹资费用，包括利息支出（减利息收入）、汇兑损益以及相关手续费、企业发生的现金折扣或收到的现金折扣。

制造性企业通常是将制造成本作为产品成本处理，而将非制造成本视为期间成本，也称为期间费用。它是随着企业生产经营活动持续期的长短而相应增减的成本,与产品生产没有联系,而是直接计入当期损益的本期费用。

成本按经济用途划分是最基本的分类,按照这种分类,可以了解制造成本的构成情况,对成本计算和确定损益具有重要意义。

3. 生产费用与产品成本的关系

尽管在有的场合"生产费用"与"产品成本"两词是通用的,但生产费用与产品成本仍然是两个不同的概念。

生产费用是指企业在某一时期进行生产所发生的全部费用,是企业在某一时期投入生产的 c、v 个别劳动耗费,是从"投入"的角度来考查的。产品成本则是从"产出"的角度来考查的,是指企业生产某种(些)产品所发生的生产费用总和,是产出产品所含的 c、v 个别劳动耗费的总和。

生产费用与产品成本经济内容是一致的,都是企业的 c、v 个别劳动耗费,生产费用的发生额是构成产品成本的基础,只有生产费用才能计入产品成本,但它们之间仍存在区别,具体表现如下:

(1) 构成内容不同。生产费用本意是指工业性生产费用。但有些非工业性生产费用在发生时不能直接划分出去,如生产车间为企业专项工程或其他非工业生产部门提供劳务作业所发生的费用,而产品成本只由工业性生产费用所构成。

(2) 数量不等。生产费用体现的是本期生产过程中的实际生产耗费,而产品成本反映的是本期完工产品应负担的生产耗费。本期生产费用并不完全形成本期的完工产品成本,它还包括一些应结转至下期期未完工产品上的费用;同理,本期完工产品成本并不都是由本期发生的费用所构成,它可能还包括部分期初结转来的未完工产品成本,即上期发生的生产费用。因此,各期的生产费用总额和产品的制造成本总额往往不相等。

生产费用以费用要素来反映它的构成内容,产品成本以成本项目来表示它的构成内容。下面,我们设简例来说明生产费用和费用要素与产品成本和成本项目的联系与区别。

【例】 假设某家具厂本月生产一批家具,生产领用木材 14 000 元,修理厂部办公室门窗领用木材 500 元,共耗用木材 14 500 元。这项费用当然构成产品成本,但如果以一笔总额计入产品成本中,就不便分析生产家具究竟耗用了多少木材,因此应将 14 000 元单独以工艺过程用"直接材料"成本项目反映,另外的 500 元则反映于"管理费用"中的"修理费"细目中。

另外,本月外购动力(电费)1 000 元,其中生产设备运转用电 800 元,车间照明用电 50 元,厂部照明用电 150 元,也应分别计入工艺过程用"燃料和动力""制造费用"和"管理费用"的"水电费"细目中。本月应付职工薪酬 9 500 元,应付生产人员薪酬 7 000 元计入"直接人工"成本项目,车间管理人员薪酬 1 000 元和厂部职工薪酬 1 500 元应分别计入"制造费用"和"管理费用"的"工资"细目中。本月发生的其他费用 2 000 元,属于"制造费用"的 200 元,属于"管理费用"的 800 元,属于"销售费用"的 1 000 元。

此外,还知道该企业生产的这批家具是上月投产的,本月全部完工,月末无在产品。

本例及其他有关资料均反映在图 3-1 中,图 3-1 简要地说明了生产费用与产品成本的联系与区别。图中生产费用合计为27 000元，但计入本期产品成本的只有23 050元，此外，上期生产产品发生的费用17 500元，产品成本合计为40 550元。

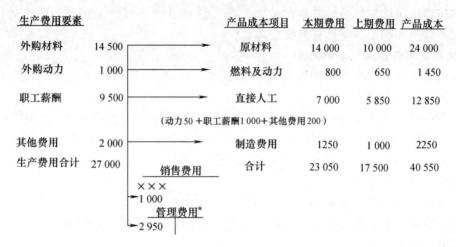

图3-1　生产费用和费用要素与产品成本和成本项目的关系

* 管理费用2 950 = 材料500 + 动力150 + 职工薪酬1 500 + 其他费用800

▶▶ 三、产品成本项目的特性

为了便于对成本进行核算、分析与控制，有必要对成本项目的特性进行研究。根据成本项目的不同特征，可以将成本项目划分为不同的类别。

（一）直接成本与间接成本

1. 直接成本

直接成本是指与某一特定成本计算对象相联系，并能以经济可行的方式追溯到成本计算对象的成本。比如钢材和轮胎成本是比亚迪F6的直接成本。钢材或轮胎成本能方便地追溯到比亚迪F6上。比亚迪F6生产线上的工人要求仓库发料，材料调拨单确认供应给比亚迪F6的材料成本。同样，工人在工时卡片上记录花在比亚迪F6上的工作时间，人工成本能方便地追溯到比亚迪F6上。成本追溯这一术语被用来描述把直接成本分派到特定成本计算对象的过程。

2. 间接成本

间接成本是指与某一特定成本计算对象相联系，但不能以经济可行的方式追溯到成本计算对象的成本。如比亚迪公司监督不同型号汽车生产的车间管理人员的工资是比亚迪F6的间接成本。因为监督生产管理对比亚迪F6的生产是必要的，因此车间生产管理成本与成本计算对象（比亚迪F6）相关。因为车间管理人员也监督其他产品的生产，如比亚迪S6轿车，所以车间管理成本是间接成本。与钢材和轮胎成本不同，车间管理服务没有调拨单，实际上不可能将车间管理成本追溯到比亚迪F6上。成本分配这一术语用来描述把间接成本分配到特定成本计算对象的过程。成本分配包含两方面的含义：①追溯直接成本到成本计算对象。②分配间接成本到成本计算对象。

3. 影响直接成本与间接成本划分的因素

区分直接成本与间接成本，并非单纯按成本项目或费用的性质来决定，还应考虑以下几点：

(1) 该项成本占产品成本比重的大小。假若占产品成本的比重很微小，即使同特定产品有直接关系，也不值得花费很大的精力将其追溯到各产品成本中。

(2) 计算技术水平。例如，某些费用在手工操作状态下，很难直接计入特定产品，但是采用电算化技术后可以简便地作为直接成本处理。

(3) 生产设备布局。如果一组生产设备专用于生产某一特定产品，那么该组生产设备的相关费用均可作为直接成本。

(4) 生产工人工资制度和原材料利用方式。生产工人工资可以采用计件工资和计时工资，假若是前者则属于直接成本，如果是后者则属于间接成本。原材料有一料一用和一料多用两种方式，用于生产某一特定产品的原材料，可以直接追溯计入该产品成本，几种产品共同耗用的原材料则需要采用分配方式计入各产品成本。

(5) 企业生产的特点。在生产单一产品的企业，产品制造过程中所发生的各项成本都是直接成本；假若企业生产联合产品，则制造过程中全部成本均属间接成本。

将成本划分为直接成本和间接成本，对于正确组织产品成本核算是十分重要的。凡是直接成本必须根据原始凭证直接计入该种产品成本；对于间接成本则要选择合理的分配标准分配计入相关产品成本。分配标准是否恰当，将直接影响成本的正确性。在实际工作中，应尽量扩大直接成本，减少间接成本，以保证成本核算更符合实际。

现将以上两种成本分类的关系，用一个图式来概括，如图3-2所示。

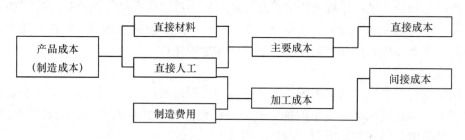

图3-2　成本分类图

（二）单要素成本与综合成本

成本项目可分为单要素成本与综合成本。单要素成本是指由单个成本要素构成的成本，在账务处理上可由各该要素账户贷方直接转入基本生产账户借方，如作为直接材料、燃料及动力、直接人工等成本项目处理的成本；综合成本是指由多个成本要素构成的成本，在账务处理上必须通过归集分配账户汇总后再转入基本生产账户，如制造费用。

（三）变动成本与固定成本

按成本与产量的关系，成本可以分为变动成本与固定成本。变动成本是指成本总额随产量变动而成比例变动的成本，如原材料、燃料和动力、生产工人的计件工资等成本。固定成本是指在相关产量范围内成本总额固定不变的成本。一般而言，折旧费、管理人员薪酬等属于固定成本。变动成本和固定成本的划分是从成本总额与产量的关系来说明的，从单位产品耗费来看，单位产品的变动成本却是固定的，不随产量的变动而变化。单位产品分摊的固定成本则是变动的，会随产量的变动而变化，如单位产品分摊的折旧费则会随产量的变动而有所不同。区分变动成本和固定成本有助于进行成本的预测、决策和分析。

四、实际工作中运用的各种成本概念

在实际工作中，产品成本表现为不同的形式，具有不同的称谓。经常用到的各种产品成本概念概括分类如下：

（一）按产品成本计算对象的形态分类

按产品成本计算对象的形态分类，分为产成品成本、半成品成本、在产品成本和代制品成本。

1. 产成品成本

产成品是指完成全部生产过程、验收合格、可供销售的产品。产成品成本是指产品从投入生产开始到产品达到可供销售状态为止所发生的全部耗费。

2. 半成品成本

半成品是指已经完成一个或多个生产步骤（车间）的加工过程，但尚未最后完工，需要转入下一生产步骤（车间）进一步加工的产品。留存于车间的半成品和存放在半成品仓库的半成品都包括在内。半成品成本指生产半成品所发生的全部耗费。

3. 在产品成本

在产品是指处于生产过程之中的产品。从车间来看，在产品是指正处于生产加工过程中的产品，通常也称为在制品。从整个企业看，在产品除包括前述的车间在产品外，还包括半成品。在产品成本指在产品在生产过程中发生的耗费。

4. 代制品成本

代制品是指企业以来料加工方式为外单位加工制造的产品。代制品成本是企业接受外来原材料加工制造代制品而发生的加工费，一般包括除原材料成本以外的各项生产耗费，如生产人员薪酬、燃料和动力费、制造费用等。

5. 商品产品成本

产成品成本、可供销售的半成品成本、已经完成的代制品成本可以合并称为商品产品成本。商品产品成本是指企业生产的可供对外销售的产品成本。

（二）按产品成本的累计或平均分类

按产品成本的累积或平均分类，分为产品总成本和产品单位成本。

1. 产品总成本

产品总成本是指企业生产产品所发生的全部成本总额。总成本通常指企业所生产的特定品种产品的总成本。有时也指企业所生产的全部产品总成本。

2. 产品单位成本

产品单位成本是指企业生产每一单位产品所发生的成本，等于产品总成本除以产品产量。产品计量单位有单件、单台、千克、吨等。

（三）按成本确定的时间分类

按成本确定的时间分类，分为预测成本、定额成本、计划成本和实际成本。

1. 预测成本

预测成本是指运用一定的方法测算的将来可能发生的成本。预测成本通常以某种设计或改革方案为前提，不同的方案会有不同的成本。预测成本是成本预测所得到的结果，是经营决策中对有关方案进行比较和选择的重要依据。以特定设计方案为依据确定的预测成本也称为设计成本。

2. 定额成本

定额成本是指根据消耗定额所确定的产品生产成本。企业在日常成本控制中，为了及时有效地控制成本，往往以现有的生产条件、工艺方法、设备性能等为基础，结合动作研究和工艺测试，确定产品生产过程中的各项消耗定额，作为各项消耗的日常控制标准。产品定额成本被用来作为日常成本控制标准和依据。成本发生时，将实际成本与定额成本相比较，可以及时揭示实际消耗脱离定额的差异，以便查找原因，及时采取控制措施。定额成本随着生产条件、工艺方法、设备性能、职工的劳动技能及其熟练程度的变化而发生变化。当企业进行技术改造、产品改造，对生产工艺过程进行重大调整，以及职工随着经验的积累而逐步提高劳动生产效率时，企业应该调整定额消耗和修订定额成本。修订以后付诸实施的定额成本称为现行定额成本。每一次修订都会形成新的定额成本。

3. 计划成本

计划成本是指根据计划期的各项消耗定额、有关的生产经营计划等资料确定的计划期生产产品应该达到的成本，计划期通常为一年。计划成本与定额成本都是以消耗定额为依据进行计算的。在计划期内，如果定额成本不发生变化，则计划成本与定额成本是一致的。如果定额成本随着工艺技术水平和劳动生产率等因素的变动而经常修订，则在计划期内，会有多个定额成本，在这种情况下，产品的计划单位成本就等于全年加权平均的单位定额成本。可见计划成本是根据有关资料计算的计划期内的平均生产成本。包括某种产品的计划单位成本和总成本，也包括全部产品的计划总成本。计划成本可作为年度考核的依据。

4. 实际成本

实际成本是指根据产品生产的实际耗费计算的成本。正确计算产品的实际成本，有助于正确进行在产品和产成品存货的估价，有助于正确计算企业的损益，同时也能为成本控制提供真实准确的信息。

（四）按成本发生的空间范围分类

企业生产部门可以进一步划分为班组、工序、车间等，在这些空间发生的成本分别构成了班组成本、工序成本和车间成本。

1. 班组成本

班组成本是指生产班组生产产品直接发生的耗费，它包括生产产品直接发生的原材料、辅助材料、燃料和动力、生产人员薪酬以及其他费用。

2. 工序成本

工序成本是指产品在生产加工的某一工序上所直接发生的各种耗费。

班组成本和工序成本的内容之所以只包括班组、工序为生产产品所发生的直接成本，是因为班组、工序是最基层的生产单位，它们只是在既定生产条件下按照生产指令进行生产，权利范围有限，责任明确，只需要对发生在班组、工序的直接成本负责。它们的直接成本包括生产产品所消耗的原材料、辅助材料、燃料和动力、生产人员薪酬，以及发生的其他直接成本。

3. 车间成本

车间成本是指生产车间从产品投产开始至该车间完工为止所发生的耗费，包括车间所消耗的原材料、自制半成品、燃料和动力、生产人员薪酬，以及发生的制造费用和废品损失等。

（五）按成本的可控性分类

按成本的可控性分类，分为可控成本和不可控成本。企业所发生的生产成本与特定的生产部门和生产环节相联系。所发生的成本是否为该部门的可控成本，取决于各环节、各部门是否有能力对这些成本进行控制。能够为特定部门的职能权限所控制的成本称为该部门的可控成本。对于生产过程中发生的材料成本，生产部门所能控制的是材料的消耗量，按照特定价格（如计划单价）及其消耗量计算材料成本，属于生产部门的可控成本。由于生产部门没有能力也没有责任控制材料价格，因此由价格变动原因引起的材料成本变动，则属于生产部门的不可控成本。可控成本和不可控成本是与特定的部门、环节相联系的，一个部门的不可控成本可能是另一个部门的可控成本，例如材料价格变动引起的材料成本变动，对于生产部门而言是不可控成本，对于材料采购部门而言，则应该是可控成本。划分可控成本和不可控成本有助于明确成本责任，便于进行成本考核。

五、产品成本的构成内容

产品成本是特定产品承担的成本。产品成本按照使用目的不同，有三种不同的含义：

1. 对外财务报告中的产品成本

对外财务报告中的产品成本通常指产品制造成本，也称产品生产成本，是生产产品所发生的各种耗费，包括为生产产品所消耗的直接材料、直接人工和制造费用等。它是资产负债表和损益表中所报告的成本。

2. 与政府协议定价中的产品成本

政府采购的产品如军需品等，往往通过与企业签订补充协议，以成本为基础定价。作为定价基础的成本往往包括生产成本、设计成本和部分的开发与研究成本，而通常意义上的销售费用等往往不包括在成本之中。成本的具体内容由政府机构与企业共同商定。政府机构通常对产品成本中应该包括的内容和不应该包括的内容做出明确的规定。

3. 企业定价中的产品成本

企业定价中的产品成本通常包括从研究开发开始到产品送到顾客手中为止全部价值链中的成本。其在内容上包括产品的制造成本、分摊的管理费用、销售产品所发生的费用，以及必要的顾客服务成本。这种意义上的成本在财务会计中使用较少，通常用于产品定价、产品盈利能力分析和产品成本的可行性研究。

上述产品成本之间的关系如图3-3所示。

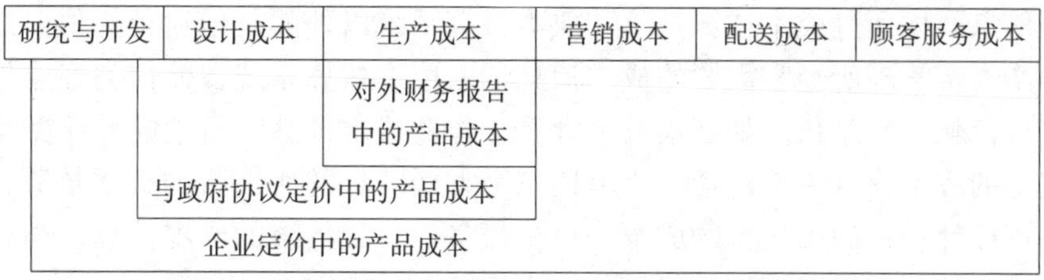

研究与开发	设计成本	生产成本	营销成本	配送成本	顾客服务成本
		对外财务报告中的产品成本			
	与政府协议定价中的产品成本				
	企业定价中的产品成本				

图3-3 产品成本构成内容之间的关系

第二节 成本核算及其方法体系

一、成本核算的含义与目的

成本核算是利用会计核算体系，对发生的生产费用进行记录、分类，并采用适当的方法计算出各成本计算对象的总成本和单位成本的过程。严格地讲，成本核算应该对为实现经营目的而发生的各种经济资源的耗费进行核算。例如，在制造业，生产经营过程分为采购、生产、销售三个环节，相应地，成本核算应该包括采购成本核算、生产成本核算、销售成本核算。同时，对于为取得各项生产要素而发生的耗费，也应该进行成本核算。由于材料采购成本、固定资产购置成本等核算工作在会计核算的有关内容已经作了说明，因而，在成本会计中，成本核算主要是指产品成本核算。

成本核算的基本目的是反映生产经营过程中实际发生的耗费、为损益计算和资产计价提供成本资料。为了实现该目的，在成本核算过程中，要对发生的各项消耗进行记录、分类，并且要按照成本发生的目的和用途进行分摊，以计算所生产的产品、所提供的劳务的总成本和单位成本，以满足资产计价和损益计算的要求。为损益计算和资产计价目的所进行的成本核算构成成本会计的基本内容。由于资产计价和损益计算受到会计准则和会计制度的严格约束，因而，为此目的进行的成本核算要遵循会计准则和会计制度的要求。

成本核算经历了漫长的演进过程。在其发展演进过程中，成本控制的发展对成本核算的目的和作用提出了新的要求。一方面，成本核算要为成本控制提供所需要的基本资料。成本控制过程中所需要的各种成本资料，一部分通过成本核算进行提供，一部分通过成本核算以外的其他途径提供。为成本控制目的所进行的成本核算，应当按照成本控制的要求进行。在核算实务中，为了节约核算本身的成本，往往将为成本控制目的所进行的成本核算与为损益计算和资产计价目的所进行的成本核算通过一定的方式结合起来，使成本核算所提供的成本资料不仅能够满足损益计算和资产计价的要求，同时也能满足成本控制的需要。通过成本核算为成本控制提供的成本资料如标准成本、成本差异、责任成本等，已经或正在逐步纳入成本核算体系，成为成本核算体系内容的组成部分。另一方面，成本核算汇集了各方面的信息资料，与成本发生过程之间的联系较为密切，成本控制的部分功能也逐步融入成本核算过程之中，如责任成本的控制和考核等。当代成本核算融合了日常成本控制的部分功能。

不仅资产计价、损益计算和成本控制需要通过成本核算提供成本资料，并且，企业生产经营管理过程中为着诸多的决策目的和控制目的，也需要大量的成本信息。生产经营所需要的成本信息同样通过成本核算系统和成本核算系统以外的其他途径提供。成本核算正在逐步将生产经营管理所经常需要的成本信息纳入成本核算系统，使这类经常性成本信息的提供逐步规范化、程序化。如变动成本计算、作业成本计算、质量成本计算等。

较为完备的成本核算体系包括了为上述三个方面的目的所进行的成本核算，其中，为损益计算和资产计价目的而进行的成本核算是最基本、最传统的成本核算。当代成本会计正在强化为成本控制和经营管理为目的的成本核算。

成本核算包括两个相互关联的过程：①记录消耗。按成本的构成内容对发生的成本进行分类、记录，以反映所发生成本的构成内容，如对发生的材料、人工等消耗进行分类记录等。这部分内容与日常会计核算密切联系。②成本计算。将汇集的成本分配给各成本计算对象，并采用适当的成本计算方法，计算出特定成本计算对象的总成本和单位成本。

二、成本核算的方法体系

（一）按成本计算的目的划分

成本核算的方法体系可以按照不同的标准进行分类。按照成本核算的目的划分，成本核算体系可以划分为：

1. 以财务报告为目的的成本计算——完全成本计算

该类成本计算主要是产品成本计算，其目的主要是为确定资产负债表中的存货项目和损益表中的销货成本（主营业务成本等）提供成本资料。按照目前的会计准则和有关制度规定，所计算的成本首先是完全成本，也就是为生产产品所发生的全部耗费。其次，所计算的是制造成本，也就是说，产品成本的内容截止到制造过程为止，不包括为销售产品发生的费用，也不包括企业行政管理部门为管理企业的生产经营活动所发生的管理费用。为此目的的成本计算是目前成本核算的基本内容。

2. 以成本控制为目的的成本计算——标准成本计算、责任成本计算

标准成本计算是在成本发生时，将实际发生的成本分解为标准成本和脱离标准成本两个部分，并通过差异分析揭示成本差异产生的原因。标准成本计算以及时控制成本为目的，通过成本差异的揭示与报告，以便有关部门及时采取措施控制成本，其以标准成本为基础，以实际成本与标准成本之间的差异的及时揭示为重点。在会计实务中，为了节约核算成本，标准成本计算往往与以资产计价、损益计算为目的的完全成本计算相结合，通过一个成本计算系统提供的成本资料，同时达到两个方面的目的。

责任成本计算是以责任部门为成本计算对象，以可控成本为核算内容，通过汇集各责任部门的可控成本，确定各责任部门的责任成本。责任成本计算是为落实经济责任制、实行责任管理而进行的成本计算，是责任会计的组成部分。责任成本计算与产品成本计算是两个不同的计算系统，它们也可以结合起来。

3. 以经营决策为目的的成本计算——变动成本计算、作业成本计算

经营决策和管理控制所需要的部分成本资料也可以通过成本计算系统获得。变动成本计算所提供的变动成本和固定成本资料有助于进行决策分析和管理控制。

作业成本计算是在计算作业成本的基础上计算产品成本的过程。作业是企业生产经营

过程中各环节、各个层面的各项活动。作业成本是企业作业过程中所发生的各项消耗。产品消耗作业，作业消耗资源，产品成本由作业成本构成。作业成本计算是适应作业管理和适时制的需要而进行的成本计算，从资产计价和损益计算的角度，作业成本计算所提供的成本资料更为准确，从管理的角度，它能够为管理提供更为有用的资料。

（二）按成本计算对象划分

成本是为实现特定目的而发生的资源耗费。"特定目的"是成本的目的物，构成成本计算对象。企业发生的消耗按照成本计算对象进行汇集，构成各种成本计算对象的成本。按照成本计算对象的不同，成本计算可以分为：

1. 产品成本计算体系

产品成本计算是指以产品作为成本计算对象进行成本的汇集与成本计算，发生的成本以产品为核心进行汇集。产品成本计算体系具体包括：产品（完全）制造成本计算、产品变动成本计算、标准成本计算等，典型的是产品（完全）制造成本计算。

2. 责任成本计算体系

责任成本计算是指以责任部门为成本计算对象进行成本的汇集与成本计算。其成本计算对象与产品成本计算对象存在显著差异。责任成本计算以生产部门责任成本为重点，但非生产部门的责任费用计算也纳入责任成本计算体系之中。

3. 作业成本计算体系

作业成本计算是指以作业为对象进行成本的汇集和作业成本的计算。作业是一个广义的概念，某个部门的活动可以看作是一项作业，生产经营过程中的某一项具体活动也是作业。作业不只限于生产作业，非生产部门的业务活动也可以看作是作业。与生产活动相关的作业成本，构成产品的制造成本。在作业成本计算下，产品成本可以以作业成本为基础进行计算，但作业成本不等同于产品成本。

第三节 成本核算的原则与要求

一、成本核算的原则

成本核算原则是成本核算过程中应该遵循的基本规范。为了协调各种成本计算目的，使成本计算制度化和规范化，同时也为了规范成本会计人员的成本核算行为，提高成本信息的可靠性，在成本核算过程中要遵循一系列的原则，这些原则主要有：

（一）实际成本计价原则

实际成本计价亦称历史成本计价，它包含三个方面的含义：①对生产所耗用的原材料、燃料和动力等在数量方面要按其实际耗用数量计算，在价格方面，并非必须采用实际价格，也可以采用计划价格计价。但是在计入产品成本时，对计划价格同实际价格的差异要作调整，将其调整为实际成本。②对固定资产折旧费必须按照其原始价值和规定的使用年限计提。③对完工产品要按实际成本计价，但它并不排除"库存商品"账户及其明细账也可按计划成本计价，对于实际成本与计划成本之间的差额应设差异账户进行登记，最终通过差异的分配将计划成本调整为实际成本。

（二）成本分期核算原则

企业生产经营活动是连续不断进行的，为了计算一定时期所生产产品的成本，企业就必须将生产经营活动划分为若干个长度相等的成本会计期间，分别计算各期产品的成本。成本核算的分期必须与会计年度的分月、分季、分年相一致，这样有利于各项工作的开展。但必须指出，成本核算的分期与产成品（完工产品）成本的计算期不一定一致，无论企业的生产类型如何，成本核算中的费用归集、汇总和分配，都必须按月进行。至于完工产品成本的计算，它与生产类型有关，可以是定期的，也可能是不定期的。

（三）合法性原则

成本核算不仅涉及成本资料的准确性及其对企业内部管理产生的影响等问题，还涉及国家与所有者之间的利益关系问题，因此，对于以满足财务会计损益计算和资产计价为目的成本计算，要按照国家法律、法令和制度等对发生的支出、成本和费用的规定进行处理，遵守成本开支范围和成本开支标准。

（四）重要性原则

在进行成本核算时，所采用的成本计算步骤、分配方法、计算方法等，要根据企业的具体情况进行选择。对于数额较大且构成复杂的产品成本和主要产品的成本，应采用比较详细的方法进行汇集、分配和计算，而对于一些次要的成本，可以采用简化的方法进行分配和计算，以减少成本计算的工作量，提高成本计算的及时性。

（五）一贯性原则

企业在进行成本计算时，要根据企业生产的特点和管理的要求选择不同的成本计算方法。产品成本计算方法、有关费用的分配方法一经确定，没有特殊情况不应经常变动，以便进行不同期间的成本资料的比较分析。当需要改变原有的成本计算方法和有关费用的分配方法时，对更改这些方法所产生的影响应在有关会计报告中加以披露。

二、成本核算的要求

（一）严格执行国家规定的成本开支范围和费用开支标准

成本开支范围是根据企业在生产过程中发生的生产费用的不同性质，根据成本的内容以及加强经济核算的要求，由国家统一制定的。企业发生的费用是多种多样的，而这些不同用途的费用应由不同的渠道开支。例如，企业为生产产品所发生的各项费用应列入产品成本。企业进行基本建设、购建固定资产、同企业正常生产经营活动无关的营业外支出等费用的支出，不能列入产品成本。费用开支标准是对某些费用支出的数额、比例做出的具体规定。如固定资产和低值易耗品的划分标准、应付职工薪酬中相关费用的计提基础和计提比例等，都应根据国家规定的标准开支，不能突破。企业严格遵守国家规定的成本开支范围和费用开支标准，既能保证产品成本的真实性，使同类企业以及企业本身不同时期之间的产品成本内容一致，具有分析对比的可能，又能正确计算企业的利润并进行分配。所以严格遵守成本开支范围和费用开支标准这一财经纪律，是国家对企业核算产品成本时提出的一项最基本的要求，每个企业都应遵照执行。

（二）正确划分各种费用支出的界限

为了正确核算产品成本，保证产品成本的真实可靠，还需要在不同产品以及产成品和在产品之间正确地分摊费用，分清有关成本费用的几个界限。

1. 正确划分收益性支出与资本性支出的界限

企业发生的耗费是多种多样的，其用途也是多方面的。要正确核算生产费用、计算产品成本，必须按生产费用的用途，从性质上确定哪些是应由产品成本和费用负担的，哪些不是由产品成本和费用负担的，必须严格遵守产品成本和费用开支范围的规定。

企业在一定时期（如一个月）内发生的支出可分为生产经营性支出、营业外支出和利润分配性支出三部分。营业外支出是指企业发生的与企业生产经营无直接关系的支出，如固定资产盘亏报废、毁损和出售的净损失，非季节性和非大修理期间的停工损失，非常损失、公益救济性捐赠、赔偿金、违约金等，应在营业外支出中列支。利润分配性支出是由企业实现的利润进行分配发生的支出，如支付所得税、支付各项税收的滞纳金和罚款、股利分配等，应由企业实现的利润中支出。生产经营性支出是在生产经营过程中发生的与企业生产经营直接关系的支出。

生产经营性支出按其产生的效益期限长短，分为收益性支出和资本性支出。收益性支出是指支出所产生的收益仅与本年会计期间相关，这种支出为取得本年收益而发生，应于发生时列作当期费用，如，直接材料、直接人工、制造费用、管理费用、财务费用、销售费用等，均属收益性支出，应计入成本、费用。资本性支出是指支出所产生的效益与几个会计年度相关，如，购建固定资产、无形资产的支出，固定资产改良工程支出等。这种支出应予以资本化，应于发生时先列入资产，以后再按各期受益程度按期逐月摊入成本、费用。财务制度按生产经营过程中发生的耗费产生效益期限的不同，对企业的成本和费用开支范围作了规定，明确指出生产经营过程中发生的耗费，属于收益性支出的列入企业成本和费用开支的具体内容中，凡属于资本性支出的就不应列入成本和费用中，要求企业严格遵照执行，坚决抵制乱摊成本和擅自扩大产品成本开支范围的非法行为。

2. 正确划分产品制造成本与期间费用的界限

产品制造成本是指企业为制造产品在生产过程中所消耗的直接材料、直接人工和制造费用。期间费用是指在会计期间内为企业提供一定生产条件，以保持产品销售、企业财务、经营管理正常运作所发生的费用，包括销售费用、管理费用和财务费用。期间费用全部在损益表的当期产品销售利润中扣除，而不计入产品成本。为了正确计算产品成本，必须分清哪些支出属于产品的制造成本，哪些应作为期间费用，这样才能正确核算各期损益。

3. 正确划分各种产品成本的界限

产品生产中消耗的直接材料、直接人工一般都应直接计入各种产品成本，当这些费用发生时，应该在原始凭证中填列清楚，区别各种产品、各批或各步骤，划清其成本支出。对于制造费用，以及其他不能分清属于哪种产品的费用，应采用合理的分配方法，在有关产品之间进行分配。所以若要正确计算各种产品成本，就必须划清不同产品成本的界限。

4. 正确划分在产品和产成品的界限

各种产品所归集的费用要定期在完工产品和在产品之间分配，分配时要根据在产品实际完工程度和投料情况正确确定所归集费用总额中月末在产品成本所占的份额，借以正确计算完工产品的总成本和单位成本。

正确划分以上四个方面的费用界限有着极其重要的意义。划分各种费用界限的过程实质上就是计算产品成本的过程，只有严格划分各种费用的界限，才能保证产品成本和损益的计算正确。企业费用支出四个界限的划分过程如图3-4所示。

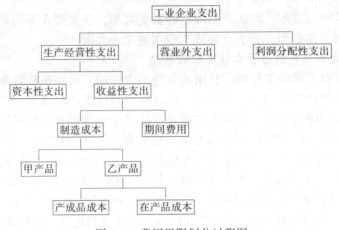

图3-4 费用界限划分过程图

(三) 做好各项成本核算的基础工作

为了保证成本核算的质量，企业要重视建立和健全有关成本核算的原始记录和凭证，制定必要的消耗定额，建立和健全材料物资的计量、验收、入库、发出、盘存以及在产品的转移等制度，制定内部结算价格和结算方法。这些工作是开展成本核算的必要前提。

1. 建立和健全有关成本核算的原始记录和凭证，并建立合理的凭证流程

原始记录和凭证是进行成本核算工作的首要条件。进行成本核算和成本分析都要以数据可靠、内容齐全的原始记录和凭证为依据。例如，企业对于材料的领用、工时的消耗、生产设备的运转、动力的消耗、费用的开支、废品的发生、在产品在生产过程中的运转、产成品和自制半成品的交库、产品质量的检验等，都要建立原始凭证制度。原始凭证要规定填制份数，在内容上要正确填制经济活动的时间、内容、计量单位及数量、填表人及负责人的签章等项目。同时，成本会计部门要会同生产技术、人力资源、供销、动力设备、检修等部门，根据成本管理体制的需要，制定各种原始凭证的传递程序，以规范成本信息流程，满足成本控制的基本需要。

2. 制定必要的消耗定额，加强定额管理

定额是企业在进行生产经营活动中，对人力、物力、财力的配备、利用和消耗，以及获得的成果等方面所应遵守的标准或应达到的水平。定额既要先进，又要切合实际，并应随着生产技术水平的提高而定期修订。制定合理的消耗定额，是成本会计中编制成本预算，进行成本核算、成本控制和成本分析的重要依据。

3. 建立材料物资的计量、验收、入库、发出、盘存等制度

企业中材料物资及产品的收发领退，都要认真计量，填制必要的凭证，办理必要的手续；对在产品和库存材料物资要定期盘点；分析盈亏原因，计价入账。这些工作不仅是正确计算成本的需要，也是加强物资管理的基础。

4. 制定内部结算价格和内部结算制度

对于原材料、辅助材料、半成品和劳务等，都要制定合理的内部结算价格，作为内部结算的依据；采用内部结算价格开展内部结算，可以明确经济责任，简化和减少核算工作，并便于考核厂内各部门的各项成本预算的完成情况。

(四) 选择适当的成本计算方法

企业在进行成本核算时,应根据本企业的具体情况,选择适合于本企业特点的成本计算方法进行成本计算。成本计算方法的选择,应同时考虑企业生产类型特点和管理要求两个方面的因素。在同一个企业里,可以采用一种成本计算方法,也可以采用多种成本计算方法。成本计算方法一经选定,一般就不应经常变动。

第四节 成本核算的程序

为了正确科学地进行产品成本核算,必须设置和运用专门的账户进行总分类核算和明细分类核算,并且按照一定的核算程序进行。

一、成本总分类账户的设置及核算程序

(一) 成本总分类账户的设置

通过设置总分类账户登记生产过程中发生的各种生产费用,以便提供各种总括资料的过程,称为生产费用的总分类核算。生产费用总分类核算应设置的会计科目主要有:

1. "生产成本"科目

"生产成本"科目,属于成本类科目,用于核算企业进行工业生产,包括生产各种产品(包括产成品、自制半成品、提供劳务等)、自制工具、自制设备等所发生的各项生产费用。该科目的借方登记生产过程中发生的直接材料、直接人工等直接费用以及分配转入的制造费用。该科目的贷方登记完工入库的产成品、自制半成品的实际成本,以及分配转出的辅助生产成本。该科目的期末余额在借方,为尚未完工的各项在产品成本。"生产成本"科目应分设两个二级科目"基本生产成本"和"辅助生产成本"。根据核算的需要,企业也可以将两个二级科目设置为两个一级科目。

2. "制造费用"科目

"制造费用"科目,属于成本类科目,用于核算企业为生产产品和提供劳务而发生的各项制造费用。借方反映本月发生的各项制造费用,贷方反映月终分配到有关产品生产成本账户的数额。本科目除季节性生产企业外,月末无余额。

该科目按不同的车间、部门设置明细账。企业行政管理部门为组织和管理生产经营活动而发生的费用;企业为筹集生产经营所需用的资金而发生的费用以及企业为产品销售所发生的费用,应作为期间费用,分别记入"管理费用""财务费用"和"销售费用"科目,不在本科目核算。

3. "研发支出"科目

"研发支出"科目,属于成本类科目,用于核算企业进行研究与开发无形资产过程中的支出。该科目的借方登记研发过程中发生的各种支出,贷方登记研发项目达到预定用途形成的无形资产数额,或是予以费用化的支出转入"管理费用"科目的数额。该科目的期末余额在借方,反映企业正在进行无形资产研究开发项目满足资本化条件的支出。

此外,在自制半成品需先入库后领用继续加工的企业,应设置"自制半成品"科目,在核算废品损失的企业,需要在"生产成本"一级科目下增设废品损失二级科目。有关这些科目的

性质、核算的内容及其结构用途将分别在后面的有关章节中作详细介绍，此处不再赘述。

（二）成本的总分类核算程序

成本总分类核算的过程，实际上是完工产品和月末在产品成本的形成过程。通过成本的总分类核算，可以反映企业生产过程中发生的各种费用，以及这些费用的归集和分配的程序，最终计算出完工产品和在产品的成本。成本总分类核算的程序如下：

1. 分配要素费用

生产过程中发生的各种要素费用，要根据其具体的发生地点和用途，编制各种要素费用分配表，据以编制记账凭证，记入各有关的成本、费用账户中。

2. 分配辅助生产费用

由于辅助生产车间是为基本生产车间和行政管理等部门提供产品或劳务的，所以，辅助生产车间所发生的费用，应根据其提供的劳务数量、发生的费用和各部门耗用辅助生产部门产品或劳务的数量，通过编制"辅助生产费用分配表"的方式进行分配。

3. 分配基本生产车间的制造费用

基本生产车间若生产多种产品，则应将归集于基本生产车间"制造费用明细账"中的金额，采用适当的分配方法，在该车间生产的各种产品中通过编制"制造费用分配表"的方式进行分配。

4. 结转不可修复废品的生产成本

由于不可修复废品的生产成本与合格品产品的生产费用一起发生，因而为了单独核算废品损失的成本，应该将不可修复废品的生产成本从"基本生产成本"科目中分配出来，归集进入"废品损失"科目中。

5. 分配废品损失和停工损失

在单独核算废品损失、停工损失的企业中，因出现废品、停工而发生的损失费用，都应在以上各步骤的费用分配中，按废品损失、停工损失科目进行归集。这些损失性费用，除可以收回的保险赔偿、过失人赔偿以及可列为营业外支出的非常损失等之外，应分别分配给有关期间费用和产品成本的相应项目。

6. 划分完工产品和月末在产品成本

经以上费用分配，每种产品本月应负担的生产费用已按不同成本项目分别归集，逐项与月初在产品费用相加后，即为该产品的全部产品费用。如果当月产品全部完工，所归集的全部产品费用即为完工产品成本；如果全部未完工，则全部为月末在产品成本；如果当月既有完工产品又有月末在产品，则需将成本项目在完工产品和在产品之间分配，计算按成本项目反映的完工产品成本。

成本的总分类核算程序及账户的对应关系如图3-5所示。

二、产品成本核算明细科目的设置及核算程序

为了满足成本计算和成本管理需要，企业必须设置生产费用明细账，进行生产费用的明细分类核算。生产费用明细账通常根据生产费用总分类账户设立，在"生产成本"总分类账户下，为了反映企业为生产产品而消耗的直接材料、直接人工和制造费用，应按车间类别设置按成本项目反映的二级明细账（基本生产成本明细账），其格式见表3-1。

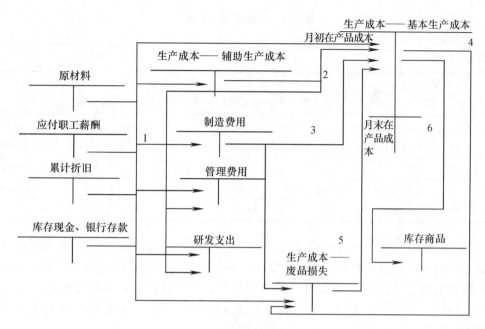

图 3-5 成本的总分类核算程序及账户的对应关系图

表 3-1 基本生产成本明细账

车间：一车间　　　　　　　　　　　　　　　　　　　　　　　　　　　　　　单位：元

月	日	摘　　要	成本项目			合　　计
			直接材料	直接人工	制造费用	
4	1	月初在产品成本	68 000	7 800	22 000	97 800
4	30	本月发生费用	450 000	16 000	57 000	523 000
4	30	合计	518 000	23 800	79 000	620 800
4	30	本月完工产品成本转出	480 000	21 000	64 000	565 000
4	30	月末在产品成本	38 000	2 800	15 000	55 800

如果企业生产的产品品种较多，为了计算各种产品的实际成本，还应在"基本生产成本明细账"之下，按照产品品种分别设置"产品成本明细账"，也称"产品成本计算单"，其格式见表 3-2 和表 3-3。

表 3-2 产品成本明细账 1

车间：一车间
产品名称：甲产品　　　　　　　　　　　　　　　　　　　　　　　　　　　　单位：元

月	日	摘　　要	成本项目			合　　计
			直接材料	直接人工	制造费用	
4	1	月初在产品成本	68 000	7 800	22 000	97 800
4	30	本月发生费用	320 000	11 000	36 000	367 000
4	30	合计	388 000	18 800	58 000	464 800
4	30	本月完工产品成本转出	348 000	16 000	45 000	409 000
4	30	月末在产品成本	40 000	2 800	13 000	55 800

表 3-3　产品成本明细账 2

车间：一车间
产品名称：乙产品　　　　　　　　　　　　　　　　　　　　　　　　　单位：元

月	日	摘要	成本项目			合计
			直接材料	直接人工	制造费用	
4	1	月初在产品成本	—	—	—	
4	30	本月发生费用	130 000	5 000	21 000	156 000
4	30	合计	130 000	5 000	21 000	156 000
4	30	本月完工产品成本转出	130 000	5 000	21 000	156 000
4	30	月末在产品成本	—	—	—	

为了反映辅助生产车间发生的费用，在"生产成本"总分类账户下，按照辅助生产车间设置二级明细账，即辅助生产成本明细账，并按辅助生产的费用项目设专栏，登记辅助生产车间发生的各项费用，"辅助生产成本明细账"的格式见表 4-8 和表 4-9。

为了核算废品损失，应在"生产成本"总分类账户下，按车间和产品别设置"废品损失明细账"账内按成本项目设专栏，其格式见表 4-23。

为了反映由于组织和管理生产而发生的制造费用的详细情况，应按车间别设置"制造费用明细账"，账内按费用项目设专栏，其格式见表 4-16。

产品成本核算的明细分类核算程序，也就是生产费用计入产品成本的程序，是指生产经营过程中所耗用的原材料、燃料及动力、职工薪酬、固定资产折旧等各项费用，通过一系列的归集和分配程序，最后汇总计入产品成本的方法和步骤。产品成本核算的明细分类核算程序大致有以下几个步骤：

（1）设置上述生产费用明细账。

（2）编制各种要素费用分配表。根据各种费用的原始凭证，编制各种要素费用（材料、燃料、动力、职工薪酬等）汇总分配表，然后根据各种费用分配表填制记账凭证，将由生产成本负担的费用计入各种产品费用明细账的有关专栏中，对于制造产品所发生的直接费用，可直接计入产品成本明细账，对于各基本生产车间所发生的制造费用，各辅助生产车间所发生的费用，以及因产生废品而发生的损失，分别计入制造费用明细账、辅助生产成本明细账和废品损失明细账。

（3）编制辅助生产费用分配表。归集于辅助生产成本明细账中的费用，按其所服务的对象，编制辅助生产费用分配表，根据辅助生产费用分配表编制转账凭证，并据以登记产品成本明细账及其他有关的明细账，结转辅助生产车间的产品和劳务的成本。

（4）编制制造费用分配表。归集于制造费用明细账中的费用，按其受益对象编制制造费用分配表，然后根据制造费用分配表编制转账凭证，并据以登记产品成本明细账和废品损失明细账，结转制造费用。

（5）结转废品损失。根据归集于废品损失明细账中的费用，编制转账凭证并据以按产品别登记产品成本明细账，结转废品损失。

通过以上五个步骤将全部产品费用经过归集、分配、再归集、再分配的过程汇总计入产品成本。

产品成本核算的明细分类核算程序如图3-6所示。

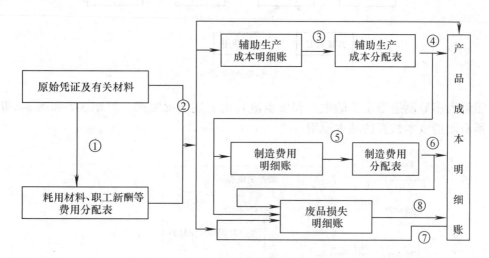

图 3-6　产品成本核算的明细分类核算程序图

1）根据原始凭证及有关资料，编制各种要素费用汇总分配表。
2）根据各种要素费用汇总分配表和有关凭证及资料登记有关费用明细账。
3）根据辅助生产成本明细账归集的辅助生产费用，按一定的分配方法，编制辅助生产费用分配表。
4）根据辅助生产费用分配表，向各受益单位结转产品或劳务费用，计入产品成本明细账、制造费用明细账、废品损失明细账。
5）根据制造费用明细账归集的制造费用，按一定的分配标准，编制制造费用分配表。
6）根据制造费用分配表，登记产品成本明细账和废品损失明细账。
7）结转不可修复废品损失。
8）结转废品净损失，计入产品成本明细账（即转入合格产品成本）。

第五节　制造业、商业和服务业的成本流

企业通常被划归为制造型企业、商品销售型企业和服务型企业三种类型，不同类型企业的成本流不同。

1. 制造型企业的成本流

制造型企业是指购买材料和零部件并把它们转化为不同的产成品，如汽车制造公司、冰箱生产公司、食品加工公司和服装生产公司等。图3-7概括了制造型企业的成本流。如前所述，制造成本包括直接材料、直接人工和制造费用。在生产开始时，首先要从原材料中领取生产用材料，进入生产环节的原材料成本按照生产成本明细账已经从原材料中扣除，制造过程的人工和制造费用也要计入生产成本明细账，制造费用需要分配才能计入产品成本明细账。产品制造完成后，被转移到产成品仓库，成本从生产账户转移到产成品账户。最后，产品被销售时，成本从产成品账户转移到销售成本账户中。

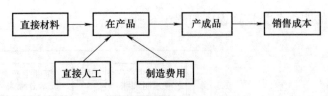

图 3-7　制造型企业成本流

虽然大多数制造型企业的生产和成本流转比上述情况复杂，但图 3-7 和图 3-8 仍然展示了所有制造成本核算的基本原则。

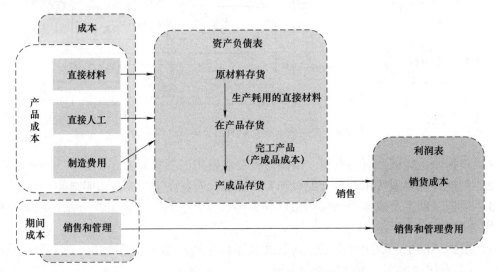

图 3-8　制造型企业成本分类和成本流转

2. 商品销售型企业的成本流

商品销售型企业是指购入并销售有形产品，不改变购买产品的基本性状，比如书店、百货商场、分销企业和批发企业等。图 3-9 和图 3-10 概括了销售型企业的成本流和活动流。商品被购买时，它们的购买成本就计入了企业商品库存成本账户，在企业运营中会产生各种间接费用，比如人工、设备折旧和照明等费用。商品销售型企业的重点是商品或部门的毛利率。因此，与制造业一样，商品销售型企业的成本计算重点是如何分配各种间接费用以确定各种销售商品的成本，这是企业管理报告应该提供的信息。但是，与制造业不同的是，商品销售型企业的间接费用占购买和销售成本的比重较小。

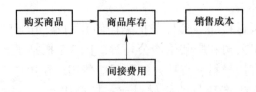

图 3-9　商品销售企业成本流

3. 服务型企业的成本流

服务型企业是指向顾客提供服务（无形产品），如法律咨询或审计，这类企业有律师事务所、会计师事务所、银行、保险公司、广告公司和旅行社等。在服务型企业中，员工

成本会计对马门集团越来越重要。据史密斯所说，由于过去十年里的经济大萧条和来自国外的竞争，管理人员已经认识到管理成本是十分重要的。一个产品或服务的真实成本可以影响公司的盈利能力。

史密斯说："为了帮助管理企业生产的真实成本，管理人员和会计人员不再把财务报表上的成本作为唯一重要的成本。"现在，他们是为决策计算成本。史密斯认为这是一种积极的转变。因为这可以使成本会计人员理解自己的全部功能，以及这些功能是怎样产生价值的。

(资料引自《管理会计》（第15版），查尔斯·T. 亨格瑞，加里·L. 森登等著，潘飞，沈红波译，北京大学出版社。)

三、成本会计制度

（一）成本会计制度的内容

成本会计制度是组织和从事成本会计工作必须遵循的规范和具体依据。因此，正确地制定和执行成本会计制度是作好成本会计工作的重要条件。

企业成本会计制度应以会计准则和财务会计制度的有关规定为依据，适应企业的生产特点，满足内部经营管理的要求，同其他有关规章制度相协调。

成本会计制度的内容，包括对成本进行预测、决策、计划、控制、核算、分析和考核等所作出的规定，一般包括以下几方面：

(1) 关于成本岗位的责任制度。
(2) 关于成本预测和决策的制度。
(3) 关于成本定额、成本计划编制的制度。
(4) 关于成本控制的制度。
(5) 关于成本核算的制度。
(6) 关于成本报表的制度。
(7) 关于成本分析的制度。
(8) 关于企业内部价格制定与结算的制度。
(9) 关于成本岗位考核标准的制度。
(10) 其他有关成本会计的规定。

必须指出，成本会计制度一经制定，就要认真严格执行并保持相对稳定。但是，随着客观形势的发展以及人们对客观事物认识的深化，成本会计制度也必须适当地修订。制度的修订是一项严肃的工作，必须既积极又慎重。在新制度未形成之前，原有制度要继续执行，以便使成本会计工作处于有章可循的正常状态，充分发挥其应有的积极作用。

（二）成本核算制度的种类

企业日常的成本会计制度主要是企业的成本核算制度，按照不同的成本管理要求，它可以分为不同的种类，以满足特定的需要。主要有以下两种基本分类：

1. 成本核算按集中或非集中的组织形式分类

(1) 集中核算的成本会计管理制度。在这种管理制度下，企业一级的成本会计机构集

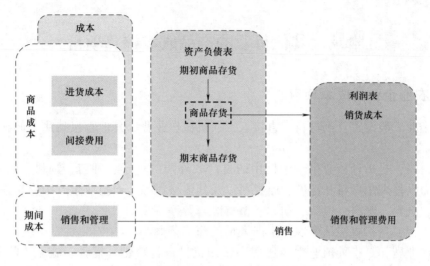

图 3-10　销售型企业成本分类和成本流转

工资通常占项目成本的比重较高，而且它们很容易被分配到不同的项目或服务中。像旅行社等企业还会发生交通费、门票费和住宿费等其他直接费用。服务型企业在提供服务过程中，也会发生一些信息技术支持等间接费用，但间接费用占项目成本比重较小，比商业企业销售成本中的间接费用比重还小。从财务会计的角度来看，由于服务型企业只提供服务或无形产品，不存在有型产品存货，因此发生的所有成本都是期间费用。但是，服务型企业也希望以合理的价格及时提供高质量的服务，也需要知道每一个服务项目的获利能力，因此企业的管理报告需要计算项目成本。图 3-11 和图 3-12 概括了服务型企业的成本流和活动流。

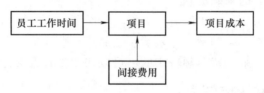

图 3-11　服务型企业成本流

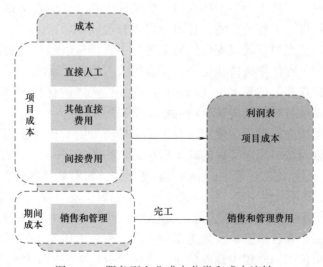

图 3-12　服务型企业成本分类和成本流转

附录　其他行业的产品成本核算项目

一、农业企业的成本项目

农业企业一般设置直接材料、直接人工、机械作业费、其他直接费用、间接费用等成本项目。

直接材料，是指种植业生产中耗用的自产或外购的种子、种苗、饲料、肥料、农药、燃料和动力、修理用材料和零件、原材料以及其他材料等；养殖业生产中直接用于养殖生产的苗种、饲料、肥料、燃料、动力、畜禽医药费等。

直接人工，是指直接从事农业生产人员的职工薪酬。

机械作业费，是指种植业生产过程中农用机械进行耕耙、播种、施肥、除草、喷药、收割、脱粒等机械作业所发生的费用。

其他直接费用，是指除直接材料、直接人工和机械作业费以外的畜力作业费等直接费用。

间接费用，是指应摊销、分配计入成本核算对象的运输费、灌溉费、固定资产折旧、租赁费、保养费等费用。

二、批发零售企业的成本项目

批发零售企业一般设置进货成本、相关税费、采购费等成本项目。

进货成本，是指商品的采购价款。

相关税费，是指购买商品发生的进口关税、资源税和不能抵扣的增值税等。

采购费，是指运杂费、装卸费、保险费、仓储费、整理费、合理损耗以及其他可归属于商品采购成本的费用。采购费金额较小的，可以在发生时直接计入当期销售费用。

三、建筑企业的成本项目

建筑企业一般设置直接人工、直接材料、机械使用费、其他直接费用和间接费用等成本项目。建筑企业将部分工程分包的，还可以设置分包成本项目。

直接人工，是指按照国家规定支付给施工过程中直接从事建筑安装工程施工的工人以及在施工现场直接为工程制作构件和运料、配料等工人的职工薪酬。

直接材料，是指在施工过程中所耗用的、构成工程实体的材料、结构件、机械配件和有助于工程形成的其他材料以及周转材料的租赁费和摊销等。

机械使用费，是指施工过程中使用自有施工机械所发生的机械使用费，使用外单位施工机械的租赁费，以及按照规定支付的施工机械进出场费等。

其他直接费用，是指施工过程中发生的材料搬运费、材料装卸保管费、燃料动力费、临时设施摊销、生产工具用具使用费、检验试验费、工程定位复测费、工程点交费、场地清理费，以及能够单独区分和可靠计量的为订立建造承包合同而发生的差旅费、投标费等费用。

间接费用，是指企业各施工单位为组织和管理工程施工所发生的费用。

分包成本，是指按照国家规定开展分包，支付给分包单位的工程价款。

四、房地产企业的成本项目

房地产企业一般设置土地征用及拆迁补偿费、前期工程费、建筑安装工程费、基础设施建设费、公共配套设施费、开发间接费、借款费用等成本项目。

土地征用及拆迁补偿费,是指为取得土地开发使用权(或开发权)而发生的各项费用,包括土地买价或出让金、大市政配套费、契税、耕地占用税、土地使用费、土地闲置费、农作物补偿费、危房补偿费、土地变更用途和超面积补交的地价及相关税费、拆迁补偿费用、安置及动迁费用、回迁房建造费用等。

前期工程费,是指项目开发前期发生的政府许可规费、招标代理费、临时设施费以及水文地质勘察、测绘、规划、设计、可行性研究、咨询论证费、筹建、场地通平等前期费用。

建筑安装工程费,是指开发项目开发过程中发生的各项主体建筑的建筑工程费、安装工程费及精装修费等。

基础设施建设费,是指开发项目在开发过程中发生的道路、供水、供电、供气、供暖、排污、排洪、消防、通信、照明、有线电视、宽带网络、智能化等社区管网工程费和环境卫生、园林绿化等园林、景观环境工程费用等。

公共配套设施费,是指开发项目内发生的、独立的、非营利性的且产权属于全体业主的,或无偿赠与地方政府、政府公共事业单位的公共配套设施费用等。

开发间接费,是指企业为直接组织和管理开发项目所发生的,且不能将其直接归属于成本核算对象的工程监理费、造价审核费、结算审核费、工程保险费等。为业主代扣代缴的公共维修基金等不得计入产品成本。

借款费用,是指符合资本化条件的借款费用。

房地产企业自行进行基础设施、建筑安装等工程建设的,可以比照建筑企业设置有关成本项目。

五、采矿企业的成本项目

采矿企业一般设置直接材料、燃料和动力、直接人工、间接费用等成本项目。

直接材料,是指采掘生产过程中直接耗用的添加剂、催化剂、引发剂、助剂、触媒以及净化材料、包装物等。

燃料和动力,是指采掘生产过程中直接耗用的各种固体、液体、气体燃料,以及水、电、汽、风、氮气、氧气等动力。

直接人工,是指直接从事采矿生产人员的职工薪酬。

间接费用,是指为组织和管理厂(矿)采掘生产所发生的职工薪酬、劳动保护费、固定资产折旧、无形资产摊销、保险费、办公费、环保费用、化(检)验计量费、设计制图费、停工损失、洗车费、转输费、科研试验费、信息系统维护费等。

六、交通运输企业的成本项目

交通运输企业一般设置营运费用、运输工具固定费用与非营运期间费用等成本项目。

营运费用,是指企业在货物或旅客运输、装卸、堆存过程中发生的营运费用,包括货物费、港口费、起降及停机费、中转费、过桥过路费、燃料和动力、航次租船费、安全救生费、护航费、装卸整理费、堆存费等。铁路运输企业的营运费用还包括线路等相关设施的维护费等。

运输工具固定费用，是指运输工具的固定费用和共同费用等，包括检验检疫费、车船使用税、劳动保护费、固定资产折旧、租赁费、备件配件、保险费、驾驶及相关操作人员薪酬及其伙食费等。

非营运期间费用，是指受不可抗力制约或行业惯例等原因暂停营运期间发生的有关费用等。

七、信息传输企业的成本项目

信息传输企业一般设置直接人工、固定资产折旧、无形资产摊销、低值易耗品摊销、业务费、电路及网元租赁费等成本项目。

直接人工，是指直接从事信息传输服务的人员的职工薪酬。

业务费，是指支付通信生产的各种业务费用，包括频率占用费、卫星测控费、安全保卫费、码号资源费、设备耗用的外购电力费、自有电源设备耗用的燃料和润料费等。

电路及网元租赁费，是指支付给其他信息传输企业的电路及网元等传输系统及设备的租赁费等。

八、软件及信息技术服务企业的成本项目

软件及信息技术服务企业一般设置直接人工、外购软件与服务费、场地租赁费、固定资产折旧、无形资产摊销、差旅费、培训费、转包成本、水电费、办公费等成本项目。

直接人工，是指直接从事软件及信息技术服务的人员的职工薪酬。

外购软件与服务费，是指企业为开发特定项目而必须从外部购进的辅助软件或服务所发生的费用。

场地租赁费，是指企业为开发软件或提供信息技术服务租赁场地支付的费用等。

转包成本，是指企业将有关项目部分分包给其他单位支付的费用。

九、文化企业的成本项目

文化企业一般设置开发成本和制作成本等成本项目。

开发成本，是指从选题策划开始到正式生产制作所经历的一系列过程，包括信息收集、策划、市场调研、选题论证、立项等阶段所发生的信息搜集费、调研交通费、通信费、组稿费、专题会议费、参与开发的职工薪酬等。

制作成本，是指产品内容制作成本和物质形态的制作成本，包括稿费、审稿费、校对费、录入费、编辑加工费、直接材料费、印刷费、固定资产折旧、参与制作的职工薪酬等。电影企业的制作成本，是指企业在影片制片、译制、洗印等生产过程所发生的各项费用，包括剧本费、演职员的薪酬、胶片及磁片磁带费、化妆费、道具费、布景费、场租费、剪接费、洗印费等。

企业内部管理有相关要求的，还可以按照现代企业多维度、多层次的成本管理要求，利用现代信息技术对有关成本项目进行组合，输出有关成本信息。

资料来源：《企业产品成本核算制度（试行）》。

第四章

费用在各种产品之间的归集和分配

本章学习目标

- 掌握各项要素费用归集与分配的程序；
- 掌握辅助生产费用分配的各种方法及适用条件；
- 掌握制造费用分配的各种方法及适用条件；
- 掌握废品损失与停工损失核算的程序；
- 明确费用在各种产品之间的归集与分配程序。

第一节 各项要素费用的分配

 一、外购材料费用的分配

（一）材料费用消耗的特点

产品的制造过程也是材料的耗用过程，产品在其制造过程中耗用的材料，根据其用途不同可分为直接材料耗用和间接材料耗用。

1. 直接材料耗用

直接材料耗用是指直接形成产品的材料耗用。包括：①构成产品主要实体的各种原料、主要材料、外购零部件和自制半成品等的耗用，例如纺织企业在纺织品制造过程中耗用的原棉、棉纱、化纤；金属熔炼企业在金属品的铸造过程中耗用的矿石、废旧金属、生铁，机械制造企业在机器制造过程中耗用的铸件、型钢和外购零部件等。②与产品主要实体相结合或有助于产品形成而耗用的各种辅助材料，例如冶炼企业、化工企业在金属熔炼和原料化学反应过程中耗用的各种添加剂、催化剂，纺织企业在织布过程中耗用的浆料，在印染过程中耗用的染料，机器制造和家具生产为保护和美观产品而耗用的油漆等。

2. 间接材料耗用

间接材料耗用也称一般消耗性材料的耗用，或称机物料耗用，它是指为组织生产、管理生产和保证生产正常进行而耗用的各种辅助材料、燃料和动力等。例如，为创造正常劳动条件而耗用的清洁用工具和清洁剂，为保证机器设备正常运转而耗用的润滑油、防锈剂和清洁用品等。

产品制造过程中耗用的直接材料和间接材料都应计入产品制造成本。但是，由于制造过程中耗用材料的用途和所起的作用不同，材料费用计入产品制造成本的程序和方式也就不同。从材料费用计入产品成本的程序和方式角度分类，产品的材料成本可分为直接材料成本和间接材料成本。

直接材料成本是指直接计入某一成本计算对象（如某一种产品、某一类产品、某一批产品、某一产品的某一生产步骤），并在该成本计算对象中以"直接材料"成本项目单独列示。间接材料成本是指不能直接计入某一成本计算对象，而是按材料耗费的地点先归集于综合性的制造费用中，期末通过制造费用分配计入某一成本计算对象，并在该成本计算对象中以"制造费用"成本项目列示。

（二）材料费用的归集

材料费用的归集是进行材料费用分配的基础和前提，材料费用的归集主要包括以下几个方面的工作：

1. 材料费用归集的基础工作

（1）建立和健全发出材料的计量制度。发出材料的数量核算有两种方法，即永续盘存制和实地盘存制。永续盘存制也称账面盘存制。采用这种方法，必须按材料的具体品种设置材料明细账，逐笔或逐日登记收入和发出的数量，因而随时可以从账上结算出每种材料的收、发、存数量。实地盘存制是在期末通过实地盘点实物来确定材料发出的数量。其计算公式表示如下：

$$材料消耗量 = 期初结存数量 + 本期收入数量 - 期末结存数量$$

显然，采用实地盘存制方法计算材料发出的数量，不能揭示材料管理中存在的问题，如盗窃、损坏、遗失等，而把这些均隐含在消耗量之中。因此，这种方法不利于企业的材料管理，根据它所提供的材料消耗量资料计算的产品成本也就不够准确。所以，对这种方法的采用必须严格控制，一般只用于不能随时办理领料手续的材料，如黄沙、石子、煤等大宗、大堆材料。采用这种方法，必须加强平时管理，防止偷盗等现象的发生，同时要保证盘点工作的质量，使盘存数量尽量接近实际。

在采用永续盘存制方法下，发出材料的数量均需根据签发的各种领、发料凭证逐笔登记于材料明细账。因此，材料发出的数量控制是通过签发各种领、发料凭证进行的。

（2）建立和健全领、发料凭证制度。加强发出材料的控制，是正确计算产品成本和促进成本降低的有效手段。材料发出的凭证主要有限额领料单、领料单和领料登记簿。

限额领料单是一种在当月或一定时期中，在规定的限额内，可多次使用的领发材料累计凭证。它是由供应部门或生产计划部门在月份开始前，根据生产计划、材料消耗定额等有关资料，按车间、部门、产品或工作单号填明所需要的材料品种和限额，经供应部门和计划部门负责人签字后，一份送交用料车间或部门，一份送交发料仓库，分别作为当月领发材料的依据。

限额领料单可采用一单一料的格式（见表 4-1）。在配套发料情况下，也可采用一单多料的格式。领料部门需要材料时，在限额领料单内填明请领数量，向发料仓库领取材料。仓库在发料时，应查看请领数量是否在领用限额以内，如在领用限额以内，可照发，并将实发数量和累计实发数量在两份限额领料单上填写清楚。如果超过限额领料范围，则要另填领料单，并经过有关部门批准以后才能领发。月终，领料部门所持的限额领料单，应送交发料仓库，与仓库留存的一份核对，并计算填制全月实发数量和金额，并由仓库登记材料明细账后送财务部门。

表 4-1　限额领料单[①]

年　　月

编号_____
仓库_____
计划产量_____
车间_____　小组_____　　　　　　单位消耗定额_____
产品名称_____　工作令号_____　　　领用限额_____
材料类别、编号____名称规格____计量单位____　　单价_____

日期	请领数量	实发数量	累计实发数量	领料人签章	发料人签章
累计实发金额					

供应部门负责人（签章）　　　生产部门负责人（签章）　　　仓库负责人（签章）

① 这是一张材料按计划成本计价的限额领料单。当材料按实际成本计价时，在限额领料单中还要加上"单价"和"实际成本"两栏。

采用限额领料单，不仅可以节省大量凭证，简化核算手续，还可有效地监督材料消耗定额的执行，及时有效地控制材料的领用，促使用料部门合理、节约地使用材料，也便于仓库主动备料、送料。

对于限额领料单的控制，应着重注意以下几点：

1）防止在限额领料单外，未经办理追加批准手续，又用一般领料单再次领用。特别是使用代用材料未在规定限额内扣除。

2）防止对月终未用完的限额领料单，由于下月继续需用而未交还仓库办理结算手续，造成本期材料成本的多计，下期材料成本的漏计。

3）防止根据甲产品限额领料单领用的材料，实际使用时"张冠李戴"，移用于乙产品，造成一种产品有料无（少）产出，另一种产品无（少）料多产出，严重影响产品成本的正确性。

领料单（见表 4-2）是一种由领料车间、部门按用途分别填制的一次性使用的领料凭证。它适用于零星消耗材料和不经常领用材料的领发业务。有的企业不用限额领料单，所有生产领用材料都通过领料单办理。领料单可以一料一单，也可以一单多料，通常需一式三联。仓库发料后，以其中一联连同材料交还领料车间、部门，其余两联经仓库登记材料明细账后送财务部门进行材料收发和生产费用核算。

对于领料单的控制，应着重注意以下几点：

1）由于领料单数量较多，尤其是全部使用领料单的企业，月终时仓库未能及时把全部领料单汇集后送交财务部门，使一部分领料单拖延到下月才送，造成本期材料成本漏计，影响月份之间产品成本的正确性。

2）如同限额领料单一样，根据领料单领用的材料，也有产品之间移用的情况，影响产品之间成本的正确性。

3）由于领料单往往由领料车间、部门填制，填制人不熟悉会计要求，对材料用途随便填写，又未经车间负责人认真审查，造成错记，影响成本的正确性。

表 4-2 领料单

领料单

年　月　日

领料部门_____　　　　　编　号_____
用　途_____　　　　　发料仓库_____

材料类别	材料编号名称规格	计量单位	数　　量		单　价	金　额
			请领	实发		
备　注					合　计	
仓库负责人（签章）		发料人（签章）			领料部门负责人（签章）	
					领料人（签章）	

4）对一些生产上领发次数很多，数量零星、价值不大的辅助材料，如螺钉、螺母、垫圈等，平时可以不填领料单而由领料人在领料登记簿上记录领用数字，并签章证明办理领料手续，月终由领料车间、部门按用途汇总填制领料单，以简化凭证手续。也可采用定额备料制，车间、工段填制领料单，从仓库领取一定数量的零星材料以备用，用完或定期再向仓库领取补足一定数量，当小组或工人使用材料时无须填制领料凭证，只要在辅助记录上登记即可。

（3）建立和健全材料退库和盘点制度。许多企业对发出材料的控制还是比较严格的，但对月终已领未用材料的退料和材料盘点却不够重视。其实，这也是正确计算材料费用的重要一环。

月终，车间已领未用的材料，应办理退料手续，以正确计算本期材料费用。下月不再继续使用的材料，应填制退料单或填写红字领料单，送仓库收料。采用限额领料单的也可以在单中用红字填写退料数量，以冲减本月领用数量。下月继续使用的，则办理假退料手续，即同时填制本月退料单和下月领料单，材料不退回仓库。如需要办理退料手续的材料较多，也可填制已领未用材料清单送财会部门，据以转账。

有些材料在领用时是按照理论重量计算的，与实际领用数有一定差距，这就应在月终或定期进行盘点，查明实际库存量与账面库存量之间的差异，作为调整发出材料数量的依据。

无论材料的计量是采用定期盘存制，还是永续盘存制，通常至少要求一年进行一次实地盘点，以检查材料的储存保管情况，及其实存数与账存数是否相符。

企业仓库所保管的各种材料，可能由于自然损耗、收发时点错数量、核算差错、发生贪污盗窃等情况，造成账面数与实际库存数不符。为了保证核算资料的准确可靠，防止材料的丢失、毁损，要对库存材料的结存数量进行盘点，材料的盘点有定期的全面盘点和经常的循环盘点，盘点的方法有点数、过磅、尺量或技术测算等。如果在材料盘点中发现确实属于发料差错造成账实不符，经批准后，可以按规定的改正错误方法进行更正，以保证材料费用核算的正确性。如果是其他原因造成错误，也要按规定程序报经批准分别处理。

材料费用的归集，如果能做好以上各环节的工作，则核算的正确性就能得到保证，为材料费用的分配创造有利条件。

2. 发出材料成本的确定

在材料按计划成本计价的情况下，对于发出的材料，应计算发出材料应负担的材料成本差异，把发出材料的计划成本调整为实际成本；对于期末库存材料，应以实际成本体现在资产负债表上。采用实际成本进行材料日常核算的企业，发出材料的实际成本，可采用先进先出法、加权平均法或者个别计价法确定，对于不同的材料，可以采用不同的计价方法。材料计价方法一经确定，不应随意变动。

（三）材料费用的分配

所谓材料费用的分配，就是指企业一定时期耗用的材料费用应如何计入产品成本，它主要应解决分配对象、分配原则和分配方法三个问题。

1. 分配对象

在企业的生产和管理中所消耗的大量材料物资，它的价值应转移到哪里？即应由谁来承担这些消耗的材料费用？这就是材料费用的分配对象问题。

工业企业材料费用的分配，一般来说，凡进行基本产品生产而消耗的各类材料费用应由基本生产各产品承担，凡进行辅助产品或劳务生产而消耗的各类材料应由辅助生产各产品或劳务承担，凡各车间或分厂管理部门所耗用的各类材料费用应由各车间或分厂制造费用承担，凡企业或公司管理部门耗用的各类材料费用应由管理费用承担，凡自制材料耗用的各类材料费用应由自制材料承担，凡委托外单位加工材料耗用的各类材料费用应由委托加工材料承担。

2. 分配原则

（1）直接计入原则。凡产品生产直接耗用的材料费用应尽可能直接计入有关产品成本。因为产品制造成本中直接计入的费用所占的比例越高，越能反映出产品制造成本的真实水平。而通过一定标准分配计入产品制造成本的费用，都具有一定的假定性。因此，当按一定标准分配计入产品制造成本的费用较高时，就会影响产品制造成本的真实性，也就很难说明产品制造成本中的节约和浪费的实际情况。

（2）重要性原则。凡是在产品制造成本中占有较大比重的直接材料费用，应在产品制造成本中以"直接材料"成本项目单独列示。例如，构成产品主要实体的原料、主要材料、外购或自制半成品等，即使这些直接材料在领用时无法直接分清是由哪一个成本计算对象领用的，而是由几个成本计算对象共同领用、共同耗费的，也应将这些直接材料费用在各有关成本计算对象之间分配，计入各成本计算对象的"直接材料"成本项目。相反，对于在产品制造成本中所占比重较轻的直接材料费用，即使能分清是由某一成本计算对象单独耗用的，为简化核算工作，也可视为间接材料费用，在产品制造成本中以"制造费用"成本项目列示。例如，在非封闭生产车间里耗用的价值较低、用量较少的辅助材料、燃料等，特别是由多个成本计算对象共同领用，并共同耗费的直接材料，可按这些直接材料费用的发生地点先归集于"制造费用"账户中，期末随同制造费用分配计入产品制造成本。

根据直接材料费用分配的原则，直接材料费用分配的方式如图4-1所示。

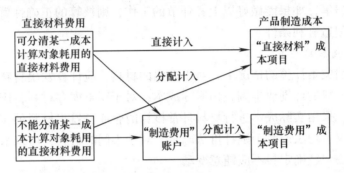

图4-1 直接材料费用的分配方式

3. 分配方法

从图4-1中可以看出，有些不能直接计入的直接材料费用，由于在成本中所占比重较大，仍应单独列示，这就需要进行分配。例如构成产品主要实体的原料及主要材料，如果是几种产品共同耗用的，则应按照合理的标准分配计入各有关产品的成本。在这里，必须强调标准的合理性，也就是说，选择的标准要尽可能与费用的发生有密切联系，做到多耗用多分配，少耗用少分配。例如，混合使用同种木材生产桌、椅两种产品，其材料费用的多少与两种产品的定额耗用量存在着比例关系，产品定额耗用量大的产品应负担材料费用多，反之就少。因此，在这种情况下，选择各种产品定额耗用量的比例作为分配标准是合理的。

分配标准的选择应以选用分配标准的资料比较容易取得为原则。分配的标准一般有：定额耗用量比例、系数比例、产品生产量比例等。如果各种产品所共同耗用的材料，都定有消耗定额，则可采用定额耗用量的比例或按定额耗用量计算的系数比例进行分配；如果各种产品所共同耗用的材料与产品产量的多少密切有关，则可用产品生产量的比例进行分配。

现以定额耗用量比例为例，说明共同耗用材料的分配方法。其材料费用分配的计算公式如下：

$$材料定额耗用量分配率 = \frac{全部产品的材料实际耗用量}{各种产品材料定额耗用量之和}$$

$$\begin{matrix}某产品应分配的\\实际材料数量\end{matrix} = \begin{matrix}该产品材料\\定额耗用量\end{matrix} \times \begin{matrix}材料定额耗用\\量分配率\end{matrix}$$

某产品应分配的材料费用 = 该产品应分配的实际材料数量 × 材料单价

【例4-1】 某企业生产甲、乙两种产品，共耗用某种原材料7 000kg，单价5元，共计 35 000 元。生产甲产品 200 件，乙产品 300 件，甲产品的消耗定额为 4kg，乙产品的消耗定额为 2kg。采用定额耗用量比例分配法的结果计算如下：

甲产品材料定额耗用量 = 200 × 4 = 800（kg）

乙产品材料定额耗用量 = 300 × 2 = 600（kg）

$$材料定额耗用量分配率 = \frac{7\,000}{800 + 600} = 5$$

甲产品应分配的实际材料耗用量 = 800 × 5 = 4 000（kg）

乙产品应分配的实际材料耗用量 = 600 × 5 = 3 000（kg）

甲产品应分配的材料费用 = 4 000 × 5 = 20 000（元）

乙产品应分配的材料费用 = 3 000 × 5 = 15 000（元）

采用上述方法计算分配材料费用，可以考核原材料消耗定额的执行情况，有利于加强原材料消耗的实物管理，但分配计算的工作量较大。为了简化分配计算工作，也可以采用按原材料定额消耗量的比例直接分配原材料费用。其计算公式如下：

$$材料费用的分配率 = \frac{材料实际耗用量 \times 材料单价}{各种产品材料定额耗用量之和}$$

某产品应分配的材料费用 = 该产品材料定额耗用量 × 材料费用分配率

【例 4-2】 现仍以例 4-1 的资料为基础，计算结果如下：

$$材料费用的分配率 = \frac{7\,000 \times 5}{200 \times 4 + 300 \times 2} = 25$$

甲产品应分配的材料费用 = 800 × 25 = 20 000（元）

乙产品应分配的材料费用 = 600 × 25 = 15 000（元）

上述两种分配方法计算结果相同，但后一种分配方法不能提供各种产品原材料实际消耗量资料，不利于加强原材料消耗的实物管理。

（四）材料费用分配的账务处理

在实际工作中，各种材料费用的分配是通过编制材料费用分配表进行的，材料费用分配表是按车间、部门和材料的类别，根据归类后的领退料凭证和其他有关资料编制的。材料费用分配表的格式及举例详见表 4-3。

根据材料费用分配表编制转账凭证，据以登记有关总分类账户和明细分类账户，会计分录如下：

借：生产成本——基本生产成本——甲产品	65 000
——乙产品	35 000
生产成本——辅助生产成本——供电	4 500
——供水	6 500
制造费用	2 000
管理费用	3 000
销售费用	1 800
贷：原材料	117 800

表 4-3　材料费用分配表

20××年12月　　　　　　　　　　　　　　　　　单位：元

应借科目	直接计入金额	分配计入		材料费用合计
		定额消耗量 kg	分配金额（分配率：25元/kg）	
生产成本——基本生产成本				
——甲产品	45 000	800	20 000	65 000
——乙产品	20 000	600	15 000	35 000
小计	65 000	1 400	35 000	100 000
生产成本——辅助生产成本				
——供电	4 500			4 500
——供水	6 500			6 500
小计	11 000			11 000
制造费用	2 000			2 000
管理费用	3 000			3 000
销售费用	1 800			1 800
合计	82 800		35 000	117 800

上述原材料费用是按实际成本进行核算分配的，如果原材料费用是按计划成本进行核算分配的，计入产品成本和期间费用的原材料费用是计划成本，还应该分配材料成本差异额。

二、外购动力费用的分配

外购动力费用是指企业从外部单位购买的各种动力，如电力、蒸气等所支付的费用。外购动力有的直接用于产品生产，有的间接用于产品生产，如生产单位（或车间）的照明用电力；有的则用于经营管理，如企业行政管理部门照明用电力和取暖等。在有计量仪器记录的情况下，直接根据仪器所示的耗用数量和单价计算；在没有计量仪器的情况下，要按照一定的标准在各种产品之间进行分配。如按生产工时比例、机器功率时数比例或定额消耗量的比例分配。各车间、部门的动力用电和照明用电一般都分别装有电表，外购电力费用在各车间、部门可按用电度数分配，车间中的动力用电一般不按产品分别安装电表，因而车间动力用电费用在各种产品之间一般按产品的生产工时比例、机器工时比例、定额耗电量比例或其他比例分配。

直接用于产品生产的动力费用，应借记"生产成本——基本生产成本"科目及所属的产品成本明细账"燃料及动力"成本项目；直接用于辅助生产又单独设置"燃料及动力"成本项目的动力费用，借记"生产成本——辅助生产成本"科目及所属明细账的"燃料及动力"成本项目；用于基本生产车间和辅助生产车间的照明用电，以及行政管理部门的照明用电等，应分别借记"制造费用"、"生产成本——辅助生产成本""管理费用"等科目及其所属明细账有关项目，贷记"应付账款"或"银行存款"科目。外购动力费用分配是通过编制外购动力（电力）费用分配表进行的，根据该分配表编制会计分录，据以登记有关总账和明细账。外购动力费用分配表格式及举例详见表4-4。

表 4-4 外购动力费用分配表

20××年12月　　　　　　　　　　　　　　　　　　　　单位：元

分配对象	成本项目	耗用数量 /(kW·h)	分配标准 (定额工时)	分配率 (单价)	分配金额
生产成本——基本生产成本					
——甲产品	燃料及动力		50 000		1 000 000
——乙产品	燃料及动力		30 000		600 000
小计	—	800 000	80 000	20.00	1 600 000
生产成本——辅助生产成本					
——供电	水电费	50 000			100 000
——供水	水电费	40 000			80 000
小计	—	90 000		2.00	180 000
制造费用	水电费	10 000			20 000
管理费用	水电费	80 000			160 000
销售费用	水电费	20 000			40 000
合计		1 000 000			2 000 000

根据动力费用分配表，编制付款凭证，据以登记有关总分类账户和明细分类账户，会计分录如下：

借：生产成本——基本生产成本——甲产品　　　　1 000 000
　　　　　　　　　　　　　　　　——乙产品　　　　　600 000
　　生产成本——辅助生产成本——供电　　　　　　　100 000
　　　　　　　　　　　　　　　——供水　　　　　　　80 000
　　制造费用　　　　　　　　　　　　　　　　　　　20 000
　　管理费用　　　　　　　　　　　　　　　　　　　160 000
　　销售费用　　　　　　　　　　　　　　　　　　　40 000
　　贷：应付账款（或银行存款）　　　　　　　　　2 000 000

三、职工薪酬分配

职工薪酬是指企业为获取职工提供服务而给予的各种形式的报酬以及其他相关支出，应按其发生的地点和用途进行分配。对于生产车间直接从事产品生产的生产工人职工薪酬，应记入"生产成本——基本生产成本"科目中的"直接人工"成本项目；生产车间管理人员的职工薪酬，应记入"制造费用"科目；行政管理人员的职工薪酬应记入"管理费用"科目；固定资产大修理等工程人员的职工薪酬，应记入"在建工程"科目；专设销售机构人员的职工薪酬，应记入"销售费用"科目，研究项目开发人员的职工薪酬，应记入"研发支出"科目。

若生产车间同时生产几种产品，则生产工人的职工薪酬，应采用一定方法分配计入各产品成本中。由于工资形成不同，职工薪酬分配方法也不同。

1. 计时工资形式下职工薪酬分配

计时工资一般是依据生产工人出勤记录和月标准工资计算，因而不能反映生产工人职工薪酬的用途。所以，计时生产工人职工薪酬一般是以出勤时间计算的计时工资为基数，以产品生产耗用的生产工时为分配标准。其计算公式如下：

$$直接人工分配率 = \frac{本期发生的生产工人职工薪酬}{各产品耗用的实际工时（或定额工时）之和}$$

$$某产品负担的直接人工 = 该产品耗用的实际工时（或定额工时） \times 直接人工分配率$$

2. 计件工资形式下职工薪酬分配

计件工资条件下，生产工人职工薪酬可根据规定的计件单价和合格品的数量计算，分别按产品进行汇总，反映每种产品应负担的直接工资费用。

职工薪酬分配，应编制职工薪酬分配表，其中生产人员的职工薪酬应按产品类别进行分配。为了按职工薪酬的用途和发生地点归集和分配职工薪酬，月末各生产部门应该根据职工薪酬结算单和有关的生产工时记录，编制"职工薪酬分配表"，然后汇编"职工薪酬分配汇总表"，其格式如表4-5所示。

根据职工薪酬分配汇总表，编制转账凭证，据以登记有关总账和明细账，会计分录如下：

借：生产成本——基本生产成本——甲产品　　　　　　630 000
　　　　　　　　　　　　　　——乙产品　　　　　　378 000
　　　生产成本——辅助生产成本——供电　　　　　　 40 950
　　　　　　　　　　　　　　——供水　　　　　　　 61 425
　　　制造费用　　　　　　　　　　　　　　　　　　 18 900
　　　管理费用　　　　　　　　　　　　　　　　　　567 000
　　　销售费用　　　　　　　　　　　　　　　　　　189 000
　　　研发支出——费用化支出　　　　　　　　　　　 22 050
　　　在建工程　　　　　　　　　　　　　　　　　　 31 500
　贷：应付职工薪酬——工资　　　　　　　　　　　1 197 000
　　　　　　　　　——职工福利　　　　　　　　　　 95 760
　　　　　　　　　——社会保险费　　　　　　　　　418 950
　　　　　　　　　——住房公积金　　　　　　　　　 71 820
　　　　　　　　　——工会经费　　　　　　　　　　 23 940
　　　　　　　　　——职工教育经费　　　　　　　　 17 955

四、固定资产折旧费用的归集和分配

固定资产折旧费也是产品成本的组成部分，但它不单独设立成本项目，而是按照固定资产的使用部门归集，然后再与车间、部门的其他费用一起分配计入产品成本及期间费用，即记入"制造费用""管理费用""销售费用"等科目，通过编制折旧费用分配表，并据以登记有关总账和明细账。例如，某企业折旧费用分配表如表4-6所示。

表 4-5 职工薪酬分配汇总表

20××年12月

单位：元

分配对象	成本项目	分配标准（定额工时）	直接生产人员工资	管理人员工资	工资合计	职工福利 8%	社会保险费 40%	住房公积金 6%	工会经费 2%	职工教育经费 1.50%	职工薪酬合计
生产成本——基本生产成本											
——甲产品	直接人工	50 000	400 000		400 000	32 000	160 000	24 000	8 000	6 000	630 000
——乙产品	直接人工	30 000	240 000		240 000	19 200	96 000	14 400	4 800	3 600	378 000
小计	—	80 000	640 000		640 000	51 200	256 000	38 400	12 800	9 600	1 008 000
生产成本——辅助生产成本											
——供电	工资费用		20 000	6 000	26 000	2 080	10 400	1 560	520	390	40 950
——供水	工资费用		30 000	9 000	39 000	3 120	15 600	2 340	780	585	61 425
小计	—		50 000	15 000	65 000	5 200	26 000	3 900	1 300	975	102 375
制造费用	工资费用			12 000	12 000	960	4 800	720	240	180	18 900
管理费用	工资费用			360 000	360 000	28 800	144 000	21 600	7 200	5 400	567 000
销售费用	工资费用			120 000	120 000	9 600	48 000	7 200	2 400	1 800	189 000
研发支出	工资费用		10 000	4 000	14 000	1 120	5 600	840	280	210	22 050
在建工程	工资费用		12 000	8 000	20 000	1 600	8 000	1 200	400	300	31 500
合计			690 000	507 000	1 197 000	95 760	418 950	71 820	23 940	17 955	1 825 425

表 4-6　固定资产折旧费用分配表

20××年12月　　　　　　　　　　　　　　单位：元

部　　门	应 借 科 目	本月折旧费
基本生产车间	制造费用	450 000
辅助生产车间	生产成本——辅助生产成本	
——供电	——供电	120 000
——供水	——供水	80 000
小计		200 000
行政管理部门	管理费用	18 000
研发部门	研发支出——费用化支出	70 000
合计		738 000

根据固定资产折旧费用分配表，编制转账凭证，据以登记有关总账和明细账，会计分录如下：

借：制造费用　　　　　　　　　　　　　　　　　450 000
　　生产成本——辅助生产成——供电　　　　　　120 000
　　　　　　　　　　　　　——供水　　　　　　 80 000
　　管理费用　　　　　　　　　　　　　　　　　 18 000
　　研发支出——费用化支出　　　　　　　　　　 70 000
　贷：累计折旧　　　　　　　　　　　　　　　　738 000

五、其他费用的归集和分配

其他费用指除了外购材料、外购燃料、外购动力、职工薪酬、折旧费等以外的各项费用，包括邮电费、差旅费、办公费等。这些费用应于发生时，根据有关凭证按其发生的地点及部门，分别记入"制造费用明细账""管理费用明细账"中。在凭证较多的情况下，也可以根据有关凭证，汇总编制其他费用分配表，据以登记各种明细账。"其他费用分配表"的格式如表 4-7 所示。

表 4-7　其他费用分配表

20××年12月　　　　　　　　　　　　　　单位：元

分配对象	办 公 费	差 旅 费	其他支出	合　　计
基本生产车间	3 800	1 200	2 000	7 000
辅助生产车间				
——供电	800		900	1 700
——供水	600		300	900
行政管理部门	12 000	7 800	2 000	21 800
合计	17 200	9 000	5 200	31 400

第二节 辅助生产费用的归集和分配

一、辅助生产费用核算的意义

工业企业的生产车间按其生产职能不同可以分为基本生产车间和辅助生产车间。基本生产车间是指从事商品产品生产的车间，如纺织厂的纺纱、织布车间，机器制造厂的铸造、锻压、金工、装配车间，钢铁联合企业的炼铁、炼钢和轧钢车间等。基本生产车间发生的费用称为基本生产费用。辅助生产车间是指为保证企业商品产品生产正常进行而向基本生产提供服务的生产车间，如为基本生产车间提供修理作业、运输劳务、供水、供电、供气等服务，以及为基本生产提供工具、刀具、刃具、模具、夹具等的生产车间。辅助生产车间发生的费用称为辅助生产费用。由于辅助生产是为基本生产服务而进行的生产，所以，辅助生产费用最终应作为基本生产产品制造成本的一部分计入产品制造成本。除少数为基本生产工艺过程直接提供服务的辅助生产费用（加工工艺过程用动力）可作为基本生产产品的直接费用计入产品成本，列入"直接材料"或"其他直接费用"成本项目外，大多数辅助生产费用不能作为基本生产产品的直接费用，而是以制造费用计入产品制造成本。可见，产品制造费用中除了基本生产车间内发生的制造费用外，还包括辅助生产发生的耗费。辅助生产费用计入产品制造成本的程序如图4-2所示。

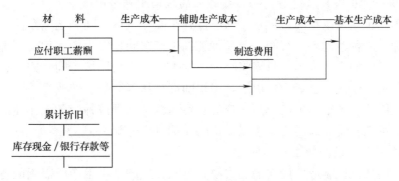

图 4-2 辅助生产费用计入产品制造成本的程序图

辅助生产也有可能为企业行政管理部门或企业单位设立的销售部门提供部分服务，这部分的辅助生产成本就不能计入产品制造成本，而列为管理费用或销售费用。

由于辅助生产费用是制造费用的组成部分，制造费用又是产品制造成本的重要组成部分，因此，辅助生产费用归集和分配的正确与否，将影响制造费用归集的正确性，制造费用归集和分配的正确与否，又直接影响产品制造成本计算的正确性。为了保证产品制造成本计算的正确性，并且加强辅助生产费用和制造费用的监督和控制，明确各生产车间的经济责任，便于生产成本的分析和考核，促进费用节约和降低产品成本，辅助生产费用应分别按车间进行归集，并采用适当的方法进行分配。辅助生产费用核算的意义有以下几点：

（1）正确归集辅助生产费用，计算辅助生产成本，并选择恰当的分配方法分配辅助生产费用，保证制造费用归集的正确性。

（2）加强对辅助生产费用的监督和控制，分析和考核辅助生产费用预算的执行情况，努力压缩费用开支，降低产品制造成本。

（3）激励管理人员。如果辅助生产部门成本不分配到生产部门，管理人员也许趋向于过多耗费这些服务。通过分配辅助生产成本，并使生产部门的管理人员对他们产品的成本负责，就能促使管理人员使用辅助生产服务，直至该服务的边际收益等于其边际成本。因此，辅助部门成本的分配可以帮助每一个生产部门选择正确的辅助生产服务耗费水平。

（4）与外部提供的服务进行比较。将辅助部门成本分配到生产部门可以鼓励这些部门的管理人员监督生产辅助部门的业绩。因为辅助生产部门的成本影响生产部门自己的经济业绩，这些管理者有动机采用一些方法去控制这些成本而不是简单地使用这些辅助服务。例如，管理者可能用辅助部门的内部成本同从外部获得该服务的成本进行比较。当一个辅助部门不如外部资源的成本经济时，该辅助部门就应当取消，而在外部考虑提供该种服务。

二、辅助生产费用的归集

（一）辅助生产车间的类型

对于不同类型的辅助生产车间，辅助生产费用在归集程序、分配方法以及辅助生产成本计算的方法上都不尽相同，因此，区分不同类型的辅助生产车间是正确组织辅助生产费用核算的前提。辅助生产车间按其提供劳务、作业和生产产品的种类多少，可分为以下两种类型：

1. 只提供一种劳务或只进行同一性质作业的辅助生产车间

这样的车间包括供电车间、供水车间、供气车间、机修车间和运输车队等。这类辅助生产车间称为单品种辅助生产车间。单品种辅助生产车间里发生的各种费用都是该车间提供劳务、作业发生的直接成本，只需将车间内发生的全部费用按车间别归集，即可计算出该车间该种劳务或作业的总费用。由于这类车间都是从事劳务、作业性质的生产，月末无在产品结存，因此，各辅助生产车间归集的总费用就是该月该种劳务或作业的总成本，并且该总成本即可在各受益部门之间按受益量的比例进行分配。

2. 生产多种产品的辅助生产车间

这样的车间如机械制造厂设立的工夹模具车间，生产基本生产所需用的各种工具、刀具、模具和夹具等。这类辅助生产车间称为多品种辅助生产车间。多品种辅助生产车间里发生的各种费用在归集时就需要区分直接费用和间接费用，发生的费用如能分清是哪一种工具、刀具、模具或夹具所耗用的，即为直接费用，可直接计入该种工具、刀具、模具或夹具的成本中；而辅助生产车间为管理和组织生产活动发生的各项费用，就是间接费用，不能直接计入成本。因此，多品种辅助生产车间除了需要分别不同的工具、刀具、模具和夹具归集其耗用的直接费用，还需按辅助生产车间别归集间接费用，月终还需将归集的间接费用在各种工具、刀具、模具和夹具间采用一定的方法进行分配后，才能计入成本。多品种辅助生产车间为基本生产车间生产的工夹模具，一般需通过仓库的收发核算，而并非辅助生产制造完成后即列为基本生产的成本。同时，辅助生产车间月末完全有可能结存在产品。因此，多品种辅助生产车间所归集的生产耗费首先要在完工产品与在产品之间划分，然后将完工产品的成本转入企业存货成本。这样，辅助生产在一定时期内发生的耗费与基本生产在该期内的耗费无直接关系。

形成企业存货的辅助生产产品，即多品种辅助生产车间生产的产品，其成本计算方法与基本生产产品的成本计算方法相同（基本生产产品的成本计算方法将在以后章节中叙述）。

本章着重于介绍单品种辅助生产车间生产的已被基本生产车间或其他部门耗用的各种劳务、作业成本的归集和分配。

此外，在有些生产企业，辅助生产车间之间往往相互提供劳务。例如，某企业设有供水车间、供电车间、机修车间等，供水车间为供电车间供应其用水，供电车间为供水车间、机修车间供应其用电，机修车间又为供水车间和供电车间进行机器设备的维修作业服务。这样各辅助生产车间归集的费用还应包括从其他辅助生产车间转入的费用，同时也增加了辅助生产费用分配的复杂程度。

（二）辅助生产费用的归集

在本章中，辅助生产费用的归集和分配是通过"生产成本——辅助生产成本"账户进行核算的，该账户是一个成本计算账户，其借方反映为进行辅助生产而发生的一切生产耗费，既包括各辅助生产车间发生的直接费用，也包括辅助生产车间为组织和管理生产活动而发生的各种间接费用。在辅助生产车间相互提供劳务、作业的情况下，各受益辅助生产车间从供应劳务、作业的辅助生产车间分配转入的劳务、作业成本也借记该账户；该账户贷方反映辅助生产费用的分配，登记各辅助生产车间向基本生产车间、行政管理部门、其他辅助生产车间，以及其他受益部门提供劳务、作业成本的转出数，以及完工入库的工具、模具、刀具、夹具生产成本的转出数。该账户除了多品种辅助生产车间有在产品结存，有期末余额以外，在单品种辅助生产情况下，一般无余额。

对于只提供一种劳务、作业或只生产一种产品的单品种辅助生产车间，可按车间别设置辅助生产成本明细账户，并根据对费用项目的管理要求在明细账内开设专栏。

辅助生产成本明细账应根据"材料费用分配表"、"职工薪酬分配表"、"折旧费用分配表"以及其他有关记账凭证登记。在辅助生产车间之间相互提供劳务、作业的情况下，还需要根据"辅助生产费用分配表"登记。辅助生产费用明细账的具体格式如表4-8和表4-9所示。

三、辅助生产费用的分配

辅助生产车间发生的各种费用计入产品成本的方法，是由辅助生产车间提供产品或劳务的性质以及它在生产中的作用决定的。若辅助生产车间是生产产品的，如自制材料、工具等，在这些产品完工后，应将其成本从"生产成本——辅助生产成本"账户转入到"原材料"或"低值易耗品"等账户中。各车间、部门领用时，再比照财务会计中存货的核算方法，根据具体的用途和数量，一次或分次转入有关成本费用账户。

如果辅助生产车间提供电、水、蒸气等产品或劳务时，辅助生产车间发生的费用在归集后，应根据各受益部门的耗用量，在各受益部门间进行分配。在这种情况下，辅助生产车间除主要向基本生产车间和行政管理等部门提供劳务外，辅助生产车间之间也相互提供劳务，如供电车间向修理车间提供电力，修理车间向供电车间提供修理劳务等。这样，要计算电的成本，首先应计算修理劳务的成本；而要计算修理劳务的成本，又要以计算出电的成本为先决条件。由于它们之间相互制约、互为条件，使辅助生产费用的分配产生了困难。因而，辅助生产费用的分配采用了一些特殊的分配方法，主要有直接分配法、交互分配法和顺序分配法等。

表 4-8 生产成本——辅助生产成本明细账 1

车间名称：供电车间　　　　　　　　　　　　　　　　　　　　　　　　　　　　　　　　　　　　单位：元

日期	凭证	摘要	材料	水电费	工资费用	折旧费	办公费	其他	合计	转出	余额
	略	材料费用分配表	4 500						4 500		
		动力费用分配表		100 000					100 000		
		职工薪酬分配表			40 950				29 640		
		折旧费用分配表				120 000			120 000		
		其他费用分配表					800	900	1 700		
		本月合计	4 500	100 000	40 950	120 000	800	900	267 150		
		结转辅助生产费用								267 150	—

表 4-9 生产成本——辅助生产成本明细账 2

车间名称：供水车间　　　　　　　　　　　　　　　　　　　　　　　　　　　　　　　　　　　　单位：元

日期	凭证	摘要	材料	水电费	工资费用	折旧费	办公费	其他	合计	转出	余额
	略	材料费用分配表	6 500						6 500		
		动力费用分配表		80 000					80 000		
		职工薪酬分配表			61 425				44 460		
		折旧费用分配表				80 000			80 000		
		其他费用分配表					600	300	900		
		本月合计	6 500	80 000	44 460	80 000	600	300	228 825		
		结转辅助生产费用								228 825	—

（一）直接分配法

直接分配法是指把各辅助生产车间的实际成本，只在基本生产车间和管理部门间按其受益数量进行分配，对于各辅助生产车间相互提供的产品和劳务则不进行分配，这种方法适用于辅助生产费用较少的中小型企业。采用直接分配法的计算公式如下：

$$分配率 = \frac{某辅助生产车间直接发生的费用总额}{该辅助生产车间对外提供劳务/产品的总量}$$

各受益对象应分配的费用 = 该受益对象消耗的劳务（或产品）数量 × 分配率

【例4-3】 某企业设有供水和供电两个辅助生产车间，本月发生的费用已归集在表4-12和表4-13中。各辅助生产车间供应产品或劳务的数量如表4-10所示。请采用直接分配法分配辅助生产车间的费用。

表4-10 辅助生产车间供应产品或劳务量表

受 益 单 位	用电度数（kW·h）	供水吨数/t
供电车间		1 000
供水车间	4 000	
甲产品	20 000	10 000
乙产品	6 000	12 000
基本生产车间的一般消耗	30 000	6 000
管理部门	10 000	3 000
合计	70 000	32 000

供电车间的费用分配率 = $\frac{267\ 150}{66\ 000}$ = 4.047 7 [元/(kW·h)]

供水车间的费用分配率 = $\frac{228\ 825}{31\ 000}$ = 7.381 5（元/t）

各受益对象应分配的辅助生产费用见辅助生产费用分配表（见表4-11）。

根据辅助生产费用分配表编制转账凭证，其会计分录如下：

借：生产成本——基本生产——甲产品　　　　　　　　154 769.06
　　　　　　　　　　　　——乙产品　　　　　　　　112 863.78
　　制造费用　　　　　　　　　　　　　　　　　　　165 720.53
　　管理费用　　　　　　　　　　　　　　　　　　　 62 621.63
　贷：生产成本——辅助生产成本——供电　　　　　　267 150
　　　　　　　　　　　　　　　——供水　　　　　　228 825

采用直接分配法分配辅助生产费用，计算方法比较简单，但由于各辅助生产车间的费用没有包括耗用其他辅助生产车间提供劳务的成本，在各辅助生产车间之间相互提供产品和劳务的数量差异较大情况下，采用此法不仅使辅助生产的产品或劳务成本计算不正确，而且也不利于调动辅助生产车间降低消耗的积极性，不利于全面开展内部经济责任制。因此，这种方法一般适用于辅助车间相互提供产品或劳务数量较少的情况。

（二）交互分配法

辅助生产费用的交互分配法是指各辅助生产车间相互提供产品或劳务时，辅助生产费用不仅要以受益的基本生产车间和行政管理部门为分配对象,也要以相互提供服务的辅助生产车间为分配对象的辅助生产费用分配方法。一般常用的辅助生产费用交互分配法包括一次交互分配法、计划成本分配法和代数分配法等。

1. 一次交互分配法

一次交互分配法是将辅助生产费用先在辅助生产车间之间进行一次交互分配,再将交互分配后重新调整的辅助生产费用在辅助生产车间以外的其他受益车间、部门进行分配的方法。因此,一次交互分配法是分两次进行辅助生产费用的分配。

第一次分配,是辅助生产费用的交互分配,就是根据辅助生产车间相互提供产品或劳务的数量以及辅助生产费用的分配率,将辅助生产费用在辅助生产车间之间进行分配。具体计算公式如下:

$$某辅助生产车间费用分配率 = \frac{该辅助生产车间直接发生的费用}{该辅助生产车间提供的劳务总量}$$

$$某辅助生产车间应分配的耗用其他辅助生产车间的费用 = 辅助生产车间耗用的劳务数量 \times 分配率$$

第二次分配,是直接分配或称对外分配,就是将交互分配前归集的辅助生产费用,加上交互分配时从其他辅助生产车间转入的费用,减去从本辅助生产车间转出的费用,按照直接分配法,分配给除辅助生产车间以外的其他受益车间和部门,主要是基本生产车间和行政管理部门。具体的计算公式如下:

$$某辅助生产车间对外分配率 = \frac{该辅助生产车间直接发生费用 + 分配转入 - 分配转出}{该辅助生产车间对外提供的产品/劳务的总和}$$

$$某受益对象应分配的辅助生产费用 = 该受益对象耗用的劳务量 \times 某辅助生产车间的对外分配率$$

【例 4-4】 以前面例 4-3 的资料为基础,采用一次交互分配法进行辅助生产费用的分配,分配计算结果如表 4-12 所示。

(1) 第一次分配(交互分配):

计算交互分配前各辅助生产车间劳务(产品)的单位成本(分配率)。

供电车间的单位成本 $= \frac{267\ 150}{70\ 000} = 3.816\ 4\ [元/(kW \cdot h)]$

供水车间的单位成本 $= \frac{228\ 825}{32\ 000} = 7.150\ 8\ (元/t)$

供电车间应负担的其他辅助生产车间的费用 $= 1\ 000 \times 7.150\ 8 = 7\ 150.78\ (元)$

供水车间应负担的其他辅助生产车间费用 $= 4\ 000 \times 3.816\ 4 = 15\ 265.71\ (元)$

上述交互分配的账务处理如下:

借:生产成本——辅助生产成本——供电　　　　　　　　　　　　7 150.78
　　　　　　　　　　　　　　　　——供水　　　　　　　　　　15 265.71
　　贷:生产成本——辅助生产成本——供电　　　　　　　　　　15 265.71
　　　　　　　　　　　　　　　　——供水　　　　　　　　　　 7 150.78

(2) 第二次分配(对外分配):

供电车间的对外分配率 $= \frac{267\ 150 + 7\ 150.78 - 15\ 265.71}{66\ 000} = 3.924\ 8\ [元/(kW \cdot h)]$

表4-11 辅助生产费用分配表
（直接分配法）

金额单位：元

<table>
<tr><th colspan="2" rowspan="2">项目\应借科目</th><th colspan="3">生产成本——基本生产成本</th><th rowspan="2">制造费用
基本生产车间</th><th rowspan="2">管理费用</th><th rowspan="2">合计</th></tr>
<tr><th>甲产品</th><th>乙产品</th><th>小计</th></tr>
<tr><td rowspan="3">供电车间</td><td>耗用量(kW·h)</td><td>20 000</td><td>6 000</td><td>26 000</td><td>30 000</td><td>10 000</td><td>66 000</td></tr>
<tr><td>分配率[元/(kW·h)]</td><td></td><td></td><td></td><td></td><td></td><td>4.0477</td></tr>
<tr><td>金额</td><td>80 954.55</td><td>24 286.36</td><td>105 240.91</td><td>121 431.82</td><td>40 477.27</td><td>267 150</td></tr>
<tr><td rowspan="3">供水车间</td><td>耗用量/t</td><td>10 000</td><td>12 000</td><td>22 000</td><td>6 000</td><td>3 000</td><td>31 000</td></tr>
<tr><td>分配率(元/t)</td><td></td><td></td><td></td><td></td><td></td><td>73.8145</td></tr>
<tr><td>金额</td><td>73 814.52</td><td>88 577.42</td><td>162 391.94</td><td>44 288.71</td><td>22 144.35</td><td>228 825.00</td></tr>
<tr><td colspan="2">金额合计</td><td>154 769.06</td><td>112 863.78</td><td>267 632.84</td><td>165 720.53</td><td>62 621.63</td><td>495 975.00</td></tr>
</table>

表4-12 辅助生产费用分配表
（一次交互分配法）

金额单位：元

<table>
<tr><th colspan="2" rowspan="2">项目</th><th colspan="3">供电车间</th><th colspan="3">供水车间</th><th rowspan="2">合计</th></tr>
<tr><th>供应数/(kW·h)</th><th>分配率</th><th>分配金额</th><th>供应数/t</th><th>分配率</th><th>分配金额</th></tr>
<tr><td colspan="2">待分配辅助生产费用</td><td>70 000</td><td></td><td>267 150</td><td>32 000</td><td></td><td>228 825</td><td>495 975</td></tr>
<tr><td rowspan="2">交互分配</td><td>辅助生产——供电</td><td></td><td></td><td></td><td>1 000</td><td>7 150.78</td><td>7 150.78</td><td></td></tr>
<tr><td>辅助生产——供水</td><td>4 000</td><td></td><td>15 265.71</td><td></td><td></td><td></td><td></td></tr>
<tr><td colspan="2">分配率计算</td><td>66 000</td><td>3.924 8</td><td>259 035.07</td><td>31 000</td><td>76.432 2</td><td>236 939.93</td><td>495 975.00</td></tr>
<tr><td rowspan="5">对外分配</td><td>甲产品</td><td>20 000</td><td></td><td>78 495.47</td><td>10 000</td><td></td><td>76 432.24</td><td>154 927.71</td></tr>
<tr><td>乙产品</td><td>6 000</td><td></td><td>23 548.64</td><td>12 000</td><td></td><td>91 718.68</td><td>115 267.33</td></tr>
<tr><td>基本生产车间</td><td>30 000</td><td></td><td>117 743.21</td><td>6 000</td><td></td><td>45 859.34</td><td>163 602.55</td></tr>
<tr><td>行政管理部门</td><td>10 000</td><td></td><td>39 247.74</td><td>3 000</td><td></td><td>22 929.67</td><td>62 177.41</td></tr>
<tr><td>合计</td><td>66 000</td><td></td><td>259 035.07</td><td>31 000</td><td></td><td>236 939.93</td><td>495 975.00</td></tr>
</table>

供水车间的对外分配率 = $\dfrac{228\,825 + 15\,265.71 - 7\,150.78}{31\,000}$ = 7.643 2（元/t）

甲产品应负担的供电车间费用 = 20 000 × 3.924 8 = 78 495.47（元）
甲产品应负担的供水车间费用 = 10 000 × 7.643 22 = 76 432.22（元）
乙产品应负担的供电车间费用 = 6 000 × 3.924 8 = 23 548.64（元）
乙产品应负担的供水车间费用 = 12 000 × 7.643 22 = 91 718.68（元）
基本生产车间应负担的供电车间费用 = 30 000 × 3.924 8 = 117 743.21（元）
基本生产车间应负担的供水车间费用 = 6 000 × 7.643 22 = 45 859.34（元）
管理部门应负担的供电车间费用 = 10 000 × 3.924 8 = 39 247.74（元）
管理部门应负担的供水车间费用 = 3 000 × 7.643 22 = 22 929.67（元）

上述对外分配的账务处理如下：

借：生产成本——基本生产成本——甲产品　　　　　　154 927.71
　　　　　　　　　　　　　　——乙产品　　　　　　115 267.33
　　　制造费用　　　　　　　　　　　　　　　　　　163 602.55
　　　管理费用　　　　　　　　　　　　　　　　　　 62 177.41
　　贷：生产成本——辅助生产成本——供电　　　　　259 035.07
　　　　　　　　　　　　　　　——供水　　　　　　236 939.93

一次交互分配法克服了直接分配法在辅助生产车间之间不相互分配的缺点，基本反映了辅助生产车间之间相互提供产品或劳务的关系，使得辅助生产成本的计算更为准确。同时，一次交互分配法易于理解和操作，能加强辅助生产车间的经济核算，促使其降低生产费用。但是，在实行厂部、车间两级成本核算的企业，采用这种方法时，各辅助生产车间只能在接到财务会计部门转来的其他辅助生产车间转入的费用后，才能计算交互分配后调整的辅助生产费用，成本计算的及时性得不到保证。此外，由于这种方法采用实际费用分配率进行分配，会将辅助生产车间的超支、节约差异一起转到基本生产成本或管理费用中，从而不利于对各个车间、部门的业绩考核和评价。为了弥补一次交互分配法的缺点，可以采用计划成本法分配辅助生产费用。

2. 计划成本分配法

计划成本法又称内部结算价格法，它是先按提供劳务、作业的计划单位成本和各受益部门实际接受劳务、作业的受益量进行分配，然后再将计划分配额与实际费用的差额进行调整分配的一种辅助生产费用分配方法。计划成本分配法与一次交互分配法一样，也需要分两次进行分配。

第一次，即计划成本分配阶段，是根据各受益部门（包括辅助生产车间）接受劳务、作业的实际受益量和各劳务、作业的计划单位成本计算分配给各受益部门。具体计算公式如下：

$$\text{某受益对象应负担的某项劳务（作业）费用} = \text{该受益对象耗用劳务（作业）的数量} \times \text{某项劳务（作业）的计划单位成本}$$

第二次，差异分配阶段，是将各辅助生产车间实际发生的费用（即在计划成本分配前已归集的费用加上计划成本分配时转入的费用）与各车间按计划成本分配转出的费用之差，即辅助生产劳务、作业的成本差异，对辅助生产车间外部的受益对象进行分配。差异分配一般有两种会计处理方法：其一，将差异按辅助生产外部各受益对象的受益比例分配；其二，将差异全部分配给企业的行政管理部门。差异全部由管理费用承担，有利于加强对基本生产车间的评价和考核，本书采用第二种方法。

【例 4-5】 以前面例 4-4 的资料为基础，并假设该公司各辅助生产车间的劳务作业成本的计划单位成本为：供电 3.95 元/(kW·h) 供水 7.25 元/t。按计划成本分配法编制辅助生产费用分配表如表 4-13 所示。

表 4-13 辅助生产费用分配表
（计划成本分配法）
金额单位：元

受益对象		项目				合计
		供电车间		供水车间		
		计划单位成本 3.95 元/(kW·h)		计划单位成本 7.25 元/t		
		耗用量	分配金额	耗用量	分配金额	
辅助生产	供电车间			1 000	7 250	7 250
	供水车间	4 000	15 800			15 800
基本生产	甲产品	20 000	79 000	10 000	72 500	151 500
	乙产品	6 000	23 700	12 000	87 000	110 700
基本生产车间		30 000	118 500	6 000	43 500	162 000
行政管理部门		10 000	39 500	3 000	21 750	61 250
按计划成本分配合计		70 000	276 500	32 000	232 000	508 500
辅助生产实际成本			274 400		244 625	519 025
辅助生产成本差异			−2 100		12 625	10 525

在表 4-17 中，各辅助生产车间劳务、作业的实际成本和计划成本比较的成本差异计算如下：

供电劳务的实际成本 = 267 150 + 7 250 = 274 400（元）
供电劳务的成本差异 = 274 400 − 276 500 = −2 100（元）
供水劳务的实际成本 = 228 825 + 15 800 = 244 625（元）
供水劳务的成本差异 = 244 625 − 232 000 = 12 625（元）

根据辅助生产费用分配表（计划成本分配法）的分配结果，编制辅助生产费用分配的会计分录如下：

（1）按计划成本分配的账务处理

借：生产成本——辅助生产成本——供电　　　　　　　　　　7 250
　　　　　　　　　　　　　　　　——供水　　　　　　　　　15 800
　　生产成本——基本生产成本——甲产品　　　　　　　　　151 500
　　　　　　　　　　　　　　　　——乙产品　　　　　　　110 700
　　制造费用　　　　　　　　　　　　　　　　　　　　　　162 000
　　管理费用　　　　　　　　　　　　　　　　　　　　　　61 250
　贷：生产成本——辅助生产成本——供电　　　　　　　　　276 500
　　　　　　　　　　　　　　　　——供水　　　　　　　　232 000

（2）差异分配的账务处理

借：管理费用　　　　　　　　　　　　　　　　　　　　　　10 525

贷：生产成本——辅助生产成本——供电　　　　　　　　　2 100
　　　　　　　　　　　　　　　　——供水　　　　　　　　　12 625

采用计划成本分配法，由于各辅助生产车间只需掌握耗用其他辅助生产车间提供的劳务、作业数量，就能计算出交互分配的转入数，从而确定其实际成本，所以使核算较及时、简便。同时，通过计划成本和实际成本的比较分析，可及时了解各辅助生产车间费用超支和节约的原因，有利于考核辅助生产车间的经济效益，也有利于分清受益部门的经济责任。但是，辅助生产车间的各种劳务、作业的计划单位成本必须比较切合实际，否则会造成过大的成本差异额，影响成本计算的正确性。

3. 代数分配法

代数分配法是运用初等代数中解多元一次联立方程组的原理进行辅助生产费用分配的一种方法。采用这种方法，应先根据辅助生产车间之间相互服务的关系，以及各辅助生产车间已归集的费用和提供的劳务、作业总量建立多元一次方程组，通过解方程求得各辅助生产车间劳务、作业的单位成本，然后根据该单位成本和各受益部门（包括辅助生产车间和外部的全部受益对象）耗用的数量计算分配辅助生产费用。

【例4-6】　以前面例4-5的资料为基础，采用代数分配法分配计算各车间的辅助生产费用。

设：供电车间电力的实际单位成本为 X 元，
　　供水车间水的实际单位成本为 Y 元。

建立方程组如下：

$$70\ 000X = 267\ 150 + 1\ 000Y$$
$$32\ 000Y = 228\ 825 + 4\ 000X$$

解：

$$X = 3.925\ 6$$
$$Y = 7.642$$

根据代数分配法计算的各辅助生产劳务的单位成本和各受益单位的耗用量可编制辅助生产费用分配表如表4-14所示。

根据表4-14编制反映辅助生产车间之间相互提供劳务的转账凭证，其会计分录如下：

借：生产成本——辅助生产成本——供电　　　　　　　　　7 642.00
　　　　　　　　　　　　　　　　——供水　　　　　　　　　15 702.40
贷：生产成本——辅助生产成本——供电　　　　　　　　　15 702.40
　　　　　　　　　　　　　　　　——供水　　　　　　　　　7 642.00

根据表4-14反映的辅助生产车间对外分配的转账凭证，其会计分录如下：

借：生产成本——基本生产成本——甲产品　　　　　　　　154 932.00
　　　　　　　　　　　　　　　　——乙产品　　　　　　　　115 257.60
　　制造费用　　　　　　　　　　　　　　　　　　　　　163 620.00
　　管理费用　　　　　　　　　　　　　　　　　　　　　62 182.00
贷：生产成本——辅助生产成本——供电　　　　　　　　　259 089.60
　　　　　　　　　　　　　　　　——供水　　　　　　　　　236 902.00

表 4-14 辅助生产费用分配表
（代数分配法） 金额单位：元

项目			待分配辅助生产费用	费用分配		合计
				供电车间	供水车间	
	计量单位			kW·h	t	
	单位成本（分配率）			3.925 6	7.642 0	
	费用合计			274 792.00	244 544.00	519 336.00
分配对象	供电车间	数量（kW·h）	70 000		1 000	7 642.00
		金额	267 150.00		7 642.00	
	供水车间	数量/t	3 200	4 000		15 702.40
		金额	228 825.00	15 702.40		
	甲产品	数量		20 000	10 000	154 932.00
		金额		78 512.00	76 420.00	
	乙产品	数量		6 000.00	12 000	115 257.60
		金额		23 553.60	91 704.00	
	基本生产车间	数量		30 000	6 000	163 620.00
		金额		117 768.00	45 852.00	
	行政管理部门	数量		10 000	3 000	62 182.00
		金额		39 256.00	22 926.00	
合计		数量		70 000.00	32 000	519 336.00
		金额		274 792.00	244 544.00	

由于代数分配法通过解联立方程直接求得各种劳务、作业的实际单位成本，从而使得辅助生产费用分配结果最为精确。但在辅助生产车间较多的情况下，解方程的计算工作量就很大，因此，代数分配法只适用于辅助生产车间较少的企业采用。

（三）顺序分配法

顺序分配法，亦称阶梯分配法，是按辅助生产车间施惠和受益量多少的顺序分配辅助生产费用的一种分配方法。采用顺序分配法，首先应按各辅助生产车间对其他辅助生产车间提供劳务、作业的数量和接受其他辅助生产车间劳务、作业量的多少排列分配顺序，施惠量最多、受益量最少的辅助生产车间排在第一位，第一个分配；施惠量最少、受益量最多的辅助生产车间排在最后一位，最后一个分配。这种分配方法的基本思路就是按排列顺序依次分配，排列在前的分配给排列在后的，排列在后的不再分配给排列在前的，排列在后的进行分配时应在原归集的费用基础上加上排列在前的分配转入数。其分配原理与程序如图 4-3 和图 4-4 所示。

【例 4-7】 某企业设有供电、供水和蒸汽三个辅助生产车间，蒸汽车间需要用水和电力才能提供蒸汽，供水车间需要电力才能供水，而供电车间很少需要水和蒸汽。因此，三个辅助生产车间之间受惠与施惠之间存在明显的顺序，因此采用顺序分配法分配辅助生产费用。有关资料如表 4-15 所示。

首先，分配供电车间的费用

供电车间的分配率 = 40 000 ÷ 20 000 = 2.00（元/kW·h）

其次，分配供水车间的费用

供水车间的分配率 =（本车间直接发生的费用 + 供电车间分入的费用）÷ 分配数量
= （14 000 + 4 000）÷ 6 000 = 3.00（元/t）

最后，分配蒸汽车间的费用

蒸汽车间的分配率 =（本车间直接发生的费用 + 供电车间分入的费用 +
供水车间分入的费用）÷ 分配数量
= （2 100 + 6 000 + 3 000）÷ 500 = 22.20（元/m³）

根据表4-15中的数字，应做如下会计分录：

借：生产成本——辅助生产成本——供水　　　　　　　　　　4 000
　　　　　　　　　　　　　　　　——蒸汽　　　　　　　　　9 000
　　生产成本——基本生产成本——甲产品　　　　　　　　　44 604
　　制造费用　　　　　　　　　　　　　　　　　　　　　　 9 752
　　管理费用　　　　　　　　　　　　　　　　　　　　　　 1 744
　　贷：生产成本——辅助生产成本——供电　　　　　　　　40 000
　　　　　　　　　　　　　　　　　——供水　　　　　　　18 000
　　　　　　　　　　　　　　　　　——蒸汽　　　　　　　11 100

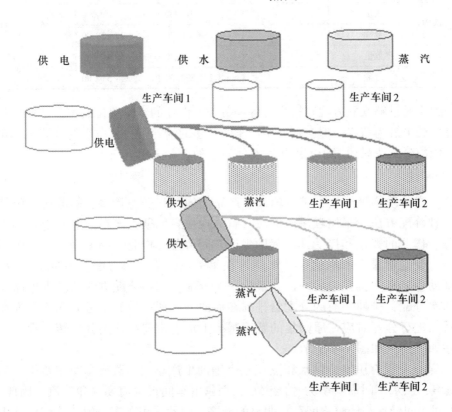

图4-3　辅助生产费用顺序分配法原理图

第四章 费用在各种产品之间的归集和分配

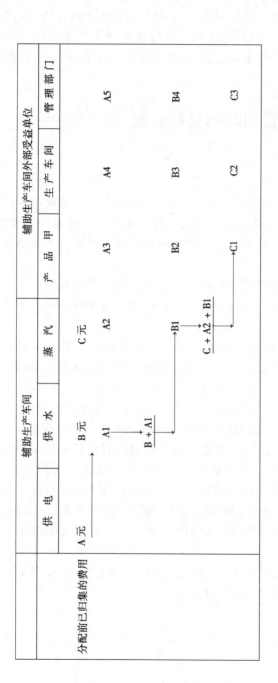

图 4-4 辅助生产费用顺序分配法程序图

表 4-15 辅助生产费用分配表（顺序分配法）

金额单位：元

项目	分配费用					分配率	分配						
	分配数量	直接发生	分入费用	小计			供水		蒸汽		甲产品		
							数量	金额	数量	金额	数量	金额	
供电车间(kW·h)	20 000	40 000		40 000	2.00	2 000	4 000	3 000	6 000	12 000	24 000		
供水车间/t	6 000	14 000	4 000	18 000	3.00			1 000	3 000	4 500	13 500		
蒸气车间/m³	500	2 100	9 000	11 100	22.20					320	7 104		
合计		56 100	13 000	69 100			4 000		9 000		44 604		

制造费用		管理费用	
数量	金额	数量	金额
2 500	5 000	500	1 000
400	1 200	100	300
160	3 552	20	444
	9 752		1 744

91

采用顺序分配法分配辅助生产费用,能有重点地反映辅助生产车间交互服务的关系,且分配方法简便。但是,由于这种方法使得排列在前的辅助生产车间费用归集不全,因而对辅助生产车间之间交互服务的关系反映不够全面,交互分配不充分,从而也影响了辅助生产费用分配的正确性。同时,各辅助生产车间的分配排列顺序也较难确定,所以它的使用受到一定程度的限制。顺序分配法只适宜在各辅助生产车间交互服务的数量有明显顺序的企业中采用。辅助生产车间分配排列的顺序一旦确定,不宜经常改变。

第三节 制造费用的归集和分配

一、制造费用的归集

制造费用是指企业的生产单位为组织和管理生产而发生的各项费用,以及固定资产的使用等费用。制造费用是产品成本的重要组成部分,正确、合理地组织制造费用的核算,对于正确计算产品成本,控制各车间费用的开支,考核费用预算的执行情况,不断降低产品成本具有重要的作用。

为了加强成本管理,控制开支,在制造费用核算时,要设置必要的费用明细项目。制造费用设置的明细项目主要有工资费用、折旧费、办公费、水电费、机物料消耗、劳动保护费、季节性和修理期间的停工损失等。

为了核算与监督制造费用的发生,并把它汇集起来,应设置"制造费用"科目,该科目的借方登记发生的制造费用,贷方登记分配计入有关的成本核算对象的制造费用。该科目应按不同的车间、部门设置明细账。在发生制造费用时,应根据有关的付款凭证、转账凭证和前述的费用分配表,借记"制造费用"科目及其所属明细账的有关费用项目专栏内,并根据具体情况分别记入"原材料""应付职工薪酬""累计折旧""库存现金""银行存款"等科目的贷方。月末,将"制造费用"科目及其所属明细账中登记的费用汇总后,从该科目的贷方转出,记入"生产成本——基本生产成本"科目的借方,除季节性生产企业外,该科目月末没有余额。如果辅助生产发生的制造费用是通过"制造费用"科目单独核算,则比照基本生产车间发生的制造费用核算。如果不通过"制造费用"科目单独核算,则应全部记入"生产成本——辅助生产成本"科目及其明细账的有关费用项目内。

根据本章前例的各种费用分配表及有关记账凭证登记基本生产车间的"制造费用——基本生产车间"明细账,其格式、内容如表4-16所示。

二、制造费用的分配

(一) 制造费用分配的原则

基本生产车间的制造费用是产品生产成本的组成部分,各基本生产车间或生产分厂各自归集的制造费用,在月末必须按一定的分配标准,采用一定的方法,按各成本计算对象受益的比例进行分配。

表 4-16　制造费用明细账

车间名称：基本生产车间　　　　　　　　　　　　　　　　　　　　　　　　　　　　单位：元

2002年 月	日	摘　要	机物料消耗	外购动力	工资费用	折旧费	水电费	办公费	其他	合计
12	31	材料费用分配表	2 000							2 000
12	31	动力费用分配表		20 000						20 000
12	31	职工薪酬分配表			13 680					13 680
12	31	折旧费用分配表				450 000				450 000
12	31	其他费用分配表						3 800	2 000	5 800
12	31	辅助生产费用分配表					162 000			162 000
12	31	本月费用合计	2 000	20 000	13 680	450 000	162 000	3 800	2 000	658 700
12	31	制造费用分配表								658 700

在只生产一种产品的基本生产车间，所归集的制造费用可以直接计入该种产品的生产成本；在生产多种产品的基本生产车间中，制造费用则应该采用既合理又较简便的分配方法，分配计入各种产品的生产成本，即记入"生产成本——基本生产成本"科目及其"制造费用"成本项目。辅助生产车间单独核算其制造费用时，汇总在"制造费用——辅助生产车间"科目的数额，在只生产一种产品或提供一种劳务的辅助生产车间，宜直接计入该种辅助生产产品或劳务的成本；在生产多种产品或提供多种劳务的辅助生产车间，则应采用适当的分配方法，分配计入辅助生产产品或劳务成本，即记入"生产成本——辅助生产成本"科目借方及其"制造费用"成本项目。

由于各基本生产车间的制造费用水平不同，所以制造费用应该按照各车间分别进行分配，而不得将各车间的制造费用统一起来在整个企业范围内统一分配。

制造费用的分配是否合理、正确，对保证产品制造成本计算的正确性有着密切的关系。合理分配制造费用的关键在于正确选择分配标准。制造费用分配标准的选择应遵循以下原则：

1. 分配标准应具有"共有性"

所谓分配标准的共有性，是指各应承担制造费用的对象都具有该分配标准的资料。分配标准应是各分配对象所共有的因素，这样才能使各受益对象都能承担其应承担的制造费用，以免造成部分无分配标准的受益对象没有承担应负担的制造费用，而有分配标准的受益对象多承担了制造费用，从而影响制造费用分配的正确性。

2. 分配标准应能体现"比例性"

所谓分配标准的比例性，是指分配标准与制造费用之间存在客观的因果比例关系，即分配标准总量的变化对制造费用总额的多少有较密切的依存关系。各受益对象的受益量可用其耗用的分配标准进行测定，以达到"多受益、多承担，少受益、少承担"的要求，使制造费用得到公平、合理的分配。

3. 分配标准应具备易取得和可计量性

各受益对象所耗用分配标准的资料应该是比较容易取得的，并且可以进行客观计量，最好是现存的统计资料或会计资料；如果为了进行制造费用分配，而单独进行分配标准资料的统计或核算，就会使制造费用分配工作繁琐复杂，影响会计工作的及时性，降低会计工作效率。当然，如果只注意分配标准容易取得，而忽视分配标准的共有性和可比性，则会降低会计工作的质量。

4. 分配标准应具有相对的稳定性

由于制造费用既不是变动费用，也不是固定费用，是一种混合成本，因此，任何一种分配标准都不可能与制造费用保持正比例或反比例关系，所以任何分配标准都具有主观性，选择不同的分配标准将产生不同的分配结果。为了便于各期制造成本间比较分析，分配标准不宜经常改变，应该保持相对的稳定。

（二）制造费用的分配方法

制造费用的分配方法一般有生产工时比例法、生产工人工资比例法、机器工时比例法、直接材料成本（或数量）比例分配方法、直接成本分配法、联合分配法和预算分配率法。

1. 生产工时比例法

生产工时比例法，是按照各种产品所耗用生产工人工时的比例分配制造费用的一种方法。其工时可以是各种产品耗用的实际工时，也可以是定额工时，其计算公式如下：

$$制造费用分配率 = \frac{制造费用总额}{各种产品耗用的生产工时总额}$$

$$某产品应负担的制造费用 = 该种产品耗用的生产工时 \times 制造费用分配率$$

【例4-8】 以表4-16为例，某基本生产车间制造费用明细账本月归集的费用为658 700元。该车间的生产工人定额工时数为80 000h，其中，甲产品的定额生产工时为50 000h，乙产品的定额生产工时为30 000h。计算甲、乙两种产品应分摊的制造费用。

计算过程如下：

制造费用分配率 = 658 700 ÷ 80 000 = 8.233 8（元/h）

甲产品应分摊的制造费用 = 8.233 8 × 50 000 = 411 688（元）

乙产品应分摊的制造费用 = 8.233 8 × 30 000 = 247 012（元）

按生产工时比例法编制制造费用分配表，见表4-17。

表4-17 制造费用分配表
基本生产车间

应借科目	生产工时/h	分配率	分配金额（元）
生产成本——基本生产成本——甲产品 　　　　　　　　　　　　——乙产品	50 000 30 000		411 688 247 012
合计	80 000	8.233 8	658 700

根据制造费用分配表编制转账凭证，其会计分录如下：

借：生产成本——基本生产成本——甲产品　　　　　　　　　411 688
　　　　　　　　　　　　　——乙产品　　　　　　　　　247 012
　　贷：制造费用　　　　　　　　　　　　　　　　　　　　658 700

从制造费用构成内容来看，其中有相当部分的费用是与直接人工工时数相关的，因此以直接人工工时为分配标准可使分配结果较为合理。同时采用这种标准分配，能将劳动生产率与产品负担的制造费用水平联系起来，在超额完成生产计划时，由于产量增加，单位产品耗用工时相对减少，所负担的制造费用也就相应减少，使单位产品制造成本降低，从而正确反映了劳动生产率与产品制造成本之间的关系。此外，大多数企业都有完整的工时记录，分配标准资料容易取得，从而使分配计算工作较为简便。但是，如果制造费用中固定资产折旧费、租赁费所占比重较大，且各种产品工艺过程的机械化程度不同，则以直接人工工时为分配标准，就会使工艺过程机械化程度较低的产品负担过多的固定资产折旧费等，而使工艺过程机械化程度较高的产品少承担了制造费用，致使分配结果与制造费用的实际发生情况不相符合。因此，这种方法适合在各产品生产工艺过程机械化程度大致相同的情况下采用。

2. 生产工人工资比例法

生产工人工资比例法，简称生产工资比例法，是按照计入各种产品成本的生产工人实际工资的比例分配制造费用的方法。其计算公式如下：

$$制造费用分配率 = \frac{制造费用总额}{生产各种产品的生产工人工资之和}$$

$$某种产品应分配的制造费用 = 生产该种产品生产工人工资 \times 制造费用分配率$$

由于各产品成本明细账中有现成的直接工资成本资料，分配标准取得容易，分配计算工作就较简便。在计时工资形式下，如果直接工资成本是按照实际工时和平均工资率计算分配的，则以直接工资成本为分配标准其分配结果与直接人工工时为分配标准相同，其优缺点和适用性也与直接人工工时为分配标准相同。但在计件工资形式下，或不是按实际工时和平均工资率计算计时工资费用的分配，则各产品负担的直接工资与耗用直接人工工时的比例就不同，这样，以直接工资成本为分配标准进行分配的结果就与以直接人工工时为分配标准进行分配的结果不一样。一般来说，制造费用发生的多少与直接工资成本没有直接的关系。如果各种产品生产工艺过程的机械化程度不同，或者产品加工的技术等级不同，那么采用这一分配标准，就会使生产工艺过程机械化程度低、加工技术等级高的产品负担较多的制造费用。而实际上，制造费用中的有关机器设备使用费用对于生产工艺过程机械化程度低的产品应负担少，而不应负担多；产品加工技术等级的高低只与工资高低有关，而与制造费用无关，所以加工技术等级高，工资高，就多负担制造费用是不合理的。在上述情况下，采用直接工资成本为分配标准分配制造费用，就会影响分配的合理性，从而影响产品制造成本计算的正确性。因此，只有在各产品生产工艺过程机械化程度和产品加工技术等级大致相同的情况下，才适用这种分配方法。

3. 机器工时比例法

机器工时比例法是以各种产品生产所用机器设备的运转工作时数的比例作为标准来分配制造费用的方法。其计算公式如下：

$$制造费用分配率 = \frac{制造费用总额}{各种产品耗用的机器工时总数}$$

$$某种产品应负担的制造费用 = 该种产品耗用的机器工时数 \times 制造费用分配率$$

在产品生产工艺过程高度机械化和自动化的生产车间里,制造费用中的折旧费、动力费等与机器设备使用有密切关系的费用所占比重很大,而且其他制造费用也与机器工时或多或少有一定的联系,因此,以机器工时为分配标准是比较恰当的。但是,为了取得各种产品生产消耗的机器工时数,就会增加一些统计工作量,尤其是各种产品使用不同类型的机器设备,且各种不同类型机器设备的使用费、动力费相差悬殊的情况下,就会使分配结果不合理。例如,一种产品在较小类型的机器上工作一小时,而另一种产品在较大类型机器上工作一小时,两者应负担的机器使用费显然应该不同,但以机器工时为分配标准进行分配,则是相同的。为解决此分配标准的不足,通常采用两种方法:其一,将各类机器设备按类型大小和使用费、动力费发生的多寡分成若干类别,按不同类别的机器设备归集和分配制造费用;其二,将不同类别的机器设备工时,按预先确定的系数换算成标准机器工时数,以标准机器工时为分配标准进行分配。这两种方法虽可弥补机器工时为分配标准的缺陷,但又将增加较大的核算工作量。

【例 4-9】 某基本生产车间制造费用明细账本月归集的费用为 658 700 元。有关产品消耗的机器工时数和机器加工台时数折合系数如表 4-18 和表 4-19 所示。

表 4-18 本月机器工时表 单位:h

机器类别	甲产品 机器工时	乙产品 机器工时	合计 机器工时
1	40	10	50
2	30	10	40
3	60	40	100
4	20	20	40
5	10	20	30
6	80	120	200
合计	240	220	460

表 4-19 机器加工台时数折合系数

类别	一类	二类	三类	四类	五类	六类
系数	20	12	8	4	1	0.5
设备名称	立车 8M 立车 6M 260 搪 ⋮	普通车床 10M 龙门刨 10M 深孔钻 5M ⋮	龙门铣 3×7M 磨 6M 螺旋铣 3M ⋮	双头搪 活牛刨 65 车床 ⋮	普通车床 5M 小牛头刨 台钻 ⋮	钳工 划线工 ⋮

根据表 4-18 和表 4-19,计算各种产品的机器工时折合工时如表 4-20 所示。

根据机器工时、折合工时和制造费用资料,编制的"制造费用分配表"如表 4-21 所示。

4. 直接材料成本(或数量)比例分配方法

直接材料成本(或数量)比例分配法是按照计入各种产品成本中的直接材料成本(或数量)作为分配标准的一种制造费用分配方法。

表 4-20　机器工时折合工时表

20××年12月　　　　　　　　　　　　　　　　　　　　　　　单位：h

类别	系数	甲产品		乙产品		合计	
		机器工时	折合工时	机器工时	折合工时	机器工时	折合工时
1	20	40	800	10	200	50	1 000
2	12	30	360	10	120	40	480
3	8	60	480	40	320	100	800
4	4	20	80	20	80	40	160
5	1	10	10	20	20	30	30
6	0.5	80	40	120	60	200	100
合计	—	240	1 770	220	800	460	2 570

表 4-21　制造费用分配表

20××年12月　　　　　　　　　　　　　　　　　　　　　金额单位：元

产品名称	按机器工时分配		按折合工时分配		差异	
	机器工时/h	金额	折合工时/h	金额	差异额	差异率
甲产品	240	343 670	1 770	453 657	109 988	24%
乙产品	220	315 030	800	205 043	-109 988	-54%
合计	460	658 700	2 570	658 700		

各种产品耗用的直接材料成本资料可以从各产品成本明细账中直接取得，分配计算工作较为简便。但是，在大多数企业和生产车间里，制造费用中的管理人员工资、动力费、折旧费、办公费等都是随时间流逝而消耗，而与产品生产所耗用直接材料的成本或数量没有直接关系，因此，这种分配标准的使用有很大的局限性，它只能适用于各产品使用同一种原料及主要材料，加工过程比较简单，制造费用中由于对原料及主要材料进行处理（如搬运、整理、外部加工费等）的费用所占比重较大的车间或企业（如食品加工企业）。有必要指出，如果各种产品生产耗用多种材料，或者耗用不同的材料，则只能以直接材料成本为分配标准，但如果各种产品生产耗用同一种材料，则用直接材料成本为分配标准进行分配和以直接材料数量为分配标准进行分配，其结果是一样的。

5. 直接成本分配法

直接成本分配法是按照计入各种产品成本的直接材料成本和直接人工成本之和为分配标准的一种制造费用分配方法。

以直接成本为分配标准，从表面上看，它把直接材料成本和直接人工成本的因素都考虑在内，可以较全面地兼顾制造费用的发生情况。但是事实上，直接材料成本与直接人工成本所占制造成本的比重是不同的，一般直接材料成本所占比重达70%左右，而直接人工成本所占比重只有10%左右，由于权数不同，所谓全面兼顾实际上是偏重了直接材料成本。另外，直接材料成本和直接人工成本对制造费用的影响程度并不一致，以直接材料成本和直接人工成本之和为分配标准进行分配，将不会获得正确的分配结果。既然如此，以直接成本为分配标准，分配标准计量还需根据直接材料成本和直接人工成本进行计算，会增加一定的工作量，还不如采用直接材料成本或者直接人工成本为分配标准更为合理简便。因此，这一分配标准在实际工作中运用的较少。

6. 联合分配法

以上所讨论的采用不同分配方法进行制造费用的分配，都是以生产车间或分厂为分配单位，将各生产车间或分厂各自归集的制造费用按某一选定的分配标准在各产品间进行分配，即某一分配单位进行制造费用分配时，只有一个分配标准，只有一个分配率，各产品均按该分配率计算各自应负担的制造费用，所以这样分配也称为单一分配标准的分配。由于以单一分配标准进行分配，从而使选择任何一种分配标准都带有局限性，这主要是制造费用的组成内容中包括有性质和用途完全不相同的费用。例如，制造费用中有相当一部分属于基本费用，它与产品生产工艺过程有直接关系，如固定资产折旧费、租赁费、动力费等；也有相当一部分属于一般费用，它与组织和管理生产发生直接关系，如管理人员工资、办公费等。因此，两种不同性质和用途的费用采用一种分配标准进行分配总有其不合理之处，所以使用起来有一定的局限性。

为了克服单一分配标准分配制造费用合理性、正确性较差的问题，可以采用"联合分配"的方法。所谓联合分配，是指根据各生产车间或分厂制造费用中各项费用的特性，把制造费用分为若干个类别，然后分别不同特性类别的制造费用选择各自恰当的分配标准进行分配制造费用的一种分配方法，即几种分配标准联合使用的方法。采用联合分配，可以提高每一分配标准与所分配的制造费用之间的相关程度，从而可以保证制造费用分配的合理性和正确性。例如，可将制造费用的基本费用归为一类，选择机器工时为分配标准进行分配，将制造费用中的一般费用归为一类，选择直接人工小时为分配标准进行分配。本书第九章作业成本法的原理充分体现了这一思想。

7. 预算分配率法

上述分配方法是根据本期制造费用的发生额计算出实际分配率后进行分配的方法。但本期制造费用发生额必须等到会计期末才能进行汇总，这样必然影响产品制造成本计算的及时性。此外，季节性生产企业，由于生产旺季和淡季的产量悬殊，而制造费用中有相当部分属于相对固定费用，如果按实际分配率分配制造费用，必然对各月产品制造成本水平的影响较大，使淡季成本水平偏高，而旺季偏低，从而不利于企业成本的比较与分析。因此，为了能及时分配制造费用，尽可能早地提供本期成本信息，以及解决季节性生产企业制造费用分配采用实际分配率法使各月产品制造成本水平波动太大的问题，可采用预算分配率法分配制造费用。

预算分配率法，亦称计划分配率法或正常分配率法，它是根据企业正常生产经营条件下的各生产车间或分厂的制造费用年度预算和年度计划产量的定额分配标准量，事先计算出各生产车间或分厂的制造费用预算分配率，然后根据预算分配率和各月实际产量计算的定额分配标准量分配制造费用的一种分配方法。

年度计划产量的定额分配标准量是指根据制定的全年产量计划和单位产量分配标准的定额计算的分配标准总量。例如，按年度计划产量和单位产量直接人工定额工时计算的全年直接人工定额工时数；又如，按年度计划产量和单位产量直接工资定额成本计算的全年直接工资定额成本；再如，按年度计划产量和单位产量机器工时定额计算的全年机器工时定额总量，等等。

采用预算分配率法分配制造费用，其计算公式如下：

$$\text{某基本生产车间或分厂制造费用预算分配率} = \frac{\text{该基本生产车间或分厂年度制造费用预算总额}}{\text{该基本生产车间或分厂计划产量的定额分配标准总量}}$$

$$\text{某产品应负担的某基本生产车间或分厂的制造费用} = \text{该基本生产车间或分厂制造费用预算分配率} \times \text{某产品当月实际产量计算的定额分配标准}$$

采用预算分配率法，不管生产车间或分厂各月实际发生多少制造费用，计入各月各产品制造成本中的制造费用，都是按年度预算确定的预算分配率进行分配。按预算分配率计算分配的制造费用与制造费用实际发生额之间总会存在一定的差额，对于这些差额月末不进行追加调整分配，而是逐月累计，待年终时采用一定的办法进行追加调整分配，一次计入12月份生产的各产品制造成本中。

【例4-10】 某车间全年计划制造费用为240 000元，全年产品的计划产量为甲产品1 200件，乙产品7 200件。单位产品定额工时分别为：甲产品10h，乙产品5h。1月份甲乙两种产品的实际产量分别为400件和600件，制造费用实际发生额为21 840元。

年末，采用预算分配率已分配制造费用236 000元，其中，甲产品已分配60 000元，乙产品已分配176 000元。全年制造费用实际发生额为243 080元。

要求计算甲乙两种产品1月份应分摊的制造费用，以及年末甲乙两种产品应分摊的制造费用差额。

计算过程如下：

年度预算分配率 = 240 000 ÷ (1 200 × 10 + 7 200 × 5) = 5.00（元/h）

1月份甲产品应分摊的制造费用 = 400 × 10 × 5.00 = 20 000（元）

1月份乙产品应分摊的制造费用 = 600 × 5 × 5.00 = 15 000（元）

全年实际制造费用与预算制造费用的差额 = 243 080 − 236 000 = 7 080（元）

制造费用差异分配率 = 7 080 ÷ (60 000 + 176 000) = 0.03

甲产品应分摊的差额 = 60 000 × 0.03 = 1 800（元）

乙产品应分摊的差额 = 176 000 × 0.03 = 5 280（元）

上述计算涉及的会计分录如下：

1月份制造费用分配时：

借：生产成本——基本生产成本——甲产品　　　　　　　　　　20 000
　　　　　　　　　　　　　　　　——乙产品　　　　　　　　　　15 000
　　贷：制造费用　　　　　　　　　　　　　　　　　　　　　　35 000

12月末进行差异调整时：

借：生产成本——基本生产成本——甲产品　　　　　　　　　　　1 800
　　　　　　　　　　　　　　　　——乙产品　　　　　　　　　　 5 280
　　贷：制造费用　　　　　　　　　　　　　　　　　　　　　　 7 080

采用预算分配率法分配制造费用，在一定程度上简化了分配手续，便于及时计算产品制造成本，同时也有利于考核和检查制造费用预算执行情况，及时进行差异的分析，努力减少制造费用开支。

采用预算分配率法要求企业有较高的计划、定额管理水平，否则年度制造费用预算数和分配标准总量的预计数与实际脱离太远，会影响制造费用分配的正确性，从而不能真实反映产品的制造成本。

第四节 生产损失的归集和分配

一、生产损失核算的意义

工业企业在其生产经营过程中难免会发生这样或那样的损失。企业发生的各种损失按其是否计入产品制造成本,可分为生产损失和非生产损失两大类。生产损失是指企业在产品生产过程中或由于生产原因而发生的各种损失。例如,由于制造了不合格产品而造成的废品损失,由于机器设备发生故障被迫停工而造成的停工损失,由于对在产品管理不善而造成的在产品盘亏、毁损、变质损失等。生产损失都是与产品生产直接有关的损失,因此生产损失应由产品制造成本承担,是产品制造成本的组成部分。非生产损失主要是由于企业经营管理或其他原因造成的损失,如坏账损失、材料、产成品的盘亏、毁损、变质损失、汇兑损失、投资损失、固定资产盘亏、毁损损失和非常损失等。非生产损失由于与产品生产没有直接关系,因此不能计入产品制造成本,而应根据损失的性质、原因和现行制度的规定列入期间费用、营业外支出或资产减值损失等。

工业企业发生的生产损失在会计上如何处理?是否需要单独核算?应根据企业的具体情况而定。不同的企业由于产品性质、工艺技术、工艺流程以及管理水平不同,生产损失发生的频繁程度、数额大小、对产品制造成本的影响程度就可能不一样。如果企业生产损失偶尔发生,金额较小,对产品制造成本影响不大,则生产损失没有必要进行单独核算。所谓生产损失不单独核算,就是将发生的生产损失包含在正常的成本项目中,增加正常成本项目的单位成本。反之,如果企业生产损失时有发生,且数额较大,对产品制造成本影响亦较大,则生产损失就需单独进行核算。所谓单独核算,就是单独归集生产损失,计算发生的生产损失金额,必要时还可以设置"废品损失""停工损失"等成本项目列示发生的损失数额,计算出单位产品应负担的生产损失。例如,某产品本月投产1 000件,其中990件为合格完工产品,10件报废,本月直接材料成本为990 000元。如果不单独核算废品损失,那么990件合格产品直接材料的总成本为990 000元,单位成本为1 000元;如果单独核算废品损失,则990件合格产品直接材料的单位成本为990元(990 000÷1 000),总成本为980 100元(990×990),而废品损失(仅指废品损失中的直接材料损失)为9 900元(990×10)。

从上例可以看出,不单独核算生产损失,就无法反映由于产生废品而给企业带来多大的损失,同时也不利于企业进行成本分析和成本考核,因此,虽然单独核算生产损失将给会计工作增加一些核算工作量,但如果生产损失给企业造成的不利影响较大,生产损失还应单独进行核算。

生产损失核算的任务是:
(1)正确归集和计算生产损失的发生数额。
(2)加强生产损失的控制,及时分析造成生产损失的原因,明确责任。
(3)采用适当的方法,将生产损失恰当地计入产品制造成本。

二、废品损失的核算

(一) 废品和废品损失的含义

会计上所称的废品是指由于生产原因而造成的质量不符合规定的技术标准，不能按原定用途使用，或者需要加工修理后才能按原定用途使用的在产品、半成品和产成品。由于废品是因生产工作的失误造成的，因此与废品发现的时间、地点无关，只要是由于生产原因造成的，均应视为废品。废品可能在生产过程中被发现，也可能在入库后，甚至销售后才被发现。但如果产品入库时确系合格产品，后因保管不善、运输装卸不当或者其他原因而发生的变质、损坏，不能按原定用途使用，则应作为产成品毁损处理，不应包括在废品之内。凡质量不符合规定的技术标准，但经检验部门检定，可以不需要返修即行降级出售或者使用的产品，在实际工作中称为次品。次品不包括在废品之内，次品的成本应与合格品产品成本相同，次品售价低于合格品售价所发生的损失，直接影响企业的产品销售收入，而不应作为废品损失处理。

废品按产生的原因不同，可分为料废和工废两种。料废是指由于材料质量、规格、性能不符合要求而产生的废品。工废是指在生产过程中由于加工工艺技术、工人操作方法、技术水平等方面的缺陷所产生的废品。分清废品是由于料废还是工废造成的，有利于查明废品产生的责任，贯彻经济责任制的原则。

废品按其废损程度和在经济上是否具有修复价值，可分为可修复废品和不可修复废品。可修复废品是指技术上可以修复，而且所需修复费用在经济上合算的废品；不可修复废品是指在技术上不可修复，或者虽然技术上可以修复，但所需修复费用在经济上是不合算的废品。所谓经济上合算，是指修复费用是否超过重新制造同一产品的支出。

废品损失是指由于产生废品而发生的废品报废损失和超过合格产品正常成本的多耗损失。具体而言，不可修复废品产生的损失是指不可修复废品已耗的实际成本，如果不可修复废品可作材料或废料回收，则回收材料或废料的价值应冲减损失；可修复废品产生的损失是指可修复废品在修复过程中发生的修复费用，包括修复时耗用的直接材料、直接人工以及应负担的制造费用等。无论可修复废品，还是不可修复废品，如果需向造成废品的责任人索赔损失，则过失人的赔偿款应冲减废品损失。这里需要指出，废品损失一般只包括发生废品所造成的直接损失，至于因产生废品给企业带来的间接损失，如延误交货合同而发生的违约赔偿款，减少销售量而造成的利润减少损失，以及产生废品造成的企业荣誉损失等都不计算在废品损失内。

(二) 废品损失核算的凭证和账户

为了保证产品质量，及时发现废品，避免更大损失的发生，企业各生产部门都应配置专职质量检验人员。在产品质量检验过程中，一旦发现废品，不论是在产品生产过程中发现，还是在半成品、产成品入库后发现，产品质量检验人员都应填制"废品通知单"，其格式如表4-22所示。

废品通知单内应填明废品的名称和数量、废损部分、发生废品的原因和造成废品的责任人员等内容。如按规定，废品由责任人负责赔偿时，还应在废品通知单中注明索赔的金额。对于在产品生产过程中发现的废品，同时还要在有关的产量和工时记录中加以记录。

表 4-22　废品通知单

车间：机工　　　　　　　　　　　　　　　　　　　　　　　　　编号：02-1203
生产小组：2

原工作通知单或编号	零件名称	零件编号	工序	计量单位	定额工时/min	加工单价（元）	废品数量 工废	废品数量 料废	废品数量 返修	应负担的工资（元）
2120010	斗杆	kb320-12	4	只	100	3.5	1		1	350

废品原因：工废工件：因工人工作疏忽，加工损坏报废；返修工件：加工外圆半径不符合规格

责任者姓名	工种	工号	追偿金额	备注
×××			350	工废工件经查属责任赔偿

由于不可修复废品与可修复废品的情况不同，因此在核算废品损失的凭证上也有所不同。对于不可修复废品，废品应送交废品仓库，这时应填写"废品交库单"，在单上须注明废品的残料价值。如果废品不是由于生产工人过失造成的（如料废），在采用计件工资形式下，应照付工资，在废品通知单中需注明应付数额，以便据以计算和结算工资。如果废品是由生产工人过失造成的，则不应再计工资。对于可修复废品须送回车间继续加工予以修复，在返修过程中所领用的各种材料和所耗用的工时，应另填领料单和工作通知单，并在单内注明"返修废品用"标记，以资识别，以便可修复废品损失的归集。废品通知单、废品交库单、返修用料领料单、工作通知单等都是归集、计算废品损失的依据。为了明确责任，有效地防止废品发生，从管理角度讲，还需根据废品通知单，按照废品发生的原因和责任人进行分类记录，以便使车间领导及时掌握情况，采取适当措施改进工作。

为了全面反映企业一定时期内发生废品损失的情况，加强废品损失的控制，应设置"废品损失"账户进行废品损失的归集和分配。该账户借方反映可修复废品的修复费用和不可修复废品的报废成本，对于可修复废品的修复费用应根据返修废品领料单和工时记录所编制的直接材料分配表、职工薪酬分配表，以及制造费用分配表登记；对于不可修复废品的报废成本应根据废品损失计算单登记。该账户贷方反映不可修复废品回收的残值和应向责任人索赔的数额，以及废品净损失的分配结转额。不可修复废品回收的残值应根据废品交库单汇总登记，应向责任人索赔的款项应根据废品通知单汇总登记，最后将借方发生额减去贷方的回收残值和责任人赔偿款之差（即本月发生的废品净损失），从贷方转至"生产成本——基本生产"账户的借方。"废品损失"账户月末一般无余额。废品损失明细分类账户应按不同的基本生产车间和产品别设置，账内按成本项目反映，其格式如表 4-23 所示。

（三）废品损失的计算

1. 可修复废品损失的核算

可修复废品的损失是修复费用，修复费用的归集与合格产品所耗费用的归集一样，可以根据材料费用分配表、职工薪酬分配表和制造费用分配表的分配结果进行归集计算。如果修复费用中要由责任人赔偿一部分时，则赔偿款应冲减废品损失。有必要指出，可修复废品修复费用的归集是指当月实际发生的修复费用，它与可修复废品发现的时间无关。即，凡是本月发生的修复费用，不论被修复废品是本月发现的，还是以前月份发现的，都作为本月废品损失进行归集；同样，即使是本月发现的废品，如果未在本月进行修复，则

其修复时发生的修复费用不能计入本月的废品损失。如果可修复废品跨月进行修复,则各月发生的修复费用计入各月的废品损失。

表 4-23　废品损失明细账

车间名称：机制车间
产品名称：甲产品
单位：元

2002 年		摘　要	成 本 项 目			合　计
月	日		直接材料	直接人工	制造费用	
		可修复废品修复费用				
12	31	材料费用分配表	12 000			12 000
12	31	动力费用分配表	8 000			8 000
12	31	职工薪酬分配表		1 200		1 200
12	31	制造费用分配表			3 800	3 800
12	31	小计	20 000	1 200	3 800	25 000
		不可修复废品的成本				
12	31	根据不可修复废品损失计算单	4 000	6 000	3 000	13 000
12	31	减：残料价值	600			600
12	31	废品净损失合计	23 400	7 200	6 800	37 400
12	31	结转废品净损失合计				37 400

可修复废品经过修复后如果符合产品质量要求,仍为合格品,不减少合格品产量,其在返修之前所发生的各项成本不是废品损失而是合格品成本,应保留在"生产成本——基本生产"账户；在返修过程中发生的修复费用作为废品损失。

【例 4-11】　某企业生产甲产品,某月完工产品 1 000 件,入库检验时发现可修复废品 100 件。为修复这些废品,共耗用直接材料成本 12 000 元,动力 8 000 元,生产人员薪酬 1 200 元,应负担的制造费用 3 800 元。则,根据各种费用分配表登记"废品损失明细账",如表 4-23 所示。

可修复废品的修复费用 = 12 000 + 8 000 + 1 200 + 3 800 = 25 000（元）

根据上述费用分配表,编制记账凭证,有关会计分录为：

　　借：废品损失——甲产品　　　　　　　　　　　25 000
　　　　贷：原材料　　　　　　　　　　　　　　　　　12 000
　　　　　　应付账款　　　　　　　　　　　　　　　　 8 000
　　　　　　应付职工薪酬　　　　　　　　　　　　　　 1 200
　　　　　　制造费用　　　　　　　　　　　　　　　　 3 800

2. 不可修复废品损失的核算

不可修复废品的损失是该废品的已耗成本,由于不可修复废品的成本是与合格产品的成本共同发生的,即不可修复废品的成本包括在合格产品成本之内,因此计算不可修复废品的损失就比较困难,一般需要采用一定的方法先确定不可修复废品的成本,并将其成本从合格产品成本中转出；确定了不可修复废品的已耗成本后,再减去不可修复废品的残值和应向责任人索赔的数额后,即可计算出不可修复废品的损失。

不可修复废品的已耗成本确定有以下两种方法：

（1）按实际成本计算。按废品所耗实际费用计算废品成本，是指按成本项目将实际发生的生产费用在合格品和废品之间进行分配。当原材料在开始生产一次投入时，材料费用可按合格品与废品的数量比例进行分配；如果不是在开始生产时一次投入的，而是随着生产进度陆续投入的，则可采用适当的方法，将废品折合成合格品的数量进行分配。其余各成本项目，可按合格品和废品的工时比例进行分配。原材料在开始生产时一次投入的情况下，不可修复废品成本的计算公式如下：

$$材料费用分配率 = \frac{材料费用总额}{合格品数量 + 废品数量}$$

$$废品的材料成本 = 废品数量 \times 材料费用分配率$$

$$其他费用分配率 = \frac{某项其他费用数额}{合格品工时 + 废品工时}$$

$$废品的其他费用 = 废品工时 \times 其他费用分配率$$

【例4-12】 某企业12月份生产甲产品5 000件，经验收入库，发现合格品为4 900件，不可修复废品为100件。根据资料查得，合格品工时为790 000h，废品100件的工时为10 000h，共计800 000h，合格品与废品共同发生的费用如下：直接材料为200 000元，直接人工为480 000元，制造费用为240 000元，废品回收价值为600元。直接材料是在开工时一次投入，直接材料费用按合格品和废品的数量进行分配；其他费用按工时比例在合格品和废品之间进行分配。

根据以上资料，编制"不可修复废品损失计算表"，如表4-24所示。

表4-24 不可修复废品损失计算表

车间名称：机制车间　　　　　　　　　　　　　　　　　　产品数量：5 000件
产品名称：甲产品　　　　　　20××年12月　　　　　　废品数量：100件

项　　目	产量（件）	直接材料（元）	生产工时/h	直接人工（元）	制造费用（元）	合计（元）
费用总额	5 000	200 000	800 000	480 000	240 000	920 000
费用分配率		40		0.60	0.30	
废品成本	100	4 000	10 000	6 000	3 000	13 000
减：残值		600				600
废品损失		3 400		6 000	3 000	12 400

根据废品损失计算表编制记账凭证，会计分录如下：
首先，结转废品的生产成本（按实际成本）
借：废品损失——甲产品　　　　　　　　　　　　　　　　13 000
　　贷：生产成本——基本生产成本——甲产品　　　　　　　　13 000
其次，根据"废料交库单"回收残值
借：原材料　　　　　　　　　　　　　　　　　　　　　　600
　　贷：废品损失——甲产品　　　　　　　　　　　　　　　　600

通过上述分录，即可以将废品应负担的费用，按成本项目从"生产成本——基本生产成本"明细账和产品成本计算单中转出，列入"废品损失明细账"中，如表4-23所示。

不可修复废品成本核算的程序如图 4-5 所示。

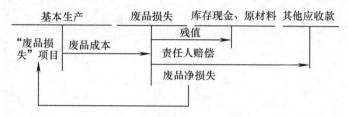

图 4-5　不可修复废品成本核算程序图

（2）按定额成本计算。按定额成本计算废品成本是指根据产品的定额成本和发生的废品数量，以及发现废品时已投料和已加工的程度计算。

【例 4-13】　某企业生产甲产品，有关定额及废品资料如下：
（1）废品资料如表 4-25 所示。

表 4-25　废品资料

零件名称	计量单位	料 废		工 废		致废分析	废工序
		数量	原因	数量	原因		
A	件	2		5		不可修复	车工
B	件	3				不可修复	钻工
C	件	5				不可修复	磨工

（2）部分零部件消耗定额资料如表 4-26 所示。

表 4-26　部分零部件消耗定额资料

零件名称	计量单位	原材料消耗定额		工时消耗定额/h					
		材料名称	消耗量/kg	锻	车	铣	钻	磨	插	小计
A	件	乙材料	30	2	1				1	4
B	件	乙材料	20	2	2		3	1	2	10
C	件	丙材料	15	3	1	2		2	1	9

（3）按上述资料编制的"废品定额消耗量计算表"如表 4-27 所示。

表 4-27　废品定额消耗量计算表

零件名称	数量/件	原材料消耗定额/kg		工时消耗定额/h
		乙材料	丙材料	
A	7	210		21
B	3	60		21
C	5		75	40
合计		270	75	82

（4）根据上述资料编制"不可修复废品成本计算表"如表 4-28 所示。

表4-28 不可修复废品成本计算表　　　　　　　　金额单位：元

项目	直接材料		燃料和动力	直接人工	制造费用	合计
	乙材料	丙材料				
计划单价	15	25	15	8	20	
甲产品						
定额耗用	270	75	82	82	82	
定额成本	4 050	1 875	1 230	656	1 640	9 451

（四）废品损失的分配

月末，在"废品损失明细账"中，归集了可修复废品的修复费用、不可修复废品的成本和扣除的残料价值，即可计算出废品的净损失。废品的净损失，一般都是本期发生的，因此，应由本期完工的同种产品负担，直接从"废品损失明细账"转入到"产品成本计算单"中所设置的"废品损失"成本项目中。

【例4-14】 根据"废品损失明细账"（见表4-23）中计算的废品全部净损失为37 400元，编制会计分录如下：

借：生产成本——基本生产成本——甲产品　　　　　　　　37 400
　　　贷：废品损失　　　　　　　　　　　　　　　　　　　　37 400

据此登记"生产成本——基本生产成本"明细账和"产品成本计算单"，结转废品损失。在一般情况下，经过上述处理，"废品损失明细账"应无余额。

三、停工损失核算

停工损失是指企业生产车间由于计划减产或因停电、待料、机器设备发生故障而停止生产所造成的损失。停工损失主要包括停工期间需支付的生产人员薪酬，以及应承担的制造费用等。企业的停工可分为计划内停工和计划外停工两种。所谓计划内停工是指计划规定的停工，计划外停工是指各种事故造成的停工。对于因季节性生产或固定资产大修理停工而发生的停工期间的一切费用列入制造费用。

停工从时间上有长有短，从几分钟、几天到一个月以上；从范围上有大有小，从单台机器、一个车间到全厂。如果所有的停工都要计算损失，则核算工作就太烦琐了，所以企业一般都规定一定时间和一定范围内的停工不计算损失，只有超过一定时间和范围（如全车间停工一个班次以上）的停工才计算停工损失。企业发生停工损失时，应由车间填制"停工单"，并在考勤记录上予以记录，停工单内应注明停工的地点、时间、停工原因以及造成停工的责任人等。

停工损失应分车间别按停工单和本月的职工薪酬分配表和制造费用分配表计算。例如，某生产车间本月停工100h，该车间有工人20人，该车间生产人员薪酬平均为19.8元/h，制造费用分配率为每小时28.2元。则该车间本月停工损失可计算如下：

生产人员工资费用　　　19.8 × 100 × 20 = 39 600（元）
制造费用　　　　　　　28.2 × 100 = 2 820（元）
停工损失合计　　　　　　　　42 420（元）

有的企业为了简化停工损失核算的手续，对于时间比较短的停工，往往只计算停工期间应支付的职工薪酬,而不全面计算因停工而遭受的一切直接损失。

停工损失一般可设置"停工损失"总分类账户进行核算,该账户借方归集本月发生的停工损失,贷方分配结转停工损失,月末一般无余额。该账户应按车间别设置明细分类账户,按车间别归集和分配停工损失。在停工损失明细账中应按停工原因进行记录,以便明确责任,正确地计算产品制造成本。

停工损失计入产品成本时,可在产品成本明细账中单独设置"停工损失"成本项目,也可不设置"停工损失"成本项目,而将停工损失计入"制造费用"成本项目内。

在停工期间发生的实际耗费应根据停工单和职工薪酬分配表、制造费用分配表以及其他有关凭证借记"停工损失"账户,月末根据编制的停工损失分配表贷记"停工损失"账户。如果停工损失应向责任人索赔的,则索赔款应在停工损失中扣除,借记"其他应收款"账户,贷记"停工损失"账户。停工损失的总分类核算程序如图4-6所示。

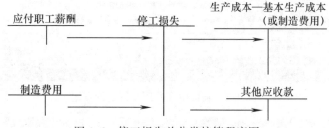

图4-6 停工损失总分类核算程序图

在停工损失发生较少的企业中,为简化核算工作,也可以不单独核算停工损失,停工期间发生的费用分别计入"直接工资"和"制造费用"成本项目内。

附录　Excel 在成本会计中的应用

Excel 电子表格是非常有力及灵活的计算工具。Excel 电子表格的一个明显优点是几乎不会产生计算错误。而电子表格的实际价值在于它可用来组织数学模型(财务计划模型)。这种模型可以以非常低的成本重复使用,并可以对可能变动的费用额、成本消耗数量、成本函数等的变化做出调整。本附录的目的是为了说明 Excel 在成本会计中的应用。

回忆本章的内容,我们用 Excel 电子表格说明生产成本——辅助生产成本明细账和辅助生产费用分配的应用。

1. 生产成本明细账的登记

图4-7 和图4-8 中的表是与教材中表的编号和内容是一致的,这里我们用这两个图说明 Excel 表格在成本会计中的应用。图4-7 中的表4-8 是辅助生产成本明细账,其中各项费用的金额是根据成本要素费用分配表进行登记的,图4-7 中的材料费 4 500 元显示的是从表4-3 中的 G34 单元格中来的,而在图4-8 中单元格 G34 就是分配给辅助生产车间——供电车间的材料费用 4 500 元。要实现这样的操作,只需在 Excel 中的表4-8 中 D4 单元格中输入"="并直接链入表4-3 中的 G34 单元格即可。表4-8 中的其他各项费用均采用相同的方法链入。图4-7 中的 D9 = sum(D4: D8),L4 = sum(D4: K4),其他依此类推。

2. 费用的分配

成本核算中需要大量的成本计算和费用的分配工作,如果能够熟练地应用 Excel 表格,不仅会使成本计算的工作量减少，而且还能对成本计算的准确性提供保障。下面以教材中的表 4-12 说明 Excel 的具体应用，见表 4-29。

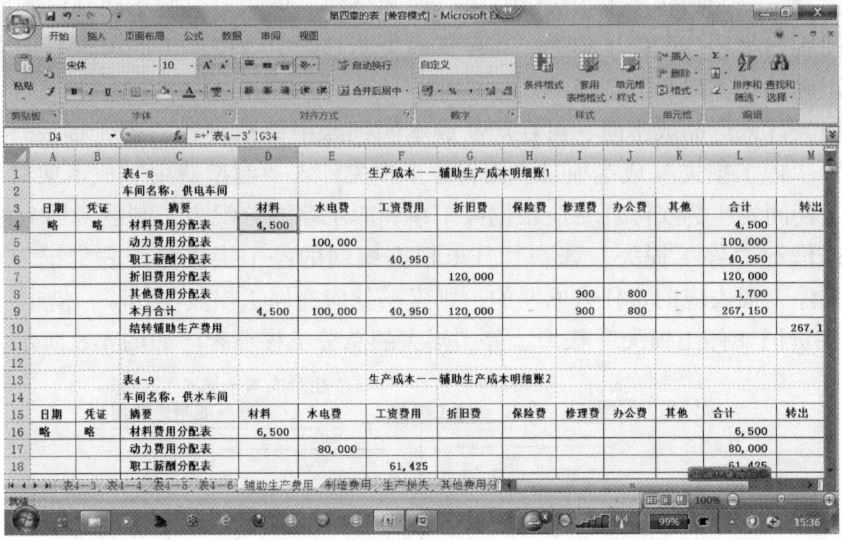

图 4-7　辅助生产费用明细账的登记

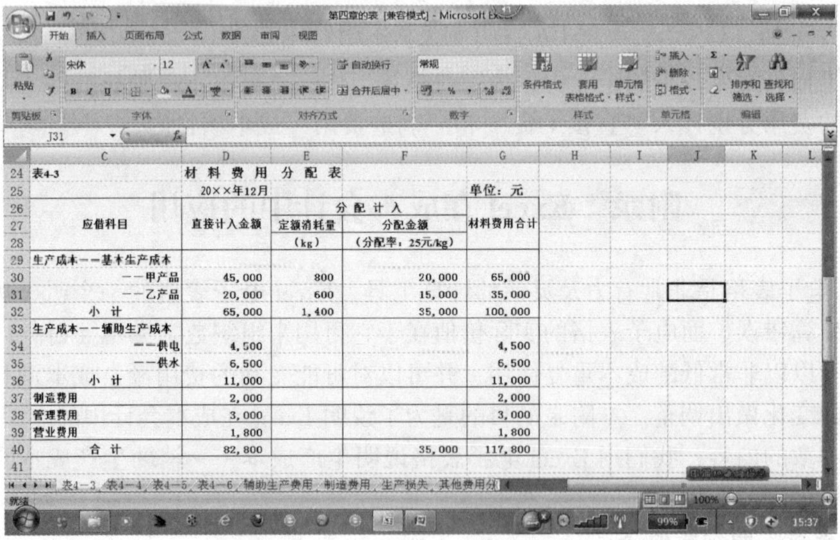

图 4-8　材料费用分配表的图例

在成本计算中，所有要素费用的分配表、各种费用明细账、辅助生产费用分配表和制造费用分配表等都能用电子表格来完成。每一张计算表均可以通过合适的单元地址相联系，正如辅助生产成本明细账与各种要素费用分配表相联系，制造费用明细账和各种要素费用分配表及辅助生产费用分配表相联系一样。理想中，成本计算的所有单元格应如辅助生产费用明细账和辅助生产费用分配表一样使用公式，而不是数字。这样，每一个月份的成本计算只需将最原始的数据录入，成本计算就可以计算出来，从而可以大大地节约费用分配与成本计算的工作量。

表 4-29　Excel 在辅助生产费用分配中的应用

	C	D	E	F	G	H	I	J	K
1									
2			表 4-12　辅助生产费用分配表						
3			（一次交互分配法）						
4		项目	供电车间			供水车间			合计
5			供应数/kW·h	分配率	分配金额（元）	供应数/t	分配率	分配金额（元）	
5	待分配辅助生产费用		70 000	=G5/E5	267 150	3 200	=J5/H5	228 825	=G5+J5
6	交互分配	辅助生产—供电				100		=H6*I5	
7		辅助生产—供水	4 000		=E7*F5				
8	对外分配辅助生产费用		66 000	=G8/E8	=G5+J6−G7	3 100	=J8/H8	=J5+G7−J6	=G8+J8
9	对外分配辅助生产费用	甲产品	20 000		=E9*F8	1 000		=H9*I8	=G9+J9
10		乙产品	6 000		=E10*F8	1 200		=H10*I8	=G9+J9
11		基本生产车间	30 000		=E11*F8	600		=H11*I8	=G10+J10
12		行政管理部门	10 000		=E12*F8	300		=H12*I8	=G11+J12
13		合计	66 000		=SUM(G9:G12)	3 100		=SUM(J9:J12)	=SUM(K9:K12)

注：本表中的行标与列标由电子表格给出。

第五章

完工产品和在产品成本的划分

本章学习目标

- 理解在产品的含义；
- 理解产品成本的基本流转模型；
- 理解在产品数量核算的意义与方法；
- 掌握在产品与完工产品成本的划分方法；
- 明确完工产品成本的结转程序。

第一节 在产品数量的核算

企业在生产过程中所发生的生产费用，经过一系列的分配和归集后，对于应计入本月产品成本的各项费用已直接或间接地归集在"生产成本——基本生产成本"科目及其所属的明细账中，并按成本项目予以反映。除季节性生产外，企业应当以月为成本计算期，按成本计算结转完工产品成本。如果某种产品月末没有在产品，则该种产品成本明细账中归集的产品生产费用总和即为本期完工产品的总成本，除以产量就可以计算出单位产品成本；如果当月全部没有完工，则产品成本明细账所归集的产品费用就是该产品的在产品成本。但多数企业，每月所生产的各种产品，月终存在正在加工的未完工产品，这样，为了正确计算当期每种产成品的成本，应将每种产品本月归集的产品费用，加上期初在产品成本之和，采用一定的分配方法在本期完工产品和月末在产品之间进行合理分配，分别计算出完工产品成本和月末在产品成本。

月初在产品成本、本月生产费用、本月完工产品成本和月末在产品成本之间的关系，可用下列公式表示：

月初在产品成本 + 本月生产费用 = 本月完工产品成本 + 月末在产品成本

根据上述公式，可见有两个未知数，这就是本月完工产品成本和月末在产品成本。那么，期初在产品成本加上本月发生的产品费用之和，如何在这两个未知数之间进行分配？一般来说，其分配方法有两类，一类是先确定月末在产品成本，然后再计算完工产品成本；另一类是将月初在产品费用加上本月发生的产品费用，采用一定的标准进行分配，同时计算出完工产品成本和月末在产品成本。无论采取哪类方法，都必须取得在产品数量的核算资料。

▶ 一、在产品的含义

在产品，又称在制品，是指没有完成全部生产过程，不能作为商品销售的产品。它有广义和狭义之分。广义的在产品是从整个企业来说的,它是指从材料投入生产开始,到最终制成产成品交付验收前的一切未完工产品,包括正在车间加工中的在产品和需要继续加工的半成品、等待验收入库的产成品、正在返修和等待返修的废品等,但不包括对外销售的自制半成品和不可修复的废品。狭义的在产品是从某一车间或某一生产步骤来说的,在产品只包括本车间或本步骤正在加工中的那部分在产品或装配的零件、部件和半成品,不包括车间或生产步骤已完工的半成品。

二、在产品数量的核算

在产品数量的核算,应同时具有账面核算资料和实际盘点资料,做好在产品收发结存的日常核算工作和在产品清查工作,既可以从账面上随时掌握在产品的动态,又可以查清在产品的实存数量。计算在产品成本,应以在产品的实存数量为依据,但在实际工作中,很多企业由于在产品品种多,数量大,每月都要组织实地盘点确有困难,因此,可根据在产品业务核算资料的期末结存数量来计算在产品成本。车间在产品收发结存的日常核算,是在车间内按产品的品种和在产品的品名(如零部件的品名)设置"在产品收发结存账"(实际工作中也称"在产品台账"),以提供车间各种在产品收发结存动态的业务核算资料。它是由车间核算员或班组核算员,根据领料凭证、在产品内部转移凭证、产品检验凭证及产品交库单,随时登记在产品的收发数量,最后由车间核算员审核汇总。其格式如表 5-1 所示。

表 5-1　在产品收发结存账

车间名称：一车间

在产品名称：编号 0423　　　　　　　　　　　　　　　　　　　　单位：件

日期	摘要	收入		发出			结存		备注
		凭证号	数量	凭证号	合格品	废品	完工	未完工	
4-1	结存	406	80					80	
4-2			22		30	4	38	30	
4-9			30		40		28	30	
⋮									
4-30	合计		342		320	8	40	54	

在产品收发结存账是控制在产品动态的业务核算账簿,由于管理以及其他种种原因,实物账的结存数量与实际数量可能出现不一致。因此,对于在产品的管理应与其他存货一样,应定期或不定期地进行清查,以达到在产品账实相符,保护在产品的安全完整;对清查结果,应编制"在产品盘点表"并与在产品收发结存账(或在产品台账)相核对。如有不符,应填制"在产品盘盈盘亏报告表"列明在产品的账存数、实存数、盘盈盘亏数,以及盈亏的原因和处理意见等;对于报废和毁损的在产品,还要登记残值。成本会计应对在产品的盘盈、盘亏的数量、原因以及处理意见进行审核,然后报有关部门审批,同时对在产品盘盈、盘亏进行核算。

在产品发生盘盈时,根据计划成本或定额成本借记"生产成本——基本生产成本"科目及其有关明细账,贷记"待处理财产损溢"科目;按照规定核销时,则借记"待处理财产损溢"科目，贷记"管理费用"科目，冲减管理费用。

在产品发生盘亏和毁损时，根据账面实际成本借记"待处理财产损溢"，贷记"生产成本——基本生产成本"科目及有关明细账，冲减在产品的账面价值。毁损在产品的残值，记入"原材料""银行存款"等科目的借方，"待处理财产损溢"的贷方，冲减其损失。按规定核销时，应根据不同情况分别将损失从"待处理财产损溢"科目的贷方转入有关科目的借方。由于管理不善造成的在产品损失，应借记"管理费用"科目；属于过失人赔偿和非常损失造成的保险赔偿，应借记"其他应收款"科目；属于非常损失部分，则借记"营业外支出"科目。

第二节 完工产品成本和在产品成本的划分方法

完工产品成本和月末在产品成本的划分，是成本计算工作中一个重要而复杂的问题。企业应根据产品的生产特点和管理要求，选择既合理而又较简便的划分方法。常用的划分方法有下列几种。

一、不计算在产品成本法

不计算在产品成本法是指月末虽然有在产品，但月末在产品数量很少，价值很低，且各月在产品数量比较稳定的情况下，对月末在产品成本忽略不计的一种方法。采用这种方法是因为月初与月末在产品成本很小，月初在产品成本与月末在产品成本之差就更小，算不算各月在产品成本对完工产品成本影响不大，所以，根据成本核算的重要性原则，为简化产品成本计算工作，可不计算月末在产品成本。在这种方法下，本月各产品发生的生产耗费就是本月该种完工产品的总成本，除以本月完工产品产量，即可求得单位产品制造成本。

二、在产品成本按固定成本计价法

在产品按固定成本计价法是指年内各月的产品成本都按年初在产品成本计算，固定不变。年末，根据盘点数重新确定年末在产品成本，作为次年在产品计价的依据。这种方法适用于各月月末在产品结存数量较少，或者虽然在产品结存数量较多，但各月月末在产品数量稳定，起落变化不大的产品。在月末在产品结存数量较少，但价值较大，或者在产品数量较多的情况下，如采用前种方法不对月末在产品计价，则会使成本计算不正确，而且会造成较大的账外财产，使会计反映失实。但如果月末在产品结存数量较少，或者在产品结存数量较多，但各月月末在产品结存数量稳定的情况下，由于各月月初在产品成本与月末在产品成本之间的差额很小，因此，以年初在产品成本对各月月末在产品进行计价，则对各月完工产品成本的影响不大。所以，为简化产品制造成本的计算工作，对各月月末在产品可按年初在产品成本计价。这样，各月月末在产品成本不变，月初与月末在产品成本相等，那么每月各产品发生的生产耗费即为本月该完工产品的总成本。

在产品采用按年初固定数计算法，对于每年年末在产品，则需根据实际盘存资料，采用其他方法计算年末在产品成本，以免在产品以固定不变的成本计价延续时间太长，使在产品成本与实际出入太大而影响产品成本计算的正确性和企业存货资产反映失实。在物价变动较大的情况下，采用此法应慎重，以防止成本计算不实。

三、在产品成本按完工产品成本计算法

在产品成本按完工产品成本计算法适用于月末在产品已经接近完工，或者已经加工完毕，只是尚未验收或包装入库的产品。因为在这种情况下，在产品成本已接近完工产品成本，为简化核算工作，在产品可以视同完工产品计算成本，即按照完工产品的产量和月末在产品的实际数量作为分配标准进行费用的分配。

【例5-1】 甲产品月初在产品费用和本月生产费用的累计数为：直接材料85 560元，直接人工20 930元，制造费用56 550元。本月完工产品700件，月末在产品100件，都已接近完工，可以视同完工产品分配费用，费用分配计算如表5-2所示。

表5-2 产品成本计算单

产品名称：甲产品　　　　　　　　20××年×月　　　　　　　　　　单位：元

项 目	月初在产品费用	本月生产费用	生产费用合计	分配率	完工产品成本（700件）	月末在产品成本（100件）
直接材料	24 440	61 120	85 560	106.9500	74 865	10 695
直接人工	7 710	13 220	20 930	26.1625	18 313.75	2 616.25
制造费用	27 990	28 560	56 550	70.6875	49 481.25	7 068.75
合计	60 140	102 900	163 040		142 660	20 380

四、原材料扣除法

原材料扣除法又称在产品成本按所耗原材料费用计算法，是指月末在产品成本只计算耗用的原材料费用，不计算所耗用的职工薪酬等加工费用，产品的加工费用全部由完工产品成本负担。这种方法减少了人工成本和制造费用在完工产品与在产品之间的分配工作。主要适用于材料成本在全部产品成本中占的比重相当大且在开工时一次投入，各月末在产品数量较大，数量变化也大的产品，如造纸、酿酒等行业的产品。

【例5-2】 某企业生产的某种产品，其原材料费用在产品成本中所占比重较大，在产品只计算原材料费用。产品月初在产品直接材料费用（即月初在产品费用）为5 562元，本月发生原材料费用为35 500元，直接人工等加工费用共计为1 500元，完工产品为800件，月末在产品为200件。该种产品的原材料是在生产开始时一次投入的，原材料费用按完工产品和在产品的数量比例分配。分配计算公式如下：

原材料费用分配率 = (5 562 + 35 500) ÷ (800 + 200) = 41.062

月末在产品原材料费用(月末在产品成本) = 200 × 41.062 = 8 212.4(元)

完工产品原材料费用 = 800 × 41.062 = 32 849.6（元）

完工产品成本 = 32 849.6 + 1 500 = 34 349.6（元）

五、约当产量法

约当产量是指月末在产品数量按其加工程度和投料程度折合为相当于完工产品的数量，也称之为完工百分比法。按约当产量法计算完工产品成本和在产品成本，就是将本月

所归集的应由产品负担的生产费用按完工产品数量和月末在产品的约当产量的比例进行分配。这种方法适用于各月月末在产品数量较大，而且变化也大，但产品成本中直接材料成本、直接人工成本和制造费用的比重相差不多的产品。按约当产量比例分配完工产品与月末在产品成本的计算公式如下：

$$在产品约当产量 = 在产品数量 \times 完工程度（或投料程度）$$

$$某项费用分配率 = \frac{月初在产品该项费用 + 本月该项生产费用}{完工产品数量 + 在产品约当产量}$$

$$完工产品成本 = 完工产品产量 \times 该项费用分配率$$

$$月末在产品成本 = 在产品约当产量 \times 该项费用分配率$$

【例 5-3】 某企业生产乙产品，本月完工产品共 105 件，月末在产品 36 件，原材料在生产开始时一次投入，在产品的完工程度为 60%。采用约当产量法在完工产品与在产品之间分配生产费用。成本计算如表 5-3 所示。

$$月末在产品投料程度计算的约当产量 = 36 \times 100\% = 36（件）$$

$$月末在产品按加工程度计算的约当产量 = 36 \times 60\% = 21.6（件）$$

表 5-3 产品成本计算单

产品名称：乙产品　　　　　　　　　　20××年×月　　　　　　　　　　金额单位：元

成本项目	月初在产品费用 ①	本月费用 ②	合　计 ③=①+②	分配率 ④=③/(⑤+⑦)	完工产品费用 数量（件）⑤	完工产品费用 金额 ⑥=⑤×④	月末在产品费用 约当产量（件）⑦	月末在产品费用 金　额 ⑧=⑦×④
直接材料	1 850	4 690	6 540	46.383 0	105	4 870.22	36	1 669.79
直接人工	1 000	2 500	3 500	27.646 1	105	2 902.84	21.6	597.16
制造费用	650	1 680	2 330	18.404 4	105	1 932.46	21.6	397.54
合计	3 500	8 870	12 370			9 705.52		2 664.48

由于在产品在生产加工过程中，加工程度和投料情况的不同，必须分成本项目计算在产品的约当产量。要正确计算在产品的约当产量，首先必须确定投料程度和完工程度。

（一）投料程度的确定

直接材料费用项目约当产量的确定，取决于产品生产过程中的投料程度。在产品投料程度是指在产品已投材料占完工产品应投材料的百分比。在生产过程中，材料投入形式通常有三种，即在生产开始时一次投入、在生产过程中陆续投入或在生产过程中分阶段批量投入。由于投入形式不同，在产品投料程度的确定方法也不同。

（1）当直接材料于生产开始一次投入时，投料百分比为 100%。这时不论在产品完工程度如何，其单位在产品耗用的原材料与单位完工产品耗用的原材料一样。因此，在分配原材料费用时，期末在产品的约当产量就是在产品的实际数量。

（2）当直接材料随生产过程陆续投入时，但与产品加工程度一致，产品投料程度的计算方法与完工程度的计算方法相同。此时，分配直接材料费用的在产品约当产量按完工程度折算。

（3）当直接材料在生产过程中陆续投入时，并且与产品加工程度不同，在分配费用时，应专门计算各工序在产品的投料程度。为了提高成本计算的正确性，并加速成本计算工作，可以根据各工序在产品的累计材料定额占完工产品材料定额的比率，确定各工序在产品的投料程度，其计算公式如下：

$$\text{某道工序在产品投料程度} = \frac{\text{前道工序累计材料费用定额} + \text{本道工序材料费用定额} \times 50\%}{\text{完工产品原材料费用定额}} \times 100\%$$

在公式中，本道工序的原材料费用定额乘以50%，是因为该工序中各件在产品的投料程度也不相同，为了简化这部分在产品投料程度的计算工作，都按平均投料程度的50%计算。

【例5-4】 假设某产品经三道工序加工而成，其原材料分三道工序并在每道工序开始时陆续投入，其有关数据及在产品投料程度和约当产量的计算如表5-4所示。

表5-4　多工序材料投料程度和约当产量计算表1

工序	原材料消耗费用定额（元）	月末在产品数量（件）	在产品投料程度	在产品约当产量（件）
1	500	300	$\frac{500 \times 50\%}{1\,000} \times 100\% = 25\%$	$300 \times 25\% = 75$
2	300	400	$\frac{500 + 300 \times 50\%}{1\,000} \times 100\% = 65\%$	$400 \times 65\% = 260$
3	200	200	$\frac{800 + 200 \times 50\%}{1\,000} \times 100\% = 90\%$	$200 \times 90\% = 180$
合计	1 000	900	—	515

（4）当直接材料分次在每道工序开始一次投入时，由于各工序所耗用的原材料是在本工序开始时一次投入，同一工序内不论产品是否完工，所耗用的原材料数量是相同的。因此计算在产品投料程度，按该工序在产品的累计材料费用定额，除以完工产品材料费用定额计算，不再按50%计算。计算公式如下：

$$\text{某道工序在产品投料程度} = \frac{\text{前道工序累计材料费用定额} + \text{本道工序材料费用定额}}{\text{完工产品原材料费用定额}} \times 100\%$$

【例5-5】 仍以前例为例，假设某产品经三道工序加工而成，其原材料分三道工序并在每道工序开始时一次投入，其有关数据及在产品投料程度和约当产量的计算如表5-5所示。

表5-5　多工序材料投料程度和约当产量计算表2

工序	原材料消耗费用定额（元）	月末在产品数量（件）	在产品投料程度	在产品约当产量（件）
1	500	300	$\frac{500}{1\,000} \times 100\% = 50\%$	$300 \times 50\% = 150$
2	300	400	$\frac{500 + 300}{1\,000} \times 100\% = 80\%$	$400 \times 80\% = 320$
3	200	200	$\frac{800 + 200}{1\,000} \times 100\% = 100\%$	$200 \times 100\% = 200$
合计	1 000	900	—	670

(二) 完工程度的确定

对于直接材料以外的其他成本项目,如燃料和动力、直接人工、制造费用等,通常按完工程度计算约当产量。当企业生产进度比较均衡,各道工序在产品数量相差不大时,全部在产品完工程度都可以按50%平均计算,否则,各道工序在产品的完工程度应按工序分别测定。在产品完工程度的计算公式如下:

$$\text{某道工序在产品完工程度} = \frac{\text{前面各道工序的累计工时定额} + \text{本道工序工时定额} \times 50\%}{\text{完工产品单位产品工时定额}} \times 100\%$$

上列公式中,"前面各道工序的累计工时定额"由于在产品前面各道工序已经完工,所以前面各道工序的工时定额都以100%计入;对于公式中"本道工序工时定额",由于对本道工序的完工程度一般不逐一测定,而是以本道工序工时定额的50%计入。

【例5-6】 假设某产品经过三道工序加工而成,其单件工时定额为100h,其中第一道工序的工时定额为34h,第二道工序的工时定额为40h,第三道工序的工时定额为26h。其完工程度计算公式如下:

$$\text{第一道工序在产品的完工程度} = \frac{34 \times 50\%}{100} \times 100\% = 17\%$$

$$\text{第二道工序在产品的完工程度} = \frac{34 + 40 \times 50\%}{100} \times 100\% = 54\%$$

$$\text{第三道工序在产品的完工程度} = \frac{34 + 40 + 26 \times 50\%}{100} \times 100\% = 87\%$$

如果该产品某月完工700件,三道工序的在产品数量分别为200件、400件、300件。月初在产品和本月发生的加工费用共计16 954元。按上述确定的在产品完工程度,对费用分配计算如下:

$$\text{第一道工序在产品的约当产量} = 200 \times 17\% = 34 \text{(件)}$$

$$\text{第二道工序在产品的约当产量} = 400 \times 54\% = 216 \text{(件)}$$

$$\text{第三道工序在产品的约当产量} = 300 \times 87\% = 261 \text{(件)}$$

$$\text{费用分配率} = \frac{16\ 954}{700 + 34 + 216 + 261} = 14 \text{(元)}$$

$$\text{完工产品应负担的加工费用} = 700 \times 14 = 9\ 800 \text{(元)}$$

$$\text{月末在产品应负担的加工费用} = (34 + 216 + 261) \times 14 = 7\ 154 \text{(元)}$$

六、在产品按定额成本计价法

在产品按定额成本计价是指月末在产品成本按预先制定的定额成本计算。该种产品的全部生产费用,减去按定额成本计算的月末在产品成本,余额即为本月完工产品成本。每月生产费用脱离定额的节约差异和超支差异全部由本月完工产品成本负担。该方法的基本思路是,如果某产品定额制定的比较准确,则月末在产品的单位定额成本与在产品实际单位成本相差不大,若在产品各月数量变化也不大,那么月初在产品脱离定额的差异总额与月末在产品脱离定额的差异总额将非常接近。为保证当月完工产品成本的准确性,这种方法仅适用于各项消耗定额或费用定额比较准确,定额管理比较健全,各月在产品数量变化比较均衡的企业。完工产品总成本的计算公式为：

某产品月末在产品定额成本 = 月末在产品数量 × 在产品定额单位成本

某产品完工产品成本 = 月初在产品费用 + 本月生产费用 – 月末在产品定额成本

【例5-7】 假设某产品月末在产品盘存为300件，材料属一次性投入；材料费用定额成本每件为30元，在产品定额工时为8 000h，每小时人工费用定额为0.3元，制造费用定额为0.2元。根据上述定额资料，月末在产品定额成本可计算如下：

$$
\begin{aligned}
&材料费用 = 300 \times 30 = 9\ 000（元）\\
&人工费用 = 8\ 000 \times 0.3 = 2\ 400（元）\\
&制造费用 = 8\ 000 \times 0.2 = 1\ 600（元）\\
&\overline{合计 \qquad\qquad\qquad 13\ 000（元）}
\end{aligned}
$$

假定月初在产品定额成本为9 500元，本月投入生产费用为23 500元，则本月完工产品成本 = 9 500 + 23 500 – 13 000 = 20 000（元）。

七、定额比例法

定额比例法是以定额资料为标准，将应由产品负担的费用按照完工产品和月末在产品定额消耗量或定额费用的比例进行分配的方法。其中，原材料按照原材料定额消耗量或原材料定额耗用比例分配；职工薪酬、制造费用等各项加工费，可以按各项定额费用的比例分配，也可按定额工时比例分配。该方法的思路是，生产费用合计数等于本月完工产品成本加月末在产品成本，那么如果求出完工产品和在产品占生产费用的比例，就可求得完工产品成本和月末在产品成本。当定额制定比较准确、稳定时，月初、月末单位在产品费用脱离定额的差异不大，但如果在产品数量变化较大，那么就会使月初、月末在产品费用脱离总定额的差异较大，此时采用按定额成本计算在产品成本法，会影响完工产品成本的真实性和准确性。因此，定额比例法适用于定额管理基础较好，各项消耗定额或费用定额比较准确、稳定，各月末在产品数量变化较大的产品。

定额比例法的计算公式如下：

$$原材料费用分配率 = \frac{月初在产品实际原材料费用 + 本月实际原材料费用}{完工产品定额原材料费用 + 月末在产品定额原材料费用}$$

完工产品原材料费用 = 完工产品定额原材料费用 × 原材料费用分配率

月末在产品原材料费用 = 月末在产品定额原材料费用 × 原材料费用分配率

$$加工费用分配率 = \frac{月初在产品加工费用 + 本月实际加工费用}{完工产品定额工时 + 月末在产品定额工时}$$

完工产品加工费用 = 完工产品定额工时 × 加工费用分配率

月末在产品加工费用 = 月末在产品定额工时 × 加工费用分配率

【例5-8】 某企业生产丙产品，其月初在产品实际费用为：直接材料8 000元，直接人工3 000元，制造费用2 200元；本月发生费用为：原材料26 000元，职工薪酬18 000元，制造费用14 000元。本月完工产品600件，月末在产品100件，定额资料如表5-6所示，产品成本计算表如表5-7所示。

表5-6 产品有关定额资料表

项目	完工产品	月末在产品	合计
原材料定额费用（元）	28 000	5 000	33 000
定额工时/h	9 000	1 500	10 500

表5-7 产品成本计算表

产品名称：丙产品　　　　　　　　　20××年×月　　　　　　　　　　　单位：元

成本项目	月初在产品费用	本月投入费用	生产费用合计	费用分配率	完工产品费用		月末在产品费用	
					定额	实际	定额	实际
①	②	③	④=②+③	⑤=④÷(⑥+⑧)	⑥	⑦=⑥×⑤	⑧	⑨=⑧×⑤
直接材料	8 000	26 000	34 000	1.030 3	28 000	28 848.40	5 000	5 151.60
直接人工	3 000	18 000	21 000	2.000 0	9 000	18 000.00	1 500	3 000.00
制造费用	2 200	14 000	16 200	1.542 9	9 000	13 886.10	1 500	2 313.90
合计	13 200	58 000	71 200			60 734.50		10 465.50

从上例可知，采用这种方法，必须取得完工产品和月末在产品的定额消耗量或定额成本资料。完工产品的原材料和工时定额消耗量，可以根据完工产品数量乘以单位产品原材料、工时定额消耗计算求得。在产品的原材料和工时定额消耗量，是根据月末各工序在产品的账面结存数和实际盘存数，以及相应的消耗定额或费用定额具体计算的。如果月末在产品种类和生产工序繁多时，核算的工作量比较大，因此，月末在产品定额消耗量及其分配率可以采用倒挤的方法计算，从而简化成本计算工作。

【例5-9】 承前例，假设丙产品的月初在产品定额资料为：直接材料8 000元，定额工时3 500h；本月生产过程中投入产品的定额资料为：原材料费用25 000元，定额工时7 000h。本月实际发生的费用和完工产品定额的资料同前例。费用分配的结果如表5-8所示。

表5-8 费用分配的结果表

产品名称：丙产品　　　　　　　　　20××年×月　　　　　　　　　　　单位：元

成本项目	月初在产品		本月投入费用		生产费用合计		费用分配率	完工产品费用		月末在产品费用	
	定额	实际	定额	实际	定额	实际		定额	实际	定额	实际
①	②	③	④	⑤	⑥=②+④	⑦=③+⑤	⑧=⑦/⑥	⑨	⑩=⑨×⑧	⑪=⑥-⑨	⑫=⑧×⑪
直接材料	8 000	8 000	25 000	26 000	33 000	34 000	1.030 3	28 000	28 848.40	5 000	5 151.60
直接人工	3 500	3 000	7 000	18 000	10 500	21 000	2.000 0	9 000	18 000.00	1 500	3 000.00
制造费用	3 500	2 200	7 000	14 000	10 500	16 200	1.542 9	9 000	13 886.10	1 500	2 313.90
合计		13 200		58 000		71 200			60 734.50		10 465.50

定额比例法与在产品按定额成本计算方法的区别在于，在产品按定额成本计价，其实际成本与定额成本的差异全部由完工产品成本负担；而采用定额比例法分配费用，产品实际成本脱离定额的差异，按完工产品和月末在产品的定额消耗量或定额成本的比例分摊。因此，按定额比例法划分完工产品与在产品的成本，可以减少由于月初、月末在产品数量变动对完工产品成本准确性的影响。

第三节 完工产品成本的结转

工业企业生产产品发生的各项生产费用，在各种产品之间进行分配，在此基础上又在同种产品的完工产品和月末在产品之间进行了分配，计算出各种完工产品的成本。根据本章各节企业生产甲、乙两种产品的各项费用分配举例，依据表 5-2、表 5-3、表 5-7 编制产成品成本汇总表如表 5-9 所示。

表 5-9 产成品成本汇总表

20××年×月　　　　　　　　　　　　　　　　单位：元

产品名称	直接材料	直接人工	制造费用	合　计
甲	74 865.00	18 313.75	49 481.25	142 660.00
乙	4 870.22	2 902.84	1 932.46	9 705.52
丙	28 848.40	18 000.00	13 886.10	60 734.50
合计	108 583.62	39 216.59	65 299.81	213 100.02

根据产成品成本汇总表，将完工产品成本从"生产成本——基本生产成本"账户贷方转入有关账户的借方，其中完工入库产成品的成本，应转入"库存商品"账户的借方。"生产成本——基本生产成本"账户的借方余额表示月末在产品的成本。产品完工入库编制如下会计分录：

借：库存商品——甲　　　　　　　　　　　　　　　　142 660
　　　　　　——乙　　　　　　　　　　　　　　　　9 705.52
　　　　　　——丙　　　　　　　　　　　　　　　　60 734.50
　　贷：生产成本——基本生产成本——甲　　　　　　142 660
　　　　　　　　　　　　　　　　——乙　　　　　　9 705.52
　　　　　　　　　　　　　　　　——丙　　　　　　60 734.50

第六章

产品成本计算方法概述

本章学习目标

- 了解企业的生产类型及其特点;
- 理解生产特点和管理要求对成本计算方法的影响;
- 理解产品成本计算的基本方法与辅助方法的特点。

前面第三、四、五章讲述了产品成本核算的一般程序,即产品成本核算的基本原理。产品成本计算的过程,就是按照一定的成本计算对象归集和分配生产费用的过程。成本计算对象,是指生产费用的承担者,即归集和分配生产费用的对象。因此,生产费用对象化就形成了产品成本。成本计算对象不同,归集和分配生产费用的方法也不相同。成本计算对象是区别不同成本计算方法的主要标志。而成本计算对象不是由人们主观随意规定的,不同的生产类型从客观上决定了不同的成本计算对象。由于成本核算要服务于企业的管理需要,因而,在确定成本计算对象时,还应同时考虑企业管理的要求。也就是说,产品成本的计算,必须适应企业的生产类型和管理要求,采用适当的成本计算方法。本章及后面的第七、八章研究的就是将前述产品成本核算的一般程序,与企业的生产类型和管理要求结合起来,具体确定产品成本的计算方法。

第一节 企业的生产类型及其特点

企业的生产类型及其特点,对企业选择成本计算方法有着重要的影响。企业的生产类型,可按生产工艺过程的特点和生产组织的特点进行划分。

一、企业的生产按工艺过程的特点划分

企业的生产,按工艺过程的特点划分,可分为简单生产和复杂生产两种类型。

(一) 简单生产

简单生产是指生产工艺过程不能间断,不能分散在不同工作地点进行的生产。属于简单生产的企业,其产品的生产周期一般比较短,通常没有自制半成品或其他中间产品,而且产品由于工艺过程的特点决定了只能由一个企业独立完成,而不能由几个企业协作进行生产。因此,这种类型的生产,一般也称为单步骤生产。发电、采掘等企业,就是简单生产的典型企业。

(二) 复杂生产

复杂生产是指生产工艺过程是由可以间断的若干生产步骤所组成的生产,它既可

以在一个企业或车间内独立进行，也可以由几个企业或车间在不同的工作地点协作进行生产。属于复杂生产的企业，其产品的生产周期一般较长，产品品种不是单一的，有半成品或中间产品，而且可以由几个企业或车间协作进行生产，因此，也称为多步骤生产。

复杂生产按其产品生产过程的加工方式不同，又可分为连续式复杂生产和装配式复杂生产两类。

1. 连续式复杂生产

连续式复杂生产是指从原材料投入生产以后，需要经过许多相互联系的加工步骤才能最后生产出产成品，前一个步骤生产出来的半成品，是后一个加工步骤的加工对象，直到最后加工步骤才能生产出产成品。属于这种连续式复杂生产的典型企业有钢铁、纺织企业等。

2. 装配式复杂生产

装配式复杂生产是指原材料投入生产后，在各个步骤进行平行加工，制成产成品所需的各种零件和部件，最后，再将各生产步骤的零部件组装成为产成品。属于这种装配式复杂生产的典型企业有机床、汽车企业等。

二、企业的生产按生产组织方式的特点划分

生产组织方式是指企业生产的专业化程度，即在一定时期内生产产品品种的多寡，同种类产品的数量及其生产的重复程度。按产品生产的组织方式，可以分为大量生产、成批生产和单件生产。

（一）大量生产

大量生产是指不断重复相同产品的生产。这类生产的企业或车间，生产的产品品种较少，而且比较稳定，各种产品的产量较大，一般采用专业设备重复进行生产，专业化水平较高。如采掘、冶炼、纺织、酿酒等企业的生产。

（二）成批生产

成批生产是指按照规定的产品批别和数量进行的生产。这类生产的企业或车间，生产的产品品种较多，而且具有一定的重复性，如服装、塑料制品等的生产。成批生产按照产品批量的大小，又可以分为大批生产和小批生产。大批生产的性质接近于大量生产，小批生产的性质接近于单件生产。

（三）单件生产

单件生产是指按照订货单位的要求，生产个别的、性质特殊的产品。这类生产的企业或车间，生产的产品品种多，而且很少重复，如重型机械、船舶、专用设备及新产品试制等生产。

上述企业生产的分类方法之间有着密切的联系。在一般情况下，简单生产大多是大量生产，连续式复杂生产一般属于大量大批生产，装配式复杂生产可能是大量生产、成批生产，也可能是单件生产。

第二节　生产特点及管理要求对成本计算方法的影响

一、生产特点和成本管理要求对成本计算的影响

生产类型不同，对成本管理的要求也不同。而生产特点和管理要求又必然对产品成本计算产生影响。生产特点和管理要求对成本计算的影响主要表现在成本计算对象、成本计算期以及完工产品成本与在产品成本的划分上，而这其中尤以对成本计算对象的影响更为突出。由于成本计算对象不同，形成了不同的成本计算方法。

（一）对成本计算对象的影响

首先，产品生产工艺过程不同，成本计算的对象也不尽相同。在单步骤生产下，由于其工艺过程不能间断，因而不可能、也不需要按照生产步骤计算产品成本，只能按照生产产品的品种计算成本。而在多步骤生产中，为了加强各个生产步骤的成本管理，往往不仅要求按照产品的品种或批别计算成本，而且还要求按照产品生产的步骤计算成本。但是，如果企业的规模较小，管理上不要求按照生产步骤考核生产费用、计算产品成本，也可以不按照生产步骤计算成本，而只按照产品品种或批别计算成本。

其次，生产组织不同，成本管理要求不同，成本计算的对象也不相同。从生产组织特点看，在大量生产情况下，一种或若干种产品连续不断地重复生产，一方面，同样的原材料不断投入；另一方面，相同的产品不断产出，因而管理上只要求，而且也只能按照产品的品种计算成本。大批生产中，产品批量大，在几个月内不断重复生产某些品质相同的产品，因而往往集中投料，生产一批零、部件供几批产品耗用；耗用量较多的零、部件，也可以另行分批生产。在这种情况下，零、部件生产的批别与产品生产的批别往往不一致，因而也就不能按照产品的批别计算成本，而只能按照产品的品种计算成本。小批单件生产，由于其生产的产品批量小，一批产品一般可以同时完工，因而有可能按照产品的批别或件别，归集生产费用，计算产品成本。从管理要求看，为了分析和考核各批产品成本水平，也要求按照产品批别或件别计算成本。

综上所述，产品成本计算中有着三种不同的成本计算对象，即：以产品品种为成本计算对象，以产品批别为成本计算对象，以产品生产步骤为成本计算对象。

（二）对成本计算期的影响

不同生产类型，产品成本计算期不同。成本计算期主要取决于生产组织的特点。在小批、单件生产中，每月不一定都有产品完工，产品成本只能在某件或某批产品完工以后计算，因而成本计算是不定期的，而与生产周期相一致。但在大量、大批生产中，由于生产活动连续不断地进行，每月都有完工产品，因而产品成本要定期在每月月末进行，而与生产周期不相一致。

（三）对完工产品与在产品之间费用分配的影响

生产类型的特点，还影响到月末在进行成本计算时有没有在产品，是否需要在完工产品与在产品之间分配费用的问题。在大量大批单步骤生产中，由于不断重复地生产同

种产品，生产工艺过程不可间断，而且这类企业生产周期短，月末往往没有在产品，或在产品数量很少，所以一般不需在完工产品与在产品之间分配费用。按成本计算对象归集的费用，构成各该成本计算对象的总成本。在多步骤生产中，是否需要在完工产品与在产品之间分配费用，在很大程度上取决于生产组织的特点。在大量、大批生产中，由于生产连续不断地进行，而且经常存在在产品，因而在计算成本时，就需要采用适当的方法，将生产费用在完工产品与在产品之间进行分配。在小批、单件生产中，如果成本计算期与生产周期一致，在每批、每件产品完工前，产品成本明细账中所记的生产费用就是在产品的成本；完工后，其所记的费用就是完工产品的成本，因而不存在在完工产品与在产品之间分配费用的问题。

二、产品成本计算的基本方法和辅助方法

产品成本计算，就是以一定的成本计算对象为依据，归集和分配生产费用，并计算其总成本和单位成本的过程。因此，成本计算对象是归集和分配各项产品费用、计算产品成本的核心，是设置产品成本明细账、正确计算产品成本的前提，因而也是区别各种成本计算基本方法的主要标志。

为了适应各种生产类型的特点和管理要求，在产品成本计算工作中有三种不同的成本计算对象，因而以成本计算对象为主要标志的产品成本计算方法也有三种：

（1）以产品品种为成本计算对象的产品成本计算方法，称为"品种法"。它一般适用于大量大批单步骤生产或管理上不要求分步计算成本的大量大批多步骤生产。

（2）以产品批别为成本计算对象的产品成本计算方法，称为"分批法"。它一般适用于单件、小批单步骤生产或管理上不要求分步计算成本的多步骤生产。

（3）以产品生产步骤为成本计算对象的产品成本计算方法，称为"分步法"。它一般适用于大量大批且管理上要求分步计算成本的多步骤生产。

这三种方法，是产品成本计算的基本方法。因为这三种方法与不同生产类型的特点有着直接联系，而且涉及成本计算对象的确定，因而是计算产品实际成本必不可少的方法。也就是说，受企业生产类型特点以及相应管理要求的影响，产品成本计算对象不外乎分品种、分批、分步三种，因而以成本计算对象为主要标志的基本方法也只有这三种。

在实际工作中，除采用上述三种基本成本计算方法外，为了简化成本核算和加强成本管理，还可采用与三种基本方法相结合的成本计算的辅助方法，主要有"分类法"和"定额法"。这些方法与生产类型的特点没有直接联系，不涉及成本计算对象；它们的应用或是为了简化成本计算工作，或是为了加强成本管理，只要具备相应的条件，在哪种生产类型的企业都能用。因此，从计算产品实际成本的角度来说，它们不是必不可少的。基于这种情况，将这些方法通称为辅助方法。产品成本计算的辅助方法，一般应与各种类型生产中采用的基本方法结合起来使用，而不能单独使用。

以上讲述的五种产品成本计算方法是目前我国实际工作中广泛采用的几种主要方法。此外，在西方发达国家，为了向企业的决策人提供进行短期生产经营决策数据，还采用一种只计算产品的变动成本，而将产品的固定成本直接计入当期损益的变动成本法；为了加强企业内部成本控制和分析，还采用一种只计算产品的标准成本，而将产品的实际成本与标准成本的差异直接计入当期损益的标准成本法；为了改变将间接费用分配计入各种产品

的标准，提高产品成本计算的准确性而采用的作业成本法等。这些方法都是西方管理会计的组成部分，都是为了某种目的而采用的成本计算方法，其中有些方法已被我国企业采用。这些方法不受企业生产类型特点的制约，只要具备相应的条件，在哪个企业都能应用，因而与分类法和定额法一样，也应归属于产品成本计算的辅助方法。

在工业企业中，确定不同的成本计算对象，采用不同的成本计算方法，主要是为了适应企业的生产特点和管理要求，正确提供成本核算资料以加强成本管理。但是，不论什么生产类型企业、不论采用什么成本计算方法，最终都必须按照产品品种算出产品成本。因此，按照产品品种计算成本，是产品成本计算的最一般、最起码的要求。因而，品种法是上述基本方法中最基本的成本计算方法。

综上所述，可将产品成本计算方法归类如图 6-1 所示。

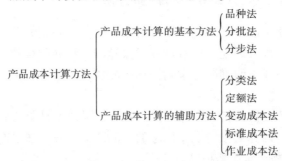

图 6-1　产品成本计算方法归类图

附录　不同行业的产品成本核算对象

1. 制造企业产品成本核算对象的确定

制造企业一般按照产品品种、批次订单或生产步骤等确定产品成本核算对象。

（1）大量大批单步骤生产产品或管理上不要求提供有关生产步骤成本信息的，一般按照产品品种确定成本核算对象。

（2）小批单件生产产品的，一般按照每批或每件产品确定成本核算对象。

（3）多步骤连续加工产品且管理上要求提供有关生产步骤成本信息的，一般按照每种（批）产品及各生产步骤确定成本核算对象。

产品规格繁多的，可以将产品结构、耗用原材料和工艺过程基本相同的产品，适当合并作为成本核算对象。

2. 农业企业产品成本核算对象的确定

农业企业一般按照生物资产的品种、成长期、批别（群别、批次）、与农业生产相关的劳务作业等确定成本核算对象。

3. 批发零售企业产品成本核算对象的确定

批发零售企业一般按照商品的品种、批次、订单、类别等确定成本核算对象。

4. 建筑企业产品成本核算对象的确定

建筑企业一般按照订立的单项合同确定成本核算对象。单项合同包括建造多项资产的，企业应当按照《企业会计准则》规定的合同分立原则，确定建造合同的成本核算对象。为建造一项或数项资产而签订一组合同的，按合同合并的原则，确定建造合同的成本核算对象。

5. *房地产企业产品成本核算对象的确定*

房地产企业一般按照开发项目、综合开发期数并兼顾产品类型等确定成本核算对象。

6. *采矿企业产品成本核算对象的确定*

采矿企业一般按照所采掘的产品确定成本核算对象。

7. *交通运输企业产品成本核算对象的确定*

交通运输企业以运输工具从事货物、旅客运输的，一般按照航线、航次、单船（机）、基层站段等确定成本核算对象；从事货物等装卸业务的，可以按照货物、成本责任部门、作业场所等确定成本核算对象；从事仓储、堆存、港务管理业务的，一般按照码头、仓库、堆场、油罐、筒仓、货棚或主要货物的种类、成本责任部门等确定成本核算对象。

8. *信息传输企业产品成本核算对象的确定*

信息传输企业一般按照基础电信业务、电信增值业务和其他信息传输业务等确定成本核算对象。

9. *软件及信息技术服务企业产品成本核算对象的确定*

软件及信息技术服务企业的科研设计与软件开发等人工成本比重较高的，一般按照科研课题、承接的单项合同项目、开发项目、技术服务客户等确定成本核算对象。合同项目规模较大、开发期较长的，可以分段确定成本核算对象。

10. *文化企业产品成本核算对象的确定*

文化企业一般按照制作产品的种类、批次、印次、刊次等确定成本核算对象。

除《企业产品成本核算制度（试行）》已明确规定的以外，其他行业企业应当比照以上类似行业的企业确定产品成本核算对象。

企业应当按照上述规定确定产品成本核算对象，进行产品成本核算。企业内部管理有相关要求的，还可以按照现代企业多维度、多层次的管理需要，确定多元化的产品成本核算对象。

多维度，是指以产品的最小生产步骤或作业为基础，按照企业有关部门的生产流程及其相应的成本管理要求，利用现代信息技术，组合出产品维度、工序维度、车间班组维度、生产设备维度、客户订单维度、变动成本维度和固定成本维度等不同的成本核算对象。

多层次，是指根据企业成本管理需要，划分为企业管理部门、工厂、车间和班组等成本管控层次。

资料来源：《企业产品成本核算制度（试行）》（2014）。

第七章

产品成本计算的基本方法

本章学习目标
- 掌握成本计算品种法的含义、适用范围及成本计算程序；
- 掌握成本计算分批法的含义、适用范围及成本计算程序；
- 掌握成本计算分步法的含义、特点及种类；
- 掌握逐步结转分步法的核算程序及特点；
- 掌握平行结转分步法的核算程序及特点；
- 了解逐步结转分步法与平行结转分步法的结合应用。

第一节 产品成本计算的品种法

 一、品种法的特点及适用范围

（一）品种法的特点

产品成本计算的品种法，亦称简单法，是以产品品种为成本核算对象，按照产品品种设置明细账，归集生产费用，计算产品成本的一种方法。运用品种法的企业，从产品的生产技术特点看属于单步骤生产，从产品的生产组织特点看属于大量大批生产，这样的生产类型决定了品种法在成本计算对象、成本计算期和生产费用分配方面具有如下特点：

1. 以产品品种作为成本计算对象

在采用品种法计算产品成本的企业或车间里，成本计算对象一般只是企业的最终完工产品，即产品品种。因此需要按产品品种分别开设产品成本明细账，账内按成本项目设立专栏，对发生的生产费用，分产品别按成本项目进行归集。凡是各种产品直接耗用的费用，可根据有关凭证和费用分配表直接记入该种产品成本明细账中的有关成本项目中；凡属几种产品共同耗用的费用，则需根据有关费用分配表分配记入各种产品成本明细账中的有关成本项目中。

2. 成本核算通常定期按月进行

适用品种法的企业，其生产组织方式是大量大批生产。这种类型的生产是连续不断地重复生产一种或几种产品，每月末都会有完工产品，不可能在产品全部制造完工后才计算其成本。所以，其成本计算一般按月定期进行，以日历月份确定的会计报告期作为成本计算期。

3. 完工产品和月末在产品的划分

在单步骤生产的情况下，生产工艺为不间断地一次性生产出最终产品，如发电、自来水生产和采掘工业等都属于单步骤生产。由于月末没有在产品，当期发生的生产成本都由完工产品来承担。本月产品成本明细账中归集的全部费用，就是该产品本月完工产品的总成本，总成本除以产量，即为该产品的平均单位成本。

在大量大批多步骤生产的情况下，每月末不仅有完工产品，而且一般也会有未完工的在产品。如果未完工的在产品数量较多，就需要将产品成本明细账中归集的生产费用采用适当的分配方法（如约当产量法、在产品按定额成本计算法、定额比例法等）在完工产品与月末在产品之间进行分配，以便计算完工产品成本和月末在产品成本。

（二）品种法的适用范围

品种法主要适用于大量大批单步骤生产的企业，例如发电、采掘、供水等企业。在这种类型的企业生产中，一方面，大批量的生产不需要分批计算产品成本；另一方面，产品的生产工艺过程不可间断或者不需要划分为几个生产步骤，因而也就不可能或者没有必要按照生产步骤计算产品成本，只需要按产品的品种计算产品成本。

在大量大批多步骤生产的企业中，如果企业或车间的规模较小，或者车间是封闭式的，即从原材料投入到产品产出的全过程，都是在一个车间内进行，或者生产是按流水线组织，管理上不要求按照生产步骤计算产品成本，也可以采用品种法计算产品成本。例如小型水泥厂、小型造纸厂、小型砖瓦厂以及辅助生产的供水、供电和蒸汽车间等。

在采用品种法计算产品成本时，需要以产品品种作为成本计算对象，设置产品成本计算单（产品成本明细账）。在单一品种的单步骤大量生产企业，由于只生产一种产品，只需为这种产品开设一本产品成本明细账，账内按成本项目设置专栏。在这种情况下，发生的全部产品费用都是直接费用，可以直接记入该产品成本明细账的有关成本项目专栏，不存在在各成本计算对象之间分配费用的问题，而且由于该类型生产的生产过程短，没有（或很少有）在产品，不存在完工产品和月末在产品成本的划分问题，因此产品成本明细账中汇总发生的生产费用就构成了该产品的总成本。这种单品种的品种法，成本计算相对简单，可称为简单品种法。在多品种、不需要分步计算产品成本的多步骤生产企业采用品种法时，就要按照不同产品分别开设产品成本明细账，发生的直接费用可以直接记入各产品成本明细账的有关成本项目专栏，间接费用则应采用适当的分配方法，在各成本计算对象之间进行分配；期末可能有在产品，因此还要将某种产品的生产费用在完工产品和在产品之间进行分配。这种多品种的品种法，成本计算相对复杂，具有品种法的典型特征，可称为典型品种法。

二、品种法的成本计算程序

品种法是产品成本计算方法中最基本的方法，因而成本计算的一般程序也就是品种法的成本计算程序。品种法的成本计算程序见第三章第四节中的产品成本的总分类核算程序图及产品成本明细分类核算程序图，见图3-5和图3-6。

三、品种法举例

【例7-1】 某工业企业设有一个基本生产车间,大量生产甲、乙两种产品,其生产工艺过程属于单步骤生产。根据生产特点和管理要求,确定采用品种法计算产品成本。该企业还设有机修、运输两个辅助生产车间,机修车间为企业各部门提供修理服务,运输车间为企业各部门提供运输服务。辅助生产车间的制造费用直接通过"生产成本——辅助生产成本"科目核算。产品成本包括"直接材料""燃料及动力""直接人工""制造费用"和"废品损失"五个成本项目。

下面以企业20××年6月份各项费用资料为例,说明产品成本计算的程序和相应的账务处理。

1. 分配各种要素费用

(1)银行存款支出。根据付款凭证汇总,20××年6月份银行存款支出情况见表7-1。

表7-1 银行存款支出汇总表

20××年6月　　　　　　　　　　　　　　　　　　　　　　单位:元

应借科目			金　额
总账科目	明细科目	成本费用项目	
制造费用	基本生产车间	劳动保护费	30
		其他	900
		小计	930
生产成本	辅助生产成本	机修车间 办公费	90
		其他	15
		小计	105
		运输车间 办公费	45
		其他	15
		小计	60
		小计	1 095
管理费用		修理费	450
		办公费	60
		小计	510
财务费用		利息支出	1 800
合计			3 405

根据银行存款支出汇总表,编制会计分录(为简化,本例均汇总编制记账凭证):

借:制造费用——基本生产车间——劳动保护费　　　　30
　　　　　　　　　　　　　——其他　　　　　　　　900
　　生产成本——辅助生产成本——机修车间——办公费　90
　　　　　　　　　　　　　　　　　　　　——其他　　15

	——运输车间——办公费	45
	——其他	15
管理费用——修理费		450
——办公费		60
财务费用——利息支出		1 800
贷：银行存款		3 405

（2）分配材料费用。根据领、退料凭证和有关费用分配标准，编制材料费用分配表，如表7-2所示。

表7-2 材料费用分配表

20××年6月　　　　　　　　　　　　　　　　　单位：元

应借科目			原料及主要材料	辅助材料	合计
总账及二级科目	明细科目	成本或费用项目			
生产成本——基本生产成本	甲产品	直接材料	10 500	300	10 800
	乙产品	直接材料	9 000	150	9 150
	小计		19 500	450	19 950
生产成本——辅助生产成本	机修车间	材料	60	100	160
	运输车间	材料	75	270	345
	小计		135	370	505
制造费用	基本生产车间	机物料消耗		300	300
管理费用		物料消耗		150	150
生产成本——废品损失	乙产品	直接材料	150		150
合计			19 785	1 270	21 055

根据材料费用分配表，编制会计分录：

借：生产成本——基本生产成本——甲产品——直接材料　　10 800
　　　　　　　　　　　　　　——乙产品——直接材料　　9 150
　　　　——辅助生产成本——机修车间——材料　　　　　160
　　　　　　　　　　　　——运输车间——材料　　　　　345
　　制造费用——基本生产车间——机物料消耗　　　　　　300
　　管理费用——物料消耗　　　　　　　　　　　　　　　150
　　生产成本——废品损失——乙产品——直接材料　　　　150
　　贷：原材料　　　　　　　　　　　　　　　　　　　　21 055

（3）分配职工薪酬。根据各车间、部门的工资结算凭证，计算应付职工工资，再根据相关应付职工薪酬的计提基础和计提比例，计算并确认企业应付的职工薪酬。该企业"社会保险"(包括医疗保险、养老保险、失业保险、工伤保险等)"住房公积金""工会经费"和"职工教育经费"分别按照职工工资总额的40%、6%、2%、1.5%计提,当月实际发生职工福利费828元。编制职工薪酬分配表,如表7-3所示。

表7-3 职工薪酬分配表

20××年6月　　　　　　　　　　　　　　　　　　　　　　　　　　　单位:元

应借科目			应付工资			职工福利	社会保险费	住房公积金	工会经费	职工教育经费	合计
总账及二级科目	明细科目	成本或费用项目	生产工人	管理人员	小计						
生产成本——基本生产成本	甲产品	直接人工	2 250		2 250	180	900	135	45	34	3 544
	乙产品	直接人工	1 950		1 950	156	780	117	39	29	3 071
	小计		4 200		4 200	336	1 680	252	84	63	6 615
生产成本——废品损失	乙产品	直接人工	450		450	36	180	27	9	7	709
生产成本——辅助生产成本	机修车间	薪酬费用	1 500	600	2 100	168	840	126	42	32	3 308
	运输车间	薪酬费用	1 200	450	1 650	132	660	99	33	25	2 599
	小计		2 700	1 050	3 750	300	1 500	225	75	57	5 907
制造费用	基本生产车间	薪酬费用		750	750	60	300	45	15	11	1 181
管理费用		薪酬费用		1 200	1 200	96	480	72	24	18	1 890
合计			7 350	3 000	10 350	828	4 140	621	207	156	16 302

注:计算结果保留整数。

根据职工薪酬分配表,编制分配职工薪酬的会计分录:

借:生产成本——基本生产成本——甲产品——直接人工　　　　3 544
　　　　　　　　　　　　　　——乙产品——直接人工　　　　3 071
　　　　　　——废品损失——乙产品——直接人工　　　　　　709
　　　　　　——辅助生产成本——机修车间——薪酬费用　　　3 308
　　　　　　　　　　　　　　　——运输车间——薪酬费用　　2 599
　　制造费用——基本生产车间——薪酬费用　　　　　　　　　1 181
　　管理费用——薪酬费用　　　　　　　　　　　　　　　　　1 890
　　贷:应付职工薪酬——工资　　　　　　　　　　　　　　　10 350
　　　　　　　　　　——职工福利　　　　　　　　　　　　　828
　　　　　　　　　　——社会保险费　　　　　　　　　　　　4 140
　　　　　　　　　　——住房公积金　　　　　　　　　　　　621
　　　　　　　　　　——工会经费　　　　　　　　　　　　　207
　　　　　　　　　　——职工教育经费　　　　　　　　　　　156

(4) 分配固定资产折旧费。根据本月固定资产折旧计算表,编制固定资产折旧分配表,如表7-4所示。

表 7-4　固定资产折旧费用分配表

20××年6月　　　　　　　　　　　　　　　　　　　单位：元

应借科目			折旧额
总账及二级科目	明细科目	成本或费用项目	
制造费用	基本生产车间	折旧费	3 900
生产成本——辅助生产成本	机修车间	折旧费	300
	运输车间	折旧费	150
	小计		4 350
管理费用		折旧费	1 950
合计			6 300

根据固定资产折旧费用分配表，编制会计分录：

借：制造费用——基本生产车间——折旧费　　　　　3 900
　　生产成本——辅助生产成本——机修车间——折旧费　300
　　　　　　　　　　　　　　——运输车间——折旧费　150
　　管理费用——折旧费　　　　　　　　　　　　　　1 950
　贷：累计折旧　　　　　　　　　　　　　　　　　　6 300

（5）分配外购动力费（电费）。根据电费支付凭证，编制外购动力费（电费）分配表，如表 7-5 所示。

表 7-5　外购动力费（电费）分配表

20××年6月　　　　　　　　　　　　　　　　　　　单位：元

应借科目			生产工时 （分配率 0.4）	度数 （单价：0.4 元）	金额
总账及二级科目	明细科目	成本或费用项目			
生产成本—— 基本生产成本	甲产品	燃料及动力	4 000		1 600
	乙产品	燃料及动力	3 000		1 200
	小计		7 000		2 800
生产成本—— 废品损失	乙产品	燃料及动力	900		360
生产产品耗电			7 900	7 900	3 160
生产成本—— 辅助生产成本	机修车间	水电费		950	380
	运输车间	水电费		600	240
	小计			1 550	620
制造费用	基本生产车间	水电费		750	300
管理费用		水电费		250	100
合计				10 450	4 180

说明：基本生产车间电力分配率 = $\dfrac{\text{基本生产车间产品耗电}}{\text{各产品生产工时之和}}$ = $\dfrac{3\ 160}{7\ 900}$ = 0.4（元/h）

　　　各产品应分配的电费 = 该产品的生产工时 × 电费分配率

根据外购动力费分配表，编制会计分录：

借：生产成本——基本生产成本——甲产品——燃料及动力　　　　 1 600
　　　　　　　　　　　　　　——乙产品——燃料及动力　　　　 1 200
　　　　　　　——辅助生产成本——机修车间——水电费　　　　　　 380
　　　　　　　　　　　　　　——运输车间——水电费　　　　　　 240
　　　　　　　——废品损失——乙产品——燃料及动力　　　　　　　 360
　　　制造费用——基本生产车间——水电费　　　　　　　　　　　　 300
　　　管理费用——水电费　　　　　　　　　　　　　　　　　　　　 100
　　贷：应付账款　　　　　　　　　　　　　　　　　　　　　　　 4 180

2. 核算在产品盘盈、盘亏或毁损价值

根据在产品盘存表和其他有关资料，计算在产品盘盈、盘亏或毁损的价值。

乙产品的在产品毁损 10 件，按定额成本计价，在产品的单件原材料费用定额为 60 元，毁损在产品的定额工时为 100h。每小时费用定额为：动力 0.3 元，直接人工 1.78 元，制造费用 0.75 元。毁损在产品的定额成本和净损失的计算如表 7-6 所示。

表 7-6　毁损在产品定额成本计算表

产品名称：乙　　　　　　　　　　20××年 6 月　　　　　　　　　　单位：元

项　　目	直接材料	燃料及动力	直接人工	制造费用	合　　计
单件定额	60	0.3	1.71	0.75	62.76
定额成本（10 件，100h）	600	30	171	75	876
减：回收残料价值	144				144
在产品毁损净损失	456	30	171	75	732

根据毁损在产品的定额成本，编制结转毁损在产品成本的会计分录：

借：待处理财产损溢　　　　　　　　　　　　　　　　　　　　　 876
　　贷：生产成本——基本生产成本——乙产品　　　　　　　　　　 876

毁损在产品回收残料作价 144 元，编制会计分录：

借：原材料　　　　　　　　　　　　　　　　　　　　　　　　　 144
　　贷：待处理财产损溢　　　　　　　　　　　　　　　　　　　 144

经批准，将毁损在产品的净损失转入当月管理费用：

借：管理费用　　　　　　　　　　　　　　　　　　　　　　　　 732
　　贷：待处理财产损溢　　　　　　　　　　　　　　　　　　　 732

3. 周转材料的摊销

企业在生产经营过程中，经常需要领用一些周转材料，如低值易耗品、包装物等。根据《企业会计准则》规定，企业领用的周转材料，可根据价值大小，采用一次转销法、分次摊销法、五五摊销法进行摊销。月末，企业根据周转材料明细账的记录，编制相应的周转材料摊销表，分配本月的周转材料费。

基本生产车间本月领用工具一批，价值 900 元，采用五五摊销法进行摊销，本月摊销 450 元。为全面反映低值易耗品的领用、摊销等情况，企业在"低值易耗品"账簿下设置了"在库""在用"和"摊销"三个明细账,如表7-7、表7-8和表7-9所示。

表7-7 低值易耗品明细账1

明细科目:在库 单位:元

20××年		摘 要	借 方	贷 方	借或贷	余 额
6	1	期初余额			借	3 800
6	5	领用工具		900		
6	30	本月月结		900	借	2 900

表7-8 低值易耗品明细账2

明细科目:在用 单位:元

20××年		摘 要	借 方	贷 方	借或贷	余 额
6	1	期初余额			借	1 800
6	5	领用工具	900			
6	30	本月月结	900		借	2 700

表7-9 低值易耗品明细账3

明细科目:摊销 单位:元

20××年		摘 要	借 方	贷 方	借或贷	余 额
6	1	期初余额			贷	900
6	5	摊销工具费用		450		
6	30	本月月结		450	贷	1 350

本月基本生产车间领用工具时,编制会计分录:
  借:低值易耗品——在用   900
    贷:低值易耗品——在库   900
编制低值易耗品摊销表,摊销本月领用工具的价值。低值易耗品摊销表如表7-10所示。

表7-10 低值易耗品摊销表

20××年6月 单位:元

费用种类	应借科目		摊销金额
	总账科目	明细科目	
低值易耗品摊销	制造费用	基本生产车间——低值易耗品摊销	450
合计			450

根据低值易耗品摊销表,摊销领用工具50%的价值:
  借:制造费用——基本生产车间——低值易耗品摊销   450
    贷:低值易耗品——摊销   450

4. 归集和分配辅助生产费用

（1）归集辅助生产费用。根据上列各项费用分配表，登记辅助生产费用明细账，归集辅助生产费用，如表 7-11 和表 7-12 所示。

表 7-11 生产成本——辅助生产成本明细账 1

车间名称：机修车间　　　　　　　　　　　　　　　　　　　　　　　　　　单位：元

20××年		摘要	材料	薪酬费用	折旧费	水电费	办公费	其他	合计	转出	余额
月	日										
6	30	根据材料费用分配表	160						160		
6	30	根据职工薪酬分配表		3 308					3 308		
6	30	根据外购动力费（电费）分配表				380			380		
6	30	根据固定资产折旧费用分配表			300				300		
6	30	根据银行存款支出汇总表					90	15	105		4 253
6	30	根据辅助生产费用分配表								4 253	
6	30	合计	160	3 308	300	380	90	15	4 253	4 253	0

表 7-12 生产成本——辅助生产成本明细账 2

车间名称：运输车间　　　　　　　　　　　　　　　　　　　　　　　　　　单位：元

20××年		摘要	材料	薪酬费用	折旧费	水电费	办公费	其他	合计	转出	余额
月	日										
6	30	根据材料费用分配表	345						345		
6	30	根据职工薪酬分配表		2 599					2 599		
6	30	根据外购动力费（电费）分配表				240			240		
6	30	根据固定资产折旧费用分配表			150				150		
6	30	根据银行存款支出汇总表					45	15	60		3 394
6	30	根据辅助生产费用分配表								3 394	
6	30	合计	345	2 599	150	240	45	15	3 394	3 394	0

(2) 分配辅助生产费用。将辅助生产费用明细账归集的辅助生产费用，采用直接分配法进行分配。本月机修车间提供修理劳务 2 500h，其中为运输车间提供修理劳务 200h，为基本生产车间提供修理劳务 2 200h，为行政管理部门提供修理劳务 100h。运输车间本月共提供运输劳务 18 500t·km，其中为机修车间提供运输劳务 500t·km，为基本生产车间提供运输劳务 17 000t·km，为行政管理部门提供运输劳务 1 000t·km。

根据辅助生产费用明细账归集的辅助生产费用、机修车间和运输车间对外提供的劳务量，编制辅助生产费用分配表（根据企业会计准则的规定，企业固定资产后续支出的修理费均采用费用化处理。因此，本例将机修车间的辅助生产费用均转入"管理费用"），如表 7-13 所示。

表 7-13 辅助生产费用分配表
（直接分配法）
单位：元

项目			机修车间			运输车间			合计
			数量	分配率	金额	数量	分配率	金额	
待分配费用			2 300	1.8491	4 253	18 000	0.1886	3 394	7 647
应借科目	制造费用——基本生产车间	其他				17 000		3 206	3 206
	管理费用	修理费	2 300		4 253				4 253
		其他				1 000		188	188
		小计	2 300		4 253	1 000		188	188
合计			2 300		4 253	18 000		3 394	7 647

注：分配金额保留整数。

表中分配率的计算如下：

机修车间分配率 $= \dfrac{4253}{2300} = 1.8491$（元/h）

运输车间分配率 $= \dfrac{3394}{18000} = 0.1886$（元/t·km）

基本生产车间应分配的修理费和运输费，分别等于该车间耗用的机修和运输劳务的数量乘以相应费用的分配率；管理部门应分配的修理费和运输费，分别等于机修车间和运输车间待分配的费用额，减去已分配给基本生产车间的修理费和运输费。

根据辅助生产费用分配表，编制会计分录：

借：制造费用——基本生产车间——其他　　　　　　　　　3 206
　　管理费用——修理费　　　　　　　　　　　　　　　　4 253
　　　　　　——其他　　　　　　　　　　　　　　　　　　188
　贷：生产成本——辅助生产成本——机修车间　　　　　　4 253
　　　　　　　　　　　　　　　　——运输车间　　　　　　3 394

5. 归集和分配基本生产车间的制造费用

(1) 归集基本生产车间的制造费用。根据上列各项费用分配表，登记基本生产车间的制造费用明细账，归集基本生产车间的制造费用，如表 7-14 所示。

表 7-14　制造费用明细账

车间名称：基本生产车间　　　　　　　　　　　　　　　　　　　　　　　　　　　　单位：元

20××年		摘　要	机物料消耗	薪酬费用	折旧费	水电费	劳动保护费	低值易耗品摊销	其他	合计	转出	余额
月	日											
6	30	根据银行存款支出汇总表					30		900	930		
6	30	根据材料费用分配表	300							300		
6	30	根据外购动力费（电费）分配表				300				300		
6	30	根据职工薪酬分配表		1 181						1 181		
6	30	根据固定资产折旧费用分配表			3 900					3 900		
6	30	根据低值易耗品摊销表						450		450		
6	30	根据辅助生产费用分配表							3 206	3 206		10 267
6	30	根据制造费用分配表									10 267	
6	30	本月费用合计	300	1 181	3 900	300	30	450	4 106	10 267	10 267	0

（2）分配基本生产车间的制造费用。根据制造费用明细账归集的制造费用，按照基本生产车间生产的各产品的生产工时比例分配制造费用，编制基本生产车间的制造费用分配表，如表 7-15 所示。

表 7-15　制造费用分配表

车间名称：基本生产车间　　　　　　　　　　　　　　　　　　　　　　　　　　　　金额单位：元

应借科目	生产工时/h	分　配　率	分配金额
生产成本——基本生产成本——甲产品	4 000		5 198
——乙产品	3 000		3 899
生产成本——废品损失——乙产品	900		1 170
合计	7 900	1.299 6	10 267

注：分配金额保留整数。

根据制造费用分配表，编制会计分录：
借：生产成本——基本生产成本——甲产品——制造费用　　5 198
　　　　　　　　　　　　　　——乙产品——制造费用　　3 899
　　生产成本——废品损失——乙产品——制造费用　　　　1 170
　　贷：制造费用——基本生产车间　　　　　　　　　　　10 267

6. 归集和分配废品损失

（1）不可修复废品损失的计算。基本生产车间本月生产的乙产品，验收入库时发现不可修复废品 10 件，按所耗定额费用计算废品的成本。原材料费用定额为 60 元，单件工时定额为 10h，每小时费用定额为：燃料及动力 0.3 元，直接人工 1.71 元，制造费用 0.75 元。回收废品残值 150 元。编制不可修复废品损失计算表，如表 7-16 所示。

表 7-16　不可修复废品损失计算表
20××年6月

产品名称：乙产品　　　　　　　　　　　　　　　　　　　　　金额单位：元

项　目	数量（件）	直接材料	定额工时/h	燃料及动力	直接人工	制造费用	合计
单件定额		60	10	3	17.1	7.5	87.6
废品定额成本	10	600	100	30	171	75	876
减：回收残值		150					150
废品损失		450		30	171	75	726

根据不可修复废品损失计算表，编制会计分录：
结转废品成本（定额成本）
借：生产成本——废品损失——乙产品　　　　　　　　　876
　　贷：生产成本——基本生产成本——乙产品　　　　　　876
回收残值
借：原材料　　　　　　　　　　　　　　　　　　　　　150
　　贷：生产成本——废品损失——乙产品　　　　　　　　150

（2）归集本期废品损失。将各种费用分配表中为修复可修复废品乙产品而发生的修复费用和不可修复的乙产品的废品成本及回收残值登入废品损失明细账，如表 7-17 所示。

表 7-17　废品损失明细账

产品名称：乙产品　　　　　　　　　　　　　　　　　　　　　　单位：元

20××年		摘　要	直接材料	燃料及动力	直接人工	制造费用	合　计
月	日						
6	30	根据材料费用分配表	150				150
6	30	根据职工薪酬分配表			709		709
6	30	根据外购动力费（电费）分配表		360			360
6	30	根据制造费用分配表				1 170	1 170

(续)

20××年		摘 要	直接材料	燃料及动力	直接人工	制造费用	合 计
月	日						
6	30	可修复废品修复费用小计	150	360	709	1 170	2 389
6	30	根据不可修复废品损失计算表	600	30	171	75	876
6	30	减：回收残值	150				150
6	30	合计	600	390	880	1 245	3 115
6	30	结转废品损失	600	390	880	1 245	3 115

（3）结转废品损失。根据废品损失明细账，编制废品损失分配表，如表7-18所示。

表7-18 废品损失分配表

20××年6月　　　　　　　　　　　　　　　　　　　　　单位：元

应借科目			金 额
总账及二级科目	明细科目	成本项目	
生产成本——基本生产成本	乙产品	废品损失	3 115
合计			3 115

根据废品损失分配表，将废品损失转入该种合格产品的成本，会计分录如下：

借：生产成本——基本生产成本——乙产品——废品损失　　3 115
　　贷：生产成本——废品损失——乙产品　　　　　　　　　　　3 115

7. 计算完工产品成本和月末在产品成本

（1）归集本月生产甲、乙两种产品的生产费用。根据上述各种费用分配表和有关资料，登记产品成本明细账，归集甲产品和乙产品的生产费用，如表7-19和表7-20所示。

表7-19 产品成本明细账1

产品名称：甲产品　　　　　　　　　　　　　　　　　　　单位：元
　　　　　　　　　　　　　　　　　　　　　　　　　　　　产量：200件

成本项目	月初在产品成本（定额成本）	本月生产费用	生产费用合计	月末在产品成本（定额成本）	产成品成本	
					总成本	单位成本
①	②	③	④=②+③	⑤	⑥=④-⑤	⑦
直接材料	1 750	10 800	12 550	1 500	11 050	55.25
燃料及动力	96	1 600	1 696	153	1 543	7.72
直接人工	547	3 544	4 091	872	3 219	16.09
制造费用	240	5 198	5 438	383	5 056	25.28
废品损失						
合计	2 633	21 142	23 775	2 908	20 868	104.34

表 7-20 产品成本明细账 2

单位：元

产品名称：乙产品　　　　　　　　　　　　　　　　　　　　　　　　　　产量：300 件

成本项目	月初在产品成本（定额成本）	本月生产费用	不可修复废品定额成本	在产品盘亏定额成本	生产费用净额	月末在产品成本（定额成本）	产成品成本	
							总成本	单位成本
①	②	③	④	⑤	⑥=②+③-④-⑤	⑦	⑧=⑥-⑦	⑨
直接材料	3 000	9 150	600	600	10 950	2 700	8 250	27.50
燃料及动力	150	1 200	30	30	1 290	135	1 155	3.85
直接人工	855	3 071	171	171	3 584	770	2 814	9.38
制造费用	375	3 899	75	75	4 124	338	3 786	12.62
废品损失		3 115			3 115		3 115	10.38
合计	4 380	20 435	876	876	23 063	3 943	19 120	63.73

（2）将生产费用在月末完工产品和在产品之间进行分配。由于该厂生产的这两种产品的月初、月末在产品数量变化不大，而且具备比较准确、稳定的消耗定额资料，因而规定在产品按定额成本计价。甲产品的月末在产品 60 件，乙产品的月末在产品 45 件。根据在产品的盘存资料和费用定额资料，编制月末在产品定额成本计算表，如表 7-21 所示，并将计算出来的月末在产品的定额成本转入产品成本明细账。

表 7-21 月末在产品定额成本计算表　　　　　　　　　　　金额单位：元

产品名称	所在工序	在产品数量	直接材料		在产品累计工时定额/h	定额工时/h	燃料及动力	直接人工	制造费用	合计
			费用定额	定额费用						
①	②	③	④	⑤=③×④	⑥	⑦=③×⑥	⑧=⑦×0.3	⑨=⑦×1.71	⑩=⑦×0.75	⑪=⑤+⑧+⑨+⑩
甲产品	一	30	25	750	4	120	36	205	90	1 081
	二	30	25	750	13	390	117	667	293	1 826
	小计	60		1 500		510	153	872	383	2 908
乙产品		45	60	2 700	10	450	135	770	338	3 943
合计				4 200		960	288	1 642	721	6 851

说明：甲产品第一工序工时定额为 8h，第二工序的工时定额为 10h，在产品按 50% 计算，即第一工序在产品的工时为 4h，第二工序累计工时为 13h。

（3）计算完工产品的总成本和单位成本。根据产品成本明细账归集的生产费用总额，扣除月末在产品的定额成本，即可计算本月完工产品的总成本，将各产品的总成本除以各产品的产量，即可计算出各产品的单位成本。

8. 编制产成品成本汇总表

根据各产品成本明细账中的产成品成本资料，编制产成品成本汇总表，如表 7-22 所示。

表 7-22　产成品成本汇总表　　　　　　　　　　　　　　金额单位：元

产成品名称	产量/件	直接材料	燃料及动力	直接人工	制造费用	废品损失	合计
甲产品	200	11 050	1 543	3 219	5 056		20 868
乙产品	300	8 250	1 155	2 814	3 786	3 115	19 120
合计		19 300	2 698	6 033	8 842	3 115	39 988

根据产成品成本汇总表，编制结转完工产品成本的会计分录：

借：库存商品——甲产品　　　　　　　　　　　　　20 868
　　　　　　——乙产品　　　　　　　　　　　　　19 120
　　贷：生产成本——基本生产成本——甲产品　　　20 868
　　　　　　　　　　　　　　　　——乙产品　　　19 120

9. 登记有关总账

根据上述与生产费用的归集、分配及产品成本计算有关的会计分录登记有关总账（"T"账），有关"T"账的登记结果如下：

生产成本——基本生产成本

月初余额	7 013	结转毁损在产品成本	876
直接材料	19 950	结转不可修复废品成本	876
直接人工	6 615	结转完工产品成本	44 055
燃料及动力	2 800		
制造费用	9 097		
废品损失	3 115		
本月合计	41 577	本月合计	45 807
月末余额	6 851		

制造费用

物料消耗	580	分配基本生产车间制造费用	10 267
薪酬费用	2 835		
折旧费	4 350		
水电费	420		
劳动保护费	30		
低值易耗品摊销	450		
其他	4 106		
本月合计	10 267	本月合计	10 267

生产成本——辅助生产成本

材料	505	分配辅助生产费用	7 647
薪酬费用	3 078		
水电费	620		
折旧费	450		
办公费	135		
其他	30		
本月合计	7 647	本月合计	7 647

生产成本——废品损失

直接材料	150	回收残料	150
直接人工	709	结转废品损失	3 115
燃料及动力	360		
制造费用	1 170		
废品成本	876		
本月合计	3 265	本月合计	3 265

第二节　产品成本计算的分批法

一、分批法的特点及适用范围

（一）分批法的特点

产品成本核算的分批法，是指以产品批别为成本计算对象，按产品批别归集生产费用，计算产品成本的一种方法。用分批法的企业，从产品的生产组织特点看属于小批或单件生产，这种生产类型的共同特点是通常不重复生产，即使重复生产也是不定期的。因此，企业生产产品的品种、规格、数量以及交货时间等一般由客户决定，这就决定了分批法在成本计算对象、成本计算期、完工产品与在产品成本划分方面具有如下特点：

1. 以产品批别为成本计算对象

分批法是以产品批别（单件生产为件别）作为成本计算对象，按产品批别设置产品成本明细账，归集生产费用。产品批别指的是企业生产计划部门签发并下达到生产车间的产品批号，也叫产品批别。由于在小批单件生产中，产品的种类和每批产品的批量，大多是根据购买单位的订单确定，因而按批、按件计算成本，往往也就是按照订单计算成本，所以，分批法又可称为"订单法"。产品的批别在企业中是按照生产任务通知单或内部订单确定的。计划部门按合同上的订单签发内部订单，供应部门按内部订单储备材料，生产管理部门按内部订单安排生产流程，生产车间按内部订单组织生产，会计部门同样也按内部订单分别汇总每件或每批产品的生产费用，并计算各内部订单的生产成本。订单或生产任务通知单在生产费用的归集和分配中起着核心作用。需要说明的是，客户的订单和企业计算成本的订单可以相同，也可以不同。如果客户的一张订单中规定有几种产品，或虽然只有一种产品但其数量较大而又要求分批交货时，可将这张订单分成几个内部订单来安排生产；如果在一张订单中只规定一件产品，但其属于大型复杂的产品，价值较大，生产周期较长，如大型船舶制造，也可以按照产品的组成部分分批组织生产，计算成本；如果在同一时期内，企业接到不同购货单位要求生产同一产品的几张订单，为了经济合理地组织生产，企业生产计划部门也可以将其合并为一个内部订单，一批组织生产。可见，分批法是以企业内部订单为准的。

2. 按产品的生产周期计算成本

在按产品批别计算成本的情况下，生产费用通常应按月汇总，但由于各批产品的生产周期不一致，月末不见得完工，为了保证各批产品成本计算的正确性，各批产品成本明细账的设立和结算,应与生产工作号的签发和结束密切配合,协调一致,即各批或各订单产品的成本,应在订单或批次完工后才能准确计算出来,所以成本计算是非定期的。也就是说,分批法的成本计算期与会计报告期不一致,而与生产周期一致。

3. 一般不需要在月末分配在产品的成本

按分批法计算产品成本,由于一般是在该批产品全部完工时才计算该批产品成本,所以月末如果某批产品全部完工,该批产品归集的全部生产成本就是该批产品的完工产品成本;若该批产品未完工,则全部为在产品成本。因此,采用分批法计算产品成本,月末一般不需要在完工产品与在产品之间分配生产成本。只有在一批产品跨月陆续完工和陆续交货的情况下,为了按期确定损益,才需要在月末计算该批产品的完工产品与在产品成本。在这种情况下,为了减少成本核算的工作量,可以采用简便的方法,即按计划单位成本、定额单位成本或近期一期相同产品的实际单位成本来计算完工产品成本,将完工产品成本从产品成本明细账转出后,余额作为在产品成本。待该批产品全部完工时,再计算该批产品的实际总成本和单位成本,对已经转出的完工产品成本,不必做账面调整。

(二) 分批法的适用范围

适用于采用分批法计算产品成本的企业通常有以下几种:

(1) 根据购买者订单生产的企业。有些企业专门根据订货者的要求,生产特殊规格、特定数量的产品。订货者的订货可能是大型产品,如船舶、精密仪器;可能是多件同样规格的产品,如根据订货者的设计图样生产几件实验室用的特种仪器。

(2) 产品种类经常变动的小规模制造厂。如生产门窗把手、插销等的五金工厂,因为生产规模小,需要根据市场需要不断变动产品的种类和数量,不可能按产品设置流水线大量生产,只能是分批生产、分批计算成本。

(3) 专门从事修理业务的工厂。修理业务多种多样,需要根据承接的各种修理业务分批计算修理成本。

(4) 新产品试制的车间。专门试制新产品的车间,一般都是小批量进行生产,所以适用于用分批法计算产品成本。

总之,实施分批成本法的企业,一般都是提供特定产品或服务的制造型和服务型企业。常见的分批生产企业包括印刷、建筑设计、家具制造、汽车维修、医疗服务和会计师事务所等。分批生产企业一般是先进行生产,然后产品入库,其后再在一般市场里销售。但更为常见的是,一批产品的投产与某一特定的顾客订单相关。分批成本计算的关键特征是每一批次的成本与其他批次不同,所以必须单独进行成本追踪。分批成本核算法下的成本流转图如图7-1所示。

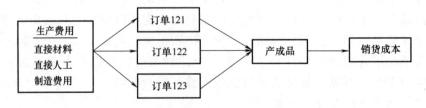

图 7-1 分批成本核算法下的成本流转图

二、分批法举例

【例 7-2】 某机械制造厂设有一、二两个基本生产车间。该厂根据客户的订单组织生产,采用分批法计算产品成本。月末全部完工的产品按实际成本计算,对于跨月陆续完工且数量较大的产品,采用约当产量法计算月末完工产品和在产品的成本。20××年 7 月份的生产情况和有关生产费用支出情况如下:

1. 产品批号及投产资料

本月生产产品的批号及投产资料如表 7-23 所示。

表 7-23 本月生产产品的批号及投产情况表

批号	产品名称	计量单位	批量	投产日期	完工情况		月末在产品数量
					完工日期	完工量	
601	甲产品	台	10	6月2日	7月25日	10	0
602	乙产品	台	20	6月8日	7月31日	10	10
701	丙产品	台	30	7月5日			30

2. 月初在产品成本资料

各批产品月初在产品成本资料如表 7-24 所示。

表 7-24 月初在产品成本表　　　　　　　　　　　　　　　　单位:元

批号	直接材料	燃料及动力	直接人工	制造费用	合计
601	80 000	1 000	8 000	2 500	91 500
602	118 000	2 000	6 000	4 000	130 000
合计	198 000	3 000	14 000	6 500	221 500

3. 生产工时统计资料

三个批号的产品在本月生产过程中,消耗的生产工时如表 7-25 所示。

表 7-25 各批产品本月耗用工时统计表　　　　　　　　　　单位:h

车间	批号	产品名称	生产工时
一车间	601	甲产品	8 000
	701	丙产品	10 000
	小计		18 000
二车间	602	乙产品	800
合计			18 800

4. 本月生产费用支出

（1）耗用材料。各批产品本月耗用材料情况如表 7-26 所示。

表 7-26　各批产品耗用材料情况表　　　　　　　　　　单位：元

批　号	601	602	701	合　计
一车间	19 000		23 000	42 000
二车间		4 000		4 000

（2）发生加工费。根据本月各项费用分配表，汇总各批产品本月发生的加工费，并按照各批产品的生产工时比例分配加工费用，分配情况如表 7-27 所示。

表 7-27　加工费分配表

车间	批号	产品名称	生产工时/h	燃料及动力		直接人工		制造费用		合计（元）
				分配率	金额（元）	分配率	金额（元）	分配率	金额（元）	
一车间	601	甲产品	8 000		8 000		24 000		16 000	48 000
	701	丙产品	10 000		10 000		30 000		20 000	60 000
		小计	18 000	1	18 000	3	54 000	2	36 000	108 000
二车间	602	乙产品	800		640		2 400		1 600	4 640
	合计		18 800		18 640		56 400		37 600	112 640

5. 完工产品与月末在产品成本的划分

602 批号生产的乙产品，本月完工一半。原材料是在生产开始时一次投入，其费用按照完工产品和在产品的实际数量比例分配，其他费用采用约当产量法进行分配，月末在产品的完工程度为 50%。

6. 计算各批产品成本

根据上述各项资料，登记各批产品成本明细账，分别如表 7-28、表 7-29 和表 7-30 所示。

表 7-28　产品成本明细账 1

产品批号：601　　　　投产日期：6 月 2 日　　投产 10 台
产品名称：甲产品　　　完工日期：7 月 25 日　　完工 10 台　　　　　　　单位：元

摘　　要	直接材料	燃料及动力	直接人工	制造费用	合　计
月初在产品成本	80 000	1 000	8 000	2 500	91 500
本月生产费用	19 000	8 000	24 000	16 000	67 000
累　　计	99 000	9 000	32 000	18 500	158 500
完工产品成本	99 000	9 000	32 000	18 500	158 500
完工产品单位成本	9 900	900	3 200	1 850	15 850

表 7-29　产品成本明细账 2

产品批号：602　　　　　　　投产日期：6月8日　　投产20台
产品名称：乙产品　　　　　　完工日期：7月31日　　完工10台　　　　　　　单位：元

摘　　要	直接材料	燃料及动力	直接人工	制造费用	合　　计
月初在产品成本	118 000	2 000	6 000	4 000	130 000
本月生产费用	4 000	640	2 400	1 600	8 640
累　　计	122 000	2 640	8 400	5 600	138 640
完工10台产品成本	61 000	1 760	5 600	3 733	72 093
完工产品单位成本	6 100	176	560	373	7 209
月末在产品成本	61 000	880	2 800	1 867	66 547

表 7-30　产品成本明细账 3

产品批号：701　　　　　　　投产日期：7月5日　　投产30台
产品名称：丙产品　　　　　　完工日期：8月　　　　完工0台　　　　　　　单位：元

摘　　要	直接材料	燃料及动力	直接人工	制造费用	合　　计
本月生产费用	23 000	10 000	30 000	20 000	83 000
累　　计	23 000	10 000	30 000	20 000	83 000
月末在产品成本	23 000	10 000	30 000	20 000	83 000

表 7-29 中，完工产品和月末在产品各成本项目的计算过程如下：

$$完工产品直接材料 = \frac{122\,000}{10+10} \times 10 = 61\,000（元）$$

$$月末在产品直接材料 = 122\,000 - 61\,000 = 61\,000（元）$$

$$月末在产品的约当产量 = 10 \times 50\% = 5（台）$$

$$完工产品燃料及动力 = \frac{2\,640}{10+5} \times 10 = 1\,760（元）$$

$$月末在产品燃料及动力 = 2\,640 - 1\,760 = 880（元）$$

$$完工产品直接人工 = \frac{8\,400}{10+5} \times 10 = 5\,600（元）$$

$$月末在产品直接人工 = 8\,400 - 5\,600 = 2\,800（元）$$

$$完工产品制造费用 = \frac{5\,600}{10+5} \times 10 = 3\,733（元）$$

$$月末在产品制造费用 = 5\,600 - 3\,733 = 1\,867（元）$$

三、简化的分批法

在小批、单件生产的企业或车间中，有时候同一月份投产的产品批别很多，有几十批甚至上百批，且月末未完工的批数也较多。在这种情况下，如果将当月发生的间接费用,不论各批产品是否完工,都要在各批产品之间进行分配,其费用分配的工作量就极其繁重。因此,为了减轻工作量,对间接费用的分配可以采用另一种不分批计算在产品成本的简化的分批法。这种方法的具体做法是:先将每月发生的各项间接费用分别累计起来,不按月在各种产品之间分配,月末,当一批产品全部完工时,按照一定的标准,将完工产品批别应负担的各项间接费用从累计的间接费用中转出。这种简化的分批法也叫累计间接费用分配法。

各批完工产品应分配的累计间接费用,一般按照完工产品累计生产工时的比例进行分配,其成本核算程序如图 7-2 所示。其计算公式如下:

$$\text{全部产品累计间接费用分配率} = \frac{\text{全部产品累计间接费用}}{\text{全部产品累计工时}}$$

$$\text{某批完工产品应负担的间接费用} = \text{该批完工产品累计工时} \times \text{全部产品累计间接费用分配率}$$

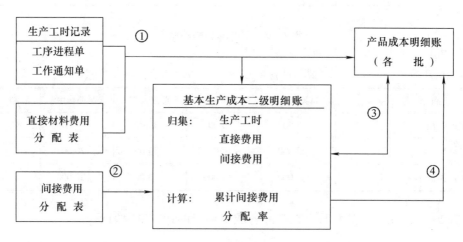

图 7-2 简化分批法成本核算程序图

说明:

① 根据"直接材料费用分配表"和"工作通知单""工序进程单"等工时记录,将各批产品耗用的直接材料、直接人工工时分别平行记入各批产品成本明细账和基本生产成本二级明细账。实行计件工资的企业或车间,则可将生产工人的工资直接记入各批产品成本明细账和基本生产成本二级明细账。

② 根据间接费用分配表,将制造费用等间接费用记入基本生产成本二级明细账。

③ 月终,将基本生产成本二级明细账中的直接费用和生产工时,与各批产品成本明细账中的记录进行核对。

④ 月终,如有产品完工,则计算累计间接费用分配率,据以分配间接费用,并将完工产品的成本从基本生产成本二级明细账中转入该批产品成本明细账。

采用这种方法,仍应按照产品批别设立产品成本明细账,但在各批产品完工之前,账内只需按月登记该批产品直接发生的费用(例如原材料费用)和生产工时。每月发生的间接费用不按月在各批产品之间进行分配,而是先将其归集在基本生产成本二级明细账中,按成本项目分别累计起来,在有产品完工的月份,才按照上列公式,分配间接费用,计算完工产品成本;所有在产品应负担的间接费用,仍以总数反映在基本生产成本二级明细账中,不进行分配,不分批计算在产品成本。因此,这种方法又可称之为不分批计算在产品成本的分批法。

下面举例说明简化分批法的成本核算程序。

【例 7-3】 某工业企业小批生产多种产品,产品批数多,为了简化成本计算工作,采用简化的分批法计算成本。该企业 5 月份生产的产品批号及投产情况如表 7-31 所示。

表 7-31 产品批号及投产情况表

批 号	产品名称	产量(台)	产品投产及完工情况
401	甲产品	10	上月投产,本月完工
402	乙产品	8	上月投产,本月尚未完工
501	丙产品	10	本月投产,本月完工 2 台

该企业设立的基本生产成本二级明细账,如表 7-32 所示。

表 7-32 基本生产成本二级明细账
(各批产品总成本)
金额单位:元

月	日	摘 要	直接材料	生产工时/h	直接人工	制造费用	合 计
4	30	余额	68 000	30 400	20 000	25 600	113 600
5	31	本月发生	25 280	17 520	6 800	7 200	39 280
5	31	累计	93 280	47 920	26 800	32 800	152 880
5	31	全部产品累计间接费用分配率			0.5593	0.6845	
5	31	本月完工产品转出	53 440	13 920	7 785	9 528	70 754
5	31	余额	39 840	34 000	19 015	23 272	82 126

在表 7-32 中,4 月 30 日余额(在产品成本)中的各项费用和生产工时反映的是 4 月份各批在产品的各项费用和生产工时的累计数,是根据 4 月份的生产工时和各项生产费用资料登记的;本月发生的直接材料费用和生产工时,应根据本月材料费用分配表和生产工时记录,与各批产品成本明细账平行登记;本月发生的各项间接费用,应根据各项间接费用分配表汇总登记。全部间接费用分配率的计算如下:

$$直接人工累计分配率 = \frac{26\ 800}{47\ 920} = 0.5593 \text{(元/h)}$$

$$制造费用累计分配率 = \frac{32\ 800}{47\ 920} = 0.6845 \text{(元/h)}$$

在表 7-32 中,本月完工转出产品的直接材料和生产工时,应根据各批产品成本明细账中完工产品的原材料费用和生产工时汇总登记;直接人工和制造费用两项间接费用,可以根据账中完工产品工时分别乘以各该费用的累计分配率计算登记,也可以根据各批产品成本明细账中完工产品的各该费用分别汇总登记。用累计栏数字分别减去本月完工产品转出额,即为 5 月末在产品的直接材料、生产工时和各项间接费用。月末在产品的直接材料费用和生产工时，应与各批产品成本明细账中月末在产品的直接材料费用和生产工时之和相等。

该企业设立的各批产品成本明细账如表7-33、表7-34和表7-35所示。

表7-33 产品成本明细账（401）

产品批号：401　　　　　　投产日期：4月　　　　　　批量：10台
产品名称：甲产品　　　　　完工日期：5月　　　　　　金额单位：元

月	日	摘　　要	直接材料	生产工时/h	直接人工	制造费用	合　计
4	30	本月发生	48 000	10 400			
5	31	本月发生	1 600	320			
5	31	累计数或累计间接费用分配率	49 600	10 720	0.559 3	0.684 5	
5	31	本月完工产品转出	49 600	10 720	5 995.70	7 337.84	62 933.54
5	31	完工产品单位成本	4 960		599.57	733.78	6 293.35

表7-34 产品成本明细账（402）

产品批号：402　　　　　　投产日期：4月　　　　　　批量：8台
产品名称：乙产品　　　　　完工日期：6月　　　　　　金额单位：元

月	日	摘　　要	直接材料	生产工时/h	直接人工	制造费用	合　计
4	30	本月发生	20 000	20 000			
5	31	本月发生	4 480	1 200			

表7-35 产品成本明细账（501）

产品批号：501　　　　　　投产日期：5月　　　　　　批量：10台
产品名称：丙产品　　　　　完工日期：6月　　　　　　完工：2台　　　金额单位：元

月	日	摘　　要	直接材料	生产工时/h	直接人工	制造费用	合　计
5	31	本月发生	19 200	16 000			
5	31	累计数或累计间接费用分配率	19 200	16 000	0.559 3	0.684 5	
5	31	本月完工产品转出	3 840	3 200	1 789.76	2 190.40	7 820.16
5	31	完工产品单位成本	1 920		894.88	1 095.20	3 910.08
5	31	余额	15 360	12 800			

注：完工产品的生产工时按20%计算结转。

在上列各批产品成本明细账中，对于没有完工产品的月份，只登记直接费用（直接材料）和生产工时，如402批号生产的乙产品。对于有完工产品的月份，包括批内产品全部完工或部分完工，除了登记本月发生的直接材料费用和生产工时及其累计数外；还应根据基本生产成本二级明细账登记各项累计间接费用的分配率。如401批号生产的甲产品，月末全部完工，因而其产品成本明细账中累计的直接材料费用和生产工时，就是完工产品的直接材料费用和生产工时；以其生产工时分别乘以各项累计间接费用分配率，即为完工产品应分配的各项间接费用。501批号生产的丙产品，月末部分完工、部分在产，因而还应在完工产品与在产品之间分配费用。该种产品所耗原材料在生产开始时一次投入，因而直接材料费用按完工产品与在产品的数量比例分配；完工产品工时按定额工时计算，以该定额工时分别乘以各项间接费用分配率，即为完工产品应分担的间接费用。

上述简化的分批法，与前述一般的分批法相比，具有以下特点：

（1）采用简化的分批法必须设立基本生产成本二级明细账。从计算产品实际成本的角度来说，采用其他成本计算方法，可以不设立基本生产成本二级明细账；但采用简化的分批法，则必须设立这种二级明细账。利用该二级明细账，可以按月提供企业或车间全部产品的累计生产费用和生产工时资料，并可计算全部产品累计间接费用分配率以及完工产品总成本和月末在产品总成本。

（2）在有完工产品的月份分配间接费用。各批产品每月发生的间接费用，不是按月在各批产品之间进行分配，而是先通过基本生产成本二级明细账进行累计，在有产品完工的月份才按上列公式在各批完工产品之间进行分配、计算完工产品成本；对未完工的在产品则不分配间接费用，即不分批计算在产品成本。显然，采用这种分批法，可以大大地简化费用的分配和登记工作。月末未完工产品的批数越多，核算工作就越简化。

（3）统一采用累计间接费用分配率分配间接费用。采用这种方法，各项累计间接费用分配率，既是在各批完工产品之间完工产品批别与月末在产品批别之间，分配费用的依据，也是某批产品批内的完工产品与月末在产品之间分配各项间接费用的依据。

这种简化的分批法适用于同一月份投产的产品批数很多，且月末未完工批数也较多的企业。如果月末未完工的批数不多，则不宜采用。

四、服务型组织中的分批成本法[①]

和制造型企业一样，分批成本法也用于服务型组织，如律师事务所、会计师事务所、电影制作公司、建筑设计公司、咨询公司和修理店铺等，这些服务型组织的经营方式通常是以"工作"为中心的。例如，在律师事务所，每个客户被视为一项"工作"，并且该项工作的成本随着事务所处理客户的案子每天在分批成本计算单上进行归集。法律表格和类似的投入代表该项工作的直接材料；律师们花费的时间代表直接人工；秘书、法律援助、租金、折旧等成本代表间接费用。再如，电影制作公司，其生产的每部电影是一项"工作"，而直接材料（服装、道具、胶片等）的成本和直接人工（演员、导演和临时演员）的成本被计入每部电影的分批成本计算单。该制作公司的间接费用，诸如水电费、设备折旧、维护工人的工资等也要被分配计入每部电影。

一般而言，对于服务型组织和生产型组织，分批成本核算的程序基本相同，只不过服务型组织一般比生产型组织耗用的直接材料更少。下面以咨询公司为例，说明分批成本法在服务型组织中的具体应用。

---

① 本部分的举例根据威廉·莱恩、香农·安德森、迈克尔·马厄的著作《成本会计精要》（第2版）（人民邮电出版社2012年12月第1次印刷）第163-164页的举例改编。

【例7-4】 AIP为一家咨询公司。公司按与客户签订的合同设置服务成本计算单,设置"服务管理成本"账户核算公司为各客户签订合同服务的间接费用,设置"已完成服务成本"核算已经完成的客户服务成本。公司本年年初的服务成本为$75 200,它反映的是一个正在进行中的工作——合同782,其中,直接人工为$35 200,分配的服务管理成本为$40 000。假设公司1月(本财务年度的第一个月)的信息如下:

(1) 人事部门记录本月工资成本为$252 000。其中,$204 000属于直接人工成本,分别计入三个服务成本(合同782,$26 000;合同783,$102 000;合同784,$76 000)。其余$48 000为间接人工,计入"服务管理成本"。

(2) 间接物料用品成本$3 200,计入"服务管理成本"。

(3) 水电及其他成本$73 600,支付保险费等$11 200,计提折旧$30 400,共计$115 200。

(4) AIP公司根据估计的年服务管理成本$2 000 000和20 000人工小时确立预定服务管理成本分配标准。由此确立的分配标准为每人工小时$100。公司1月各项工作发生的实际人工小时数如下:

    合同782   200小时
    合同783   800小时
    合同784   700小时

(5) 合同782和合同783于1月31日完工。合同782和合同783的总成本分别为$121 000和$182 000,合计为$303 000。

下面以"T"账户反映【例7-4】的服务成本核算情况。

服务成本		服务管理成本		已完成服务成本	
月初: 75 200	(5) 303 000	(1) 48 000	(4) 170 000	(5) 303 000	
(1) 204 000		(2) 3 200			
(4) 170 000		(3) 115 200			

总而言之,分批成本法是多用途的适用广泛的成本核算方法,可能存在于任何多样化产品或服务的组织中。

五、分批成本信息在企业管理中的应用[一]

在分批生产的企业里,根据批次计算的成本为管理层提供非常重要的信息。采用分批成本核算法所得出的数据可用于产品报价、产品定价、成本控制,以及评估产品、客户、部门和经理的绩效。比如,企业经常依据分批生产环境下的成本来确定产品或服务的价格,评估某一批次产品或服务的绩效,以及利用分批成本法提供的成本信息进行决策。

[一] 本部分的分析案例根据查尔斯·T亨格瑞,斯里坎特·M达塔尔,乔治·福斯特,马达夫·V拉詹,克里斯托弗·伊特纳的著作《成本与管理会计》(第13版)(中国人民大学出版社2010年9月第1版)第79-83页的案例改编。

现以 Robinson 公司为例介绍分批法在公司管理决策中的应用。该公司为造纸厂生产和安装专用机器设备。在 2008 年年初，Robinson 公司受邀参加竞标，为 Western Pulp and Paper（WPP）公司生产和安装一台新型造纸机。Robinson 公司从未制造过类似机器，它的管理人员不知道如何竞标。Robinson 公司管理层的决策制定过程有以下五个环节：

1. 确认问题与不确定性

是否参加投标以及标价多少？两个不确定性——完成这一批次的成本以及竞争对手可能的投标价格。

2. 获取信息

公司的管理人员首先评估投标是否符合企业的战略。他们想做更多的这种机器吗？这是一个很有吸引力的市场吗？Robinson 公司能创造一种战胜对手的竞争优势吗？战略就是有所为有所不为。公司的管理人员得出的结论是 WPP 公司批次产品非常符合公司的战略目标。

公司的管理人员研究了 WPP 公司提供的制图和过程说明书，并对机器的技术细节进行了研究。他们将这种机器的说明书与他们过去制造的类似机器进行了比较，确认了可能参与投标的竞争对手，并对出价做了推测。

3. 预测未来

公司的管理人员估计了 WPP 批次的直接材料、直接人工和制造费用。由于 Robinson 公司从未制造过类似机器，因此只能基于其他类似机器做出成本预计。为使成本预计尽可能准确，管理人员要寻找决策最相关的信息。他们考虑了质量因素、风险因素以及可能的偏差。例如，为 WPP 批次产品工作的工程师和员工是否具有必要的技术和能力？如果这个项目遇到麻烦，将对员工的士气和其他批次产品有何影响？成本估计是否准确，成本超支可能会怎样？公司的管理人员必须谨慎对待什么偏差？

4. 决策

公司考虑了竞争对手可能的报价、技术、经营风险和质量因素，基于估计的 10 000 美元制造成本和 50% 的制造成本涨价，对 WPP 批次的要价确定为 15 000 美元。

5. 实施决策，评估绩效与学习

Robinson 公司赢得了 WPP 批次的投标。当公司生产 WPP 批次的时候，它仔细追溯了发生的所有成本。最后，管理人员将预算成本与实际成本进行比较，评估他们在 WPP 批次上的工作表现。

Robinson 公司采用下面七个步骤将成本分配到 WPP298（Robinson 公司为 WPP 公司生产一台造纸机）批次。

步骤 1：确定被选为成本对象的批次

本例中的成本计算对象就是 WPP298，公司管理人员和管理会计师通过工人工时记录卡和领料单等原始凭证收集该批次的成本信息，并记录和累计所有分配到某一特定批次的成本，记录到产品成本明细账中。表 7-36 即是 WPP298 的产品成本明细账。

表 7-36 Robinson 公司产品成本明细账

批　　号：WPP298　　　　　　　　　　　客　　户：WPP 公司
开工日期：2008 年 2 月 4 日　　　　　　　完工日期：2008 年 2 月 28 日

成本项目	原始记录				总成本
直接材料					
收到日期	材料领用记录号	零件号	用量	单位成本（美元）	总成本（美元）
2008 年 2 月 4 日	2008：198	MB 468-A	8	14	112
2008 年 2 月 4 日	2008：199	TB 267-F	12	63	756
⋮					⋮
合计					4 606
直接人工					
期间	人工记录记录号	员工号	工作小时数/h	小时工资率	总成本（美元）
2008 年 2 月 4~10 日	LT 232	551-87-3076	25	18	450
2008 年 2 月 4~10 日	LT 247	287-31-4671	5	19	95
⋮					⋮
合计					1 579
制造费用日期	成本库类别生产	分配基础直接人工小时	分配基础用量/h	分配率	总成本（美元）
2008 年 12 月 31 日			88	45	3 960
合计					3 960
批次总成本					10 145

注：Robinson 公司使用一个制造费用成本库。若使用多个制造费用成本库则意味着在批次成本记录的"制造费用"部分有多条记录。

步骤 2：确认该批次的直接成本

Robinson 公司 WPP298 批次确认两类直接生产成本：直接材料和直接人工。

直接材料：基于 WPP 提供的工程细节和草图，生产主管向仓库提出材料领用要求，通过领料单记录有关某一批次及某一部门使用的直接材料成本信息。如表 7-37 所示，生产主管领用了 8 只 MB468-A 金属支架，实际成本 112 美元。并根据这一领料单，将 112 美元的材料费计入 WPP298 批次成本表中的直接材料项目。

表 7-37　Robinson 公司原材料领料单

原材料领料单编号：				2008：198
批号：WPP298				日期：2008 年 2 月 4 日
零件编号	零件描述	数量	单位成本（美元）	总成本（美元）
MB 468-A	金属支架	8	14	112
发料：B. Clyde				日期：2008 年 2 月 4 日
领料：L. Daley				日期：2008 年 2 月 4 日

直接人工：根据工人工时记录卡，记录某一批次某一部门所耗用的人工时间信息。表 7-38 记录的是员工 Cook 一周的工作时间，以及其每天花在不同批次或其他任务上的时间。根据表 7-38，Cook 一周花在 WPP298 上的时间是 25h，按照 18 美元/h 的标准计算，Cook 本周 450 美元（25×18）的人工费就计入了 WPP298 批次成本表中的直接人工项目。同样，JL256 的批次成本表中将记录 216 美元（12×18）直接人工成本。Cook 本周花在维护上的 3h 价值 54 美元的成本，不能追溯到 WPP298 和 JL256 批次上，因此只能将这 54 美元的成本计入制造费用成本库中，随后将分配到各批次。

表 7-38　Robinson 公司工人工时记录

工人工时记录编号：						LT 232		
职工姓名：		G. L. Cook			职工编号：		551-87-3076	
职工分类：		三级机械师						
单位小时工资：18 美元								
本周开始时间：2008 年 2 月 4 日					本周结束时间：2008 年 2 月 10 日			
批号	M	T	W	T	F	S	Su	合计
WPP298	4	8	3	6	4	0	0	25
JL256	3	0	4	2	3	0	0	12
维护	1	0	1	0	1	0	0	3
合计	8	8	8	8	8	0	0	40
主管：R. Stuart			日期：2008 年 2 月 4 日					

步骤 3：选择成本分配基础，以便将间接成本分配到该批次

因为不同的间接成本有不同的成本动因，所以公司常常使用多个成本分配基础来分配间接成本。例如，固定资产折旧和机器修理成本，与机器小时更相关；生产监督与支持成本，与直接人工小时更相关等。Robinson 公司属于劳动密集型生产，公司管理会计师认为直接人工小时是分配各生产批次耗用制造费用资源（如监工、工程师、生产支持员工及质量控制员工的工资）的合理标准，因此，公司以直接人工小时作为间接成本分配的唯一基础。2008 年，Robinson 公司记录的直接人工小时有 27 000h。

步骤 4：确定与各成本分配基础相关联的间接成本

Robinson 公司因只用一个成本分配基础，因此公司只建立一个制造费用成本库，用来

归集公司生产部门发生的不能直接追溯到特定批次的所有间接成本。2008年实际间接生产成本总额为1 215 000美元。

步骤5：计算每一成本分配基础的单位分配率

对每一成本库，实际间接成本率是用制造费用库内的实际总间接成本（由步骤4确定）除以实际总成本分配标准数量（由步骤3确定）得到。Robinson公司计算其制造费用成本库的单位分配率如下：

$$实际制造费用率 = \frac{实际制造费用}{实际总成本分配基础数量}$$

$$= \frac{1\ 215\ 000}{27\ 000} = 45（美元/h）$$

步骤6：计算分配到每一批次的间接成本

每一批次分摊的间接成本等于该批次相关的分配基础的实际数量乘以各分配基础的间接成本率（由步骤5计算确定）。2008年，该公司在27 000个直接人工小时中使用了88个直接人工小时用于生产WPP298批次，因此分配给WPP298批次的制造费用（间接成本）如表7-39所示，为3 960美元（45×88）。

步骤7：计算批次总成本

加总各批次的所有直接成本和间接成本，计算各批次的总成本。如表7-39所示，WPP298批次的总成本是10 145美元。

至此，Robinson公司在WPP298批次上的收入是15 000美元，则该批次实现的毛利为4 855美元（15 000 – 10 145），毛利率为32.4%（4 855÷15 000）。Robinson公司的管理人员可以利用毛利和毛利率的计算来比较不同批次的盈利性，以及分析为什么某些批次的盈利性较低：是不是存在直接材料浪费？直接人工成本是否过高？有提高此类批次效率的方法吗？或者，这些批次定价过低？分批成本分析提供了评价生产管理人员和销售管理人员业绩和未来改进所需的信息。

第三节　产品成本计算的分步法

一、分步法的适用范围及特点

（一）分步法的适用范围

分步法是按产品的生产步骤归集生产成本，计算产品成本的一种方法。它主要适用于大量大批的多步骤生产，如纺织、造纸、冶金、化工和机械制造等行业。在这些企业中，产品生产可以分为若干个生产步骤进行。例如，纺织企业的生产可以分为纺纱、织布等步骤；造纸企业的生产可以分为制浆和制纸等步骤；冶金企业的生产可以分为炼铁、炼钢和轧钢等步骤；机械制造企业的生产可以分为铸造、加工和装配等步骤。在连续式复杂生产的企业中，生产步骤可以间断，生产工艺是由各个连续的若干生产步骤所组成，除最后一个生产步骤外，每一个步骤都生产出不同的半成品，这些半成品既可以作为下一个生产步骤加工的对象，也可以对外出售。如果对外出售，就必须计算该半成品的成本。即使半成品不对外出售，出于成本管理的需要，很多企业也要求提供各步骤半成品的成本资料。在这种情况下，就需要采用分步法计算产品成本。

（二）分步法的特点

分步法与前面介绍的品种法和分批法相比，无论是在成本计算对象、成本计算期，还是生产费用在完工产品和月末在产品之间分配的方法上，都有其显著特征，这些特征概括如下：

1. 以每种产品的产成品及各生产步骤的半成品为成本计算对象

在分步法下，不仅要求计算出每一种最终产成品的成本，而且还要计算出每一个加工步骤半成品的成本。所以不仅对各种产成品要设置明细账，而且对每种产品的各个加工步骤也要分别设置明细账来归集生产成本。如果企业只生产一种产品，成本计算对象就是该种产品及其所经过的各生产步骤，产品成本明细账应该按照产品的生产步骤设立，分别归集各生产步骤的产品费用；如果生产多种产品，成本计算对象则应是各种产品及其所经的各个生产步骤，产品成本明细账应该按照每种产品的各个步骤设立。在加工企业中，通常是将不同的加工步骤分在不同的生产车间来进行，生产步骤一般按车间划分。所以分步骤计算成本，一般是按车间设置明细账，分车间来计算成本。需要指出的是，在实际工作中，产品成本计算的分步与产品生产步骤的划分不一定完全一致。为了简化核算，对于管理上没有必要分步计算成本的生产步骤，可以与其他生产步骤合并计算成本。另外，成本计算上的步骤与车间的概念也并不完全一致，如果所计算的步骤与车间一致时，按步骤计算的成本也就是按车间计算的成本。但是，假若某些车间管理上不要求分别计算成本，也可以把这些车间合并为一个步骤计算成本。相反，有些企业规模很大，为了适应成本管理的需要，也可以在一个车间内划分成若干个步骤，并对若干步骤分别计算成本。总之，应根据企业的管理要求，本着简化计算工作的原则，合理确定成本计算对象。

在分步法下，各步骤发生的费用，凡能直接记入某种成本计算对象的，要直接记入；不能直接记入成本计算对象的间接费用，应先按步骤归集，月末再按一定标准分配记入。为此，在反映各车间生产费用的原始凭证上，必须注明步骤，而对于反映直接费用的原始凭证，还必须注明成本计算对象，以便编制费用分配表，据以在明细账上进行登记。

2. 产品成本核算按期在月末进行

分步法主要适用于大量大批复杂的工业生产。但是在大量大批多步骤生产中，由于生产过程较长，可以间断，而且往往都是跨月陆续完工，每月末都会有大量的完工产品。因此，分步法需要在每月月末定期计算产品成本。

3. 每月末需要将生产成本在完工产品与月末在产品之间进行分配

在多步骤大量大批生产的情况下，每月末不仅有完工产品，而且一般都会有未完工的在产品。这样，每月末就需要将各产品成本明细账中归集的生产成本在完工产品与在产品之间进行分配。不仅在最终完工产品中存在分配完工产品与在产品费用的问题，而且在每一步骤也需要在本步骤完工的半成品与本步骤的在产品之间进行费用的分配。

4. 在生产的各步骤之间进行成本的结转

在采用分步法并要求分步计算半成品成本的情况下，由于上一步骤生产的半成品是下一步骤的加工对象，因此上一步骤生产的半成品成本也要结转到下一生产步骤。各步骤之间进行成本结转，是分步法的一个重要特点。分步成本核算法下的成本流转图如图7-3所示。

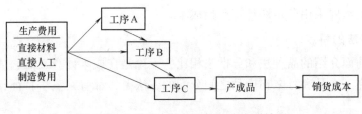

图 7-3 分步成本核算法下的成本流转图

二、分步法的种类

分步法适用于多步骤大量大批生产的成本核算。多步骤生产又可分为连续式多步骤和装配式多步骤两种情况。连续式多步骤生产，是指从原材料投入到产品完工要按顺序经过若干加工步骤的生产，即将前一步骤制成的半成品送下一步骤继续加工，顺序转移，直至最后一个步骤才生产出产成品。纺织和冶金等行业的生产属于这种类型。装配式多步骤生产，是指投入的各种原材料可在不同地点同时分别加工成零部件，再将零部件组装成产品的生产。机床、汽车、自行车、电器和仪表等行业的生产属于这种类型。由于不同企业多步骤生产的加工方式不同，所以产品成本核算的分步法又分为两大类，即逐步结转分步法和平行结转分步法。下面分别介绍逐步结转分步法和平行结转分步法。

（一）逐步结转分步法

1. 适用范围

逐步结转分步法，又称顺序结转分步法，也称计算半成品成本法，就是按产品加工的顺序，随着各步骤半成品实物的转移，将上一步骤半成品的成本也逐步从上一步骤向下一步骤结转的一种成本结转方法。采用逐步结转分步法计算成本，实际上每一步骤生产成本的归集以及半成品成本的计算采用的都是品种法的方法。所以，可以将逐步结转分步法看成是品种法的连接。就每一步骤来看，成本核算都是采用的品种法，但将各步骤的品种法连接起来就成了逐步结转分步法。

逐步结转分步法主要适用于大量大批多步骤连续式生产企业。在这种类型的企业中，有的产品制造过程是由一系列循序渐进的、性质不同的加工步骤组成的，例如，棉纺织企业的生产工艺过程包括纺纱和织布两大步骤。在纺纱步骤中，原料（原棉）投入生产后，经过清花、梳棉、并条、粗纺、细纱等工序，纺成各种棉纱；然后送往织布步骤，经过络经、整经、浆纱、穿筘、织造等工序，织成各种棉布，再经过整理、打包，即可入库待售。再如，钢铁联合企业的生产工艺技术过程包括炼铁、炼钢和轧钢三个生产步骤。在炼铁步骤中，原料（铁矿石）投入生产后，生产出各种生铁，如炼钢生铁、铸造生铁等；然后送往炼钢步骤，经过冶炼生产出各种钢锭，如沸腾钢锭、镇静钢锭等；各种钢锭再送往轧钢步骤，经过轧制，最后生产出各种钢材，如扁钢、方钢等，入库后可对外销售。

在这种类型的生产中，从原料投入到产品制成，中间要经过几个生产步骤的逐步加工，前面各步骤生产的都是半成品，只有最后步骤生产的才是产成品。与这种类型的生产工艺过程特点相联系，为了加强对各生产步骤成本的管理，不仅要求计算各种产成品成本，而且还要求计算各步骤的半成品成本。其原因有三个方面：①成本计算的需要。有一些半成品为本企业几种产品共同耗用，为了分别计算各种产成品的成本，需要计算这些半成品的成本。②成本控制的要求。在实行厂内经济责任制的企业，为了有效地控制各生产步骤等内部单位的生产耗费和资金占用水平，需要计算并在各生产步骤之间结转半成品成本。③对外销售的需要。有些企业各步骤生产的半成品可以作为商品对外销售，为了计算对外出售半成品的成本，全面地考核和分析商品产品成本计划的执行情况，需要计算这些半成品的成本。

2. 逐步结转分步法的成本结转程序

由上述分析可知，逐步结转分步法的成本计算对象是各种产品及其所经过的各生产步骤。在这种分步法下，各步骤所耗用的上一步骤半成品的成本，要随着半成品实物的转移，从上一步骤的产品成本明细账转入下一步骤生产的产品成本明细账中，以便逐步计算各步骤的半成品成本和最后步骤的产成品成本。由于半成品实物的转移有两种形式，即直接结转和通过半成品仓库收发，因而，半成品成本的结转程序也有直接结转和不直接结转两种。下面分别介绍这两种成本结转程序。

（1）半成品成本直接结转程序。当各步骤所产的半成品完工后，直接转入下一步骤继续加工的时候，半成品成本也在各步骤产品成本明细账之间直接结转。

假设某企业生产甲产品，顺序经过三个生产步骤。第一步骤投入原材料加工成 A 半成品，第二步骤对 A 半成品继续加工，加工成 B 半成品，第三步骤对 B 半成品继续加工成甲产成品。其半成品成本随着半成品实物的转移而顺序结转，这一结转程序如图 7-4 和图 7-5 所示。

（2）半成品成本不直接结转程序。在各步骤的半成品完工后通过半成品仓库收发的情况下，在账务处理上要设置"自制半成品"科目，通过自制半成品明细账结转完工入库和生产领用的半成品成本。这一成本结转程序如图 7-6 所示。

在图 7-6 中，第一步骤完工半成品 C 在验收入库时，应根据完工转出的半成品成本编制会计分录：

借：自制半成品——C   1 800
  贷：生产成本——基本生产成本——乙产品——第一步骤 1 800

第二步骤领用时，编制会计分录如下：

借：生产成本——基本生产成本——乙产品——第二步骤 1 050
  贷：自制半成品——C   1 050

如果半成品完工后，不通过半成品仓库收发，而直接为下一步骤领用时，半成品成本只在各步骤产品成本明细账中结转，不做会计分录。

上述核算程序表明，每一个步骤都是一个品种法，逐步结转分步法实际上是品种法的多次连续应用。

3. 完工产品与月末在产品成本的划分

采用逐步结转分步法计算产品成本时，如果该步骤有完工的半成品（最后步骤为产成品），又有正在加工中的在产品（狭义的在产品），还应将各步骤产品成本明细账中归集的生产费用，采用适当的方法，在完工半成品（最后步骤为产成品）与在产品之间进行分配，然后通过半成品的逐步结转，在最后一步骤的产品成本明细账中，计算出完工产成品的成本。

甲产品第一步骤产量记录

项　目	数　量
月初在产品	30
本月投产	300
本月完工（A半成品）	270
月末在产品	60

甲产品第二步骤产量记录

项　目	数　量
月初在产品	15
本月投产	270
本月完工（B半成品）	240
月末在产品	45

甲产品第三步骤产量记录

项　目	数　量
月初在产品	45
本月投产	240
本月完工（甲产成品）	270
月末在产品	15

图 7-4　半成品实物不通过仓库的结转过程图

甲产品第一步骤
产品成本明细账

项　目	直接材料	加工费	合计
月初在产品成本	7 500	1 500	9 000
本月发生费用	12 000	3 000	15 000
转出A半成品成本	15 000	3 000	18 000
月末在产品成本	4 500	1 500	6 000

甲产品第二步骤
产品成本明细账

项　目	直接材料	加工费	合计
月初在产品成本	4 500	1 500	6 000
本月发生费用	18 000	3 150	21 150
转出B半成品成本	21 000	4 500	25 500
月末在产品成本	1 500	150	1 650

甲产品第三步骤
产品成本明细账

项　目	直接材料	加工费	合计
月初在产品成本	8 100	2 400	10 500
本月发生费用	25 500	4 500	30 000
转出甲产成品成本	30 000	6 000	36 000
月末在产品成本	3 600	900	4 500

图 7-5　半成品成本不通过仓库收发核算的逐步结转程序图

乙产品第一步骤 产品成本明细账			
项　目	直接材料	加工费	合计
月初在产品成本	450	300	750
本月发生费用	1050	450	1500
转出C半成品成本	1080	720	1800
月末中产品成本	420	30	450

乙产品第二步骤 产品成本明细账			
项　目	直接材料	加工费	合计
月初在产品成本	450	300	750
本月发生费用	1 050	450	1 500
转出乙产成品成本	1 080	720	1 800
月末在产品成本	420	30	450

第一步骤C自制半成品明细账			
摘　要	收	发	结　存
月初结存			300
本月生产	1 800		2 100
结转下步		1 050	
月末结存			1 050

图 7-6　半成品成本通过仓库收发核算的逐步结转程序图

4. 半成品成本的结转方式

采用逐步结转分步法计算产品成本时,不论半成品实物是否通过半成品仓库收发,其成本都要随实物一起转移到下一步骤的产品成本明细账中。按照结转的半成品成本在下一步骤产品成本明细账中的反映方式,可以分为综合结转和分项结转两种方法。

(1) 综合结转法。综合结转法的特点是将各步骤所耗用的上一步骤半成品成本,以"原材料"或专设的"自制半成品"项目,综合记入各该步骤的产品成本明细账中。

半成品成本的综合结转,可以按照半成品的实际成本结转,也可以按照半成品的计划成本(或定额成本)结转。

1) 半成品按实际成本综合结转。采用这种结转方法,各步骤所耗上一步骤的半成品成本,应根据所耗半成品的实际数量乘以半成品的实际单位成本计算。各月所产半成品的实际单位成本不同,其计算可根据企业的实际情况,选择使用以下方法确定:①先进先出法。以先入库的半成品先发出这一假定为根据,并根据这种假定的成本流转顺序对发出和结存的半成品进行计价。②全月一次加权平均法。即以期初结存半成品数量和本期入库半成品数量作为权数计算半成品平均单位成本的计价方法,其计算公式如下:

$$\text{加权平均单位成本} = \frac{\text{期初结存半成品的实际成本} + \text{本期入库半成品的实际成本}}{\text{期初结存半成品的数量} + \text{本期入库半成品的数量}}$$

本期发出半成品的成本 = 本期发出半成品的数量 × 加权平均单位成本

$$\text{期末结存半成品成本} = \text{期初结存半成品的实际成本} + \text{本期入库半成品的实际成本} - \text{本期发出半成品的成本}$$

除上述二种主要方法外，还可以采用个别计价法。

为了提高各步骤成本计算的及时性，在半成品月初余额较大，本月所耗半成品全部或者大部分是以前月份所产的情况下，本月所耗半成品费用也可按上月末半成品的加权平均单位成本计算。

【例7-5】 某企业甲产品生产分三个步骤，分别由三个车间进行，原材料为生产开始时一次投入。各车间完工半成品直接移交下车间加工，半成品成本按实际成本结转。有关资料如表7-39和表7-40所示。

表7-39 产量资料　　　　　　　　　　　　　　　　　　单位：件

项　目	一　车　间	二　车　间	三　车　间
月初在产品	40	20	10
本月投产或上车间转来	220	250	230
本月完工	250	230	200
月末在产品	10	40	40

注：在产品完工程度均为50%。

表7-40 成本资料　　　　　　　　　　　　　　　　　　单位：元

项　目		直接材料		直接人工	制造费用	合　计
		原材料	自制半成品			
一车间	月初在产品	6 036		703.50	1 071.00	7 810.50
	本月发生	32 340		7 252.50	14 535.00	54 127.50
二车间	月初在产品		4 800.00	720.00	885.00	6 405.00
	本月发生		60 000.00	16 425.00	21 262.50	97 687.50
三车间	月初在产品		4 050.90	330.00	474.00	4 854.90
	本月发生		91 349.10	14 289.00	18 600.00	124 238.10

根据上列资料，按加工步骤（车间别）开设产品成本明细账，如表7-41、表7-42和表7-43所示。

表7-41 产品成本明细账（一车间）

车间名称：一车间　　　　　　　　　　　　　　　　　　　　　　完工产量：250件
产品名称：甲产品（A半成品）　　　　　　　　　　　　　　　　单位：元

摘　要	直接材料	直接人工	制造费用	合　计
月初在产品成本	6 036	703.50	1 071.00	7 810.50
本月发生费用	32 340	7 252.50	14 535.00	54 127.50
合计	38 376	7 956.00	15 606.00	61 938.00
约当产量	260	255.00	255.00	

(续)

摘 要	直接材料	直接人工	制造费用	合 计
单位成本	147.60	31.20	61.20	240.00
完工转下车间半成品成本	36 900	7 800.00	15 300.00	60 000.00
月末在产品成本	1 476	156.00	306.00	1 938.00

说明：一车间甲产品成本明细账应根据产量记录和成本资料中一车间的月初在产品成本和本月发生的生产费用登记，并计算生产费用的合计数；然后根据产量记录，计算约当产量，作为分配生产费用的依据。由于原材料为生产开工时一次投入，因此，月末半成品 A 和该车间在产品直接材料费按照半成品和在产品的数量比例分配；其余的加工费按照约当产量的比例分配。计算过程如下：

在产品约当产量 = 10 × 50% = 5(件)

直接材料分配率(单位成本) = $\frac{38\ 376}{250 + 10}$ = 147.60(元/件)

A 半成品成本 = 250 × 147.60 = 36 900(元)

在产品成本 = 38 376 - 36 900 = 1 476(元)

直接人工分配率(单位成本) = $\frac{7\ 956}{250 + 5}$ = 31.20(元)

A 半成品直接人工 = 250 × 31.20 = 7 800(元)

在产品直接人工 = 7 956 - 7 800 = 156(元)

制造费用分配率(单位成本) = $\frac{15\ 606}{250 + 5}$ = 61.20(元/件)

A 半成品制造费用 = 250 × 61.20 = 15 300(元)

在产品制造费用 = 15 606 - 15 300 = 306(元)

A 半成品总成本 = 36 900 + 7 800 + 15 300 = 60 000(元)

在产品总成本 = 1 476 + 156 + 306 = 1 938(元)

表 7-42 产品成本明细账（二车间）

车间名称：二车间　　　　　　　　　　　　　　　　　　　　　　　　　完工产量：230 件
产品名称：甲产品（B 半成品）　　　　　　　　　　　　　　　　　　　　单位：元

摘 要	自制半成品	直接人工	制造费用	合 计
月初在产品成本	4 800.00	720.00	885.00	6 405.00
本月发生费用	60 000.00	16 425.00	21 262.50	97 687.50
合计	64 800.00	17 145.00	22 147.50	104 092.50
约当产量	270.00	250.00	250.00	
单位成本	240.00	68.58	88.59	397.17
完工转下车间半成品成本	55 200.00	15 773.40	20 375.70	91 349.10
月末在产品成本	9 600.00	1 371.60	1 771.80	12 743.40

二、三车间产品成本明细账中单位成本、半成品（三车间为产成品）成本以及月末在产品成本的计算方法与一车间相同，这里不再赘述。

表7-43 产品成本明细账（三车间）

车间名称：三车间　　　　　　　　　　　　　　　　　　　　完工产量：200件
产品名称：甲产品　　　　　　　　　　　　　　　　　　　　单位：元

摘　　要	自制半成品	直接人工	制造费用	合　　计
月初在产品成本	4 050.90	330.00	474.00	4 854.90
本月发生费用	91 349.10	14 289.00	18 600.00	124 238.10
合计	95 400.00	14 619.00	19 074.00	129 093.00
约当产量	240.00	220.00	220.00	
单位成本	397.50	66.45	86.70	550.65
完工产成品成本	79 500.00	13 290.00	17 340.00	110 130.00
月末在产品成本	15 900.00	1 329.00	1 734.00	18 963.00

从上例可以看出，采用实际成本综合结转法，由于后一步骤所耗用上一步骤半成品成本，是以专设的"自制半成品"成本项目综合反映的，因此，在下一步骤的完工产品成本中，可以了解耗用上一步骤半成品成本的水平和本步骤加工费用的水平，有利于各步骤的成本管理。但是，按这种方法计算产品成本时，下一步骤的成本计算必须等待上一步骤成本计算结束后才能进行，因此会影响成本计算的及时性。同时，下一步骤的成本水平会受到上一步骤成本水平的影响。为了克服这些缺点，可以采用按计划成本综合结转半成品的成本。

2）半成品按计划成本综合结转。采用按计划成本综合结转半成品成本时，半成品日常收发的核算均按计划成本计价，各步骤耗用的半成品成本，是根据耗用半成品的数量乘以半成品的计划单位成本计算的。待各步半成品的实际成本计算出来后，再计算半成品成本差异额和差异率，然后将耗用半成品的计划成本调整为实际成本。将耗用半成品的计划成本调整为实际成本的做法有两种：一种是由厂部归集半成品成本差异，最后直接调整产成品成本；另一种做法是通过"自制半成品明细账"或"自制半成品成本差异计算表"将耗用半成品的计划成本调整为实际成本。第二种做法的账表具有以下特点：①自制半成品明细账不仅要反映半成品收发和结存的数量和实际成本，而且要反映其计划成本，以及成本差异额和成本差异率。②在产品成本明细账中，对于所耗用半成品的成本，可以直接按照调整成本差异后的实际成本登记，也可以按照计划成本和成本差异分别登记，以便于分析上一步骤半成品成本差异对本步骤成本的影响。如采用后一种做法，产品成本明细账中的"自制半成品"项目，应分设"计划成本""成本差异""实际成本"三栏。

仍以例7-5说明。综合结转半成品B计划成本时，自制半成品B明细账以及第三车间甲产品成本明细账的格式如表7-44和表7-45所示。

按照计划成本结转半成品成本有着如下优点：

第一，可以简化和加速半成品成本核算和产品成本计算工作。按计划成本结转半成品成本，可以简化和加速半成品收发的凭证计价和记账工作，在半成品种类较多的情况下，按类计算半成品成本差异率，调整所耗半成品成本差异，可以省去按品种计算半成品实际成本的大量计算工作。如果月初半成品存量较大，本月耗用的半成品大部分甚至全部是以前月份生产的，本月所耗半成品成本差异的调整也可以根据上月半成品成本差异率计算。

表 7-44 自制半成品成本明细账

车间名称：二车间 金额单位：元
产品名称：甲产品（B半成品） 计划单位成本：420元

月份	月初余额 数量(件)	月初余额 计划成本	月初余额 实际成本	本月增加 数量(件)	本月增加 计划成本	本月增加 实际成本	合计 数量(件)	合计 计划成本	合计 实际成本	合计 成本差异	合计 成本差异率	本月减少 数量(件)	本月减少 计划成本	本月减少 实际成本
3	20	8 400	7 942.50	230	96 600	91 349.10	250	105 000	99 291.60	-5 708.40	-5.4366%	230	96 600	91 348.24
4	20	8 400	7 943.36											

表 7-45 产品成本明细账

车间名称：三车间 完工产量：200 件
产品名称：甲产品 单位：元

摘要	自制半成品 计划成本	自制半成品 成本差异	自制半成品 实际成本	直接人工	制造费用	合 计
月初在产品成本	4 200	-149	4 051	330	474	4 855
本月发生费用	96 600	-5 251.76	91 348.24	14 289	18 600	124 237.24
合计	100 800	-5 400.76	95 399.24	14 619	19 074	129 092.24
完工产成品成本	84 000	-4 500	79 500	13 290	17 340	110 130
单位成本			397.50	66.45	86.70	550.65
月末在产品成本	16 800	-900	15 899.24	1 329	1 734	18 692.24

这样，不仅简化了计算工作，各步骤的成本计算也可以同时进行，从而加速产品成本的计算工作。

第二，便于各步骤进行成本的考核和分析。按计划成本结转半成品成本，在各步骤的产品成本明细账中，可以分别反映所耗半成品的计划成本、成本差异和实际成本，因而在分析各步骤产品成本时，可以剔除上一步骤半成品成本变动对本步骤产品成本的影响，有利于分清经济责任，考核各步骤的经济效益。

综上所述，采用综合结转法结转半成品成本，无论是按实际成本还是按计划成本结转半成品成本，第一步骤半成品耗用的直接材料、直接人工和制造费用等各项费用支出，待结转到第二步骤时，通常是以专设的"自制半成品"成本项目综合反映，都综合成了"自制半成品"费用。这样，逐步累计到最后步骤计算出来的产成品成本，就不能按原始成本项目来反映其成本构成的实际情况，而且，成本计算的步骤越多，最后一步骤产品成本明细账上"自制半成品"项目的成本在产成品成本中所占的比重就越大，因而，不能据以从整个企业角度来考核和分析产品成本水平，也不能正确地编制成本报表。因此，采用综合结转法结转半成品成本时，为满足管理上要求提供按原始成本项目反映的成本资料，还要逐步进行成本还原工作。

3）成本还原。所谓成本还原，就是将产成品成本中以综合项目反映的自制半成品成本，逐步分解为以原始成本项目反映的成本。这时，就要从最后一个步骤起进行成本还原，直至还原到第一个步骤。

成本还原的方法通常有以下两种：

1）按半成品各成本项目占全部成本的比重还原。采用这种方法，首先要计算本月半成品成本中各成本项目占总成本的比重；然后将产成品成本中的自制半成品的综合成本乘上前一步骤该种半成品的各成本项目的比重，即可求得按原始成本项目反映的半成品成本。计算公式如下：

$$某成本项目占半成品全部成本的比例 = \frac{某成本项目金额}{半成品全部成本}$$

$$某成本项目的还原金额 = 本步耗用上步半成品的综合成本 \times 上步该成本项目占半成品成本的比例$$

如果成本计算不是两步，而是两步以上，那么第一项成本还原后，还会有未还原的半成品成本，这时应将未还原的半成品成本，再乘上前一步骤该种半成品的各成本项目的比重，以此类推，直到半成品成本还原为原始项目为止。现以前述例 7-5 计算甲产品的成本为例，编制"产品成本还原计算表"进行成本还原，如表 7-46 所示。

这种按半成品各成本项目占全部成本的比重进行成本还原，要分别计算各成本项目占全部成本的百分比，计算工作较繁。

2）按各步骤所耗半成品的总成本占上一步骤完工半成品总成本的比重还原。这一方法的原理与第一种方法相同。先确定产成品成本中半成品综合成本占上一步骤本月所产该种半成品总成本的比重，然后以此比重分别乘以上一步骤本月所产该种半成品各成本项目的金额，即可将耗用半成品的综合成本进行分解、还原。如果成本计算不是两步，而是三步，则要按上述方法再还原一次，以此类推。仍以相同的例子说明这种成本还原的方法，成本还原结果如表 7-47 所示。

第七章 产品成本计算的基本方法

表7-46 产品成本还原计算表1

单位:元

成本项目	还原前产成品成本 ①	按第二步骤成本结构还原			还原后成本 ⑤	还原前半成品成本 ⑥	按第一步骤成本结构还原				还原后成本	
		半成品成本结构		半成品成本的还原			半成品成本结构		半成品成本的还原	总成本	单位成本
		金额 ②	成本结构(%) ③	④			金额 ⑦	成本结构(%) ⑧	⑨	⑩	⑪
半成品	79 500					48 040					
直接材料	13 290	55 200	60.43	48 040	48 040		36 900	61.50	29 545	29 545	147.73
直接人工	17 340	15 773	17.27	13 727	27 017	27 017	7 800	13.00	6 245	33 262	166.31
制造费用		20 376	22.30	17 733*	35 073	35 073	15 300	25.50	12 250	47 323	236.61
合计	110 130	91 349	100	79 500	110 130	110 130	60 000	100	48 040	110 130	550.65

说明:

① 栏数据根据表7-43中"完工产成品成本"栏填列;
② 栏数据根据表7-42中"完工转下车间半成品成本"栏填列;
③ 栏数据等于①栏中各成本项目金额除以②栏的合计数;
④ 栏数据等于①栏中"半成品"金额分别乘以③栏的成本结构;
⑤ 栏=④栏+①栏;
⑦ 栏数据根据表7-41中"完工转下车间半成品成本"栏填列;
⑧ 栏数据等于⑦栏中各成本项目金额除以⑦栏的合计数;
⑨ 栏数据等于⑥栏中"半成品"金额分别乘以⑧栏的成本结构;
⑩ 栏=⑨栏+⑥栏;
⑪ 栏=⑩栏各项目金额除以完工甲产品的产量(200件)。

* : 半成品成本还原的制造费用=还原前总成本-还原的(直接材料+直接人工)
= 79 500 - (48 040 + 13 727)
= 17 733

同理第一步骤成本结构还原的制造费用。

表 7-47　产品成本还原计算表 2

单位：元

成本项目	还原前产成品成本	按第二步骤成本结构还原			还原后成本	还原前半成品成本	按第一步骤成本结构还原			还原后成本	单位成本
		半成品成本结构		半成品成本的还原			半成品成本结构		半成品成本的还原	总成本	
		金额	比重(%)				金额	比重(%)			
	①	②	③	④	⑤	⑥	⑦	⑧	⑨	⑩	⑪
半成品	79 500					48 040					
直接材料		55 200		48 040	48 040	27 017	36 900		29 545	29 545	147.72
直接人工	13 290	15 773		13 727	27 017	27 017	7 800		6 245	33 262	166.31
制造费用	17 340	20 376		17 733	35 073	35 073	15 300		12 250	47 323	236.61
合计	110 130	91 349	87.03	79 500	110 130	110 130	60 000	80.07	48 040	110 130	550.65

说明：
③ 栏数据等于①栏"半成品"成本项目的金额除以②栏的合计数；
④ 栏数据等于②栏各成本项目的金额分别乘以③栏的比重；
⑧ 栏数据等于⑥栏"半成品"成本项目的金额除以⑦栏的合计数；
⑨ 栏数据等于⑦栏各成本项目金额分别乘以⑧栏的比重；
其余各栏的计算同表 7-46。

由于以前月份所产半成品的成本构成与本月所产半成品的成本构成不可能完全一致，因此，在各月所产半成品的成本构成变动较大的情况下，按照上述两种方法进行成本还原，对还原结果的正确性就会有较大的影响。如果半成品的定额成本或计划成本比较准确，为了提高还原结果的正确性，产成品所耗半成品费用可以按定额成本或计划成本的成本构成进行还原。

综上所述，采用综合结转法逐步结转半成品成本，从各步骤产品成本明细账中可以直接反映所耗半成品成本的水平和本步骤加工费的水平，便于成本分析和考核，而且半成品成本的结转较为简便。但是，采用这种成本结转方法时，成本还原工作较为繁重。因此，这种方法只适宜在成本管理上不要求进行成本还原，只要求计算各步骤完工产品所耗半成品成本的情况下采用。

（2）分项结转法。分项结转法是将各步骤所耗用的半成品成本，按照成本项目分项转入各步骤产品成本明细账的各个成本项目中。如果半成品实物通过半成品仓库收发，在半成品明细账中登记半成品成本时，也要按照成本项目分别登记。

分项结转，可以按照半成品的实际成本结转，也可以按照半成品的计划成本结转，然后按成本项目分项调整成本差异。由于后一种做法计算工作量较大，因而一般多采用按实际成本分项结转的方法。采用这种结转方法，可以提供按原始成本项目反映的产品成本资料，因而不需要进行成本还原。但分项结转半成品成本的记账工作比较复杂，尤其是半成品通过半成品仓库收发时，由于半成品明细账上是分成本项目分别登记半成品成本，领用时按实际成本结转还需要分成本项目计算加权平均单位成本或先进先出单位成本，则结转手续更为复杂。

现举例说明分项结转法结转各步骤半成品成本的计算程序。

【例7-6】 如例7-5的资料，各步半成品成本采用分项结转法结转。各步产品成本的计算过程如表7-48所示。

在表7-48中，"月初在产品成本""本月生产费用""合计"项目的金额均分为"上步骤转入""本步骤发生"两部分。在采用约当产量法计算各步半成品（最后一步为产成品）成本时，对于这两部分费用的分配方法是不同的。其中，上步骤转入本步骤的费用对于本步骤完工产品和月末在产品而言，每件在产品和完工产品承担上步骤的费用是相同的，因而，这部分费用的分配可以直接按本步骤完工产品和月末在产品的数量比例分配；但是本步骤发生的费用则不同，除了生产开始时一次投入的原材料费用以外，直接人工、制造费用等成本项目一般都是随着生产过程而逐渐增加，这些加工费的分配要按照本步骤完工产品数量和月末在产品的约当量的比例进行分配。

通过比较可以发现，表7-48中计算的按成本项目反映的甲产成品的成本资料，与前述产成品成本还原计算表中的还原后的产成品成本资料完全相符。可见，采用分项结转法结转半成品成本，可以直接、正确地提供按原始成本项目反映的产品成本资料，便于从整个企业角度考核和分析产品成本计划的执行情况，不需要进行成本还原。但是这种方法的成本结转工作比较复杂，而且在各步骤完工产品成本中看不出所耗上一步骤半成品的费用和本步骤加工费用的水平，不便于进行完工产品成本分析。因此，这种结转方法一般适用于管理上不要求分别提供各步骤完工产品所耗半成品费用和本步骤加工费用资料，但要求按原始成本项目反映产品成本的企业。

表 7-48 分项结转成本计算表

单位：元

项目		第一步骤				第二步骤				第三步骤			
		直接材料	直接人工	制造费用	合计	直接材料	直接人工	制造费用	合计	直接材料	直接人工	制造费用	合计
月初在产品成本	上步骤转入					2 952	624	1 224	4 800	1 506	1 017	1 527.9	4 050.9
	本步骤发生	6 036	703.5	1 071	7 810.5		720	885	1 605		330	474	804
	小计	6 036	703.5	1 071	7 810.5	2 952	1 344	2 109	6 405	1 506	1 347	2 001.9	4 854.9
本月生产费用	上步骤转入					36 900	7 800	15 300	60 000	33 948	22 949.4	34 451.7	91 349.1
	本步骤发生	32 340	7 252.5	14 535	54 127.5		16 425	21 262.5	37 687.5		14 289	18 600	32 889
	小计	32 340	7 252.5	14 535	54 127.5	36 900	24 225	36 562.5	97 687.5	33 948	37 238.4	53 051.7	124 238
合计	上步骤转入					39 852	8 424	16 524	64 800	35 454	23 966.4	35 979.6	95 400
	本步骤发生	38 376	7 956	15 606	61 938		17 145	22 147.5	39 292.5		14 619	19 074	33 693
	小计	38 376	7 956	15 606	61 938	39 852	25 569	38 671.5	104 093	35 454	38 585.4	55 053.6	129 093
本月完工产品成本	上步骤转入					33 948	7 176	14 076	55 200	29 545	19 972	29 983	79 500
	本步骤发生	36 900	7 800	15 300	60 000		15 773.4	20 375.7	36 149.1		13 290	17 340	30 630
	小计	36 900	7 800	15 300	60 000	33 948	22 949.4	34 451.7	91 349.1	29 545	33 262	47 323	110 130
月末在产品成本	上步骤转入					5 904	1 248	2 448	9 600	5 909	3 994.4	5 996.6	15 900
	本步骤发生	1 476	156	306	1 938		1 371.6	1 771.8	3 143.4		1 329	1 734	3 063
	小计	1 476	156	306	1 938	5 904	2 619.6	4 219.8	12 743.4	5 909	5 323.4	7 730.6	18 963

说明：

(1) 各步骤月初在产品成本中的"上步骤转入"、"本步骤发生"由上月本表的月末在产品成本相应专栏转入。

(2) 各步骤本月生产费用中，"本步骤发生"是根据本月各要素费用分配表的分配结果登记；"上步骤转入"是根据本月计算的上步骤完工产品成本按成本项目分项转入下步骤相应的成本项目专栏。

(3) 本月完工产品成本的计算：

① 各步骤"上步骤转入"各成本项目金额分别根据"小计"栏材料金额除以各该步骤完工产品数量与月末在产品数量之和，再乘以本月本步骤完工产品的数量；

② 各步骤"本步骤发生"金额发生的计算

直接材料项目根据"小计"栏"本步骤发生"材料金额除以各该步骤完工产品数量与月末在产品数量之和，再乘以本月本步骤完工产品的数量；

直接人工、制造费用项目分别根据"小计"栏"本步骤发生"直接人工、制造费用金额除以各该步骤完工产品数量与月末在产品约当量之和，再乘以本月本步骤完工产品的数量。

各步骤完工产品成本的具体计算过程如下：

第一步骤（仅有"本步骤发生"）：

$$完工产品应分配的直接材料 = \frac{38\,376}{250+10} \times 250 = 36\,900（元）$$

$$完工产品应分配的直接人工 = \frac{7\,956}{250+10\times50\%} \times 250 = 7\,800（元）$$

$$完工产品应分配的制造费用 = \frac{15\,606}{250+10\times50\%} \times 250 = 15\,300（元）$$

第二步骤（"上步骤转入"）：

$$完工产品应分配的直接材料 = \frac{39\,852}{230+40} \times 230 = 33\,948（元）$$

$$完工产品应分配的直接人工 = \frac{8\,424}{230+40} \times 230 = 7\,176（元）$$

$$完工产品应分配的制造费用 = \frac{16\,524}{230+40} \times 230 = 14\,076（元）$$

第二步骤（"本步骤发生"）：

$$完工产品应分配的直接人工 = \frac{17\,145}{230+40\times50\%} \times 230 = 15\,773.4（元）$$

$$完工产品应分配的制造费用 = \frac{22\,147.5}{230+40\times50\%} \times 230 = 20\,375.7（元）$$

第三步骤（"上步骤转入"）：

$$完工产品应分配的直接材料 = \frac{35\,454}{200+40} \times 200 = 29\,545（元）$$

$$完工产品应分配的直接人工 = \frac{23\,966.44}{200+40} \times 200 = 19\,972（元）$$

$$完工产品应分配的制造费用 = \frac{35\,979.6}{200+40} \times 200 = 29\,983（元）$$

第三步骤（"本步骤发生"）：

$$完工产品应分配的直接人工 = \frac{14\,619}{200+40\times50\%} \times 200 = 13\,290（元）$$

$$完工产品应分配的制造费用 = \frac{19\,074}{200+40\times50\%} \times 200 = 17\,340（元）$$

（4）各步月末在产品成本根据各步"小计"栏项目金额减去各步"完工产品成本"栏项目金额计算。

通过以上逐步结转分步法下产品成本的实际计算，可以看出，在逐步结转分步法下，半成品的成本结转同实物转移完全一致，各步骤产品成本明细账上的在产品成本，也就是各步骤该产品实际结存的在产品资金。所以，采用逐步结转法，可以反映各步骤占用生产资金的实际数，便于考核生产资金占用情况，从而有利于加强生产资金的管理。但在采用逐步结转法时，下一步骤的产品成本只有在上一步骤的产品成本计算完毕后才能计算出来，成本核算的及时性较差，而且本步骤的产品成本水平，还受到上一步骤成本水平的影响，这是逐步结转分步法需要研究解决的问题。因此，应用该方法必须从企业实际出发，做到既满足管理要求、提供所需的各种资料，又能简化成本核算工作。

（二）平行结转分步法

1. 适用范围

平行结转分步法，也称不计算半成品成本法。它是指各生产步骤不计算自制半成品成本，也不结转半成品成本，只计算本步骤直接发生的各项费用及其应记入最终产成品成本中的份额，并将其平行地结转到产成品成本，汇总计算最终产成品成本的一种成本计算方法。

平行结转分步法主要适用于装配式多步骤生产。在大量大批装配时，多步骤生产的企业通常是在不同地点对各种原材料平行地进行加工，加工成各种零、部件，然后再将各种零、部件装配成产成品。机械制造业一般属于这种类型。在这种类型的企业中，可以采用平行结转分步法计算产品成本。对连续式多步骤生产，如果管理上不要求计算各步骤半成品的成本，也可以采用平行结转分步法计算产品成本。

2. 成本计算程序

平行结转分步法的成本计算对象是各种产成品及其经过的各生产步骤的成本"份额"。产品成本明细账仍按每一生产步骤所生产的产品品种开设，但只登记本步骤直接发生的直接材料、直接人工和制造费用，不包括消耗上步骤的半成品成本，也不把本步骤的半成品成本结转给下一生产步骤，只是在产品完工入库时，才把本步骤应计入产成品成本的份额结转。企业会计部门将各步骤上报的应计入产成品成本的份额平行汇总，计算产成品的总成本和单位成本，其成本结转程序如图7-7所示。

从图7-7可以看出，平行结转分步法下各步骤既不计算耗用上一生产步骤的半成品成本，也不计算本步骤的半成品成本，尽管半成品实物转入下一生产步骤继续加工，但其成本并不结转到下一生产步骤的产品成本明细账中去，只是在产成品入库时，才将各步骤成本中应由完工产成品负担的份额，从各步骤产品成本明细账中转出，平行汇总计算产成品成本。因此，采用平行结转分步法，不论半成品是否在各生产步骤之间直接转移，还是通过半成品仓库收发，都不必设置"自制半成品"科目，但应设置自制半成品登记簿，登记自制半成品的收发和结存数量。

3. 完工产品与月末在产品成本的划分

如何正确计算各生产步骤生产费用中应由产成品负担的份额，即每一步骤的生产费用如何正确地在产成品和月末广义在产品之间进行分配，是采用平行结转分步法时能否正确计算产成品成本的关键所在。所谓广义在产品，是从全厂的角度来观察在产品，它除了包括正在本步骤加工的在产品外，还包括经过本步骤加工完成而留在半成品库或以后步骤的尚未形成最终产成品的半成品。正因为采用平行结转分步法时，各步骤的生产费用不随着

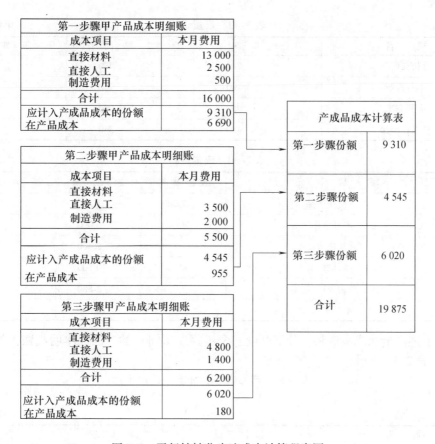

图 7-7 平行结转分步法成本计算程序图

半成品实物的转移而结转，所以在计算分配各步骤发生的生产费用时，凡各步骤已经转出但尚未制成产成品的半成品，其生产费用都在各步骤的产品成本明细账中。但所分配的生产费用只是各步骤直接发生的费用，不包括耗用上一步骤半成品的成本。分配方法一般可以采用约当产量法、定额比例法、定额成本法等。

以约当产量法为例，计算公式如下：

某步骤计入完工产成品成本的份额 = 完工产成品的数量 × 该步骤单位产品成本

$$某步骤单位产品成本 = \frac{该步骤月初广义在产品的成本 + 该步骤本月发生的费用}{产成品数量 + 该步骤月末广义在产品的约当产量}$$

$$\begin{aligned}该步骤月末广义\\在产品的约当产量\end{aligned} = \begin{pmatrix}经该步骤完工而存入以后各步\\（或半成品库）的月末半成品数量\end{pmatrix} + \begin{aligned}该步骤月末加工\\中的在产品数量\end{aligned} \times 完工程度$$

$$\begin{aligned}某步骤月末广义\\在产品的成本\end{aligned} = \begin{aligned}该步骤月初广义\\在产品的成本\end{aligned} + \begin{aligned}该步骤本月\\发生的费用\end{aligned} - \begin{aligned}该步骤应计入\\产成品成本的份额\end{aligned}$$

【例 7-7】 某企业生产乙产品，经由分设在三个车间的三个生产步骤顺序加工生产，原材料在第一步骤生产开始时一次投入，各步骤月末在产品的完工程度均为 50%。各车间的产量记录和成本资料如表 7-49 和表 7-50 所示。

表 7-49　产量记录　　　　　　　　　　　　　　　　　　　　单位：件

项目	一车间	二车间	三车间
月初在产品	240	480	192
本月投产	1 200	960	1 080
本月完工	960	1 080	1 200
月末在产品	480	360	72

表 7-50　成本资料　　　　　　　　　　　　　　　　　　　　单位：元

	项目	直接材料	加工费	合计
一车间	月初在产品	7 200	1 200	8 400
	本月费用	24 000	6 000	30 000
二车间	月初在产品		2 400	2 400
	本月费用		10 800	10 800
三车间	月初在产品		2 880	2 880
	本月费用		12 000	12 000

根据上述产量和成本资料，分别开设三个步骤（车间）的产品成本明细账，如表 7-51、表 7-52 和表 7-53 所示。

表 7-51　产品成本明细账（一车间）

车间名称：一车间　　　　　　　　　　　　　　　　　　完工产成品：1 200 件
产品名称：乙产品　　　　　　　　　　　　　　　　　　　　　　　　单位：元

项目	直接材料	加工费	合计
月初在产品成本	7 200	1 200	8 400
本月发生费用	24 000	6 000	30 000
合计	31 200	7 200	38 400
约当产量	2 112	1 872	
单位成本	14.77	3.85	
应计入产成品成本的份额	17 724	4 620	22 344
月末在产品成本	13 476	2 580	16 056

表 7-52　产品成本明细账（二车间）

车间名称：二车间　　　　　　　　　　　　　　　　　　完工产成品：1 200 件
产品名称：乙产品　　　　　　　　　　　　　　　　　　　　　　　　单位：元

项目	直接材料	加工费	合计
月初在产品成本		2 400	2 400
本月发生费用		10 800	10 800
合计		13 200	13 200
约当产量		1 452	
单位成本		9.09	
应计入产成品成本的份额		10 908	10 908
月末在产品成本		2 292	2 292

表 7-53　产品成本明细账（三车间）

车间名称：三车间　　　　　　　　　　　　　　　　　　　完工产成品：1 200 件
产品名称：乙产品　　　　　　　　　　　　　　　　　　　　　　　　单位：元

项　目	直接材料	加 工 费	合　计
月初在产品成本		2 880	2 880
本月发生费用		12 000	12 000
合计		14 880	14 880
约当产量		1 236	
单位成本		12.04	
应计入产成品成本的份额		14 448	14 448
月末在产品成本		432	432

（1）一车间成本计算。一车间产品成本明细账中的有关计算如下：

1）直接材料的分配

$$单位产品直接材料 = \frac{7\ 200 + 24\ 000}{1\ 200 + (72 + 360 + 480)} = 14.77（元/件）$$

应计入产成品成本中的直接材料份额 = $1\ 200 \times 14.77 = 17\ 724$（元）

月末广义在产品的直接材料费用 = $31\ 200 - 17\ 724 = 13\ 476$（元）

2）加工费的分配

$$单位产品的加工费 = \frac{1\ 200 + 6\ 000}{1\ 200 + (72 + 360 + 480 \times 50\%)} = 3.85（元/件）$$

应计入产成品成本中的加工费份额 = $1\ 200 \times 3.85 = 4\ 620$（元）

月末广义在产品的加工费用 = $7\ 200 - 4\ 620 = 2\ 580$（元）

（2）二车间成本计算。二车间产品成本明细账中加工费分配的有关计算如下：

$$单位产品的加工费 = \frac{2\ 400 + 10\ 800}{1\ 200 + (72 + 360 \times 50\%)} = 9.09（元/件）$$

应计入产成品成本中的加工费份额 = $1\ 200 \times 9.09 = 10\ 908$（元）

月末广义在产品的加工费用 = $13\ 200 - 10\ 908 = 2\ 292$（元）

（3）三车间成本计算。三车间产品成本明细账中加工费分配的有关计算如下：

$$单位产品的加工费 = \frac{2\ 880 + 12\ 000}{1\ 200 + 72 \times 50\%} = 12.04（元/件）$$

应计入产成品成本中的加工费份额 = $1\ 200 \times 12.04 = 14\ 448$（元）

月末广义在产品的加工费用 = $14\ 880 - 14\ 448 = 432$（元）

（4）平行结转各步骤"份额"，计算产成品的成本。将上述三个车间产品成本明细账中计算出来的应计入完工产品成本中的份额平行结转至产品成本汇总计算表，计算最终完工产成品的总成本和单位成本，计算结果如表 7-54 所示。

表 7-54　产品成本汇总计算表

产品名称：乙产品
产量：1 200 件
单位：元

项　　目	直接材料	加工费	合　　计
第一步骤应计入产成品成本的份额	17 724	4 620	22 344
第二步骤应计入产成品成本的份额		10 908	10 908
第三步骤应计入产成品成本的份额		14 448	14 448
完工产成品成本合计	17 724	29 976	47 700
单位成本	14.77	24.98	39.75

综上所述，平行结转分步法与逐步结转分步法相比，具有以下优点：采用这一方法计算产品成本，由于各步骤不计算半成品成本，只需平行汇总各步骤应计入产成品成本的份额，即可计算出产成品的成本，因而各步可以同时计算成本；而且产成品成本是各步骤按成本项目直接平行结转、汇总计算，因而能够直接提供按原始成本项目反映的产成品成本资料，不必进行成本还原，从而可以简化和加速成本计算工作。但是，由于各步骤不计算半成品成本，半成品成本也不随半成品实物的转移而结转，即半成品成本的结转与半成品实物的转移是脱节的，这样导致各步骤在产品的实际价值和账面价值不符，以致不能提供各步骤耗用前一步骤半成品成本的资料，不利于在产品的资金管理和实物管理，也不便于分析和考核各步骤成本耗费水平。

由此可见，平行结转分步法的优缺点正好与逐步结转分步法的优缺点相反。因此，平行结转分步法只宜在半成品种类较多、逐步结转半成品成本工作量较大、管理上又不要求提供各步骤半成品成本资料的情况下采用，并在采用时加强各步骤在产品收发结存的数量核算，以便为在产品的实物管理和资金管理提供资料。

三、逐步结转分步法与平行结转分步法的结合

逐步结转分步法和平行结转分步法各有所长，也各有不足。我国一些企业在成本计算的实际工作中，将逐步结转分步法与平行结转分步法结合使用，创造了一种新的分步法，称新分步法。该法既吸收了传统的两种分步法的优点，又弥补了这两种分步法的不足。其特点是对于各步骤完工的半成品按定额成本逐步结转（可综合结转，也可分项结转）给下一步骤，至于各步骤完工半成品的实际成本与定额成本的差异，则平行结转给该种产成品成本负担，其成本核算程序如图 7-8 所示。

图 7-8　新分步法成本核算程序图

图 7-8 反映的是分项结转半成品成本。如果半成品成本采用综合结转法，则图中第二步骤和第三步骤产品成本明细账中应增设"自制半成品"成本项目，上一步骤转来的半成品的定额成本集中转入下一步骤产品成本明细账"自制半成品"成本项目中。

新分步法产品成本计算程序可归纳为以下四步：

第一步，计算各步骤完工产品（即半成品，最后一步为产成品）的实际成本，计算公式如下：

$$\text{某步完工产品的实际成本} = \text{该步期初在产品的定额成本} + \text{该步本期实际发生费用} - \text{该步期末在产品的定额成本}$$

第二步，结转各步半成品成本。将各步半成品按照定额成本结转下步，结转半成品成本时，可综合结转，也可分项结转。为避免成本还原，在连续式生产企业，尽可能按成本项目分项结转。

第三步，计算各步骤完工产品的成本差异。计算公式为：

各步完工产品的成本差异 = 完工产品实际成本 − 完工产品定额成本

完工产品定额成本 = 完工产品产量 × 单位产品定额成本

第四步，计算产成品的实际成本。会计部门在计算产成品定额成本的基础上，将各步骤转来的成本差异按产品品种归集，直接由该种产成品的成本负担。

从上述计算过程可以看出，新分步法计算产品成本的关键，在于在产品实物数量核算和实际盘点工作以及定额成本的制定。

现举例说明新分步法的成本核算程序。

【例 7-8】 某企业生产甲产品，经由三个生产步骤顺序加工生产，原材料在第一步骤生产开始时一次投入，各步骤半成品按定额成本分项结转下步。各步骤月末在产品的完工程度均为 50%。各步骤的产量记录、成本资料及各步骤产品单位定额成本资料如表 7-55、表 7-56 和表 7-57 所示。

表 7-55 产量资料　　　　　　　　　　　　　　　　　　单位：件

项　目	第 一 步 骤	第 二 步 骤	第 三 步 骤
月初在产品	20	20	50
本月投产或上步转入	200	180	200
本月完工	180	200	150
月末在产品	40	0	100

表 7-56 本月成本资料　　　　　　　　　　　　　　　　单位：元

成本项目	直接材料	直接人工	制造费用	合　计
第一步骤	2 598.00	258.00	312.00	3 168.00
第二步骤		312.00	231.00	543.00
第三步骤		135.00	187.50	322.50

表 7-57 各步骤在产品、半成品累计单位定额成本计算表　　　　单位：元

项　目			直接材料	直接人工	制造费用	合　计
第一步骤	本步单位成本	在产品	12.00	0.60	0.90	13.50
		半成品	12.00	1.20	1.80	15.00
	累计单位成本	在产品	12.00	0.60	0.90	13.50
		半成品	12.00	1.20	1.80	15.00
第二步骤	本步单位成本	在产品		0.75	1.50	2.25
		半成品		1.50	3.00	4.50
	累计单位成本	在产品	12.00	1.95	3.30	17.25
		半产品	12.00	2.70	4.80	19.50
第三步骤	本步单位成本	在产品		0.30	0.45	0.75
		产成品		0.60	0.90	1.50
	累计单位成本	在产品	12.00	3.00	5.25	20.25
		产成品	12.00	3.30	5.70	21.00

根据上述产量和成本资料，分别开设三个步骤的产品成本明细账，如表 7-58、表 7-59 和表 7-60 所示。

表 7-58 第一步骤产品成本明细账　　　　单位：元

项　目	直接材料	直接人工	制造费用	合　计
月初在产品定额成本	240	12	18	270
本月实际发生费用	2 598	258	312	3 168
月末在产品定额成本	480	24	36	540
本月完工半成品实际成本	2 358	246	294	2 898
本月完工半成品定额成本	2 160	216	324	2 700
本步骤成本差异	198	30	−30	198

表 7-59 第二步骤产品成本明细账　　　　单位：元

项　目	直接材料	直接人工	制造费用	合　计
月初在产品定额成本	240	39	66	345
上步转入	2 160	216	324	2 700
本月实际发生费用		312	231	543
月末在产品定额成本	—	—	—	—
本月完工半成品实际成本	2 400	567	621	3 588
本月完工半成品定额成本	2 400	540	960	3 900
本步骤成本差异	—	27	−339	−312

表 7-60　第三步骤产品成本明细账　　　　　　　　　　单位：元

项　　目	直接材料	直接人工	制造费用	合　　计
月初在产品定额成本	600.00	150.00	262.50	1 012.50
上步转入	2 400.00	540.00	960.00	3 900.00
本月实际发生费用		135.00	187.50	322.50
月末在产品定额成本	1 200.00	300.00	525.00	2 025.00
本月完工产成品实际成本	1 800.00	525.00	885.00	3 210.00
本月完工产成品定额成本	1 800.00	495.00	855.00	3 150.00
本步骤成本差异	—	30.00	30.00	60.00

(1) 开设各步骤产品成本明细账。第一步骤产品成本明细账中的有关计算如下：

1) 月初在产品的定额成本：

$$直接材料 = 20 \times 12 = 240（元）$$
$$直接人工 = 20 \times 0.60 = 12（元）$$
$$制造费用 = 20 \times 0.90 = 18（元）$$

2) 月末在产品的定额成本：

$$直接材料 = 40 \times 12 = 480（元）$$
$$直接人工 = 40 \times 0.60 = 24（元）$$
$$制造费用 = 40 \times 0.90 = 36（元）$$

3) 本月完工半成品实际成本：

$$本月完工半成品实际成本 = 月初在产品定额成本 + 本月实际发生费用 - 月末在产品定额成本$$

4) 本月完工半成品定额成本：

$$直接材料 = 180 \times 12 = 2160（元）$$
$$直接人工 = 180 \times 1.20 = 216（元）$$
$$制造费用 = 180 \times 1.80 = 324（元）$$

5) 本步骤成本差异：

$$本步骤成本差异 = 本月完工半成品实际成本 - 本月完工半成品定额成本$$

第二步骤和第三步骤的成本计算方法，与第一步骤成本计算相同，故省略。计算结果如表 7-59 和表 7-60 所示。

(2) 结转各步骤成本差异，计算产成品成本。将上述各步骤产品成本明细账中计算出来的成本差异，平行结转、汇总计算产成品的实际成本，计算结果如表 7-61 所示。

表 7-61　产成品成本计算表　　　　　　　　　　单位：元

项　　目	直接材料	直接人工	制造费用	合　　计
产成品定额成本	1 800	495	855	3 150
成本差异				
第一步骤	198	30	-30	198
第二步骤	—	27	-339	-312

(续)

项 目	直接材料	直接人工	制造费用	合 计
第三步骤	—	30	30	60
合计	198	87	−339	−54
产成品实际成本	1 998	582	516	3 096

这种将逐步结转分步法与平行结转分步法结合起来的分步法，通常适用于冶金、纺织、造纸、化工、水泥以及某些产品结构比较简单的大量大批装配式复杂生产类型的企业。与其他成本计算方法相比，它主要有以下几方面的优点：

（1）有效地克服了逐步结转和平行结转两种分步法的缺陷。由于半成品按定额成本结转给下一步骤，各步骤可以同时计算成本，保证了成本计算的及时性，同时又可便捷地计算出各步骤半成品的实际成本。

（2）简化了成本核算工作。由于各步骤月末在产品采用定额成本，因而不需要将生产费用在完工产品和在产品之间进行分配，极大地简化了成本核算工作。

（3）便于进行成本考核。按定额成本结转半成品成本，排除了上步骤成本对本步骤成本的影响，有利于明确责任，加强成本考核。

（4）有利于成本分析。由于产成品实际成本是在定额成本基础上加减各步骤成本差异求得的，因此开展成本分析时，依据产成品成本计算表可以一目了然地知道本期产成品成本高低的责任者，以及是由于哪些成本项目变动造成的，为进一步分析指出了方向。

（5）有利于提高成本指标的灵敏度。各步骤当期成本差异由完工产品来负担，使产成品成本与当期生产经营业绩直接挂钩，提高了成本指标的灵敏度。

第八章 产品成本计算的辅助方法

本章学习目标

- 理解产品成本计算分类法的含义及核算程序；
- 理解产品成本计算定额法的基本原理及核算程序；
- 了解联产品、副产品、等级品成本计算的特点；
- 了解产品成本计算方法在企业中的实际应用情况。

第一节 产品成本计算的分类法

一、分类法的含义及适用范围

分类法是以产品的类别为成本计算对象，按产品类别归集生产费用，计算各类产品的总成本；然后采用一定分配标准计算类内各种产品成本的一种方法。

在一些工业企业中，生产产品的品种、规格繁多，如果按产品的品种或规格归集生产费用、计算产品成本，则成本计算工作极为繁重。在这种情况下，如果不同品种、规格的产品可以按照一定标准进行分类，采用分类法来计算产品成本，以简化成本计算工作。

分类法与企业的生产类型无直接关系，它可以在各种生产类型的企业或车间中应用，即凡是产品品种、规格繁多，又可以按照一定标准划分为若干类别的企业或车间，均可以采用分类法计算成本。例如，钢铁厂生产的各种型号和规格的生铁、钢锭和钢材，针织厂生产的各种不同种类和规格的针织品，灯泡厂生产的各种不同类别和功率的灯泡，食品厂生产的各种饼干和面包等。它们的生产类型有所不同，但都可以采用分类法计算成本。另外，分类法还适用于联产品、副产品和等级品生产的企业或车间以及企业除主要产品以外生产的零星产品成本的计算。

二、产品的分类

运用分类法计算产品成本，首先必须将不同品种、规格的产品按照一定标准进行分类。分类标准选择是否恰当，直接影响成本计算的准确性。在多品种的情况下，恰当的分类应是既能合并成本计算对象，又能使产品的归类科学合理，在产品多规格的情况下，要求强调类距的适当。总之，恰当分类的前提是：产品有必要分类，而且能按一定标准分类。

在实际工作中，一般依据各种产品的性质、结构、用途等特点，将规格性能相仿、工艺过程相同或相近、耗用原材料相同或相近的产品归为一类，按照类别归集费用、计算成本。

三、类内成本的分配

按类计算出产品成本后,要将类别成本在类内不同品种、规格的产品之间进行分配。分配标准一般有定额消耗量、定额费用、售价以及产品的体积、长度、重量等。应该强调说明的是,选择的分配标准应该与产品成本的高低有密切的联系,从而使分配的结果符合实际。

为了简化核算工作,每类产品的成本在类内各种产品之间进行分配时,可以将分配标准折算成相对固定的系数进行分配,即在类内产品中选择一种产量较大、生产比较稳定或规格折中的产品作为标准产品,将这种产品分配标准的系数定为"1";然后用类内其他产品的分配标准与标准产品的分配标准相比,计算其他产品与标准产品的比率,即系数;再将各种产品的实际产量分别乘以各自的系数,折算出各种产品相当于标准产品的产量;最后按折算的标准产品的总产量的比例分配费用,计算各种产品的成本。在分类法中,这种按系数作为分配标准计算类内各种产品成本的方法也称系数法。

四、分类法成本计算程序

分类法成本计算的程序如图 8-1 所示。

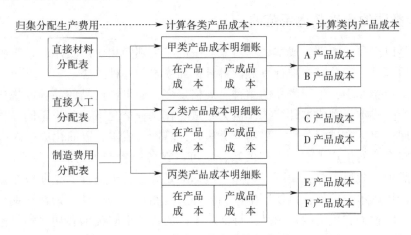

图 8-1 分类法成本计算程序图

(1)将产品合理分类。
(2)按类别开设产品成本计算单,按类归集费用,计算各类产品成本。
(3)计算类内各种品种(规格)产品的成本。

五、分类法举例

【例 8-1】 假设某企业设有第一、第二两个基本生产车间,分别生产甲、乙两类产品。由于这两类产品的规格、型号繁多,且类内规格、型号的产品在性能、结构、工艺过程和所使用的原材料等方面都基本相同,所以该企业采用分类法计算产品成本。甲、乙两类产品各有三种规格(甲类分 A、B、C 三种产品,乙类分 W、X、Y 三种产品),假定甲类产品的成本按定额成本比例分配计算,乙类产品的成本按系数法分配。20××年 3 月份甲、乙两类产品成本计算单汇集的生产费用如表8-1和表8-2所示。

表8-1　甲类产品成本明细账

产品类别：甲类　　　　　　　　　　　　　　　　　　　　　　　　　　　　　　　　单位：元

20××年		凭证号码	摘　要	成本项目			合　计
月	日			直接材料	直接人工	制造费用	
3	1	（略）	月初余额	1 200	108	192	1 500
3	31		本月生产费用	12 480	1 242	3 408	17 130
3	31		合计	13 680	1 350	3 600	18 630
3	31		结转完工产品成本	11 838	1 168	3 115	16 121
3	31		月末余额	1 842	182	485	2 509

表8-2　乙类产品成本明细账

产品类别：乙类　　　　　　　　　　　　　　　　　　　　　　　　　　　　　　　　单位：元

20××年		凭证号码	摘　要	成本项目			合　计
月	日			直接材料	直接人工	制造费用	
3	1	（略）	月初余额	8 100	900	3 000	12 000
3	31		本月生产费用	49 656	5 156	5 156	69 979
3	31		合计	57 756	6 056	18 167	81 979
3	31		结转完工产品成本	50 402	5 290	15 870	71 562
3	31		月末余额	7 354	766	2 297	10 416

3月份甲、乙两类各种产品完工数量和月末在产品的数量及完工程度见表8-3。

表8-3　甲、乙类产品数量及完工程度

产 品 名 称		甲类产品（件）			乙类产品（件）		
		A	B	C	W	X	Y
本月完工产量		4 000	1 500	2 500	10 000	9 500	10 500
月末在产品	数量	800	400	800	1 800	2 500	2 000
	完工程度	50%	60%	70%	60%	70%	80%
	约当产量	400	240	560	1 080	1 750	1 600

（一）计算甲类各种产品的原材料定额成本和工时定额耗用量

甲类各种产品的原材料定额成本和定额工时如下：

　　　　产品名称　　材料耗用单位定额　　工时耗用单位定额
　　　　　A　　　　　　0.6元　　　　　　　　0.4h
　　　　　B　　　　　　0.8元　　　　　　　　0.6h
　　　　　C　　　　　　0.75元　　　　　　　0.5h

根据上列资料，计算甲类产品中各种产品的原材料定额成本和工时定额耗用量（假设该类产品的原材料逐步生产逐步投入），计算过程如表8-4所示。

表8-4 甲类产品材料定额成本和工时定额耗用量计算表

产品名称		产量（件）(约当产量)	材料成本定额		工时定额耗用量	
			单位定额（元）	金额（元）	单位定额/h	耗用量/h
完工产品	A	4 000	0.6	2 400	0.4	1 600
	B	1 500	0.8	1 200	0.6	900
	C	2 500	0.75	1 875	0.5	1 250
	小计			5 475		3 750
月末在产品	A	400	0.6	240	0.4	160
	B	240	0.8	192	0.6	144
	C	560	0.75	420	0.5	280
	小计			852		584
合计				6 327		4 334

（二）确定乙类产品的标准产品，计算类内各产品的系数和标准产量

在乙类产品内，确定以规格折中的W产品为标准产品，将其原材料费用系数和其他费用系数定为"1"，在此基础上，计算类内其他各种产品的费用系数。

$$类内某产品原材料费用系数 = \frac{该产品原材料消耗定额}{标准产品原材料消耗定额}$$

$$类内某产品其他费用系数 = \frac{该产品工时消耗定额}{标准产品工时消耗定额}$$

各产品原材料成本和工、费成本（其他费用）的系数计算如表8-5所示。

表8-5 系数计算表

产品名称	单位产品定额		原材料费用系数	其他费用系数
	材料消耗定额（元）	工时定额/h		
W	10	2	1	1
X	8.2	1.48	$\frac{8.2}{10} = 0.82$	$\frac{1.48}{2} = 0.74$
Y	12	2.2	$\frac{12}{10} = 1.2$	$\frac{2.2}{2} = 1.1$

在计算出分配系数的基础上，再将各产品的产量折合成标准产品的标准产量。

某产品的标准产量 = 该产品的实际产量 × 该产品的系数

各产品原材料成本和工、费成本（其他费用）折合的标准产量如表8-6所示。

（三）分配计算类内各产品的成本

根据以上甲、乙两类产品的有关资料，计算各类产品中的各种产品成本。

表 8-6　乙类各规格产品标准产量计算表

产品名称		产量（件）(约当产量)	系　　数		折合标准产量（件）	
			原材料	工费	计算原材料成本	计算工费成本
完工产品	W	10 000	1	1	10 000	10 000
	X	9 500	0.82	0.74	7 790	7 030
	Y	10 500	1.2	1.1	12 600	11 550
	小计				30 390	28 580
月末在产品	W	1 080	1	1	1 080	1 080
	X	1 750	0.82	0.74	1 435	1 295
	Y	1 600	1.2	1.1	1 920	1 760
	小计				4 435	4 135
合计					34 825	32 715

1. 甲类产品成本的计算

甲类产品成本按定额成本的比例分配计算。现将甲类产品成本明细账中归集的类别产品的实际成本，按定额比例分配计算类内各种产品的成本，其中，直接材料费按材料定额成本比例分配，直接人工和制造费用按定额工时比例分配。各项费用的分配率计算如下：

$$直接材料分配率 = \frac{13\ 680}{6\ 327} = 2.1622$$

$$直接人工分配率 = \frac{1\ 350}{4\ 334} = 0.3115$$

$$制造费用分配率 = \frac{3\ 600}{4\ 334} = 0.8306$$

各产品成本的计算结果如表 8-7 所示。

表 8-7　甲类产品各种产品成本明细账
（按定额成本比例计算）

项目		产量/件	直接材料		直接人工		制造费用		成本合计（元）
			定额成本（元）	实际成本（元）	定额工时/h	金额（元）	定额工时/h	金额（元）	
①		②	③	④=③×分配率	⑤	⑥=⑤×分配率	⑦	⑧=⑦×分配率	⑨=④+⑥+⑧
完工产品	A	4 000	2 400	5 189.28	1 600	498.4	1 600	1 328.96	7 016.64
	B	1 500	1 200	2 594.64	900	280.35	900	747.54	3 622.53
	C	2 500	1 875	4 054.08	1 250	389.25	1 250	1 038.5	5 481.83
	小计		5 475	11 838	3 750	1 168	3 750	3 115	16 121
月末在产品	A	800	240	518.93	160	49.84	160	132.9	701.67
	B	400	192	415.14	144	44.86	144	119.61	579.61
	C	800	420	907.93	280	87.3	280	232.49	1 227.72
	小计		852	1 842	584	182	584	485	2 509
合计			6 327	13 680	4 334	1 350	4 334	3 600	18 630

2. 乙类产品成本的计算

乙类产品成本按系数法计算。其中，各产品材料和工费的系数及标准产量前面已经计算。现将乙类产品成本明细账中归集的类别产品的实际成本，按系数法分配计算类内各种产品的成本。各项费用的分配率计算如下：

$$直接材料分配率 = \frac{57\ 756}{34\ 825} = 1.6585$$

$$直接人工分配率 = \frac{6\ 056}{32\ 715} = 0.1851$$

$$制造费用分配率 = \frac{18\ 167}{32\ 715} = 0.5553$$

各产品成本的计算结果如表 8-8 所示。

表 8-8　乙类产品各种产品成本明细账
（按系数法计算）

项目		产量（件）（约当产量）	系数		总系数（标准产量）（件）		直接材料（元）	直接人工（元）	制造费用（元）	合计（元）
			原材料	工费	原材料	工费				
①		②	③	④	⑤=②×③	⑥=②×④	⑦=⑤×分配率	⑧=⑥×分配率	⑨=⑥×分配率	⑩=⑦+⑧+⑨
完工产品	W	10 000	1	1	10 000	10 000	16 585	1 851.00	5 553.00	23 989.00
	X	9 500	0.82	0.74	7 790	7 030	12 920	1 301.25	3 903.76	18 124.73
	Y	10 500	1.2	1.1	12 600	11 550	20 897	2 137.75	6 413.24	29 448.27
	小计				30 390	28 580	50 402	5 290.00	15 870.00	71 562.00
月末在产品	W	1 080	1	1	1 080	1 080	1 791	199.91	599.72	2 590.81
	X	1 750	0.82	0.74	1 435	1 295	2 380	239.70	719.11	3 338.76
	Y	1 600	1.2	1.1	1 920	1 760	3 183	325.89	977.67	4 486.43
	小计				4 435	4 135	7 354	765.50	2 296.50	10 416.00
合计					34 825	32 715	57 756	6 055.50	18 166.50	81 978.00

从上述示例可以看出，采用分类法计算产品成本时，必须注意以下两点：

（1）必须恰当地划分产品的类别。产品分类是否恰当，对分类法计算成本的影响很大。如果分类恰当、合理，就能正确反映各种产品的成本；反之，各种产品的成本就得不到正确的反映。

（2）必须合理地确定产品的分配标准或系数。确定产品成本的分配标准或系数来分配计算类内各种产品成本的时候，分配标准或系数必须力求接近实际，要以与成本水平高低有密切联系的分配标准来计算分配费用。

六、分类法的优缺点和应用条件

采用分类法计算产品成本，领料单、工时记录等原始凭证和原始记录可以只按产品类别填列，在各种费用分配表中可以只按产品类别分配费用，产品成本明细账可以只按产品类别开立，不仅能简化成本计算工作，而且能够在产品品种、规格繁多的情况下，分类掌握产品成本的情况。但是，由于在类内各种产品成本的计算中，不论是间接计入的费用还是直接计入的费用，都是按一定的分配标准按比例进行分配的，因而计算结果有一定的假定性。因此，在分类法下，产品的分类和分配标准（或系数）的选定是否适当，是一个关键性的问题。在产品的分类上，应以所耗原材料和工艺技术过程是否相近为标准，因为所耗原材料和工艺技术过程相近的各种产品，成本水平往往也接近。在对产品分类时，类距既不能定得过小，使成本计算工作复杂化；也不能定得过大，造成成本计算上的"大锅烩"，影响成本计算的正确性。在产品结构、所耗原材料或工艺技术发生较大变动时，应及时修订分配系数，或另选分配标准，以保证成本计算的正确性。

第二节 产品成本计算的定额法

产品成本计算的品种法、分批法、分步法、分类法，其生产费用的日常核算都是按照生产费用的实际发生额进行的，产品的实际成本也都是根据实际生产费用计算的。在这些方法下，生产费用和产品成本脱离定额的差异及其产生的原因，在费用发生的当时不能加以反映，只有在月末通过实际资料与定额资料的对比分析，才能得到反映。这样不仅不利于加强定额管理，而且也削弱了成本管理和成本控制的作用。其实，产品成本的核算过程同时也是成本管理和成本控制的过程，为了有效地在成本核算过程中发挥成本管理和成本控制的作用，从根本上节约生产费用，降低产品成本，因而产生了成本核算与成本管理相结合的定额成本法。

定额法就是在生产费用发生时，根据事先制定好的定额计算产品的定额成本，同时对实际发生的生产费用和定额成本之间的差异一并加以核算，然后以差额调整定额成本，计算产品实际成本的一种成本计算方法。

一、产品定额成本的计算

采用定额法计算产品的定额成本，必须先制定产品的原材料、工时等消耗定额，然后根据成本项目来计算单位产品的定额成本。

直接材料费用定额 = 产品原材料消耗定额 × 原材料计划单价
直接人工定额 = 产品生产工时消耗定额 × 计划人工费用率
制造费用定额 = 产品生产工时消耗定额 × 计划制造费用率

产品的定额成本包括零部件定额成本和产成品定额成本，通常由企业的计划、会计、技术部门根据产品的设计图纸共同制定。制定定额成本一般有以下两种方式：

（一）先制定零件定额成本，然后汇总计算部件和产成品的定额成本

在零、部件不多的情况下，根据产品的设计图纸先制定组成部件的各零件的定额成本，然后汇总各零件定额成本，并加上装配该部件的装配定额成本，计算出部件定额成本；最后再汇总组成产品的各部件的定额成本，加上装配产品的装配定额成本，汇总计算出产品的定额成本。在这种方式下，零、部件和产成品的定额成本计算是通过编制"零件定额卡""部件定额成本计算表"和"产品定额成本计算表"进行的。下面就零件定额卡和部件定额成本计算表的格式举例说明，如表 8-9 和表 8-10 所示。

表 8-9 零件定额卡

零件编号、名称：3001　　　　　　　　　　20××年×月

材料类别：钢材		编号：2301		名称规格：圆钢	
计量单位：kg		材料消耗定额：2.5		计划单位成本：3.20 元	
工序	1	2	3	4	合计
工时定额	2	5	3	4	14

表 8-10 部件定额成本计算表

部件编号、名称：30　　　　　　　　　　20××年×月　　　　　　　　　　金额单位：元

所耗零件编号、名称	零件数量	材料定额						金额合计	工时定额/ h
		3001			3002				
		数量	计划单价	金额	数量	计划单价	金额		
3001	2	5	3.20	16				16	28
3002	3				12	4.10	49.20	49.20	42
装配									5
合计				16			49.20	65.20	75

定额成本项目						定额成本合计
原材料	人工费用		制造费用			
	人工费用率	金额	制造费用率	金额		
65.20	0.85	63.75	1.15	86.25		215.20

在该部件定额成本计算表中，每种零件的材料消耗定额和工时定额是按每一零件的材料消耗定额和工时消耗定额分别乘以部件所耗用该零件的数量计算的；部件的工资费用和制造费用定额是按部件工时定额，分别乘以计划工资费用率和计划制造费用率计算的。

产成品定额成本计算表的格式与部件定额成本计算表的格式相似，这里不再举例说明。

（二）不分别制定零、部件的定额成本，直接制定产品定额成本

在产品的零、部件较多的情况下，为了简化成本计算工作，也可不计算零、部件的定额成本，而是通过"产品定额成本计算表"，根据零、部件的定额卡，直接计算产成品定额成本。"产品定额成本计算表"的格式如表 8-11 所示。

表 8-11 产品定额成本计算表

产品名称：甲产品

材料费用定额成本				
材料名称	计量单位	数量	计划单位成本（元）	定额成本（元）
2301	kg	15	3.20	48
2234	kg	36	4.10	147.60
合计				195.60

(续)

人工费用与制造费用定额成本					
车间	定额工时/h	计划小时人工费用（元）	人工费用（元）	计划小时制造费用（元）	制造费用（元）
一车间	170	0.85	144.50	1.095	186.15
二车间	55	0.85	46.75	1.32	72.60
合计	225		191.25		258.75

定额成本			
材料（元）	人工费用（元）	制造费用（元）	合计（元）
195.60	191.25	258.75	645.60

二、脱离定额差异的核算

脱离定额差异是指按实际产量和单位定额成本计算的总定额成本与产品的实际成本之间的差异。正确及时地核算和分析生产费用脱离定额的差异，控制生产费用支出是定额成本的关键。因此，在生产费用发生时，应将符合定额的费用和脱离定额的差异，分别编制定额凭证和差异凭证，并在有关的费用分配表和明细账中分别予以登记。为了防止生产费用的超支，避免浪费和损失，差异凭证填制以后，还必须按照规定办理审批手续。在有条件的企业，可以将脱离定额差异的日常核算同车间或班组经济责任制结合起来，依靠各生产环节的职工，控制生产费用。

（一）材料脱离定额差异的核算

由于材料费通常占产品成本较大比重，因而是定额法控制的重点。材料脱离定额差异的核算方法一般有限额法、切割法和盘存法三种。

1. 限额法

为了控制材料领用，凡车间限额范围内领用的材料，必须实行限额领料单制度，符合定额的材料应根据限额领料单等定额凭证领发；超限额领料或限额外领用的代用材料均属脱离定额差异，应根据专设的超额材料领料单、代用材料领料单等差异凭证，经过一定的审批手续领发；因增加产量发生的经办理追加限额手续后领用的材料，不作脱离定额差异；在每批生产任务完成以后，根据车间余料编制退料单，办理退料手续，退料单也应视为差异凭证。

应当指出的是，原材料脱离定额差异是产品生产中实际用料脱离现行定额而形成的成本差异，而上述差异凭证所反映的差异往往只是领料差异，而不一定是用料差异，这是因为，投产的产品数量不一定等于规定的产品数量，在期初、期末车间有余料（未办理退料手续）的情况下，所领原材料的数量也不一定等于原材料的实际消耗量，现举例说明。

【例8-2】某限额领料单规定的产品数量为500件，每件产品的原材料消耗定额为5kg，则领料单的限额为2 500kg，本月实际领料2 400kg，领料差异为少领100kg。

现假设有以下三种情况：

（1）若本期投产产品数量与限额领料单规定的产品数量相符，且车间期初、期末均无余料，则上述少领100kg的领料差异就是材料脱离定额的节约差异。

（2）若本期投产产品数量与限额领料单规定的产品数量相符，但车间期初余料为

50kg，期末余料为60kg。则

$$材料定额消耗量 = 500 \times 5 = 2\ 500(kg)$$
$$材料实际消耗量 = 2400 + 50 - 60 = 2\ 390(kg)$$
$$材料脱离定额差异 = 2\ 390 - 2\ 500 = -110(kg)(节约差异)$$

（3）若本期投产产品数量为450件，车间期初余料为50kg，期末余料为60kg。则

$$材料定额消耗量 = 450 \times 5 = 2\ 250(kg)$$
$$材料实际消耗量 = 2\ 400 + 50 - 60 = 2\ 390(kg)$$
$$材料脱离定额差异 = 2\ 390 - 2\ 250 = 140(kg)(超支差异)$$

由此可见，只有投产产品数量等于规定的产品数量，且车间期初、期末均无余料或期初、期末余料数量相等时，领料（或发料）差异才是材料脱离定额的差异。

2. 切割法

对需要经过切割才能进一步加工的材料，如板材等，应采用材料切割核算单，核算材料定额消耗量和脱离定额的差异。其脱离定额差异的计算是通过把分割后的材料数量与定额相乘计算出的定额耗用量与实际耗用量相比较得出的。材料切割核算单的格式如表8-12所示。

表8-12 材料切割核算单

材料编号或名称：1202　　　材料计量单位：kg　　　计划单位成本：14
产品名称：甲　　　零件编号或名称：112　　　图纸号：306
切割工人工号和姓名：1223 张兵　　　机床编号：189
发交切割日期：20××年×月×日　　　完工日期：20××年×月×日

发料数量		退回余料数量		材料实际消耗量		废料回收数量	
153		7		146		15.74	
单件消耗定额		单件回收废料定额		应割成的毛坯数量		实际割成的毛坯数量	材料定额消耗量	废料定额消耗量
11		0.77		13		12	132	9.24
材料脱离定额差异		废料脱离定额差异			差异原因		过失人
数量	金额（元）	数量	单价（元）	金额（元）	操作技术不熟练，因而多留了边料，减少了毛坯		操作人
14	196	-6.5	2	-13			

3. 盘存法

在大量生产，不能按照上述分批核算原材料脱离定额差异的情况下，除仍要使用限额领料单等定额凭证和超额领料单等差异凭证控制日常材料的实际消耗外，应定期（按工作班、工作日或按周、旬等）通过盘存的方法核算差异。具体做法如下：

（1）根据完工产品数量和在产品盘存（实地盘存或账面结存）数量计算投产产品数量，再乘以原材料消耗定额，计算原材料定额消耗量。

投产产品数量的计算公式如下：

$$本期投产产品数量 = 本期完工产品数量 + 期末在产品数量 - 期初在产品数量$$

（2）根据限额领料单、超额领料单、退料单等材料凭证以及车间余料的盘存数量，计算原材料实际消耗量。

（3）将原材料实际消耗量与定额消耗量进行比较，进而确定原材料脱离定额的差异。

应当指出的是，按照上列公式计算本期投产产品数量，必须具备下述条件：即原材料在生产开始时一次投入，在产品不再耗用原材料。如果原材料是随着生产的进行陆续投入，在产品还要耗用原材料，那么上列公式中的期初和期末在产品数量应改为按原材料消耗定额计算的期初和期末在产品的约当产量。

不论采用哪一种方法核算材料定额消耗量和脱离定额差异，都应将这些核算资料定期或分批汇总，编制材料定额费用和脱离定额差异汇总表，其格式如表 8-13 所示。

表 8-13　原材料定额费用和脱离定额差异汇总表

产品名称：乙产品　　　　　　　　20××年3月1~31日　　　　　　　　金额单位：元

原材料类别	材料编号	计量单位	计划单价	定额费用		计划价格费用		脱离定额差异		差异原因
				数量	金额	数量	金额	数量	金额	
原　料	3208	kg	5	4 820.00	24 100.00	4 486.67	22 433.35	−333.33	−1 666.65	略
主要材料	4203	kg	3	3 173.33	9 519.99	3 240.00	9 720.00	+66.67	+200.01	略
辅助材料	2321	kg	2	846.67	1 693.34	813.33	1 626.67	−33.34	−66.68	略
合计					35 313.33		33 780.02		−1 533.32	略

该汇总表中，计划价格费用是按材料的实际消耗量和计划单价计算的费用。材料脱离定额差异表示的是材料实际耗用水平和定额耗用水平的差异，不包括价格差异因素，故材料定额差异均按计划价格计算。

（二）直接工资脱离定额差异的计算

工资形式不同，直接工资脱离定额差异的计算方法也不同。在计件工资形式下，生产工人的工资费用属于直接费用，其脱离定额差异的核算与材料脱离定额差异的核算相似；在计时工资形式下，工资费用脱离定额差异在月末实际工人工资总额确定后，才能按照下列公式计算：

$$计划单位小时工资费用 = \frac{某车间计划产量的定额直接工资}{该车间计划产量的定额生产工时}$$

$$实际单位小时工资费用 = \frac{该车间实际直接工资总额}{该车间实际生产工时总额}$$

$$某产品的定额直接工资 = 该产品实际产量的定额生产工时 \times 计划单位小时工资费用$$

$$该产品的实际直接工资 = 该产品实际产量的实际生产工时 \times 实际单位小时工资费用$$

$$该产品直接工资定额差异 = 该产品实际直接工资 - 该产品定额直接工资$$

从上述直接工资脱离定额差异的计算公式可以看出，直接工资脱离定额差异实际上包含了工时差异和工资费用率差异。

(三) 制造费用脱离定额（或计划）差异的计算

制造费用的构成内容比较复杂，其脱离定额差异不仅应从费用总额上加以比较，还应计算明细项目的差异。凡能按一定标准制定限额来加以控制的项目，可同材料差异核算，采用限额领料单等凭证计算差异；其他费用项目则定期通过实际发生数和计划数相比较考核。计算产品实际成本时，制造费用的实际发生额应和按生产计划完成百分比调整后的费用计划进行比较、计算差异额，也可根据制造费用的实际发生额按定额工时比例分配。

各种费用的脱离定额差异计算出来后，产品的实际成本可用下列公式计算：

$$产品的实际成本 = 定额成本 \pm 脱离定额差异$$

为了计算完工产品的实际成本，上述脱离定额的差异，还应在完工产品和月末在产品之间进行分配。采用定额法，企业有着现成的定额成本资料，因而这种差异的分配大多采用定额比例法，按照完工产品和月末在产品的定额成本比例进行分配。如果各月在产品的数量比较稳定，也可以采用按定额成本计算在产品成本的方法，将全部差异计入完工产品成本，月末在产品不负担差异。

三、定额变动差异的计算

定额变动差异是指由于修改消耗定额而产生的新旧定额之间的差额。它表明企业生产技术提高和生产组织改善对定额的影响程度，是定额本身变动的结果，与生产费用支出的节约或超支无关；而脱离定额差异则反映生产费用支出符合定额的程度。

随着经济的发展、生产技术条件的变化以及劳动生产率的提高，企业的各项消耗定额、生产耗费的计划价格，也应随之加以修订，以保证各项定额能够准确有效地对生产经营活动进行控制和监督。在消耗定额或计划价格修订以后，定额成本也应随之及时修订。

消耗定额和定额成本一般是在月初、季初或年初定期进行修订。在定额变动的月份，当期的定额成本是按新定额计算的，当月投入的生产费用也是按新定额计算差异的，但当期月初在产品的定额成本则是按旧定额计算的。因此，为了将按旧定额计算的月初在产品定额成本和按新定额计算的本月投入产品的定额成本，能在新定额的基础上相加起来，应该计算月初在产品的定额变动差异，以调整月初在产品的定额成本。

可以根据定额发生变动的在产品盘存数量或在产品账面结存数量和修订前后的消耗定额，计算出月初在产品消耗定额修订前和修订后的定额消耗量，进而确定定额变动差异。在产品的零、部件种类较多的情况下，采用这种方法按照零、部件和工序进行计算，工作量会很大。为了简化计算工作，也可以按照单位产品费用的折算系数进行计算，即将按新旧定额所计算出的单位产品费用进行对比，求出系数，然后根据系数进行计算。其计其公式如下：

$$定额变动系数 = \frac{按新定额计算的单位产品费用}{按旧定额计算的单位产品费用}$$

$$月初在产品定额变动差异 = 按旧定额计算的月初在产品费用 \times (1 - 定额变动系数)$$

【例8-3】 某企业乙产品的一些零件从3月1日起修订原材料消耗定额，旧的单位产品原材料费用定额为83.33元，新的定额为78.47元，月初在产品的原材料定额费用为12 500元。则：

$$乙产品定额变动系数 = \frac{78.47}{83.33} = 0.94$$

乙产品月初在产品原材料定额变动差异 = 12 500 × (1 - 0.94) = 750（元）

采用系数法来计算月初在产品定额变动差异虽然较为简便，但由于系数是按照单位产品计算，而不是按照产品的零、部件计算的，因而它只适宜于在零、部件成套生产或零、部件成套性较大的情况下采用；若在零、部件生产不成套或成套性较差的情况下，采用系数法，就会影响计算结果的正确性。

通过上述计算，如果存在月初在产品的定额变动差异，产品实际成本的计算公式则应调整为：

产品实际成本 = 产品定额成本 ± 脱离定额差异 ± 定额变动差异

定额变动差异也应按定额成本的比例在完工产品和月末在产品之间分配。若差异数额不大或产品的生产周期小于一个月，也可以采用在产品按定额成本计价的方法，将定额变动差异全部由完工产品负担。

四、材料成本差异的分配

采用定额法，为了便于产品成本的考核和分析，材料的日常核算必须按计划成本进行。原材料的定额费用和脱离定额差异均是按原材料的计划成本计算的，所以月末计算产品实际成本时还应计算分配材料成本差异。计算公式如下：

某产品应分配的材料成本差异 = (该产品材料定额费用 ± 原材料脱离定额差异) × 材料成本差异分配率

前例表 8-13 乙产品 3 月份所耗用原材料的定额费用为 35 313.33 元，脱离定额差异为节约 1 533.33 元，假定原材料的成本差异率为 10%，则：

乙产品应分配原材料成本差异 = (35 313.33 - 1 533.33) × 10% = 3 378（元）

这样，产品实际成本的计算公式应补充为：

产品实际成本 = 产品定额成本 ± 脱离定额差异 ± 定额变动差异 ± 材料成本差异

各种产品所应分配的材料成本差异，通常均由各该产品的完工产品负担，不计入月末在产品成本。如果材料成本差异较大时，也可按照定额比例法将差异分配计入完工产品成本和月末在产品成本。在多步骤生产中采用定额法，如果逐步结转半成品成本，半成品的日常核算也应按计划成本或定额成本进行，在月末计算产品实际成本时，也应比照原材料成本差异的分配方法，分配计算产品所耗半成品的成本差异（通常也由完工产品成本负担）。

五、定额法举例

【例8-4】 某企业大批生产乙产品，各项消耗定额比较准确、稳定，该企业决定采用定额法计算乙产品成本。20××年企业从 3 月 1 日起修订乙产品原材料消耗定额，单位产品原材料费用定额由 83.33 元修订为 78.47 元，月初在产品的原材料定额费用为 12 500 元，当月原材料的成本差异率为 10%，乙产品当月产量为 500 件。企业规定定额变动差异和材料成本差异由完工产品成本负担，脱离定额差异按定额成本比例在完工产品和月末在产品之间进行分配。

企业采用定额法计算乙产品的成本，产品成本明细账如表 8-14 所示。

表 8-14 产品成本明细账

产品名称：乙产品
20××年3月
产量：500 件
单位：元

成本项目	月初在产品 定额成本 ①	月初在产品 脱离定额差异 ②	月初在产品定额变动 定额成本调整 ③	月初在产品定额变动 定额变动差异 ④	本月生产费用 定额成本 ⑤	本月生产费用 脱离定额差异 ⑥	本月生产费用 材料成本差异 ⑦	生产费用合计 定额成本 ⑧=①+③+⑤	生产费用合计 脱离定额差异 ⑨=②+⑥	生产费用合计 材料成本差异 ⑩=⑦	生产费用合计 定额变动差异 ⑪=④
直接材料	12 500.00	-819.83	-750	750	35 313.33	-1 533.32	3 378	47 063.33	-2 353.15	3 378	750
直接人工	680.67	75.67			2 552.67	215.33		3 233.34	291.00		
制造费用	4 084.00	81.33			15 316.00	2 699.33		19 400.00	2 780.66		
合计	17 264.67	-662.83	-750	750	53 182.00	1 381.34	3 378	69 696.67	718.51	3 378	750

成本项目	脱离定额差异分配率(%) ⑫=⑨÷⑧	本月产成品成本 定额成本 ⑬	本月产成品成本 脱离定额差异 ⑭=⑬×⑫	本月产成品成本 材料成本差异 ⑮=⑩	本月产成品成本 定额变动差异 ⑯=⑪	月末在产品成本 实际成本 ⑰=⑬+⑭+⑮+⑯	月末在产品成本 定额成本 ⑱=⑧-⑬	月末在产品成本 脱离定额差异 ⑲=⑨-⑭
直接材料	-5	39 000	-1 950.00	3 378	750	41 178.00	8 063.33	-403.15
直接人工	9	3 000	270.00			3 270.00	233.34	21
制造费用	14.33	18 000	2 579.40			20 579.40	1 400.00	201.26
合计		60 000	899.40	3 378	750	65 027.40	9 696.67	-180.89

注：1. 月初在产品成本资料，根据上月末在产品成本资料登记。
2. 月初在产品定额变动资料，根据例 8-3 月初在产品定额变动差异计算结果登记。
3. 本月生产费用中的原材料定额成本和脱离定额差异，根据前列原材料定额费用和脱离定额差异汇总表（见表 8-13）登记；本月生产费用中的工资和制造费用的定额费用和脱离定额差异，也根据该费用的汇总表登记。
4. 材料成本差异，根据前列原材料成本差异分配资料登记。

六、定额法的优点及应用条件

定额法是一种科学的成本核算和成本管理方法,它的主要优点是:

(1) 采用定额法,便于把产品成本的计划、核算、分析、控制工作有机地结合起来,可以促进企业成本管理水平的提高。

(2) 通过定额差异的单独核算和分析,可及时反映和监督各项生产费用的超支和节约情况,便于及时采取措施,加强事前、事中控制,节约费用开支,降低生产成本。

(3) 由于有现成的定额成本资料,便于合理、简便地将生产费用在完工产品和在产品之间进行分配。

采用定额法必须具备一定条件:一是产品生产已经定型,消耗定额比较准确、稳定;二是有健全的定额管理制度,定额管理基础比较好。应该指出,定额法与生产的类型没有直接关系,无论哪一类型的企业,只要具备这些条件,都可以采用定额法计算产品成本。

第三节 联产品、副产品、等级品的成本计算

一些工业企业,在生产过程中使用同种原材料进行加工,同时生产出多种产品或生产出不同等级的同一产品,或在生产主要产品的同时,还会附带产生一些副产品。本节将介绍联产品、副产品和等级品成本的计算方法。

一、联产品成本的计算

(一) 主要产品与联产品

联产品是指用同样的原材料,经过同一生产过程,同时生产出两种或两种以上的主要产品。如炼油厂用同一原油经过几个相同的生产程序加工分解后,可以同时提炼出汽油、柴油、煤油等产品。这些产品的性质和用途虽然不同,但都是从同一种原料、在同一生产过程中取得的,它们有着自然的联系。各种联产品在联产过程中必须经过分离才能成为联产品,产品分离出来的时刻称为"分离点"。分离点是最关键的,它是联合生产过程的结束。在分离点之前,各种联产品的成本是综合在一起的。根据联产品生产的这一特点,要按每种产品来汇集费用、计算成本是非常困难的,因而只能将同一生产过程的联产品,视为同类产品归为一类,采用分类法计算分离前的联合成本。分离后,不需进一步加工即可销售或结转的联产品,其成本就是分配的联产品成本;分离后如需进一步加工的,继续加工费用为直接费用的可直接计入,若为间接费用的应在相关产品之间分配计入,联合成本加上继续加工成本即为该产品的最终成本。联产品成本的计算可用图 8-2 列示。

(二) 联合成本的分配方法⊖

联合成本的分配一般包括:分离点销售价值法、实物计量法、预计可实现净值法和固定毛利率净值法等几种方法。

⊖ 本部分的【例 8-5】和【例 8-6】根据查尔斯·T. 亨格瑞、斯里坎特·M. 达塔尔、乔治·福斯特、马达夫·V. 拉詹、克里斯托弗·伊特纳的著作《成本与管理会计》(第 13 版) (中国人民大学出版社 2010 年 9 月第 1 版) 第 436-442 页的【例 1】和【例 2】改编。

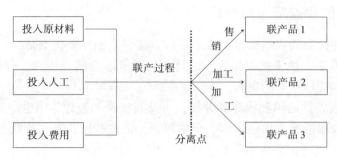

图 8-2　联产品成本计算示意图

1. 分离点销售价值法

分离点销售价值法是根据联产品中各产品总产量在分离点的相对销售价值为基础分配联合成本的方法。下面举例说明分离点销售价值法。

【例 8-5】　蒙伊乳品厂从各个农场购买生牛奶并加工到分离点，获得两种产品——奶油和脱脂奶。然后将两种产品卖给一家独立公司，公司再把产品出售给超市和其他零售商。20××年 5 月，蒙伊乳品厂加工原奶 110 000kg，在加工中由于蒸发、溢出等损耗 10 000kg，生产出 25 000kg 奶油和 75 000kg 脱脂奶，奶油和脱脂奶的联合成本为 400 000 元。当月奶油和脱脂奶的产量、销量以及联合成本等信息如表 8-15 所示。

表 8-15　蒙伊乳品厂奶油与脱脂奶的产量及单价

20××年 5 月

产品	奶　油		脱　脂　奶	
	产量/kg	单价（元/kg）	产量/kg	单价（元/kg）
期初库存	0		0	
本月生产量	25 000		75 000	
本月销售量	20 000	8	30 000	4
期末库存	5 000		45 000	

现采用分离点销售价值法，将 400 000 元的联合成本分配给奶油和脱脂奶，并分别计算奶油和脱脂奶的生产成本、销售成本、期末存货成本、毛利及毛利率。具体计算过程和结果如表 8-16 所示。

分离点销售价值法遵循成本分配中的受益标准，即成本按照它们的获利能力（预期收入）分配给各种单个产品，这种方法简洁直观。

2. 实物计量法

实物计量法是以产品在分离点处的相对重量、数量或体积等实物量为基础将联合成本分配给联产品。仍如例 8-5，现将奶油和脱脂奶生产的产量作为实物量基础，并以此基础为依据分配联合成本，并分别计算奶油和脱脂奶的生产成本、销售成本、期末存货成本、毛利及毛利率。具体计算过程和结果如表 8-17 所示。

表8-16　蒙伊乳品厂联合成本的分配与产品利润表
（分离点销售价值法）
20××年5月

序号	项　目	奶　油	脱 脂 奶	合　计
1	A：联合成本的分配			
2	产品产量/kg	25 000	75 000	
3	销售单价（元/kg）	8	4	
4	产品分离点的销售价值（=②×③）（元）	200 000	300 000	500 000
5	各产品销售价值占联合产品销售总价值的比重	0.40	0.60	
6	各产品分配的联合成本（元）	160 000	240 000	400 000
7	单位生产成本（=⑥÷②）（元/kg）	6.40	3.20	
8	B：产品利润表			
9	产品销售收入（=销售量×单价）（元）	160 000	120 000	280 000
10	产品销售成本：			
11	生产成本（元）	160 000	240 000	400 000
12	减：期末存货（=期末库存量×⑦）（元）	32 000	144 000	176 000
13	产品销售成本（=⑪-⑫）（元）	128 000	96 000	224 000
14	毛利（=⑨-⑬）（元）	32 000	24 000	56 000
15	毛利率（=⑭÷⑨）	20%	20%	20%

表8-17　蒙伊乳品厂联合成本的分配与产品利润表
（实物计量法）
20××年5月

序号	项　目	奶　油	脱 脂 奶	合　计
1	A：联合成本的分配			
2	产品产量/kg	25 000	75 000	100 000
3	各产品产量权重	0.25	0.75	
4	各产品分配的联合成本（元）	100 000	300 000	400 000
5	单位生产成本（=④÷②）（元/kg）	4	4	
6	B：产品利润表			
7	产品销售收入（=销售量×单价）（元）	160 000	120 000	280 000
8	产品销售成本：			
9	生产成本（元）	100 000	300 000	400 000
10	减：期末存货（=期末库存量×⑤）（元）	20 000	180 000	200 000
11	产品销售成本（=⑨-⑩）（元）	80 000	120 000	200 000
12	毛利（=⑦-⑪）（元）	80 000	0	80 000
13	毛利率（=⑫÷⑦）	50%	0	28.6%

由于实物计量法是基于产品的产量对联合成本进行分配，所以奶油和脱脂奶的单位成本相同，而毛利率则分别是50%和0。因为实物计量法不存在与单个产品创造收入能力的

关系，因此，从受益标准看，分离点销售价值法优于实物计量法。如一采掘业公司，挖出的矿石含有金、银、铅。如果采用实物计量法分配联合成本，将导致几乎所有的成本分配给最重的产品——铅，而铅的获益能力是最低的。这种分配方法会导致成本分配的结果与公司发生成本的主要原因不一致。当公司采用实物计量法编制产品生产利润表时，单位销售价值高的产品，如金和银，会表现出更大的利润，而单位销售价值低的产品，如铅，则将表现出大额亏损。

3. 预计可实现净值法

预计可实现净值法是以所有联产品相应的预计可实现净值（预计最终销售价值减去可分属成本）为基础的联合成本分配法。在很多情况下，为了使产品具有可销售的形式或高于分离点处的价值，需要将产品进一步加工。现以例8-5为基础进行扩展。

【例8-6】 如前例8-5，除了奶油和脱脂奶可被进一步加工外，其他数据与例8-5相同。

奶油加工成黄油：25 000kg 奶油被进一步加工成 20 000kg 的黄油，附加加工成本为 280 000 元，黄油以 25 元/kg 出售。

脱脂奶加工成浓缩奶：75 000kg 脱脂奶被进一步加工成 50 000kg 的浓缩奶，附加加工成本为 520 000 元，浓缩奶以 22 元/kg 出售。

20××年5月销售 12 000kg 黄油和 45 000kg 浓缩奶。

当月黄油和浓缩奶的产量、销量以及可分属成本等信息如表 8-18 所示。

表 8-18 蒙伊乳品厂黄油和浓缩奶的产量及单价

20××年5月

产品	黄油			浓缩奶		
	产量/kg	单价(元/kg)	可分属成本（元）	产量/kg	单价(元/kg)	可分属成本(元)
期初库存	0			0		
本月生产量	20 000		280 000	50 000		520 000
本月销售量	12 000	25		45 000	22	
期末库存	8 000			5 000		

现采用预计可实现净值法，将 400 000 元的联合成本分配给黄油和浓缩奶，并分别计算黄油和浓缩奶的生产成本、销售成本、期末存货成本、毛利及毛利率。具体计算过程和结果如表 8-19 所示。

4. 固定毛利率净值法

固定毛利率净值法是对所有产品都采用相同的毛利率将联合成本分配给联产品的方法。这种方法首先计算共同毛利率，然后从每种产品的最终产品销售价值中减去毛利和可分属成本，再回到这种产品的联合成本分配。该方法可分以下三个步骤：

步骤1：计算共同毛利率。首先基于会计期间总产量的最终销售价值计算所有联产品的共同毛利率。

步骤2：计算每种产品的总生产成本。运用毛利率乘以各种产品的预计最终销售价值，计算出各种产品的毛利，从每种产品最终销售价值中减去毛利，计算每种产品需承担的总成本。

表 8-19 蒙伊乳品厂联合成本的分配与产品利润表

（预计可实现净值法）

20××年5月

序号	项 目	黄 油	浓缩奶	合 计
1	A：联合成本的分配			
2	产品产量/kg	20 000	50 000	
3	单价/（元/kg）	25	22	
4	预计所有产品的最终销售价值（=②×③）（元）	500 000	1 100 000	1 600 000
5	减：可分属成本（元）	280 000	520 000	800 000
6	分离点的可实现净值（元）	220 000	580 000	800 000
7	各产品分离点可实现净值的权重	0.275	0.725	
8	各产品分配的联合成本（元）	110 000	290 000	400 000
9	单位生产成本（=（⑧+⑤）÷②）/（元/kg）	19.50	16.20	
10	B：产品利润表			
11	产品销售收入（=销售量×单价）（元）	300 000	990 000	1 290 000
12	产品销售成本：			
13	联合成本（元）	110 000	290 000	400 000
14	可分属成本（元）	280 000	520 000	800 000
15	待售货物成本（=⑬+⑭）（元）	390 000	810 000	1 200 000
16	减：期末存货（=期末库存量×⑨）（元）	156 000	81 000	237 000
17	产品销售成本（=⑮－⑯）（元）	234 000	729 000	963 000
18	毛利（=⑪－⑰）（元）	66 000	261 000	327 000
19	毛利率（=⑱÷⑪）	22%	26.1%	25.3%

步骤3：计算分配的联合成本。从每种产品必须承担的总成本中减去每种产品的预计可分属成本，得到该产品应分配的联合成本。

具体计算过程和结果如表 8-20 所示。

表 8-20 蒙伊乳品厂联合成本的分配与产品利润表

（固定毛利率净值法）

20××年5月

序号	项 目	黄 油	浓缩奶	合 计
1	A：联合成本的分配			
2	步骤1：			
3	预计所有产品的最终销售价值（元）			1 600 000
4	减：联合成本和可分属成本（元）			1 200 000
5	毛利（=③－④）（元）			400 000
6	毛利率（=⑤÷③）			25%
7	步骤2：			

(续)

序号	项 目	黄 油	浓缩奶	合 计
8	预计产品的最终销售价值（=产量×单价）（元）	500 000	1 100 000	1 600 000
9	减：毛利（=共同毛利率×⑧）（元）	125 000	275 000	400 000
10	产品销售成本（=⑧-⑨）（元）	375 000	825 000	1 200 000
11	步骤3：			
12	减：可分属成本（元）	280 000	520 000	800 000
13	各产品分配的联合成本（=⑩-⑫）（元）	95 000	305 000	400 000
14	B：产品利润表			
15	产品销售收入（=销售量×单价）（元）	300 000	990 000	1 290 000
16	产品销售成本：			
17	联合成本（=⑬）（元）	95 000	305 000	400 000
18	可分属成本（元）	280 000	520 000	800 000
19	待售货物成本（=⑰+⑱）（元）	375 000	825 000	1 200 000
20	减：期末存货（=期末库存量×⑲÷产量）（元）	150 000	82 500	232 500
21	产品销售成本（=⑲-⑳）（元）	225 000	742 500	967 500
22	毛利（=⑮-㉑）（元）	75 000	247 500	322 500
23	毛利率（=㉒÷⑮）	25%	25%	25%

固定毛利率净值法从根本上不同于分离点销售价值法和预计可实现净值法。分离点销售价值法和预计可实现净值法只将联合成本分配给联产品，在分配联合成本时，在分离点前后都没有考虑赚得的利润；相反，固定毛利率净值法既是联合成本分配法又是利润分配法。在固定毛利率净值法下，总毛利率被分配给联产品以决定联合成本分配，所以每种产品的毛利率是相同的。在企业掌握销售价格数据的情况下，应该采用分离点销售价值法分配联产品的联合成本。

▶▶ 二、副产品成本的计算

有些工业企业，在主要产品的生产过程中，还会附带生产出一些非主要产品，即副产品。例如，提炼原油过程中产生的渣油、石油焦，洗煤生产中产生的煤泥等。副产品虽然不是企业的主要产品，但也可以满足社会需要，也有经济价值，因而也应该加强成本管理与核算。

副产品不是主要产品，其费用比重一般较小，为简化核算可将副产品与主要产品合为一类开设成本计算单归集费用、计算成本，然后将副产品按照一定的方法计价，从总成本中扣除，以扣除后的成本作为主要产品的成本。

副产品的计价方法，可以按照售价减去税金、销售费用和按正常利润率计算的销售利润后的余额计价；也可以在此基础上确定固定的单价，以固定的单价计价。副产品的计价额一般从总成本的原材料项目扣除。

有些工业企业，在生产过程中会产生一些废气、废液和废料，"三废"一经综合利用也就成了副产品，可比照副产品成本计算方法来计算其成本。

有些工业企业，除了生产主要产品外，有时还为其他企业提供少量加工、修理等作业，或企业的基本生产车间除生产主要产品外，还为本企业的其他车间和部门提供少量的加工和修理作业，这些作业的成本也可比照副产品的成本计算方法来计算其成本。

三、等级品成本的计算

有些工业生产（如洗煤）用同样的原材料（原料煤），经过相同的生产过程（洗煤生产过程）生产出品种相同但等级或质量不同的几种产品（精煤、洗块），即等级品。如果等级品的品种规格完全相同，只是由于生产和管理不善造成的次品，其单位成本和合格产品的成本相同；如果不同质量的产品，是由于内部结构、所用原材料的质量或工艺技术上要求不同而产生的，那么，这些产品则属于同一品种不同规格的产品，可将其视为一类来计算成本。

下面举例说明等级品成本的计算过程。

【例8-7】 某洗煤厂对一种原料煤进行加工，经过洗选、浮选、脱水、沉淀等生产工艺过程连续生产出质量和规格不同的冶炼用精煤、其他用精煤、洗块煤三种等级品，同时还附带生产出副产品煤泥（煤泥的成本按每吨17元单独计价）。这些产品有的在生产过程中的某个生产步骤就先分离出来，有的则要经过连续加工，到生产过程终了时才能分离出来。在分离点之前，各种产品的生产费用是综合在一起发生的。各等级品成本的计算分两步进行：第一步计算分离前成本，第二步用售价比例系数法计算分离后各等级品的成本。成本计算的有关资料如表8-21和表8-22所示。

表8-21 产量及单价

产品名称	本月产量/t	销售单价（元）	产品名称	本月产量/t	销售单价（元）
冶炼用精煤	47 000	240	洗 块 煤	10 000	170
其他用精煤	29 000	200	煤　　泥	1 398	35

表8-22 产品成本明细账
20××年3月

20××年		摘要	成 本 项 目				合　　计
月	日		直接材料	燃料及动力	直接人工	制造费用	
3	31	分配材料费用	8 564 233.50				8 564 233.50
3	31	分配电费		404 800.00			404 800.00
3	31	分配职工薪酬			916 322.76		916 322.76
3	31	分配制造费用				423 395.70	423 395.70

1. 用单一法计算分离前综合成本

根据表8-21，采用销售价格比例系数法，将冶炼用精煤的销售单价定为系数"1"，然后分别用其他用精煤、洗块煤、煤泥的销售单价与冶炼用精煤的销售单价相比，计算等级品的系数，作为换算系数，计算各等级品的折合产量。计算过程如表8-23所示。

表8-23 系数及折合产量计算表

产品名称	本月产量/t	销售单价（元）	系数	折合产量/t
冶炼用精煤	47 000	240	1	47 000.00
其他用精煤	29 000	200	0.8333	24 165.70
洗块煤	10 000	170	0.7083	7 083.00
合计				78 248.70

折合产量计算出来后，再根据表8-22就可以计算分离前折合产量的单位成本和总成本，计算结果如表8-24所示。

表8-24 分离前产品成本明细账　　　　　　　　　　　　　　单位：元

成本项目	折合产量单位成本	折合产量总成本
直接材料	109.16	8 564 233.50
燃料及动力	5.16	404 800.00
直接人工	11.68	916 322.76
制造费用	5.40	423 395.70
合计	131.40	10 308 751.96

2. 分离后各等级品成本的计算

（1）计算副产品煤泥的总成本：

$$煤泥的总成本 = 1\ 398 \times 17 = 23\ 766（元）$$

（2）计算等级品的总成本：

$$等级品的总成本 = 分离前总成本 - 煤泥的总成本$$
$$= 10\ 308\ 751.96 - 23\ 766 = 10\ 284\ 985.96（元）$$

（3）计算各等级品折合量的单位成本：

$$折合量的单位成本 = \frac{各等级品的总成本}{各等级品折合量之和} = \frac{10\ 284\ 985.96}{47\ 000 + 24\ 165.7 + 7\ 083}$$
$$= 131.439\ 7（元）$$

（4）计算各等级品的总成本：

各等级品的总成本 = 各等级的折合量 × 折合量单位成本

冶炼用精煤的总成本 = 47 000 × 131.439 7 = 6 177 665.9（元）

其他用精煤的总成本 = 24 165.7 × 131.439 7 = 3 176 332.36（元）

洗块煤的总成本 = 10 284 985.96 - 6 177 665.9 - 3 176 332.36 = 930 987.7（元）

（5）计算各等级品的单位成本：

$$各等级品的单位成本 = \frac{各等级品的总成本}{各等级品的实际产量}$$

冶炼用精煤的单位成本 = 6 177 665.9 ÷ 47 000 = 131.44（元）

其他用精煤的单位成本 = 3 176 332.36 ÷ 29 000 = 109.53（元）

洗块煤的单位成本 = 930 987.7 ÷ 10 000 = 93.10（元）

根据以上计算资料编制分离后各等级品成本明细账，如表 8-25 所示。

表8-25 分离后各等级品成本明细账　　　　　　　　金额单位：元

产品名称	产量/t	比率	折合量/t	总成本	单位成本
冶炼用精煤	47 000	1	47 000	6 177 666	131.44
其他用精煤	29 000	0.8333	24 166	3 176 332	109.53
洗块煤	10 000	0.7083	7 083	930 988	93.10
煤泥	1 398			23 766	17.00
合计			78 249	10 308 752	

第四节　产品成本计算方法的实际应用

工业企业产品生产类型和管理要求的多样性，决定了成本计算方法的多样性。在实际工作中，一个企业可能有若干个车间，一个车间也可能生产若干种产品，这些车间或产品的生产类型和管理要求并不一定相同，因而在一个企业或车间中，就有可能同时应用几种不同的产品成本计算方法。即使是一种产品，在该产品的各个生产步骤、各种半成品和各个成本项目中，生产类型或管理要求也不一定相同，也有可能将几种成本计算方法结合起来应用。

一、几种成本计算方法同时应用

由于企业内生产的产品种类很多，生产车间也很多，这样就有可能产生几种成本计算方法同时使用的情况。

（一）企业各车间的生产类型不同

有的企业不止生产一种产品，这些产品的特点不同，其生产类型也可能不一样，应采用不同的成本计算方法计算产品成本。例如，在重型机械厂，一般采用分批法计算产品成本；但如果有传统产品，产品已经定型，且属大量生产，也可采用品种法或分步法计算产品成本。

在企业里，一般都设有基本生产车间和辅助生产车间，基本生产车间和辅助生产车间生产的特点和管理的要求是不一样的，应采用不同的成本计算方法计算成本。例如，在钢铁企业里，其基本生产车间是炼铁、炼钢和轧钢，属于大量大批复杂生产，根据其生产的特点和管理的要求，可采用分步法计算产品成本。但企业内部的供电、修理、供气等辅助生产车间，则属于大量大批简单生产，根据其特点，应采用品种法计算成本。

（二）企业各车间的生产类型相同，但管理要求不同

例如，企业有一、二两个基本生产车间，分别生产两种不同的产品，管理上要求分步计算一车间生产产品的成本，而对二车间生产的产品则不要求分步骤计算成本。在这种情况下，企业应采用分步法计算一车间产品的成本，而对二车间产品则可采用品种法计算其成本。

（三）一个车间内生产多种产品，各产品的生产类型和管理要求不同

例如，企业一基本生产车间内，分别生产 A、B 两种不同的产品，A 产品已经定型，大批量进行生产；而 B 产品正处于试制阶段，因而属小批生产。在这种情况下，A 产品可采用定额法计算成本，B 产品则应采用分批法计算成本。

二、几种成本计算方法的结合应用

在同一企业生产同一产品，由于不同生产步骤的生产类型特点和管理要求不同，成本计算方法也不同，这时可结合采用几种成本计算方法。例如，小批单件生产的机械厂，铸工车间可以采用品种法计算铸件的成本；加工装配车间则可采用分批法计算各批产品的成本；而在铸工和加工装配车间之间，则可采用逐步结转分步法结转铸件的成本；如果在加工和装配车间之间要求分步骤计算成本，但加工车间所产半产品种类较多，又不外售，不需计算半产品成本，则在加工和装配车间之间可采用平行结转分步法结转成本。这样，该厂就在分批法的基础上，结合采用了品种法和分步法，在分步法中结合应用了逐步结转分步法和平行结转分步法。

产品成本计算的分类法和定额法，都是为了解决成本计算或成本管理工作中某一方面的问题而采用的成本计算方法，例如为了简化成本计算，或是为了加强成本管理。这两种成本计算方法同生产类型的特点没有直接联系，在各种生产类型的企业均可应用，但必须与各该类型生产中所采用的基本方法结合起来应用。

一个企业究竟应采用哪种或哪几种成本计算方法，应根据企业的生产类型特点和管理要求，从实际出发，本着主要产品从细、次要产品从简的原则而定，灵活运用各种成本计算方法。为了使企业各期的产品成本具有可比性，各期所采用的成本计算方法应相对稳定。

第三篇 成本管理

第九章 作业成本计算与作业成本管理
第十章 生命周期成本、目标成本与约束理论
第十一章 标准成本制度
第十二章 质量成本管理
第十三章 供应链成本管理
第十四章 环境成本管理
第十五章 人力资源成本的核算与管理
第十六章 成本报表的编制和分析

第九章

作业成本计算与作业成本管理

本章学习目标

- 理解作业成本计算法的基本思想；
- 掌握作业成本计算的程序；
- 理解作业成本管理的基本思想；
- 掌握作业成本管理的内容与方法。

自 20 世纪 80 年代以来，企业的制造环境发生了巨大变化，随着自动化生产、计算机辅助设计和计算机制造的广泛应用，以及弹性制造系统、适时制生产方式和全面质量管理的实施，生产成本中的间接费用大幅增加。20 世纪 70 年代，间接费用仅为直接人工成本的 50%～60%，而现在大多数企业的间接费用为直接人工成本的 400%～500%；以往直接人工成本占产品成本的 40%～50%，而现在不到 10%，甚至仅占产品成本的 3%～5%。在这样的环境下，再沿用忽视正确分配间接费用的传统成本计算方法，就容易出现成本被高估或被低估的现象。在此背景下，作业成本计算法（Activity-Based Costing，简称 ABC）应运而生。作业成本计算方法，是以作业为基础，通过对作业成本动因的分析计算产品的生产成本，并为企业的作业管理提供更为准确的成本信息。

第一节 作业成本计算

 一、作业成本计算的基本概念

作业成本计算的核心是在计算产品成本时，先将间接费用归于每一项作业，然后再将每一项作业的成本分摊到产品成本中。因此，进行作业成本计算，首先必须明确作业成本计算的几个基本概念。

（一）作业

作业（Activity）是指组织内为了某种目的而进行的耗费资源活动。它代表组织实施的工作，是指企业生产经营过程中相互联系、各自独立的活动。企业经营过程中的每个环节，或是生产过程中的每道工序都可以视为一项作业。企业整个经营过程可以划分为许多不同的作业。

1. 作业的基本特性

（1）作业是投入产出的联动实体。从微观层面上看企业的经营过程，无论是销货收款，还是内部工序交接、人工操作机器或者是收发人员登记文件，无一不是资源投入和效果产出的实实在在的过程。

(2) 作业贯穿于生产经营的全部过程。产品从设计到最终销售出去都是由各种作业的进行而完成的，没有作业的实施，经营活动就无法实现。

(3) 作业是可以量化的。作业是计算成本过程中的一个元素，必须具有可量化性，同时又是计算成本的客观依据。

2. 作业的分类

作业有多种分类，如杰弗·米勒和汤姆·沃尔曼将作业分为逻辑性作业、平衡性作业、质量作业、变化作业，库珀将作业分为单位作业、批别作业、产品作业、工序作业，特尼将作业分为目标作业和维持作业。下面主要说明单位水平作业、批量水平作业、产品水平作业及能力维持水平作业等概念的具体含义。

(1) 单位水平作业。单位水平作业（Unit-Related Activities）反映对每单位产品产量或服务所进行的工作，是使单位产品受益的作业。单位水平作业所耗用的资源量是同产品产量或服务量成比例的，或者说是同直接人工小时、机器小时成比例的。比如，对每一个产品所进行的质量检查消耗的间接人工明显与产品检查的数量有关，机器运转消耗的润滑油、电力以及对机器的定期维修都与机器小时成比例。

(2) 批量水平作业。批量水平作业（Batch-Related Activities）由生产批别次数直接引起，与生产数量无关，是使一批产品受益的作业。例如，为新的生产批别准备机器，一旦机器被准备好，每批无论是生产100单位还是1 000单位，准备成本都不变。又如，如果只对每批产品的第一件产品进行检查，这时所消耗的间接人工与批次成比例。生产计划也被认为是批量水平作业，因为每个生产周期都要制定一个生产计划，所以生产计划成本与生产周期的数量成比例，而与每个生产周期内的生产数量无关。批量水平作业和单位水平作业的主要区别在于完成批量水平作业所需要的资源不依赖于每批次所包含的产品数量。

(3) 产品水平作业。产品水平作业（Product-Sustaining Activities）是每一类产品的生产和销售所需要的工作，是使某种产品的每个单位都受益的作业。这种作业的成本与产品产量及批数无关，但与产品种类或产品线的数量成比例变动。有关产品水平作业的例子有：制图、工艺设计、流程设计、产品改良、技术支持等。我们可以把产品水平作业这一概念扩展到工厂以外，则有顾客水平作业，如市场调研、客户支持工作，该工作能够使公司完成向个别顾客的销售，这些成本与向顾客销售和交付的产品数量无关。

(4) 能力维持水平作业。能力维持水平作业（Facility-Sustaining Activities）是使企业生产经营正常运转的工作，是使某个机构或某个部门受益的作业。这些作业与产品的种类、生产的批次、每种产品的生产数量无关。能力维持水平作业的成本包括机器设备的租金、折旧、保险费和税金、房屋维修费、绿化费、照明费、保安费等。此外，能力维持水平作业还包括企业管理、会计、人力资源管理等。

(二) 成本动因

成本动因（Cost Driver）是指引起成本发生的驱动因素，又称成本驱动因素，是决定执行作业所需的工作量和工作耗费的因素。这些因素既包括本作业与前一作业相关的因素，也包括本作业内部的因素。成本动因解释了作业（或作业链）发生的原因。例如，原材料搬运作业的发生，是因为在生产布局时车间与仓库没有安排在一起所致。或者说，由于车间与仓库之间存在距离，引起搬运工作的发生。作业的发生也可由前一事件所引起，例如，顾客的订单引起生产一批零件的计划。成本动因不仅能解释作业产生的原因，而且还能解释执行作业所需耗费资源增减的变动。表9-1列示了作业、作业类型及其与成本动因的关系。

表 9-1 作业类型及成本动因

种 类	代表性作业	作业成本动因
单位水平作业	零件加工	磨床运转小时数
	零件组装	组装人工数
	打孔	打孔机运转小时
	能源使用	千瓦小时
批量水平作业	调整设备	调整次数
	按批搬运	搬运次数
	按批检查	检查小时
	材料接收	材料接收批数
产品水平作业	产品设计	产品种类
	修改产品特性	设计变更次数
能力维持水平作业	保安及厂区绿化	场地面积
	房屋维修	场地面积
	人力资源管理	部门

（三）价值链

价值链是研发、设计、生产、营销和向顾客交付产品与劳务所必需的一系列作业活动。价值链的形成过程与作业链的形成过程是一致的。根据作业成本法原理，产品消耗作业，作业消耗资源。其具体关系是：每完成一项作业就消耗一定量的资源，同时又有一定价值量的产出转移到下一项作业，直至最后一个步骤将产品提供给顾客。伴随作业的推进，价值也在转移。作为全部作业集合体的产品，同时也表现为全部作业的价值集合。通过价值链的分析，能使一个组织清晰地认识到每一项作业活动所产生的成本，将其与竞争对手的相应价值链的作业成本进行对比分析，可以找出降低成本的关键所在，进而获得成本优势，使企业在竞争中处于有利的地位。

二、作业成本法的基本思想

作业成本法的基本思想在于尽量根据成本发生的因果关系，将资源耗费分配至产品（或其他成本计算对象）上。为此，可大致将成本分为以下三类不同类型，并采取不同的方式进行处理：

（一）直接成本

某类成本的发生如果直接是由生产某种产品所引起的，那么这类成本通常可直接追溯到特定的产品，一般称之为直接成本。直接材料是典型的直接成本，直接人工成本也属于这类成本。但是在新的制造环境下，直接人工成本比重越来越小，再将其直接追溯到特定的产品上，往往不符合成本效益原则，所以人工成本逐渐列入非直接成本类型之内。为了保证成本计算结果的准确性，直接成本应以经济可行的方式直接计入有关的产品成本中。

（二）可追溯至作业的成本

许多成本虽然不能直接追溯到某种产品，但是却可以追溯到有关作业，由此得到作业成本。有些作业成本大小与产品直接相关，有些作业成本大小不与产品直接相关，而与另外一类作业相关。我们将前一类作业称为主要作业，后一类称为辅助作业。例如，人事管理、设备维修等作业都属于辅助作业，而机械加工、产品组装、质量检验等作业都属于主要作业。首先根据各主要作业所消耗的辅助作业量多少，将辅助作业成本分配至主要作业，然后再根据不同产品所消耗的作业量，将各项主要作业成本分配到各产品中。

（三）不可追溯成本

除了上述两类成本以外，还会剩余少部分成本，这部分成本既不能直接追溯到某种产品，也不能追溯到某种作业。该类成本比例一般很小（只占总成本的5%以下），通常称为不可追溯成本。对于不可追溯成本，可以选用某种标准将其分配到各有关产品成本中。

作业成本法的运用，使得传统成本计算法下许多间接费用变得具有可追溯性。上述基本思想如图9-1所示。

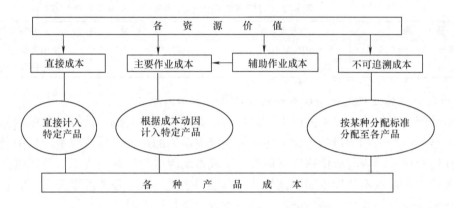

图9-1　作业成本法的基本思想

三、作业成本法下的产品成本计算程序

在作业成本法下，产品成本的计算大致按以下步骤进行：

1. 确认耗用企业辅助资源的所有作业

作业成本法与传统成本计算方法相比的根本区别是对间接费用的分配，传统成本计算方法是将间接费用采用单一的成本动因进行分配，而作业成本法是将间接费用采用多种成本动因进行分配，成本动因是根据作业的性质进行确定的。因此，作业成本法的第一步就是确认耗用企业辅助资源的所有作业。这一步骤的操作有一定的难度，并且需要消耗大量的时间，进行大量的判断。在这一过程中，成本会计人员需要与间接费用部门的工作人员进行会谈和交流，并要求他们描述其主要的作业，在此基础上确定作业的数量。如果作业数目越多，成本可能越准确，但由此导致成本计算工作量太大。反之，如果作业划分得过粗，一个作业中含有多种不相关的业务，必然会使产品成本计算结果的准确性降低。因此，作业的确定应遵循成本——效益原则。经验表明：①一般在每个传统的组织单位或部门中都应有2~10个功能明确的作业。②由不同的人执行的作业不能被合并。③一个作业一般不超过5~15个密切关联的业务。④如果一个作业只有一项业务，则说明作业划分过细。⑤如果一个作业含有不相关的业务，则应把它分解出去。

2. 将辅助资源费用追溯到对应的作业中

作业成本法是将直接材料和直接人工等直接费用排除在外的,因为现有成本体系是可以准确地将这些直接费用追溯到相应的成本计算对象中的。在这一阶段,通常要以那些掌握一线作业的工人进行交流的结果为基础。比如,企业的间接人工如果被分配到处理顾客订单、购买材料、安排生产计划、搬运材料和调整机器五项作业中,就应该与被确认为间接人工的员工进行交流他们花费在上述五项作业中的时间比例,并以此为基础进行间接人工的分配。需要注意的是被访谈的员工必须完全了解作业所包含的内容。另外,尤其是对部门经理们进行访谈以确定非人工成本是怎样分配到各项作业中的,比如机械设备的折旧等信息。

在这一步需要了解资源动因的概念。资源动因是指决定一项作业消耗资源的因素,它反映作业量与辅助资源消耗的因果关系,是把辅助资源分配到各项作业的依据。表 9-2 列举了几种间接资源的动因。

表 9-2 间接资源动因的几个例子

资 源	资源动因	资 源	资源动因
职工薪酬	消耗的劳动时间	房屋租金	使用面积
动力	消耗的电力度数	折旧	使用设备的价值

3. 为每一种作业确定一个成本动因并计算成本动因率

成本动因是引起成本发生的因素,是各项作业成本分配到成本计算对象中的标准,也是将资源与最终产出相沟通的中介。各项作业成本动因的选择是作业成本计算中最关键的一步,在选择成本动因时应依据以下标准:①成本动因应与作业中资源的消耗情况具有高度的相关性,作业成本的发生额应该与其成本动因之间具有较强的因果关系。②选择成本动因的数据应该易于收集,并且能把产品与作业的消耗联系起来。

成本动因确认后,就可以将每项作业归集的作业成本按其成本动因量计算相应的成本动因率。成本动因率的计算公式为:

$$成本动因率 = \frac{作业成本}{成本动因量}$$

4. 将作业成本追溯到产品成本

这一步是按照产品所消耗的成本动因量和成本动因率,将作业成本分配到各产品成本中,体现产品消耗作业,作业耗费资源,产品的作业成本等于所消耗的各项作业成本之和。因此,产品的作业成本计算公式为:

$$某产品的作业成本 = \sum 该产品消耗的作业成本动因量 \times 各项作业成本动因率$$

作业成本计算的程序如图 9-2 所示。

下面举例说明作业成本计算的具体过程。

【例 9-1】 某公司的材料接收中心负责原材料及零部件的接收与配送工作,其全年发生的人工成本预计为 500 000 元。该部门共有 12 人,其中 6 人负责外购零部件的接收与管理,3 人负责原材料的接收与管理,3 人负责将原材料和零部件按照生产订单送达生产线。预计全年的工作量如下:接收外购零部件 25 000 批,接收原材料 10 000 批,运送材料 5 000 个生产批次。

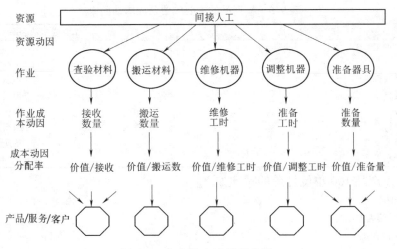

图 9-2 作业成本计算程序图

6 月份,该企业接收了一个客户订单,要求订购甲产品 1 000 件。为完成该订单,共订购了 50 批原材料,100 批零部件。由于该订单订购的数量较大,一共分 10 个生产批次完成送达。请计算该批订单应分摊的材料接收中心的人工成本。

按照作业成本的核算程序,其计算过程如下:

(1) 确定耗用材料接收中心人工成本的所有作业。该材料接收中心提供的作业有三个,分别为接收与管理外购零部件、接收与管理原材料、运送原材料到生产线。

(2) 将材料接收中心的人工成本追溯到上述三项作业中。三项作业应分配的人工成本按照人数比例加以分配,如表 9-3 所示,在这里人数就是资源动因。

表 9-3 作业及作业量比例与成本

作 业	作业量比例	作业成本（元）
接收部件	50%	250 000
接收原材料	25%	125 000
搬运部件/原材料	25%	125 000

(3) 确定每一项作业的成本动因并计算成本动因率如表 9-4 所示。

表 9-4 作业成本动因及成本动因率的计算

作 业	成本动因	成本动因量（批）	成本动因率(元/批)
接收部件	接收订单数量	25 000	10.00
接收原材料	接收订单数量	10 000	12.50
搬运部件/原材料	生产订单数量	5 000	25.00

(4) 计算甲产品应分配的作业成本。

接收外购零部件的作业成本 = 100 × 10 = 1 000(元)
接收原材料的作业成本 = 50 × 12.5 = 625(元)
搬运部件/原材料的作业成本 = 10 × 25 = 250(元)

为了更好地理解作业成本法下的产品成本构成,我们再举一例说明。

【例 9-2】 某企业产品制造过程中的主要作业及成本动因率如表 9-5 所示。

表 9-5　某产品的主要作业及成本动因率

作　业	作业成本动因率
直接人工加工	50 元/h
机器加工	60 元/h
购买和接收部件	150 元/购买订单
安排产量订单	200 元/生产环节
机器准备	80 元/准备小时
处理客户订单	100 元/客户订单
技术设计及支持	75 元/设计小时
工厂维持水平作业	4 元/直接人工小时

该企业 A 产品 100 单位订单的特征如下：

材料消耗	12.4 元/件
所需直接人工小时	0.6h/件
所需机器小时	0.8h/件
部件购买量	10 批
产量批数	6 批
平均准备时间	3h/批
装运数量	1 批
技术设计和支持时间	20h

则 A 产品的成本计算如下：

材料	12.4×100	1 240 元
直接人工	0.6×50×100	3 000 元
机器加工	0.8×60×100	4 800 元
单位水平作业成本		9 040 元
购买材料	10×150	1 500 元
产品批次	6×200	1 200 元
机器准备	6×3×80	1 440 元
处理顾客订单	1×100	100 元
批水平作业成本		4 240 元
技术支持	20×75	1 500 元
产品水平作业成本		1 500 元
工厂维持水平作业成本	0.6×100×4	240 元
全部作业成本		15 020 元

从例 9-2 中我们可以看到，在作业成本计算法下，产品成本是由单位水平作业成本、批水平作业成本、产品水平作业成本和工厂维持水平作业成本构成。这种成本构成有利于进行成本分析与成本控制。

四、作业成本计算与传统成本计算的比较

由于作业成本计算将间接费用按照多个成本标准进行分配，增强了每一项间接费用与其成本标准之间的相关性，因而使间接费用的分配更加合理。因此，与传统成本计算相比，作成本计算更为准确。下面举例说明。

【例 9-3】　某电机公司水电车间的生产过程主要涉及运输、重金、轻金、铲磨、装配、检验等作业。不同型号的产品所涉及的加工工艺存在着一定的差别，对这些作业的资源消耗

量是不同的。在传统的成本计算方法下,成本资料并不能体现产品消耗的各类作业的实际情况,而是笼统地以直接人工工时为基础对制造费用进行分配,造成以直接工时吃"大锅饭"的现象,成本管理无法深入到作业水平。该公司拟采用作业成本计算法进行成本计算与管理。通过分析,该公司水电车间的作业及各项作业的成本动因确定如表9-6所示。

表9-6 水电车间的作业及成本动因

作 业	成 本 动 因	作 业	成 本 动 因
运输	运输时间	装配	人工工时
重金	台时数	检验	检验时间
铲磨	台时数	其他	直接人工工时
轻金	台时数		

该水电车间20××年6月发生的间接费用的归集如表9-7所示。

表9-7 水电车间20××年6月间接费用归集表　　　　单位:元

	铲 磨	重 金	轻 金	装 配	检 验	运 输	其 他	小 计
工资费用							68 000	68 000
折旧费	10 290	29 820	154 350	51 450	12 000	9 000	10 000	276 910
修理费	5 940	184 500	67 800	13 500	100	13 000	1 500	286 340
办公费							4 780	4 780
水电费							17 640	17 640
通勤费							3 780	3 780
差旅费							4 130	4 130
易耗摊销	53 000	134 000	35 000	9 240				231 240
劳动保护							9 120	9 120
运输费						52 800		52 800
检验费					356 000			356 000
其他							16 850	16 850
动力燃料	58 500	250 000	79 500	29 800				417 800
合计	127 730	598 320	336 650	103 990	368 100	74 800	135 800	1 745 390

该水电车间20××年6月份各项作业发生的成本动因量如表9-8所示。

表9-8 水电车间20××年6月份各项作业发生的成本动因量

作 业	铲 磨	重 金	轻 金	装 配	检 验	运 输	其 他
成本动因量	4 550 台时	23 000 台时	14 000h	10 500h	2 400 台时	385h	65 050h

该公司的作业成本实施小组在水电车间生产的十几种产品中选择了D-1和Z-1两种产品,因为这两种产品的工艺复杂程度有较大的差异。通过统计,6月份两种产品消耗的成本动因量如表9-9所示。

表9-9 水电车间20××年6月份D-1及Z-1产品的成本动因量

	铲磨(台时)	重金(台时)	轻金/h	装配(台时)	检验/h	运输/h	其他/h
D-1	200	590	1 900	660	10	4 026	4 020
Z-1	810	4 460	1 240	1 680	310	12	10 550

该水电车间20××年6月份生产D-1和Z-1两种产品的直接成本如下：

产品	直接材料	直接人工
D-1	4 510元	30 000元
Z-1	3 760 000元	156 800元

请用作业成本计算法和传统成本计算法分别计算两种产品的总成本。

1. 作业成本计算法

(1) 计算作业成本动因率。如表9-10所示。

表9-10 水电车间20××年6月份成本动因率计算表

作业	铲磨	重金	轻金	装配	检验	运输	其他
作业成本（元）	127 730	598 320	336 650	103 990	368 100	74 800	135 800
成本动因量（台时或h）	4 550	23 000	14 000	10 500	2 400	385	65 050
成本动因率（元/台时或元/h）	28.07	26.01	24.05	9.90	153.38	194.29	2.09

(2) 计算D-1和Z-1两种产品的作业成本。如表9-11和表9-12所示。

表9-11 D-1产品的作业成本计算表

作业	成本动因量/h或台时	成本动因率（元/h或台时）	作业成本（元）
直接材料			4 510
直接人工			30 000
铲磨	200	28.07	5 614.51
重金	590	26.01	15 348.21
轻金	1 900	24.05	45 688.21
装配	660	9.90	6 536.51
检验	10	153.38	1 533.75
运输	4 026	194.29	782 194.29
其他	4 020	2.09	8 392.25
合计			899 817.73

2. 采用传统的成本计算方法

在传统的成本计算方法下，该水电车间的制造费用是以直接人工小时为标准进行分配的。

(1) 计算制造费用分配率。

制造费用分配率 = 1 745 390 ÷ 65 050 = 26.83（元/h）

D-1分配的制造费用 = 4 020 × 26.83 = 107 856.60（元）

Z-1分配的制造费用 = 10 550 × 26.83 = 283 056.50（元）

(2) D-1与Z-1产品的成本计算。如表9-13所示。

表 9-12 Z-1 产品的作业成本计算表

作　业	成本动因量/h 或台时	成本动因率（元/h 或元/台时）	作业成本（元）
直接材料			3 760 000
直接人工			156 800
铲磨	810	28.07	22 738.75
重金	4 460	26.01	116 022.05
轻金	1 240	24.05	29 817.57
装配	1 680	9.9	16 638.40
检验	310	153.38	47 546.25
运输	12	194.29	2 331.43
其他	10 550	2.09	22 024.44
合计			4 173 918.89

表 9-13 D-1 与 Z-1 产品的成本计算表　　　　　　　　　　　　单位：元

	直接材料	直接人工	制造费用	合　计
D-1	4 510	30 000	107 856.60	142 366.60
Z-1	3 760 000	156 800	283 056.52	4 199 856.52

3. 两种成本计算方法的成本差异比较

两种成本计算方法得出 D-1 和 Z-1 两种产品的成本，如表 9-14 所示。

表 9-14 产品成本差异比较表　　　　　　　　　　　　单位：元

产　品	作业成本计算法	传统计算法	差　异
D-1	899 817.73	142 366.60	757 451.13
Z-1	4 173 918.89	4 199 856.52	-25 937.63

通过表 9-14 可以看出，在传统成本计算方法下，生产工艺比较复杂的 D-1 产品的成本被少计了 757 451.13 元，而生产工艺相对简单的 Z-1 产品成本被多计了 25 937.63 元。

五、客户盈利能力分析

作业成本法也可以应用于客户成本计算，从而进行客户盈利能力分析，以此识别服务特定客户的成本和收益，提高企业或组织的盈利能力。

【例 9-4】　某企业一季度向甲、乙、丙三个客户进行销售，有关资料如表 9-15 所示。

表 9-15 甲乙丙三个客户的有关资料

客户名称	甲客户	乙客户	丙客户
销售收入（元）	220 000	280 000	160 000
订单数（份）	25	120	70
购买数量（件）	500	800	750

(续)

客户名称	甲客户	乙客户	丙客户
购买产品总体积/m³	50	60	40
送货次数（次）	28	50	70
每次送货距离/km	10	20	15
平均未收回货款（元）	100 000	200 000	32 000

企业的其他有关资料如下：

(1) 该企业销售毛利（即销售额－产品销售成本）为25%。

(2) 销售数量折扣条件：如果每月购买额超过80 000元，则有2%的折扣。只有乙客户有资格取得数量折扣。

(3) 现金折扣条件：10天之内付款，折扣率为3%；30天内付款，折扣率为1%。本季度甲、乙、丙客户所获得的现金折扣分别为5 000元、2 000元和8 500元。如客户放弃现金折扣，则应在45天内付款。

(4) 销售佣金按销售额的5%支付。

(5) 每次送货运费是5元/km。

(6) 该企业资金的机会成本为年20%。

与客户相关的作业信息如表9-16所示。

表9-16 与客户相关的作业信息

作 业	成本动因	成本动因率
订单处理	订单数量	15元/份
包装	产品购买件数	1.5元/件
发货	产品购买件数	0.8元/件
仓储	占用体积	3.2元/m³
货款管理	订单数量	20元/份

根据上述信息，三个客户的盈利能力计算如表9-17所示。

表9-17 甲乙丙三个客户的盈利能力

	甲客户		乙客户		丙客户	
	金额	%	金额	%	金额	%
销售收入	220 000	100	280 000	100	160 000	100
减：产品销售成本	165 000	75	210 000	75	120 000	75
销售毛利	55 000	25	70 000	25	40 000	25
减：客户直接成本						
销售佣金	11 000	5	14 000	5	8 000	5
运费	1 400	0.6	5 000	1.8	5 250	3.3
占用的资金成本	5 000	2.3	10 000	3.6	1 600	1.0

(续)

	甲客户		乙客户		丙客户	
	金额	%	金额	%	金额	%
现金折扣	5 000	2.3	2 000	0.7	8 500	5.3
数量折扣			5 600	2		
减：作业成本						
订单处理	375	0.2	1 800	0.6	1 050	0.7
包装	750	0.3	1 200	0.4	1 125	0.7
发货	400	0.2	640	0.2	600	0.4
仓储	160	0.1	192	0.1	128	0.1
货款管理	500	0.2	2 400	0.9	1 400	0.9
客户成本合计	24 585	11.2	42 832	15.3	27 653	17.3
净毛利及净毛利率	30 415	13.8	27 168	9.7	12 347	7.7

表9-17中，资金占用成本的计算以甲客户为例为：100 000 × 20% ÷ 4 = 5 000（元）；运费以甲客户为例计算为：5元/km × 10 × 28 = 1 400（元）。

通过表9-17的计算结果可知，甲乙丙三个客户的销售毛利都是25%，但是其客户成本却不一样，甲乙丙三个客户的客户成本占销售收入的比例分别为11.2%、15.3%和17.3%，给企业带来的盈利能力分别为13.8%、9.7%和7.7%。因此，通过顾客成本的计算，可以更好地了解顾客给企业带来的盈利能力。

表9-18中概括了高成本服务客户和低成本服务客户的特点。

表9-18 高成本服务客户和低成本服务客户的特点

高成本服务客户	低成本服务客户
• 订购定制产品	• 订购标准产品
• 订单量小	• 订单量大
• 下单时间很难预测	• 下单时间容易预测
• 特别的交货要求	• 标准交货
• 改变交货要求	• 交货要求不变
• 大量的售前支持（市场营销、技术和销售资源）	• 售前支持很少甚至没有（标准定价和订单）
• 大量的售后支持（安装、培训、质保和实地服务）	• 无售后支持
• 付款较慢（有大量应收账款）	• 付款及时（应收账款较低）

六、服务型企业的客户成本

服务型企业必须比制造型企业更关注客户的成本和赢利能力，因为与制造型企业相比，服务型企业对组织资源需求的变动更多地是以客户为驱动的。生产标准产品的制造型企业不需要考虑客户如何使用这种工具即可计算产品的成本，即生产成本是独立于客户的，可能只有营销、销售、订单处理、产品的送货或维修是与客户相关的。而对于服务型企业来说，客户行为决定了生产产品和为客户提供服务所需的组织资源的数量。因此，服务型企业更需要采用作业成本法计算客户的成本。在服务型企业中，采用作业成本计算的程序也必须遵循我们前面讲到的作业成本计算程序的四个步骤。关于具体的应用，本教材配套指导书中的案例一提供了保险公司应用作业成本计算方法的详细分析过程。

第二节　作业成本管理

在新的制造环境下，作业成本法的采用能显著提高产品成本信息的准确性。然而，作业成本法的重要意义远远不局限于此。事实上，管理人员能将作业成本法作为一种有力的成本管理工具，对企业整个经营过程实施不断改善，从而提高企业的获利能力和竞争能力。

作业成本法具有二维观念（见图9-3），一是"成本分配观"（Cost Assignment View），它可以概括为：资源→作业→成本对象；二是"过程观"（Process View），它可以概括为：经营过程分析→作业→持续改善（见图9-3）。成本分配观提供关于资源、作业及成本对象的有关信息。它是以"成本对象引起作业需求，作业需求进而引起资源需求"为基本依据，将资源首先分配至作业，再由作业分配至成本对象。过程观提供"何种因素引起作业以及作业完成效果如何"的信息。企业可以利用这些信息不断优化经营过程，从而实现持续改善。作业管理体现了作业成本法的过程观，其目的在于对作业链进行持续改善，以便使企业获得竞争优势。

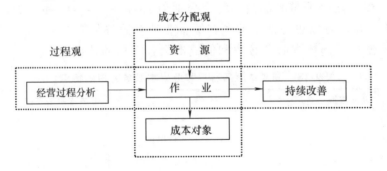

图9-3　作业成本法的二维观念

作业管理一般是通过成本动因分析、作业分析、作业改进和作业业绩考核实现的。

一、成本动因分析：寻找成本发生的根源

要进行作业管理，必须首先清楚引起作业的原因。我们知道，每项作业都有投入和产出。作业投入（Activity Input）就是为取得产出而由作业消耗的资源；作业产出（Activity Output）是一项作业的结果或产品。

例如，对于一个编写计算机程序的作业来说，作业投入包括一个程序员、一台计算机、一台打印机、一定量的打印纸和磁盘；作业产出就是计算机程序。作业产出计量（Activity Output Measure）是执行作业的次数，它是可以量化的。比如，编写程序的一个可能的产出计量是程序的数量。

作业产出计量实际上是对一项作业需求的计量尺度，称为作业动因（Activity Driver）。

一项作业的需求改变了，作业成本也将随之改变。例如，随着编写程序数量的增加，编写程序作业就需要耗用更多的投入（人工、磁盘、纸张等）。然而，产出计量，比如程序数量，可能而且经常与作业成本的根本原因不相一致。动因分析（Driver Analysis）的目的是揭示作业的根本原因。比如，通过动因分析可能揭示出材料搬运成本的根本原因是工厂布局。一旦知道了根本原因，就可以采取措施改善作业，如可以通过重新安排工厂布局来降低材料搬运成本。

一种作业成本产生的根本原因常常也是其他相关作业。如检验购入部件（产出计量＝检验小时数）和再订货（产出计量＝再订货次数），可能都是由供货质量欠佳引起的。通过实行全面质量管理和供货商评价方案，这两种作业以及采购过程本身都可能得到改善。

▶ 二、作业分析：确认和评估价值内容

作业管理的主要目标是：第一，尽量通过作业为顾客提供更多的价值；第二，从为顾客提供的价值中获得更多的利润。为了实现这些目标，企业管理必须深入到作业层次，进行作业分析。它具体包括以下六个步骤：

1. 描述作业

首先确定企业的经营目标，然后判别并描述企业为顾客提供产品或服务而进行的各项作业。一般通过以下方法描述作业并绘制作业清单。

（1）自上而下法。一些组织的 ABC 小组成员来自中高层管理人员，由于他们熟悉企业的生产和经营过程，因而可以快速、低成本地获得作业清单。一些大型生产公司一般采用这种方法来获得它所经营的多种业务的作业清单。

（2）面谈或参与法。这种方法有赖于小组中有操作人员并能通过与他们面谈获得信息。比较自上而下的方法而言，这种方法可能产生更准确的作业清单，因为亲自执行这项作业的人员能比他们的上司提供更准确的信息。但是，如果员工担心提供实际执行作业给高层管理人员可能会对他们造成影响时，可能不会完全真实地告之他们所执行的作业清单。

（3）循环法。有时为了其他目的需要不断使用有关生产过程的文件。例如，很多公司追求并已通过 ISO 9000 认证，这项认证就要求提供有关生产程序的详细材料，重复使用这些材料就能相对简单明了地制定出作业清单。

【例 9-5】 精密模具公司的作业描述。

由于在最近准备 ISO 9000 认证时，精密模具公司已经识别了其生产过程中的作业，因此，ABC 小组决定采用循环法来形成作业清单。他们之所以不采用自上而下的方法，不仅是因为已具备现成信息，而且因为小组成员相信详细了解组织内所有级别（包括生产人员）的作业是必要的。

表 9-19 为 ISO 9000 认证中的信息，现在被用来列示精密模具公司的作业。ABC 小组根据前述的作业分类组成了这张作业清单。为简便起见，表 9-19 仅包括精密模具公司总作业清单的主要类别。在表 9-19 所示的作业清单的左栏中，第 1 位数是最综合的作业（如1），第 3 位数代表最明细的作业。列在作业 1 下的每一项内容指的是单位层次的作业和资源；列在作业 2 下的每一项内容指的是批别层次作业和资源；作业 3 到作业 5 依此类推。1.2.2 的作业资源是指材料扣件，是作业 1.2 的一部分；作业 1.2 是获得并使用原材

料制作婴儿护理产品，它是作业1的一部分，作业1是单位层次作业。

表9-19 精密模具公司的作业和资源清单

编　　号	说　　明
1. 单位层次	
1.1　为生产容器获得并使用原材料	
1.1.1　中级塑料原料	
1.1.2　颜色	
1.2　为生产婴儿护理产品获得并使用原材料	
1.2.1　高级塑料原料	
1.2.2　扣件	
1.2.3　颜色	
2. 分批层次	
2.1　调试准备人工控制的注塑机	
2.1.1　调试准备人工控制的注塑机（忽略详细的子作业）	
2.1.2　对人工控制机器生产的产品的批别进行质量控制	
2.2　调试准备计算机控制的注塑机	
2.2.1　调试准备计算机控制的注塑机（忽略详细的子作业）	
2.2.2　对计算机控制机器生产的产品的批别进行质量控制	
3. 产品层次	
3.1　设计和生产模具（外购）	
3.2　使用人工控制的注塑机	
3.2.1　机器折旧	
3.2.2　机器维修	
3.2.3　机器操作——人工	
3.3　使用计算机控制的注塑机（忽略详细的子作业）	
4. 客户层次	
4.1　与客户咨询	
4.2　为客户提供仓储	
5. 设施层次	
5.1　管理工人	
5.2　使用主要建筑物	
5.2.1　建筑物租赁	
5.2.2　使用水电气等	
5.2.3　建筑物维修	

从表9-19中可以看出，作业实际上是对原材料的获得和其在产品生产过程中的使用。在精密模具公司，作业对用来生产产品的原材料的获得和使用成本可用购买、检测和储存原材料和其他相关的成本来表示。

在与生产工人面谈时，精密模具公司的ABC小组问了他们这样一个问题："当准备生产一批饮料容器时，你需要做些什么工作？"一个产品线上的工人可能回答："每次我们开始一批新的饮料容器生产的时候，我将控制盘装好，并注入颜色。"

2. 分析作业的必要性

一个企业生产经营的全面作业链如图9-4所示。从图9-4中我们可以看出，作业链分为两大部分，上半部分是支持性作业，下半部分为企业的基本作业活动，即一般意义上的企业生产经营活动。上半部分的支持性作业包括企业基础结构、人力资源管理、技术管理、研究与开发等；而下半部分则包括从产品设计到产品出售后的全过程，如产品设计、原料采购、产品制造、成品储运、市场营销、售后服务。作业链的各部分都是紧密相联、相互影响的。从大的方面来说，支持作业顾名思义是基本作业的前提和基础，而离开了基本作业的支持性作业则是空洞而无意义的。从基本作业本身来说，某一环节作业管理的好坏必然影响其他作业的成本和效益，比如，采购优质的原材料，产品制造过程中就可减少浪费，少出次品，缩短加工时间。同时应当看到，一个作业对其他作业的影响程度与其在作业链上的位置关系很大。根据产品实体在作业链上的流转程序，企业作业可分为上游作业和下游作业两类，设计、采购和制造被称为上游作业；产品储运、营销和售后服务被称为下游作业。前者的中心是产品，与产品的技术特性紧密相连；后者的中心是客户，关键取决于是否适时满足客户的需要。因此，作业的必要性分析须从企业和客户两个角度来进行。如果某项作业对客户来说是必要的，那么就是必要作业，能为客户增加价值；如果某项作业对客户来说是不必要的，则要进一步分析该作业对企业是否必要，如果对企业必要，即使与客户无关也是必要作业。如图9-4所示的作业链分析中，下部分的作业对客户来说大部分是必要的，而上部分的作业大部分对企业是必要的。例如，编制年度会计报表这一工作，对一般性客户而言没什么必要性，但对企业而言，企业必须做好这一工作以满足所有者、债权人及其他与企业有经济利益关系的信息使用者的需要。那些既非客户需要，也不能为企业组织管理发挥作用的作业，是不必要的，必须消除。可用图9-5表示作业的必要性分析过程。

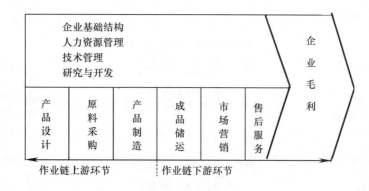

图9-4 作业链分析

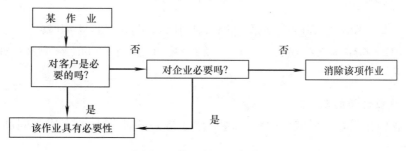

图9-5 作业的必要性分析

3. 分析重点作业

企业中作业的数量少则几十个，多则成百上千，逐一进行分析浪费人力，应当有选择性地进行重点突破。企业中，80%的成本通常由20%的作业引起，如图9-6所示，将作业按其占成本比例的大小排列，排在前面的就是应当进行具体分析的重点作业。

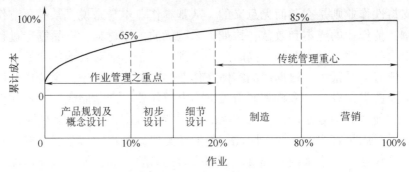

图9-6　作业按成本比例排序

4. 将本企业的作业与其他企业的类似作业进行比较

必要作业不一定就是高效率的或最佳的作业，通过与其他企业先进水平的作业进行比较，可以判断某项作业或企业整个作业链是否有效，从而可寻求改进的机会。例如，处理客户订单是一项必要的作业，但是某公司采用手工处理方式处理订单，而其他类似企业都采用成本低、差错率低和快速的电子数据交换系统处理客户订单。从比较可以看出，手工处理客户订单显然不是高效率的，还有改进的余地。图9-7是美国联合航空公司和人民快递航空公司的作业链成本比较。

人民快递航空 每一万英里[一] 每个座位成本	联合航空与人民快递航空公司 价值链成本分析比较 航空公司价值链 作业活动	联合航空 每一万英里 每个座位成本
$ 28 000		$ 41 500
$ 1 000	广告、公关、卖票、订位及咨询	$ 1 300
$ 9 000	机场票务及划位、收行李、机门 登机及下机行李托运处理	$ 13 200
$ 4 900	航班安排及折旧成本	$ 6 700
$ 11 600	飞行驾驶活动	$ 15 600
$ 1 500	飞行途中机内客户服务	$ 4 700

图9-7　美国联合航空与人民快递航空公司的作业链成本比较

注：图9-7只是说明两家航空公司作业链成本的比较方式，还应包含企业所采用的经营战略的比较分析，这里就不详述。

5. 分析作业之间的联系

各种作业相互联系，形成作业链。这个作业链必须使作业的完成时间和重复次数最

[一] 1英里 = 1 609.344米，下同。

少。理想的作业链必须使该作业与作业之间环环相扣，而且每次必要的作业只在最短的时间内出现一次。分析各项作业的联系可通过绘制作业流程图来实现。图9-8 给出了某公司的作业流程图。该图清楚地描述了购货、验货、收货、会计、机制、工作准备等作业是怎样进行的，以及它们之间的相互联系。

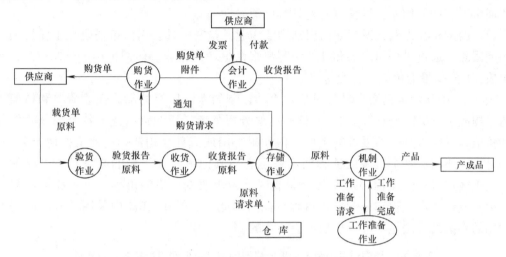

图9-8 某公司的作业流程图

6. 区分增值作业与非增值作业

作业按其是否具有增值性可以分为两类：一是增值作业（Value Added Activity）；二是非增值作业（Non-Value Added Activity）。增值作业的基本特点在于它能增加转移给客户的价值。这里所说的价值是指客户对企业向他们提供的产品或服务所愿意支付的价格。企业如果消除了这类作业，就会影响客户所愿意支付的价格。处于生产流程中的各项作业一般都是增值作业。非增值作业是指对增加客户价值没有贡献的作业。客户不会因为企业消除这类作业而降低所愿意支付的金额。非增值作业的判别标准是：企业把该作业消除后仍能为客户提供与以前同样的产品和服务。在企业经营过程中有很多非增值作业，非增值作业往往是指那些可以在不影响产品性质、性能或价值的条件下应消除的作业。例如，储存外购的零部件，除非生产需要，是不增加产品价值的。假定管理人员能够通过采用适时采购以消除储存外购零部件这项作业，则企业就可以不降低产品的质量而又能节约成本。

下面是不增加产品价值的几种需要取消的作业类型：

（1）调度。它是指一种耗费时间和资源来决定何时生产各种产品（或何时进行生产准备，需做多少次生产准备）及生产多少的作业。

（2）搬运。它是指一种耗费时间和资源将原材料、在产品和产成品从一个部门搬到另一个部门的作业。

（3）待工。它是指一种原材料或在产品在等待下一个工序时耗费时间和资源的作业。

（4）检验。它是指一种耗费时间和资源来确保产品符合规定标准的作业。

（5）仓储。它是指一种当产品或原材料处于存货形态时耗费时间和资源的作业。

以上所有这些作业都不能为客户增加任何价值。作业分析的任务就是找出在不需其中任何一种作业的条件下生产产品的途径。

值得强调的是，我们不能根据一项作业在产品生产过程中是否具有可消除性来判断其是否属于非增值作业。例如，原材料搬运作业通常不可能完全消除，但该作业属于非增值作业；相反，某些产品的包装作业具有可消除性，企业可以采用散装方式向客户销售（例如，可以不必对每支牙膏进行单独包装），但这样就会影响产品的销售价格，所以，包装作业通常属于增值作业，尽管有时它具有可消除性。

以前面例 9-5 为例，说明如何识别增值作业。精密模具公司由市场研究主任带领一个跨职能团队，通过对公司内部和外部的客户来衡量增值作业。他们采用 5 分制（5 分是最高价值，1 分是最低价值）衡量标准。

表 9-20 中显示了精密模具公司某月手动控制的灌注压模的部分作业清单和估值。这份清单构成了 ABM 分析的基础。完整的增值分析是衡量组织价值链上各个部分的作业成本和价值。尽管这是一项艰难的工作，但如果部门或流程互相依赖，此工作便十分必要。也就是说，要改进某个区域的流程而不考虑它与其他流程或区域的联系是不可能的。例如，改进客户订单的流程必须在几个职能区域做出改变，诸如市场、工程和会计职能区域，以及成批生产流程和分配发货流程方面。因此，试图在 ABM 中采用不考虑流程的互相作用的零散的方法是不可行也是不会成功的。

表 9-20 精密模具公司手动控制机器的调试准备和质量控制作业清单

作业	作业说明	4 级作业成本（元）	3 级作业成本（元）	2 级作业成本（元）	客户价值
2.1	安装手动控制机器			3 000	
2.1.1	调整灌注压膜刻度盘		200		3
2.1.2	对生产批次进行质量控制		200		3
2.1.3	观察生产流水作业的开端		100		5
2.1.4	移开样品并检查		300		3
2.1.5	次品回收再利用		100		1
2.1.6	将合格品入库			2 000	
2.1.6.1	切边	500			1
2.1.6.2	将边角余料放入回收袋	400			1
2.1.6.3	将合格品放入罐中	200			3
2.1.6.4	输出完成订单	200			3
2.1.6.5	将完成的订单产品入库	500			2
2.1.6.6	完工订单入库登记	200			2
2.1.7	结束生产流水作业		100		3

表 9-20 中的作业 2.1.6.5 将完工的订单产品入库，在客户价值等级中得 2 分，表明此项作业对于客户来说几乎没有价值，即使有也是微乎其微。精密模具公司应参考此流程并寻找方法消除或至少减少此作业。例如，也许完工的订单能被立即运至客户公司而不是储存在仓库中。精密模具公司应该审核所有增值很少或不能增值的作业（得 1 分、2 分和 3 分），并寻找方法减少或消除它们。

三、作业改进

作业分析表示了一个组织考虑它们生产产品或向客户提供服务过程的一种系统方法。作业改进的目的就是消除非增值作业，改进增值作业，促进企业管理水平的不断提高。

通过作业分析，在确认企业的增值作业与非增值作业的基础上，对于非增值作业应该消除，对于增值作业应该提高其产出效率。可供采取的主要措施有以下几个：

1. 作业消除

作业消除（Activity Elimination）主要是针对非增值作业而言的。一旦断定某些作业是非增值的，就必须采取措施予以消除。例如，检验外购零件作业看起来是必要的，它确保使用的零件合格。然而，只有当供应商的产品质量较差时，该作业才是必要的。选择能够提供高质量零件的供应商或愿意改善质量控制以提供高质量零件的供应商，将会消除外购零件检验作业。随着非增值作业的消除，成本节约随之实现。

2. 作业选择

作业选择（Activity Selection）是指在由相互竞争的策略决定的不同作业组之间做出选择。不同的策略产生不同的作业。例如，不同的产品设计策略可能需要截然不同的作业。由于作业引起成本，每一产品设计策略都有相应的一组作业及相关成本。因此，在其他条件相同的情况下，应选择最低成本的设计策略。所以，作业选择对成本节约有重大的影响。

3. 作业减低

作业减低（Activity Reduction）是指降低作业所需的时间和资源。这种成本节约方法主要是改善必要作业的效率，或作为短期策略改善非增值作业直至能够将其消除。生产准备作业就是一项必要作业，常被用来作为能够用更少的时间和资源来完成作业的例子。

4. 作业分享

作业分享（Activity Sharing）是指通过达到经济规模来提高必要作业的效率。具体而言，就是在不增加作业本身总成本的情况下，增加该作业的成本动因数量。这样，成本动因的单位成本降低，耗用作业的产品所承担的成本也随之降低。例如，将新产品设计为可利用其他产品的元件，通过使用现有元件，公司就可避免创建一组全新的作业，因为与这些元件相关的作业已经存在。

根据前面表9-20，可以计算精密模具公司手动控制机器的调试准备和质量控制作业的价值和成本比较，如表9-21所示。

表9-21 作业价值与成本比较表

客户价值	作业成本合计（元）	百分比（%）
5	100	3.3
4	0	0
3	1 200	40.0
2	700	23.3
1	1 000	33.4
合计	3 000	100

从表 9-21 中可以看出，客户价值得 3 分和 3 分以下的作业消耗了大约 97% 的资源。精密模具公司的成本管理分析人员需要找出原因，为什么消耗如此多的资源作业只能为客户产生如此少的价值。能消除这些低增值作业的竞争者比精密模具公司更具有成本上的优势，尤其是如果精密模具公司的其他生产流程也消耗大量资源却产生极小价值。这个流程看起来有很大的改进空间。例如，如果精密模具公司能够重新设计流程以消除得 1 分的作业，则其成本可降低 33.4%。

经常问为什么可能很容易识别进行这些作业的根本原因。识别并改变那个根本原因几乎总能消除组织对非增值作业的需要，并且会因为流程间的相互联系而带来额外的收益。

ABC 小组问为什么员工要修掉已压模的产品上多余的塑料边。理由有以下几条：
（1）产品外观和功能要求去掉多余部分。
（2）高压灌注会使塑料从模具的边沿漏出。
（3）高压要求将产品恰当地压模成形。
（4）模具的设计允许渗漏。
（5）模具采用旧式的设计。

公司能改造模具或以改进的设计代替旧的设计来消除切边和回收边角余料的流程。这样便可以节约 143min 的劳动时间，还可以防止材料的损失，这些损坏的材料被送往物料回收处做报废处理。

该团队也检测了记录保持作业，并且劝说生产副总裁安装一个条码系统，该系统为每一批订单创建一个独一无二的条码并允许公司标记并电子检索所有订单。这样便可消除不增值的记录保持作业以及改正错误记录的需要，从而使整个公司获益。

精密模具公司期望条码系统为其所有订单创立资源的节约。这个以及类似分析的结果使得生产团队在提高产品和客户服务质量的同时，能大幅减少几个流程的时间。精密模具公司能在消耗更少资源的同时提供更多的客户价值。

以 2.1.6 将合格品入库作业为例，该公司进行了以下改进，如图 9-9 所示。

图 9-9 灌注压膜流程的增值作业分析：将合格品入库

假设精密模具公司注模机器的操作工平均每小时的工资薪酬为 10 元。流程改进前，将 100 单位的婴儿玩具订单的合格品入库的作业成本为：286/60 × 10 = 47.67（元）；流程改进后，作业成本减至：82.2/60 × 10 = 13.70（元）。这表明，每 100 单位订单节约了 33.97 元，节约百分比为 71.33%。

四、作业业绩考核

评价作业（和过程）的执行情况，对于以提高盈利能力为目的的管理至关重要。作业业绩指标既可以是财务性的，也可以是非财务性的。设计这些办法是用来评价作业的执行情况及取得的结果，也可用来揭示是否实现了作业的持续改善。作业业绩指标集中于三个主要方面：效率、时间、质量。效率集中体现作业投入与作业产出的比例关系。例如，提高作业效率的一种方法就是用较低的投入成本得到同样的产出。质量关注第一次执行时能否就把作业做好。如果作业产出有缺陷，可能需要重复作业，这样就产生非必要成本，同时降低了效率。执行作业的时间要求也非常关键。较长的时间通常意味着更多的资源消耗，及对顾客需要的反应能力较差。时间业绩指标倾向于非财务的，而效率和质量指标既有财务的又有非财务的。因此，作业业绩的考核主要指标应该是：①作业成本的高低；②完成作业的必要时间；③工作质量好坏。以订货作业为例，可以考虑的考核指标有：①一次订货的平均成本；②一次订货需耗用的时间；③一个月内发生的订货过失次数。

五、作业管理的实例分析[①]

（一）案例背景

Aerotech 的菲尼克斯分厂生产三种复杂的电路板，这些产品被称为Ⅰ号、Ⅱ号和Ⅲ号电路板。三种电路板的生产过程都包括将各种电子部件粘到最初的板上。Aerotech 从其他电子制造商处购买各种板和所有的电子部件。大多数电子装置是小型铅轴部件。将两根铅线掰成 90°，并将之插入原始板上先前钻的孔中，从而使这些部件固定到原始板上。少数几种大的或形状奇特的部件在生产过程中需要特别处理。三种电路板的生产步骤顺序都是一样的，具体的生产工序如下：

（1）排序。将小型铅轴零部件按顺序放置，以便插入原始板。

（2）自动插入。排好序的小型铅轴部件被送入自动插入机，该机器把铅轴弯成一定的角度并把它们插入原始板上先前钻的孔中。

（3）手工插入。接下来，那些大的或形状奇特的零件用手工插到电路板上。

（4）焊接。插好的原始板要经过波焊机，在这儿熔融的铅液流过每块板，使得每个零件的铅轴牢牢地粘在原始板上。

（5）冲洗、烘干。冲洗、烘干循环类似于家用洗碗机的运转。电路板被冲洗以去除杂质微粒，然后用暖气烘干。

（6）手工插入。下一步就是手工插入那些抗不住波焊或冲洗、烘干作业的零件。

（7）钉床。将每块完工的电路板放置在钉床检测器上。该机器由一系列垂直的探针组成，这些探针能触到电路板每个零件上的铅。每个零件被独立地检验。钉床检测器被设计

[①] 资料来源：罗纳德 W 希尔顿. 管理会计 [M]. 4 版. 耿建新, 等译. 北京：机械工业出版社, 2000.

成能触到Ⅰ号、Ⅱ号和Ⅲ号电路板上各种不同类型的铅线。

（8）性能检验。最后一步是给每块电路板通电，进行性能检验。该程序要持续3个小时，用于检验整块板的功能，也就是检验整块电路板是否会正常工作；一旦发现问题，立刻将其送到工程技术中心接受全面的检查。

（9）打包。性能检测合格后，每块电路板被包好并送到产成品库。

（二）工厂布局

Aerotech的菲尼克斯分厂的布局如图9-10所示。箭头表示产品从一阶段到另一阶段的流转。在产品存货库位于每个部门的旁边。在下一个生产部门需要它们以前，部分完工的电路板被储存在那里。

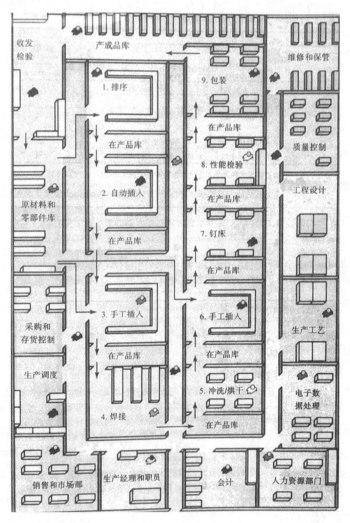

图9-10　Aerotech公司菲尼克斯分厂的工厂布局

（三）生产过程的作业分析

强调作业管理有助于管理当局辨别不增值成本和消除引发这些成本的作业。从原材料到达菲尼克斯分厂到完工电路板发送到客户这一生产过程中，时间是如何分配的呢？和大多数制造企业一样，时间花费在以下五方面：①加工时间；②检测时间；③移送时间；④等待时间；⑤储存时间。

其中，加工时间是电路板在某项生产操作（部门 1~6）和打包操作（部门 9）中实际被加工的时间。检测时间是钉床和产品效能检验程序花费的时间。移送时间包括如下作业：接收原材料并将其送入仓库；运送材料和零件到铅轴排序操作（部门 1）或两次手工插入操作（部门 3 和 6）；从一个部门运送部分完工产品到下一部门；将包装好的产品送入产成品库。等待时间包括部分完工产品放置于各部门附近的存储区等待下次生产操作的时间。储存时间包括原材料和部件的储存时间和包装好的产品放置在产成品库的时间。

（四）辨别菲尼克斯分厂的非增值作业

（1）储存。传统上，制造商为避免生产中断，储存了大量材料、部件和产成品存货。当前越来越多的制造商正采用适时制生产系统，即只有在需要时才购买或生产。Aerotech 的菲尼克斯分厂大量空间用于储存作业，这说明存在大量潜在的非增值储存成本。

（2）等待。回到图 9-10，我们可以注意，该厂大量空间用于等待下次操作的部分完工电路板的储存。这再次说明存在大量的非增值成本，空间不必要地浪费在大量生产排队上。

（3）移送。此处考虑 Aerotech 的菲尼克斯分厂的员工仅仅花费在工厂里运送材料和产品的作业。每件产品必须在铅轴排序操作（部门 1）和产成品库间运送 17 次。此外，原材料和零件必须运送给三种不同生产操作（部门 1、3 和 6）。菲尼克斯分厂的材料处理操作中有大量潜在的非增值成本。

（4）检测。Aerotech 使用三种检测操作。正如图 9-10 所示，原材料和零件到达时接受检测。以后，电路板在钉床程序（部门 7）和性能检验（部门 8）中接受测试。没有生产技术和检测程序方面的专业知识，很难说检测程序中是否存在不增值成本。为确保产品质量，一些检测是必要的。

（5）加工。将原材料加工成产成品的实际生产过程，总的看来确实是增值作业。然而这并不排除整体生产过程存在非增值作业的可能性。成本管理的目标是评价产品加工步骤的效率。每步骤都有必要吗？是否每样操作都以最有效的方式完成？一些生产操作是否消耗了过多的资源？这些都是需要分析的。

综上所述，Aerotech 的管理当局断定菲尼克斯分厂经营中发生了大量的非增值成本，他们的分析结论是：

储存：储存空间和时间的大量减少是可能的和必要的。

等待：电路板应该仅在它们被下步操作需要时，才被加工。因而产品花费在等候下次操作上的时间将从根本上消除。

运送：用于运送原材料和在产品的时间过多。必须找到减少这些材料处理作业成本的方式。

检测：钉床和性能检验似乎是必要且有效的。尽管如此，管理当局应该持续评价对这些检测操作的需要。

加工：部门 3 和部门 6 中零件手工插入的操作可由工业机器人完成。应研究这种改变的成本和收益。

(五) 菲尼克斯分厂的作业过程改进

经过认真研究之后,Aerotech 的董事会决定新建一套生产设施。新工厂选在加利福尼亚州的 Bakersfield,非常靠近 Aerotech 的材料供应商和客户。在新工厂运行初期,Bakersfield 和菲尼克斯分厂同时生产线路板,但最终所有的产品生产都将转移到 Bakersfield。

Bakersfield 工厂是依据现代制造技术的艺术形式而设计的。在新工厂设计时,Aerotech 的管理人员坚持工厂的布局与生产过程应能够降低或消除菲尼克斯分厂生产中的非增值成本。Bakersfield 生产经营的两个主要特征是适时制(JIT)存货与生产管理制度和柔性制造系统(FMS)。

Aerotech 公司的 Bakersfield 工厂的布局如图 9-11 所示。设施的设计围绕着以下几点先进的制造特征进行:

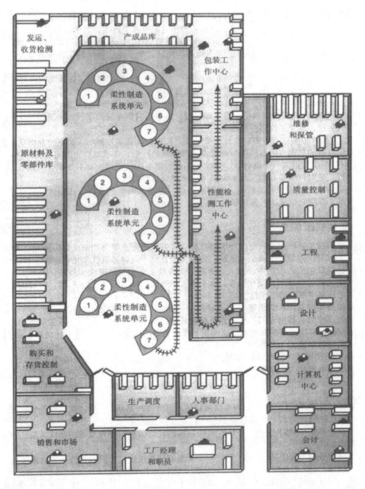

图 9-11 Aerotech 公司 Bakersfield 工厂的布局

(1) 柔性制造系统。Bakersfield 工厂有 3 个柔性制造单元。每个制造单元包括 7 台计算机控制的机器,能够完成 Aerotech 工厂 3 类线路板生产的任何一种的全部生产操作。图 9-12 所示的是一种闭合式制造单元。我们发现,菲尼克斯分厂过去常用的手工操作已被机器人所代替,用来插入形状特殊的或微小的电子零件。

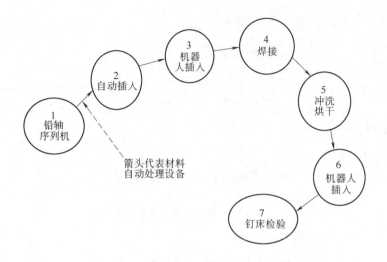

图 9-12 闭合柔性制造系统单元：Aerotech 公司的 Bakersfield 工厂

（2）自动材料处理系统。Bakersfield 工厂使用自动处理系统有两个目的：在每个柔性制造单元的操作间移动线路板和将完工线路板转移到检测工作中心。这个自动材料处理系统包括一些传送机器，使得检测工作在将线路板运往包装工作中心的过程中就可以完成。Bakersfield 工厂的自动材料处理系统大大降低了转移作业的非增值成本。

（3）计算机辅助设计。Bakersfield 工厂在它的设计部门中使用计算机辅助设计系统。它的位置与计算机部门相临。

观察 Bakersfield 工厂的布局，有几个特点值得关注：原材料和部件存储的位置便于到达每个柔性制造单元。在 Bakersfield 工厂，用来存放原材料和产成品的地方比在菲尼克斯分厂要小得多，这反映了很少或零存货的适时制思想，同时降低了非增值的存货成本。现在线路板连续不断地经过每个柔性制造单元，避免了待工时间的非增值成本。在菲尼克斯分厂由于操作之间的脱节需要几天才能完成的订单，在 Bakersfield 工厂几个小时之内就完成了。

在 Bakersfield 工厂，计算机部门所占面积要比在菲尼克斯分厂大，这反映了计算机辅助制造在 Bakersfield 运转中所发挥的重要作用。Bakersfield 工厂很大一部分面积都是用于设计、工程和质量控制。这三个部门彼此相邻，实行脱机质量控制。产品设计阶段与工程阶段的作业，可以改进产品的生产能力，降低生产成本和确保高质量。

▶ 六、总结

通过前面作业管理的理论与实例分析，我们可以对作业管理的过程总结如下：
（1）消除不必要的作业。
（2）减少完成某项作业所需的时间或耗费。
（3）选择成本最低的作业。
（4）编制资源使用计划，制定作业成本预算，控制成本。

这一过程可以用图 9-13 表示。

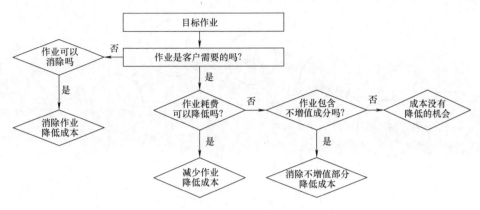

图 9-13 作业管理过程图

第三节 作业效率分析

一、作业成本报告

降低非增值成本是作业成本管理的方法之一。公司的会计系统应该报告增值成本和非增值成本,因为改进作业业绩要求消除非增值作业和优化增值作业。因此,企业应该辨别和报告每个作业的增值成本和非增值成本。突出非增值成本,可以揭示公司目前的浪费,由此提供关于改进非增值作业的信息,鼓励管理者将更多的注意力放在控制非增值作业上。一般可以通过编制增值和非增值成本报告和非增值作业成本趋势报告进行分析。

增值成本是组织唯一应该发生的成本。要达到增值标准,就必须完全消除非增值作业,对于非增值作业的最优产出是零成本和零产出,增值标准还要求消除增值作业中的低效率。因此,增值作业需要制定一个最优的产出水平,即增值标准。通过比较实际作业成本和增值作业成本,管理层可以评估作业低效率的程度和作业改进的潜力。为了辨别和计算增值和非增值成本,必须确定每个作业的产出指标。一般以 SQ 表示作业的增值产出水平,SP 表示单位作业产出的标准成本,AQ 表示作业的实际数量。因此,增值成本 = $SQ \times SP$,非增值成本 = $(AQ - SQ) \times SP$。

【例 9-6】 某一实施及时生产(Just In Time,JIT)的企业,其四类生产作业为焊接、返工次品、调整设备和验收采购零件。其中,焊接是必要作业,调整、验收和返工是不必要作业。四类作业的有关数据如表 9-22 所示。

表 9-22 有关作业的相关数据

作业	作业动因	SQ	AQ	SP(元)
焊接	焊接小时	10 000	12 000	40
返工	返工小时	0	10 000	9
调整	调整小时	0	6 000	60
验收	验收次数	0	4 000	15

返工和验收的增值标准是消除这些作业；设备调整的增值标准是零调整时间。最理想的是没有次品；通过改进质量、改变生产流程等，验收作业可以最终被消除。调整是必要的，但是在 JIT 环境下，应努力使调整时间为零。表 9-23 把上述四类作业成本分类为增值和非增值成本。

为简化和表现实际成本的关系，假订单位作业动因的实际成本等于标准成本。在这种情况下，增值成本加上非增值成本等于实际成本。

表 9-23 的成本报告可以使管理者注意非增值成本，因此它强调改进的机会。通过重新设计产品，可以缩短焊接时间。通过训练焊工、提高员工技能，可以减少返工作业。缩短调整时间和实施供应商评价项目，是改进调整作业和验收作业业绩的措施。所以，在某一时点及时地报告增值和非增值成本可以激发出更加有效的管理作业的措施。一旦管理者注意到存在的浪费，就会促使他们寻求改进作业和降低成本的方法。报告这些成本还可以帮助管理者改进计划、预算和定价决策。

表 9-23 增值和非增值作业成本报告（20×5 年 12 月 31 日） 单位：元

作　　业	增值作业成本	非增值作业成本	实际成本
焊接	400 000	80 000	480 000
返工	0	90 000	90 000
调整	0	360 000	360 000
验收	0	60 000	60 000
合计	400 000	590 000	990 000

当管理者采取措施改进作业时，要知道成本是否会如预期那样降低，就需要对每个作业的成本进行逐期比较。这样做的目的是降低成本以改进作业。倘若作业分析有效，可以看到非增值成本的逐期减少。假定例 9-6 中的企业在 20×6 年年初，实施了四个大的作业管理决策，即统计流程控制、产品重新设计、劳动力培训项目和供应商评价项目。这些决策是否有效？成本是否如期降低？表 9-24 提供的成本报告对 20×6 年和 20×5 年发生的非增值成本进行了比较。20×6 年的成本是假定的，但是计算方法与 20×5 年相同。我们假定两年 SQ 都一样。因为直接比较 20×6 年和 20×5 年的非增值成本要求两年的 SQ 相同。

表 9-24 趋势报告：非增值成本 单位：元

作　　业	20×5 年	20×6 年	变　　化
焊接	80 000	50 000	30 000
返工	90 000	70 000	20 000
调整	360 000	200 000	160 000
验收	60 000	35 000	25 000
合计	590 000	355 000	235 000

趋势报告表明成本已如预期的那样降低了，几乎已经消除了一半的非增值成本，说明作业改进取得了成效。虽然，比较两期的实际成本也会反映出同样的成本降低。但是，对非增值成本进行披露，不仅可以反映成本降低，还可以反映成本降低发生在哪

里。另外，还可以向管理者提供有关成本降低潜力的信息。不过，增值标准有一个重要的性质，它和其他标准一样，不是固定不变的。新技术、新设计和其他的改革可能改变作业的性质。增值作业可能转变为非增值作业，增值水平也可能发生变化。因此，当出现改进的新方法时，增值标准可能会改变。管理者不应当满足于当前的效率，而应该持续地寻求更高水平的效率。

二、改善成本法

改善成本法是指降低现有产品和流程的成本，用经营性术语表示，就是降低非增值成本。对这种成本降低流程的控制，一般通过重复两个主要的子循环完成：①改善或持续改进循环。②维持循环。改善子循环的序列包括：计划—实施—检查—修正。因此，如果一个公司当前正把注意力放在非增值成本的降低上，就要确定下一期（月、季等等）计划实现的改进金额（计划步骤）。改善标准反映了下一期的计划改进。计划实现的改进是假定可以达到的，所以改善标准是一种当前可达到的标准。采取措施以实现计划中的改进（实施步骤）。下一步，对实际结果与改善标准进行比较，以反映已实现的改进程度（检查步骤）。把新的水平设定为未来业绩的最低标准，锁定已实现的业绩改进，同时启动维持循环，并寻求进一步的改进机会（修正步骤）。维持循环采用传统的"标准—实施—检查—行动"循环。标准根据前期的改进水平制定（锁定这些改进）。下一步，采取措施（实施步骤），检查结果以确保业绩与新的水平保持一致（检查步骤）。如果不一致，就要采取纠正性措施恢复原来的业绩（修正步骤）。图9-14对改善成本降低过程进行了总结。

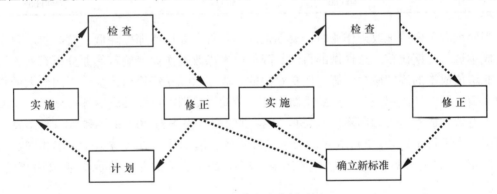

图9-14 改善成本降低过程

【例9-7】 假定一个医疗产品部门检验生产的每一台特别的外科手术用仪器。这种产品的产量水平的增值标准要求单位产品的检验时间为零，每件增值检验成本为0。假定在前一年，公司检验每台仪器耗时15min、每检验小时成本为15元。因此，实际每台仪器检验成本是3.75元（15×1/4），这是非增值成本。在下个季度，公司准备安装一套新的生产流程，预期会提高所生产仪器的准确性。这些变革预期会使检验时间从15min降到10min。因此，计划的检验成本降低额是每台仪器1.25元。改进标准规定为每台仪器10min，每台仪器的标准检验成本是2.50元。现在假设实施新的生产流程后实际达到的成本是2.50元。预期的实际改进确实实现了新的最低标准2.50元，除非实现了进一步改进，否则检验成本将不高于2.50元。在以后的期间内，将寻求进一步的改进,并确定新的改善标准。例如,公司在第三季度计划安装一套统计性流程控制系统,流程的可靠性将进一步提高,相应地检验时间可进一步地缩短,这样会产生一个不同于当前每台仪器检验成本 2.50 元的标准。

实践中有些公司已经形成了修正标准的程序。其基本程序是先评价改进是由于改善作业而实现的,还是由于其本身的随机波动而实现的。如果是由改善作业而实现的,公司接着将评价这种改善式改进是否可以维持。只有当改进被认定为可以维持的时候,才将已实现的改进通过标准的修正进行锁定。

三、标杆瞄准

标杆瞄准是制定标准的另一种方法,用来帮助识别作业改进的机会。标杆瞄准(Bench Marking)是用最好的实践结果作为评价作业业绩的标准。在一个组织内,对从事同种作业的不同单位(如不同的工厂)进行比较。某一作业业绩最好的单位,其作业业绩水平决定了这一作业的标准。然后,其他单位据以树立达到或优于这一标准的目标。而且,具有最好经验的单位可以就它们如何实现最优业绩方面与其他单位共享有关信息。要使这一过程发挥作用,必须确保作业定义和作业产出指标在各单位之间保持一致。可以用作业分配率、单位作业产出成本或单位流程产出的作业产出量等指标对作业业绩进行排序,找出业绩最好的单位。

例如,假定采购作业的产出用采购订单的数量计量。进一步假设某个工厂的采购作业成本是 90 000 元,作业产出是 4 500 个采购订单。用填写的采购订单数量去除采购作业成本,得出每个订单的单位成本是 20 元。如果最好的订单单位成本是 15 元,那么这个订单单位成本 20 元的工厂会认识到它有改进作业效率的潜力,至少能降低单位作业成本 5 元。它会通过研究采购作业业绩最好的工厂采购经验提高作业效率。

确定基准点的方法是一种可确认作业最大改进余地的系统性方法。例如,Qwest 旗下的美国西部电话公司的市场资源组提供了一份对会计部门作业所进行的作业成本分析,管理者们计算出了会计部门作业的作业费率,并且将该费率和其他公司同样作业的执行成本(基准点)进行比较。所采用的两个基准点是:①《财富》100 家公司的样本,为全美最大的 100 家公司;②由某咨询顾问所确定的"世界级"水平的公司样本,那些公司被认为具有全球最好的会计实务,该比较如表 9-25 所示。

表 9-25 会计部门作业成本比较表[一]   单位:美元

作业	作业量	美国西部电话公司	《财富》100 家公司基准	世界级公司基准
处理应收账款	所处理的发票张数	每张发票 3.80	每张发票 15.00	每张发票 4.60
处理应付账款	所处理的发票张数	每张发票 8.90	每张发票 7.00	每张发票 1.80
处理工薪支票	所处理的支票张数	每张支票 7.30	每张支票 5.00	每张支票 1.72
管理客户贷款	客户账户的个数	每个账户 12.00	每个账户 16.00	每个账户 5.60

从表 9-25 中可以看到,美国西部电话公司在处理应收账款时做得很好,每张发票

[一] Steve Coburn, Hugh Grove, and Cynthia Fukami, "Benching marking with ABCM", Management Accounting, January 1995, pp. 56-60.

的平均成本是3.80美元,而被看做世界级水平的其他公司的该项成本高一些——每张发票4.60美元。另一方面,西部电话公司处理工薪支票的成本明显高于其他的基准公司,每张工薪支票的成本是7.30美元,《财富》100家公司的成本是5美元,世界级水平公司的成本是1.72美元。这意味着有可能采用全面质量管理、流程再造或其他方法来减少作业的浪费。

内部标杆瞄准并不局限在成本管理方面。例如,瑞克·施乐是施乐公司拥有80%产权的一个子公司,主要在欧洲从事经营。为了提高销售收入,瑞克·施乐采用内部标杆瞄准法,并将一个团队指定负责该标杆瞄准项目。这个团队研究了销售数据,按国家进行了比较,发现法国部门销售的彩色复印机是其他部门的5倍,瑞士部门销售的高级文档打印机是其他国家部门的10倍。该团队总结了业绩最好部门的经验,并让其他部门学习利用这些经验。通过学习法国部门的最好经验,瑞士部门彩色复印机的销售增加了328%,荷兰部门增加了300%,挪威增加了152%。在第一年的年末,瑞克·施乐发现由于内部标杆瞄准项目而使总体销售收入增加6 500万美元。在第二年的年末,这个数字增加到2亿美元。

在执行作业和流程时,达到最好水平是标杆瞄准的目标。因此,标杆瞄准还应该包括与竞争对手或其他产业的比较。然而,要使外部标杆瞄准发挥作用,通常很难获得必要的数据。在一些情况下,可以对非竞争对手的最好经验进行研究。因为有一些特定的作业和流程对于所有的组织都是通用的,如果可以找到优秀的外部最好经验,就可用其作为激励内部改进的标准。美国联邦政府曾经利用私营公司的最好经验改进了它的服务。例如,美国农业部(USDA)派出一个团队到花旗银行,研究该银行如何提供抵押贷款。最后,美国农业部将2 000个地方部门的贷款业务集中到一个位于圣路的中央单位。在5年的时间里,这项措施和其他变革一起将维持USDA贷款业务的成本削减了2.5亿美元。

四、动因和行为影响

作业产出指标需要计算和追踪非增值成本。减少非增值作业将引起作业需求的减少,并由此减少作业产出指标。如果一个团队的业绩受到它本身降低非增值成本能力的影响,那么作业动因(作为产出指标)的选择,以及如何利用这些动因都会影响团队的行为。例如,如果设计调整成本选择调整时间为产出指标,就会激励工人缩短调整时间。因为调整成本的增值标准要求彻底消除它们,因而动员员工努力把调整时间降为零。这种激励与公司的目标一致,引致的行为必然是有利于公司的。

然而,如果假设目标是减少公司处理特殊零件的种类,就会减少对采购和入库零件检验等作业需求。如果这些作业成本按零件的种类分配到产品,产生的激励是减少产品构成中零件的种类。不过,如果减掉太多的零件,产品的功能可能会降低到产品销售能力受到负面影响的程度。通过功能分析法的运用,辨别每种产品的增值标准零件种类,可以防止这种过度减少零件的行为发生。因而,可以鼓励设计者按零件的增值标准种类进行设计,由此降低非增值成本。这些标准提供了一个具体的目标,规定了激励措施所容许的行为类型。

第十章
生命周期成本、目标成本与约束理论

本章学习目标

- 了解全生命周期成本管理的内容及意义；
- 理解目标成本管理的基本思想；
- 理解目标成本管理的程序和计算方法；
- 理解约束理论的基本思想与方法。

一种产品从最初的设计到最终退出市场的全部过程，称为产品的"全生命周期"。它包括三大部分，即设计阶段、生产阶段、服务与退出市场阶段。全生命周期成本计算（Whole Life Cycle Costing）主要在设计阶段进行，用以估算产品生命周期中所发生的全部成本。目标成本计算（Target Costing）也用于设计阶段，但主要目的是指导产品选择、工序设计和改进。使用目标成本计算有助于有效地设计产品，并保证设计的产品在给定的市场价格、销售量和功能的条件下达到可接受的利润水平。约束理论主要将注意力集中在生产阶段，确认生产阶段改进成本的可能性，也称为改进成本计算。产品生命周期成本计算如图10-1所示。

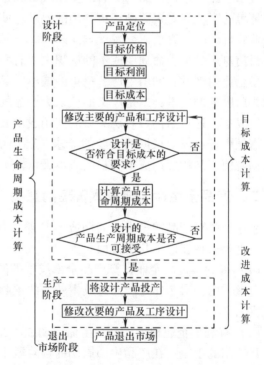

图10-1 产品生命周期成本计算

第一节 全生命周期成本管理

产品的全生命周期（Whole Life Cycle）主要是就产品与市场的关系来说的，是指产品从进入市场到退出市场所经历的导入期、发展期、成熟期与衰退期整个循环过程。产品的全生命周期成本（Whole Life Cycle Cost）是指产品形成至消亡所经历的从企划、研发、设计、生产，到客户使用、报废处理这个过程的总成本。

一、全生命周期成本的产生与发展

全生命周期成本理论起源于美国国防部对军用物资成本控制的研究。早在 20 世纪 60 年代,美国国防部就开始关注军用物资成本的研究,寻求以最低的成本获得国防所需的军用物资,从而控制国防经费的开支。美国国防部要求物资供应商按照国防部特定的规格和标准对提供的物资进行设计,使国防部物资采购成本、采购后整个使用期的使用成本和报废处理成本的总和最低,即物资从设计到使用的全生命周期成本最低,从而达到其控制军用开支的目的。

由于对产品全生命周期成本的研究使美国国防部有效地控制了军用开支,对产品全生命周期成本的研究也逐渐从军用转为民用,研究在一般民用产品市场上,如何使购买产品的费用和购买后的使用费用及废弃处理费用的总和最低,从而使企业获得强大的竞争优势,占领市场。特别是在知识经济时代,高新技术飞速发展,涌现出了大量的电子产品和高新技术产品。这些产品购买后的使用成本和报废处理成本相当高,尤其是报废处理时对周围环境的影响和对资源循环再利用的要求,使产品全生命周期成本的研究日益重要,成为企业管理的一个重要研究发展方向。

目前对产品全生命周期成本的认识主要有两种:一是狭义的,认为产品全生命周期成本是指企业内部发生的由生产者负担的成本,具体包括产品企划、研发、设计、生产、营销和售后服务的成本;二是广义的,认为产品的全生命周期成本不只包括上述生产方发生的各项成本,还包括消费者购买后的使用成本和报废处理成本。企业要在市场上保持竞争力,占领市场,就要根据消费者的需求生产,使消费者能获得质量过关、价格满意的产品,同时使产品的使用成本和报废成本最低。

二、产品全生命周期成本管理的意义

企业加强对产品的全生命周期成本管理,有利于对产品的成本进行全面计量与分析,其意义主要表现在以下几个方面:

(1)有利于提高企业计算产品全部成本的能力。将产品的研发与设计成本和报废处理成本考虑在内,对于作好产品总成本效益的预测分析,以及产品的盈利能力分析具有重要的现实意义。

(2)有利于企业根据产品全生命周期成本在产品生命周期各阶段的分布状况,确定成本监督控制的手段。在产品生命周期的各阶段中,研发与设计阶段是最重要的,不仅因为产品研发费用很高,占产品全生命周期成本的比重大,还因为研发与设计阶段确定下来的产品特性很大程度上决定了产品其他阶段的成本,导致相关的成本锁入(Locked in Cost)。据测算,研发与设计阶段确定的产品成本占全部成本的 75%~90%。这说明在研发与设计阶段产品的特性确定以后,产品成本调整的空间就不大了。

三、全生命周期成本的划分

产品的全生命周期成本按不同出发点可以分为从市场角度出发的全生命周期成本、生产者角度出发的全生命周期成本、消费者角度出发的全生命周期成本、社会角度出发的全生命周期成本。

产品的整个生命周期可以分为与生产者和与消费者相关的两个阶段,因此可以把产品的全生命周期成本分为两大部分,即"生产者成本"与"消费者成本"。它们之间的关系是"产品的全生命周期成本=生产者成本+消费者成本",如图10-2所示。

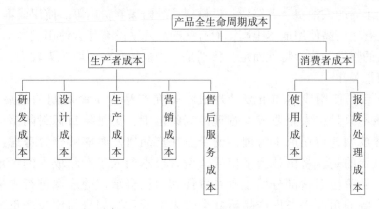

图 10-2　产品的全生命周期成本构成图

(一) 生产者成本

在产品的全生命周期成本中,生产者成本是从生产者的角度来看的,主要包括产品从研发、设计、生产、营销以及产品售后服务的成本。研究生产者成本,主要是为产品的定位和定价服务,帮助研发有竞争力的、能迅速占领市场的产品,并在研发阶段对产品的生产者成本进行估计预算,以助于最终在市场上将产品推出。

在生产者成本的各项构成中,研发与设计成本因占产品全生命周期成本比重大,且研发与设计阶段在很大程度上决定了产品的特性和产品的其他成本,使得研发与设计成本成为生产者成本中最重要的一部分。产品的生产成本是产品的主要成本,是构成产品实物所必须发生的相关成本,也是传统成本会计核算的主要内容。传统意义的产品营销成本主要是为把产品推向市场而进行广告、促销等发生的成本费用,而现代营销成本还包括物流成本,即产品从生产到分配运输、保管储存、装卸搬运、包装、送货直至到分销商或消费者手中所发生的成本。营销成本占产品总成本的10%~40%,是企业降低产品成本提升利润最大的空间,也是全生命周期成本管理的一个重要部分。

全生命周期成本管理的目的不只是对产品的研发成本、设计成本、生产成本、营销成本与售后服务成本等的简单相加以得到产品的生产者成本,更重要的是从生产者的角度对产品全生命周期成本进行预计和估算,将各项成本纳入生产者产品研发的考虑中,对产品成本加以预先的引导和控制,特别是对后期产品的生产成本、使用成本和报废处理成本的控制。在产品全生命周期的前阶段就能够明确产品的各项成本以及它们之间的关联,才能进行产品的成本效益分析,有效控制成本。

(二) 消费者成本

在产品的全生命周期成本中,消费者成本是从社会的角度来看的,主要包括消费者购买后的使用成本和报废处理成本。产品由生产者或经销商转移给消费者后,与产品相关的使用成本和报废处理成本就转移给了消费者。在传统的卖方市场下,生产者可以不考虑这部分成本,但随着竞争的日益加剧,买方市场的确立,生产者要争夺客户、抢占市场就要考虑到消费者成本，这已经成为企业一个重要的发展战略。

在消费者成本的各项构成中，消费者购买产品后的使用成本主要是其购买产品后获得和保持其使用价值必须付出的成本，如消费者购买手机后要发生的电话费、手机的维修保养费，购买汽车后的汽油费、养路费、过桥费、维修保养费用等。使用成本依产品的使用特性而不同，有些产品使用成本很高，而有些产品几乎没有什么使用成本。产品的报废处理成本依产品的物理和化学特性而定，特别是一些报废时对环境污染较大、处理成本较高的产品，更值得关注。

产品购买后的使用成本和报废处理成本是在产品全生命周期的最后阶段发生的，对其进行考核不只是扩大企业成本管理控制的范围，更是将目标封闭型的生产成本管理转向目标开放型的市场成本管理，使企业在产品研发时能够充分考虑产品所有的相关成本。更重要的是，将由社会承担的消费者成本列入了产品成本的考虑范围，引导企业在研发产品阶段对这部分属于自身责任却由社会承担的成本进行先期控制，并从更长期和更广阔的角度来考虑产品给社会带来的效益。如目前比较严重的汽车尾气危害，大型家电、化工设备等产品报废处理时产生的有毒垃圾给环境带来的危害，既增加了社会的环保成本，同时也损害了企业的形象和利益，从而促使生产商采取降低汽车尾气污染和生产无氟冰箱等措施以减少对环境的污染，降低社会的产品使用成本和报废处理成本，同时减少生产商潜在的环保成本。生产商在产品的研发阶段就将产品的使用成本和报废处理成本列入考虑范围，对生产商和消费者乃至整个社会而言都是有好处的，能达到双赢甚至多赢的效果。

四、全生命周期目标成本计算

上文已经对产品全生命周期成本的构成进行了详细的叙述，说明了产品的全生命周期成本是由生产者成本与消费者成本两大部分构成，即以生产者成本为基础，针对消费者成本进行分析，对两部分成本进行平衡优化，使它们的总和达到最小化，从而达到对产品的全生命周期成本进行管理和控制的目的。

从20世纪70年代一直到现在，全世界许许多多的汽车消费者，尤其是个人消费者更喜欢购买日本的汽车，特别是在汽车生产大国——美国，高速公路上有很多车是日本生产的。为什么个人汽车消费者更喜欢日本车？据调查分析，大多数客户之所以用日本车，是因为日本车更经济。日本车的耗油量低，维修费用低，即日本车的消费成本低。这正是得益于日本汽车生产商全面实施的全生命周期成本管理。

第二节 目标成本管理

一、目标成本管理的基本思想

（一）目标成本管理的含义

从生产者的角度看，产品全生命周期成本包括以下五个阶段的成本：产品研发成本、产品设计成本、产品生产成本、产品营销成本和客户服务成本。目标成本管理主要是在研发与设计阶段的成本管理,如图 10-3 所示。

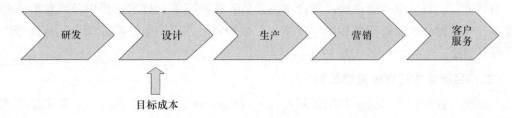

图 10-3 生产者角度的全生命周期成本与目标成本

一个被普遍认同的看法是,产品成本的 80% 是约束性成本,并且在产品设计阶段就已经被确定或锁入。在产品设计阶段,设计人员选择产品设计方案的同时,也对该产品的工序进行设计。图 10-4 总结了在产品全生命周期中成本约束(也称成本锁入)与成本发生的情况。

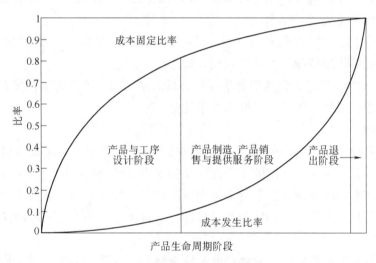

图 10-4 产品全生命周期成本图

从图 10-4 可以看出,有效的成本控制发生在产品设计及工序设计阶段,而不是生产阶段。在产品的生产阶段,80% 的成本已经成为约束性成本,因而限制了生产过程中的成本控制空间。因此,企业要取得成本降低的效果,必须注重产品技术和工艺过程中的成本管理。

目标成本管理是一种以市场营销和市场竞争为基础的定价方法。它以具有竞争性的市场价格和目标利润倒推出产品的目标成本,并用目标成本来约束产品设计,体现了市场导向。"目标利润"是企业持续发展目标的体现,因此,目标成本管理是将企业经营战略与市场竞争有机结合起来的全面成本管理系统。

目标成本的计算公式为:

目标成本 = 竞争性价格 − 目标利润

推行目标成本法的基本步骤包括:①生产制造满足客户需要的产品。②根据客户与竞争对手的情况确定具有竞争性的市场价格和目标利润。③根据竞争性的市场价格和目标利润确定目标成本。④推行价值工程或价值分析，实现目标成本。

由此可见，目标成本管理通过整合市场趋势、客户需求、技术进步以及质量要求等战略变量，将其融合成能够满足客户对价格、质量和时间方面期望的产品概念，从而帮助企业实现其目标。

（二）目标成本管理的关键原则

目标成本管理过程是关于利润规划与成本管理的战略体系，下面的六条关键原则构成了目标成本管理的概念框架。

1. 价格引导的成本管理

目标成本管理体系是通过竞争性的市场价格减去期望利润来确定成本目标的。价格通常由市场上的竞争情况决定，而目标利润则由企业及其所在行业的财务状况决定。例如，如果一个产品的竞争性市场价格为 100 元，并且该企业需要达到 15% 的利润率才能保证在行业中生存下去，那么这个产品的目标成本即为 85 元（100 – 15）。价格引导的成本管理原则包括以下两个重要的子原则：

（1）市场价格决定产品和利润计划。产品和利润计划需要根据市场状况进行调整，以确保产品组合能够提供持续、可靠的利润。

（2）目标成本管理过程由竞争者情报和分析活动驱动。了解市场价格背后的竞争状况可以用来应对竞争威胁和挑战，以取得竞争优势。

2. 关注顾客

目标成本管理体系由市场驱动。来自客户的声音至关重要，并需要在整个过程中给予关注。顾客对质量、成本、时间的要求在产品和流程设计决策中应同时考虑，并以此引导成本分析。了解客户的需求和竞争者如何满足这些需求对企业来说非常重要。通过省略客户要求的产品特性，降低产品的性能及可靠性，或者推迟产品的上市时间来实现目标成本都不可行。

产品的设计开发过程应该由对客户的关注来驱动。市场的需求决定了设计要求。只有当某项产品特性或功能满足了消费者预期，客户愿意为其支付更高的价格，并且能够带来销售额以及市场份额的提高时，这项产品特性或功能才有意义。

3. 关注产品与流程设计

在目标成本管理体系下，产品与流程设计是进行成本管理的关键。在设计阶段投入更多的时间，消除那些昂贵而又费时且暂时不必要的改动，可以缩短产品投放市场的时间。关注产品与流程设计这一原则包含了以下四个子原则：

（1）目标成本管理体系在成本发生前而不是成本发生后进行控制。由图 10-4 可以看出，大约 80% 的成本发生在设计阶段，而只有约 20% 的成本发生在生产阶段。这就解释了为什么目标成本管理将焦点放在设计上，也就是大部分固定成本发生的阶段。它关注设计对从研发到产品退出阶段全部成本产生的影响，从而保证在产品的整个生命周期内有效地进行成本削减。

（2）目标成本管理体系要求工程人员考虑到产品、技术以及流程设计对产品成本的影响。一切设计决策在正式成为产品设计的一部分之前，都必须经过客户价值影响测评。

(3) 目标成本管理体系鼓励企业所有参与部门共同评价产品设计，以保证产品设计改动在正式投入生产前做出。在传统成本管理体系下，许多设计改动经常发生在生产过程开始之后，而开展目标成本管理的企业在生产阶段开始后几乎不作任何设计改动。

(4) 目标成本管理体系鼓励产品设计与流程设计同时进行而非先后进行。这样可以尽早发现并解决问题，以缩短开发时间并降低开发成本。

4. 跨职能合作

在目标成本管理体系下，产品与流程团队由来自各个职能部门的成员组成，包括设计与制造部门、生产部门、销售部门、原材料采购部门、成本会计部门，以及客户服务与支持部门。这个跨职能的团队同样包括企业外部的参与者，如供应商、客户、批发商、零售商和服务提供商等。该团队对产品从最初概念直到生产过程负责。下游职能参与产品开发，帮助避免之后可能产生的问题。例如，运输与潜在的环境成本问题可以通过相应职能参与到产品与流程设计中而被避免。跨职能合作还能够通过减少设计检查与更改，缩短产品推向市场的时间。产品上市时间与成本削减以及质量改进密切相关，因为问题是在产品开发的早期被发现并解决的。

5. 生命周期成本削减

目标成本管理关注产品整个生命周期成本，包括购买价格、使用成本、维护和修理成本以及处置成本。它的目标是实现客户以及生产者双方的产品生命周期成本的最小化。例如，一个客户拥有一台电冰箱所付出的成本不仅是最初的购买价格，还要包括使用过程中支付的电费、修理费，以及电冰箱使用寿命结束后的处置成本。从生产者的角度来考虑，生命周期成本意味着产品从出生（研发阶段）到死亡（产品处置或再循环）的全部成本。再以电冰箱为例，产品设计如果能够考虑到减轻重量，部件的装配易于维修，并采用可循环使用的材料，那么将减少该产品在运输、安装、修理以及处置方面的成本。生命周期成本削减原则包含以下两个子原则：

(1) 从客户的角度考虑，最小化生命周期成本表示最小化拥有该产品的成本。也就是说，要降低产品在使用、维修和处置方面的成本。

(2) 从生产者的角度考虑，最小化生命周期成本意味着最小化产品开发、生产、营销、销售、售后服务与处置等成本。

6. 价值链参与

目标成本管理过程有赖于价值链上全部成员的参与，包括供应商、批发商、零售商以及服务提供商。所有成员之间建立合作关系，构成"扩展的企业"，共同为成本削减做出努力。目标成本管理体系建立在价值链各成员企业长期互惠关系的基础之上。

二、目标成本管理的程序

目标成本管理是全生命周期成本管理的核心，其实施的流程如图 10-5 所示。

从图 10-5 可以看出，产品企划是目标成本实施的起点，它强调了从市场的角度明确了目标成本的对象，即目标成本的标的产品；从目标成本设定到目标成本达成阶段是目标成本管理的核心阶段。这一阶段包含了多重的"目标成本设定——分解——达成——设定……"循环,通过循环不断挤压产品成本,使之达到目标成本的要求,才能进入生产阶段。实施生产准备与初期流程管理都是为了确保前面确定的目标成本能够真正落实,并使之在趋于长期、相对稳定的基础上逐渐优化。这些工作需要由包括研发、设计、采购、生产、营销、工程、财务与会计各方面人才组成的设计小组或工作团队来完成。

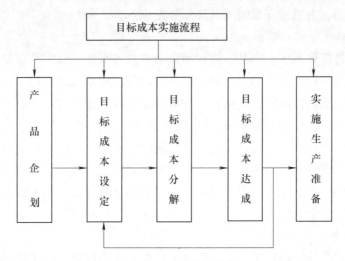

图 10-5 目标成本管理实施流程图

目标成本管理的具体实施主要是针对实施的核心部分——"实施中心循环"的目标成本的设定、分解、达成,进行分析与管理。

(一) 目标成本的设定

目标成本的设定主要是针对标的产品的特性,确定一个在目标价格下达到目标利润的目标成本额。企业首先要进行市场研究,根据市场目前和将来的需要确定标的产品的主要功能、需求量、消费者愿意支付的价格,同时了解竞争对手的情况;然后,根据企业中长期的目标利润计划,并考虑期望的投资报酬率与现金流量等因素确定最终的目标利润,从而得出标的产品最终的目标成本。

在具体计算目标成本时,从理论上讲计算的方法应采用以市场为导向,基于市场要求的"扣除法",但在实务上也采用"加算法",或将前面两种方法进行综合而得出的"综合法"。

1. 扣除法

扣除法是参照竞争对手或行业类似产品的销售价格来预测研发中标的产品可能的价格,从中扣除企业要求的利润水平得到标的产品目标成本的一种计算方法。

标的产品的目标价格一般由与同行业同类产品进行比较,同时综合考虑产品可能占领的市场份额大小、可能的销售量以及销售区域的配套设施等各方面的情况而确定。预期标的产品的价格与实际最佳的销售价格越接近,成本管理决策就越成功。在确定目标利润时,要综合考虑企业目前的经营理念、经营战略、经营方针,同时考虑企业的长期投资政策、筹资政策、研发政策、利润计划、固定资产购置计划等对标的产品要求的利润。标的产品的目标价格减去目标利润得到的差额在日本称为"允许成本",也就是可能的最高成本限额。

【例10-1】 Kitchenhelp 公司是一家厨房小家电制造商,该公司的市场调查显示,带有定时器的八杯容量过滤式咖啡研磨器目前的市场价格为 69 美元,而一个单独的咖啡研磨器为 15 美元。因为该公司新开发的产品会将这两项产品的特性结合起来,并且能使咖啡味道更加浓郁,因此,该公司可以为此产品制定略高于 84 美元的价格。假设根据公司希望获得的 20% 市场份额,目标价格可以设定为 100 美元。

确立目标成本的最后一步是确定目标利润率。小家电行业通行的销售利润率为 7%~10%,因此该公司决定在这个产品上设定 10% 的目标利润率。这个新咖啡研磨器的目标成本即为 90 美元 (100-10),这也称为该产品的可允许成本。

2. 加算法

加算法是基于一定历史或现实基准设定目标成本的一种方法。这种基准是根据企业过去或是现有的技术水平、生产能力,在目前的经营管理水平、材料、人工价格水平下可能的成本。加算法以基准成本为基础,加上标的产品为追加新功能而要增加的各种成本,减去减少功能而可能消除的各方面的相关成本,得到标的产品可能的成本。在应用加算法时,要考虑可能导致标的产品成本变化的所有因素,并对这些因素逐个进行分析。找出可以控制的因素,控制可能导致成本上升因素对标的产品成本的影响,同时发挥导致成本降低因素的作用,尽量降低标的产品成本,并对成本可能的变化数额进行合理的估计。加算法的特征就是沿着标的产品的设计思路,对产品各个功能领域的成本及其可能性进行分析、累加,从而得出标的产品可能的成本。在考虑标的产品成本时,要把企业各项重要的发展战略考虑进去。

3. 综合法

扣除法以市场为基础进行考虑,优点是考虑到市场对标的产品的需求和产品进入的可行性,但是与企业现实的生产经营能力相脱节,没有考虑到技术上的可行性。而加算法以企业现实的生产经营能力为基础,优点在于考虑了技术上与生产能力上的可行性,但与市场相脱节,没有考虑到产品在市场上的销售情况。两种方法均有不合理的地方。而综合扣除法与加算法,可以使标的产品的成本同时具备生产技术上的可行性和市场的可行性。在日本,一半以上的企业采用综合法确定目标成本。

(二) 目标成本的分解

标的产品的目标成本设定后,就成为研发小组的成本降低目标,也是其所面临的成本压力。研发小组可从不同的角度对目标成本这个总数按技术要素展开,从各个方面分别达到要求的成本目标。目标成本的分解主要有以下几种方法:

1. 从功能视角分解

按功能分解是指将标的产品的生产者成本分解为该产品各功能的目标成本。一般从大到小,首先分解为大功能区域的成本,再分解为中功能区域的成本,最后向更细的小功能区域分解。一般情况下,在标的产品的设计初期只能做到大功能区域的分解。随着对产品的进一步研发到最后的详细设计阶段,逐渐向小功能分解,主要借用价值工程的"功能系统图"来划分功能区域。功能分解法主要是针对处于导入期的复杂产品,在标的产品设计的起点进行功能分析,此外对成长期中需要进行功能改进或变更的产品也适用。

例如，汽车制造商通常根据设计的专业性来定义功能，如引擎、底盘、车身、刹车等。飞机制造商，则按照分工结构来定义功能，包括机翼、副翼、舱门、方向舵、机尾等。这些功能（如汽车中的引擎或飞机上的舱门）还会进一步分解为子功能。按产品功能把目标成本分解为每项产品功能所允许的最大成本，进而分解成子功能成本。最终的分解结果是基于每一个原材料的目标成本。

2. 从构造视角分解

按构造分解是在产品结构分割的基础上，根据以往经验评估标的产品各构件的重要性，或历史上类似产品的成本构成，以其为分解基础，再结合企业的发展战略将其进行合理调整并将目标成本分解。构造分解法包括结构群法、构件分解法、中间半成品法等。

按构造分解适用于标的产品的基本结构及生产方式大体已经确定，而相关技术的发展速度不快，或企业想在短时间内迅速抢占市场，研发时间短而难以研发出有特色产品的情况。在实际应用中，通常是将功能分解法与构造分解法结合起来使用：先按大功能区域分解标的产品的目标成本，再向次一级分解，使得目标成本顺着研发的构想逐渐落实，等产品的构造大体清晰时，再将次一级功能的目标成本进行构造分解。此方法特别适用于市场上没有同类产品的情况。

3. 从成本视角分解

按成本要素分解一般是在按功能分解或按构造分解标的产品目标成本后，对成本进行进一步分解时采用的。首先要确定作为分解基准的成本要素项目，依研发的程度和企业对成本管理与控制的要求而确定划分成本项目的详细程度。将成本划分为直接材料和加工费用的两分法是最简单也是最基本的按成本要素分解法，在两分法的基础上可引申出多种方法。按成本要素分解有助于研发人员对标的产品各项成本的控制，同时也有助于确定产品实际生产所需的各种投入，对生产过程中标准成本的制定提供指导。

4. 从研发人员视角分解

前面三种方法都是以"物"作为标的产品目标成本的分解基准，而针对具有主观能动性的"人"来分解目标成本的方法则有利于将责任目标划分到人，通过人的主观意识来带动行为，能够更有效地管理和控制成本。按研发人员分解一般采用"作业分割结构"的方式，分为按团队分解、按小组分解和按个人分解三种方法。通过按人员分解目标成本，把标的产品各项功能、各项构造的研发责任进行分配，把完成标的产品所需的作业明确化，把最终的作业称为第一层作业，为完成第一层作业所需完成的作业称为第二层作业，把完成第二层作业所需的作业称为第三层作业。依此类推，把所有的作业系统化，有利于明确研发人员的责任。

按研发人员分解目标成本，有利于提高研发人员的成本意识，有助于目标成本的达成，促使目标成本成为现实。对研发人员所负责的目标成本的达成情况进行分析，可以对研发人员的业绩进行计量和评价。

5. 从价值链视角分解

将产品的目标成本按照成本发生在价值链的环节划分，有助于公司在内部与外部同时进行成本削减。例如，对于装配行业，原材料与零配件采购成本构成了制造成本的60%~80%。因此，这个行业的成本削减更多地关注外部供应商。类似地，在许多行业中，服务与支持成本通常发生在下游价值链成员中，那么仅仅在企业内部寻求成本削减则收效甚微。成本削减必须通过整个价值链的共同努力来实现。

6. 从产品生命周期视角分解

将产品的目标成本按照成本发生的时间划分，一些成本发生在产品生命周期的早期（如研发成本），而另外一些成本则发生在许多年之后（如处置成本）。按照产品生命周期分解目标成本可以使公司不仅仅关注现在发生的成本，同时也会关注今天的决策对未来成本的影响。同时，这种分解方法有助于从生产者和消费者两方面的成本进行长远考虑。

7. 从会计视角分解

从会计视角可以对成本进行三种类型的划分。第一种将成本分为一次性成本和重复性成本，划分依据为成本仅发生一次还是持续发生；第二种将成本分为新成本和遗留成本，关注成本是与新产品相联系还是继承自原有产品；第三种将成本分为设计驱动成本与作业驱动成本，考察成本动因是产品与流程设计，还是生产作业。

一次性成本通常包括与新产品有关的开发成本和资本成本。这些成本能够使一系列产品受益，因此仅将它们归集到一项产品非常不公平，并且这样做也会影响资本投资的分析。对一次性成本的处理方法在目标成本管理中与在投资分析中应该是一致的。如果资本投资针对的是多个产品，那么投资成本就应在多个产品之间进行分配，而不应由单个产品承担一次性投资的全部成本。

新成本是由发起新产品的决策引起的，包括新增材料、人工、设备、营销以及推广成本。遗留成本是由过去的决策产生的成本。新产品也可能从过去的成本中受益，因此应该承担相应的部分。这些成本通常包括管理、配送和支持成本等。遗留成本有时会受到新产品设计的影响，这可以运用其他成本管理工具处理。

设计驱动成本是指所有受到产品设计改动影响的成本，无论这一成本发生在价值链的哪一个环节。产品设计是制造成本的主要动因，其他成本如配送、售后服务、客户支持以及处置成本同样会受到产品设计的影响。例如，一个产品的长度、宽度或者直径就会影响到包装材料的数量以及所需的运输容量，并通过影响运输方式的选择（卡车、火车或者船运）影响运输成本。售后服务成本会受到产品设计中质量稳定性的影响。客户支持成本，比如安装和客户培训成本，则受到产品使用安装简易程度的影响。另外，处置成本受到产品生产材料可重复利用程度的影响。最后，一些常规支持成本也会受产品设计影响，例如，在玩具行业，如果产品设计中包含过多的可被儿童吞食的部件，企业的诉讼成本就可能因此提高。

表 10-1 提供了一个样本清单，从生命周期视角、价值链视角以及会计视角列出了一些可允许目标成本的主要成本要素。这个清单区分了一次性成本与重复性成本，设计驱动成本与作业驱动成本。价值链上企业内部这一栏也对新成本和遗留成本做了划分。表中并没有列出对作业驱动成本的一次性与重复性成本划分，因为这并不是产品设计的关注重点。不过，其他的成本管理工具会就此问题有所说明。作业驱动成本通常包括销售佣金、广告费用、产品经理的工资，以及分摊的一般管理费用。它们既不能直接追溯到某个产品，也不受产品设计决策的影响。

表 10-1　目标成本分解的多重视角

项　目	企业内部		企业外部		
	新成本	遗留成本	供应商	经销商	产品回收商
一、设计驱动重复性成本					
1. 制造					
2. 原材料					
3. 采购零部件					
4. 加工成本					
（1）材料处理					
（2）质量控制					
5. 销售与营销					
（1）销售培训					
（2）额外的销售人员工资					
6. 配送					
（1）包装材料					
（2）运输成本					
7. 售后服务与客户支持					
（1）产品质量担保					
（2）客户培训					
8. 回收再利用					
（1）废弃物处置					
（2）扫除成本					
二、设计驱动一次性成本					
1. 产品开发成本					
2. 研发与产品测试					
3. 资本成本					
（1）机器、设备与工具					
（2）特别培训					
三、作业驱动分摊成本					
1. 制造					
2. 常规采购支持					
3. 财产税					
4. 销售与营销					
（1）销售经理工资					

(续)

项目	企业内部		企业外部		
	新成本	遗留成本	供应商	经销商	产品回收商
(2) 广告与促销					
5. 配送					
(1) 运输					
(2) 运务员工资					
6. 售后服务与支持					
(1) 工资					
(2) 物料与差旅费					
7. 一般管理费用					
(1) 部门工资					
(2) 公司费用分摊					
目标成本总计					

表 10-2 是［例 10-1］中 Kitchenhelp 咖啡研磨器目标成本按生命周期和价值链分解的结果。

表 10-2 目标成本按生命周期和价值链分解　　　　　　　　单位：美元

生命周期	内部	外部	合计
研究与开发	3.60		3.60
制造	15.30	21.60	36.90
销售与配送	5.40	12.60	18.00
服务与支持	9.00		9.00
一般管理费用	18.00		18.00
回收成本	4.50		4.50
合计	55.80	34.20	90.00

（三）目标成本的达成

对标的产品的目标成本进行分解后，转入考虑如何从各方面达到这些目标成本，即采用何种有效手段来达成目标成本。不同企业不同性质的标的产品采用的策略方法不一样。但从管理学的角度来说，企业降低成本并促使其达成目标成本的方法主要是价值工程方法。除此之外，还有一些辅助方法。

1. 价值工程方法

价值工程（Value Engineering，VE）是指以最低的生命周期成本可靠地实现标的产品所需要的功能，使功能与成本相匹配而进行的一种有组织的综合性活动。价值工程的基本思想是通过对标的产品的功能与成本的比值分析，即通常所说的产品性价比分析，判断其是否合适。在价值工程里，功能与成本的比值称为价值，也称价值比率，是对特定功能所要求的成本支出是否合适的评判值。价值工程就是设法使产品的价值比率不断提高，即从低价值比率到高价值比率的改善过程。

价值工程是一种评价与改进研发方案、提高产品价值比率的系统性方法。随着对价值工程研究的深入，价值工程在目标成本管理中的应用也从简单到复杂，价值工程的对象也从具体到抽象。目前，价值工程在成本管理与控制中的运用主要有以下三种形式：

（1）生产价值工程。在产品生产阶段运用价值工程进行分析是很常见的，也是价值工程在成本管理与控制中应用较早的方面。生产价值工程是在标的产品投入生产后开始实施的，以产品的规格设计图为基础，对产品各部分进行具体检测分析来确保目标成本的达成，从中发现可以改善价值比率的方法和途径。可以通过以下方法来提高标的产品的价值比率：保持产品的功能但改变零件的形状、改变加工方法；顺序削减其零部件成本和制造成本；在保持成本不变的情况下增加更多的功能；通过削减不必要的产品功能降低成本。

（2）研发价值工程。即在产品的研发与设计阶段使用价值工程法对标的产品的成本进行管理和控制。研发价值工程以产品的企划图为基础，在保证产品达到一定功能的前提下，对产品的外观形状、结构、需要的材料、生产方式等方面进行分析。在此基础上进入详细设计阶段，细分产品的式样、各项参数等指标，从而得到产品的规格设计图供生产价值工程使用，使生产的相关问题明朗化。此法常常用于提高产品功能与降低成本方面的改进。

（3）市场价值工程。它是基于市场需求信息，在标的产品的企划阶段对产品所需的具体功能进行分析，同时考虑技术、法规与资金筹集对产品功能实现的限制，以及市场上同类产品的情况，得出标的产品的企划图。市场价值工程比前面的生产价值工程与研发价值工程都要粗略，主要是一些理念上的定性分析。

2. 辅助方法

在价值工程法分析的基础上，企业还需要借助其他的辅助方法对标的产品的目标成本作进一步分析。这些方法主要包括：

（1）权衡法。它是指在标的产品的成本和功能允许的范围内，寻求两者的最佳组合的一种方法。权衡法从产品的属性上确定标的产品是成本主导型还是功能主导型，从数量上确定功能成本允许的范围和各项参数指标，在各自的允许范围内进行权衡，得出最适合的组合。

（2）设计评价法。它是指在标的产品的研发阶段，基于市场的需求信息，针对产品研发设计中各方面的具体情况，对产品的重要隐性因素（功能齐全性、操作简易性、安全性、对环境的影响等方面）作出分析，并采取措施进行控制的一系列方法。它的目的是排除研发中可能导致产品在生命周期里产生不良结果的因素，进行事前控制。

（3）成本保留法。它是指不把标的产品的目标成本分解完，而是保留一部分，作为应对产品在研发过程中偶发的、难以预测的成本或作为强化产品特色和功能的成本的一种方法。保留成本占目标成本的比例依产品的特性和企业的发展策略而定，但不宜过大，否则会使分解的目标成本难以达成；也不宜过小，以免起不到保留成本的作用。

图10-6是日本机械企业目标成本管理的流程图，图10-7是日本日产汽车公司目标成本管理的基本模型。

第十章 生命周期成本、目标成本与约束理论

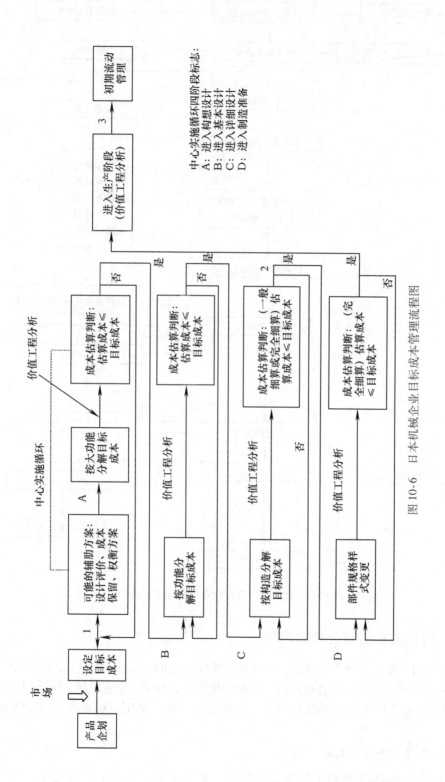

图 10-6 日本机械企业目标成本管理流程图

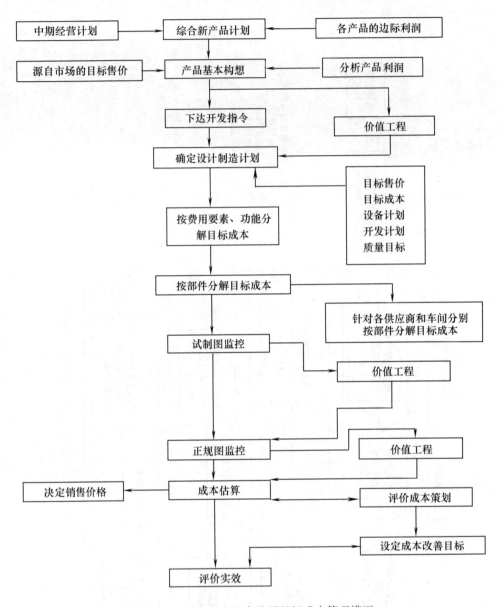

图 10-7 日本日产汽车公司目标成本管理模型

三、目标成本的综合计算示例

ABC 公司主要生产个人计算机，目前正在进行阳光Ⅱ产品的工艺设计改进计划。该品牌是 ABC 公司的普及型个人计算机产品，主要销售给个人和小的企业组织。该公司非常担心来自于另外几家竞争厂商激烈的价格竞争。为此该公司决定采用目标成本管理方法进行成本控制。

（一）制定阳光Ⅱ的目标价格

ABC 公司预测其竞争对手可能会将与阳光Ⅱ竞争的产品价格下调 15%，因此，ABC 公司的经营层确信他们必须要使阳光Ⅱ降价 20% 以回击竞争者的挑战，将该产品价格由每台 8 000 元降至 6 400 元。以这样较低的价格，ABC 公司的经营管理者预计阳光 II 的年产销量将由 120 000 台上升至 150 000 台。

（二）确定阳光 II 的目标成本

ABC 公司的经营者期望从销售收入中得到 10% 的目标营业净利润。则有：

目标销售总收入 = 6 400 × 150 000 = 960 000 000（元）
目标总营业净利润 = 10% × 960 000 000 = 96 000 000（元）
目标单位营业净收益 = 96 000 000 ÷ 150 000 = 640（元）
目标单位成本 = 目标价格 − 目标单位营业净利润 = 6 400 − 640 = 5 760（元）
目前阳光 II 的营业总成本为 = 792 000 000 + 48 000 000
　　　　　　　　　　　　　= 840 000 000（元）（见表 10-3）
目前阳光 II 的单位营业成本 = 840 000 000 ÷ 120 000 = 7 000（元）

由上述计算可见，目标成本远远低于目前阳光 II 产品的单位营业成本。企业的目标是使单位产品的成本下降 1 240 元，即从 7 000 元降至 5 760 元。该企业面临的挑战是如何通过实施价值工程实现目标成本。

表 10-3　阳光 II 在 20×× 年的盈利能力分析　　　　　　单位：元

项目	120 000 件的总收入及总成本 ①	单位产品收入及单位产品成本 ② = ① ÷ 120 000
销售收入	960 000 000	8 000
产品销售成本		
直接材料成本	540 000 000	4 500
直接人工成本	72 000 000	600
直接加工成本	84 000 000	700
制造费用	96 000 000	800
产品销售成本总额	792 000 000	6 600
销售毛利	168 000 000	1 400
研究与开发成本	24 000 000	200
产品与工艺设计成本	6 000 000	50
营销成本	12 000 000	100
分销成本	3 600 000	30
客户服务成本	2 400 000	20
小计	48 000 000	400
营业净利润	120 000 000	1 000

注：制造费用的计算见表 10-4。

（三）价值工程分析

价值工程分析的第一步，也是最基本的一步，便是评估潜在客户是否愿意为这些功能支付相应的价格。继而，ABC 公司成立了一个包括营销经理、产品设计师、制造工程师以及生产管理人员在内的小组，对产品设计的改进和工艺的改良提出建议。然后由成本会计师对改进后的成本节约额进行估算。

表 10-4　阳光 Ⅱ 制造费用明细表　　　　　　　　　　　　　　　　单位：元

成本动因	成本动因量	成本动因率	作业成本总额	单位产品分摊成本
1. 订单的数量	450 × 500 = 225 000	100 元/批	22 500 000	187.5
2. 测试时间	120 000 × 30 = 3 600 000	18 元/h	64 800 000	540
3. 返工数量	120 000 × 10% = 12 000	725 元/台	8 700 000	72.5
制造费用总额			96 000 000	800

价值工程的两个关键概念是成本发生（Cost Incurrence）与成本锁入（Locked-in Cost）。成功的价值工程要求仔细区分何时成本实际发生以及何时成本被锁入。

当资源被实际消耗时，称为成本的发生。传统的成本核算系统非常强调成本的实际发生，当成本实际发生时才对特定的成本项目予以确认和记录。成本锁入是指那些尚未发生，但根据已做出的决策在未来必然要发生的成本。

区分一项成本何时实际发生以及何时被锁入是十分重要的。当成本一旦被锁入，便很难再改变其发生额。例如，一旦阳光 Ⅱ 的设计方案确定下来，企业降低该产品直接材料成本的能力便非常有限。

下面是 ABC 公司的设计决策如何影响产品成本的几个方面：

（1）通过对阳光 Ⅱ 采用的印刷电路板和附加功能的选择，设计决策可以影响直接材料成本。更为精良的设计有助于减少返工以及产品转移至客户手中时发生的故障。

（2）将阳光 Ⅱ 设计成易于制造和装配，有助于减少直接制造人工成本。例如，将阳光 Ⅱ 由铆焊式设计改为装插式设计，将减少制造工时。

（3）减少阳光 Ⅱ 的构成部件数，将减少订货及材料处理成本。

（4）简化阳光 Ⅱ 的设计，可减少所需的测试和检查时间。

（5）设计决策还影响到客户服务。一项好的设计可以显著地降低产品发生故障的可能性，减少产品在客户使用中出现问题所需的修理及服务时间。

图 10-8 是阳光 Ⅱ 锁入成本和实际发生成本曲线。

图中底下的一条曲线绘出了不同功能环节发生的累计的单位成本。上面一条曲线绘出了累计的锁入成本。图 10-8 中的点强调了成本锁入时间和实际成本发生时间的差异。在该例中，当产品设计完成后，阳光 Ⅱ 单位成本的 80%（5 600÷7 000）就已经被锁入，而与此同时仅有 10%（700÷7 000）的单位成本已经实际发生。

图 10-8 说明了以下几个问题：①在成本实际发生之前，大部分成本（80%）便已经被锁入。②一旦设计方案确定，很难再改变成本发生的数额。③降低成本的关键通常是理解成本何时及怎样被锁入，至于成本何时及怎样实际发生则是相对次要的问题。

（四）实现目标成本

ABC 公司的价值工程小组将降低产品成本的努力集中于对阳光 Ⅱ 设计的分析，他们发现了几个方面的问题。客户极少能够充分利用到阳光 Ⅱ 的全部功能。该产品的性能设计过

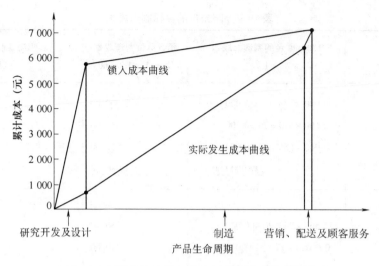

图 10-8　阳光Ⅱ的锁入成本与实际发生成本曲线

高,因而定价也相对过高。为了实现目标成本,价值工程小组希望设计出一种带有较少功能、高质量、高可靠性的个人计算机。

阳光Ⅱ不再生产,取而代之的是阳光Ⅲ型计算机。与阳光Ⅱ相比,阳光Ⅲ型仅由425个部件组成,比前者少了25个。表10-5和表10-6是阳光Ⅱ和阳光Ⅲ型计算机实际发生的直接成本以及制造费用动因的对比。ABC公司希望阳光Ⅲ的产销量能在阳光Ⅱ的120 000台的基础上增加30 000台,达到150 000台。阳光Ⅲ的目标制造成本和目标盈利能力如表10-7和表10-8所示。

表 10-5　直接成本(单位成本)　　　　　　　　　　　单位:元

项目	阳光Ⅱ	阳光Ⅲ	对阳光Ⅲ成本的解释
直接材料	45 000	3 900	阳光Ⅲ的设计使其动用了简化的印刷电路主板,更少的部件,并且不再具备视听功能
直接人工	600	530	阳光Ⅲ需要更少的组装生产线,新的设计使阳光Ⅲ的单位制造时间减少,阳光Ⅲ的直接加工成本为556元
直接加工成本	700	556	

表 10-6　制造费用动因

成本动因	成本动因的数量		成本动因率	对阳光Ⅲ使用的成本动因及数量的说明
	阳光Ⅱ	阳光Ⅲ		
1. 订单数量(份)	450×500=225 000	425×500=212 500	96元/批	阳光Ⅲ所用的425种部件,每一种发出500份订单
2. 测试时间/h	120 000×30＝3 600 000	150 000×20＝3 000 000	17/h	阳光Ⅲ更易于测试,每台产品需20h的时间
3. 返工数量(台)	120 000×10%＝12 000	150 000×8%＝12 000	725元/台	由于阳光Ⅲ更易于制造,返工率降为8%

表 10-7　阳光Ⅲ的目标制造成本　　　　　　　　　　　　　　　单位：元

项　目	150 000 台的制造总成本 ①	预计单位制造成本 ②＝①÷150 000	阳光Ⅱ制造成本 ③
直接材料	150 000×3 900＝585 000 000	3 900.00	4 500
直接人工成本	150 000×530＝79 500 000	530.00	600
直接加工成本	150 000×556＝83 400 000	556.00	700
直接制造成本总额	747 900 000	4 986.00	5 800
制造费用：			
订货及收货成本	212 500×96＝20 400 000	136.00	187.50
测试及检查成本	3 000 000×17＝51 000 000	340.00	540.00
返工成本	12 000×725＝8 700 000	58.00	72.50
制造费用总额	80 100 000	534.00	800.00
制造总成本	828 000 000	5 520.00	6 600.00

表 10-8　阳光Ⅲ的目标盈利能力　　　　　　　　　　　　　　　单位：元

项　目	150 000 件的总收入及总成本 ①	单位产品收入及单位产品成本 ②＝①÷150 000
销售收入	960 000 000	6 400
产品销售成本		
直接材料成本	585 000 000	3 900
直接人工成本	79 500 000	530
直接加工成本	83 400 000	556
制造费用	80 100 000	534
产品销售成本总额	828 000 000	5 520
研究与开发成本	4 000 000	27
产品与工艺设计成本	6 000 000	40
营销成本	18 000 000	120
分销成本	5 000 000	33
客户服务成本	3 000 000	20
小计	36 000 000	240
产品全部成本	864 000 000	5 760
营业净利润	96 000 000	640

四、扩展企业中的目标成本管理

目标成本管理的有效实施，必须依赖整个价值链的合作。如今，产品从研发到生产、配送、售后服务和处置的各个步骤，都由价值链上的不同企业来完成，由单个企业负责生产与销售全过程的情况已非常少见。相当一部分零部件（有时甚至包括调研数据）采购自外部供应商，许多销售活动也由经销商完成。产品的生产、销售、服务和处置过程通常由一个企业网络（被称为扩展的企业）来完成。网络中的企业共同控制产品成本与质量，而各个企业拥有关于客户需求的独特信息。怎样使扩展的企业有效参与到目标成本管理中来，对目标成本的实现具有重要的意义。

（一）扩展企业

图10-9展示了典型的扩展企业。图中的主导企业，也就是提出该产品概念的企业，由供应商支持并通过分销商与客户联系在一起。在产品的使用过程中，客户会与服务和支持提供商发生联系；而在产品处置时，会与回收商发生联系。上述不同主体可能是市场主导企业本身的一部分，也可能是独立的企业。它们相互之间的联系被称为价值链，价值链中的每一个环节都为产品增加价值。

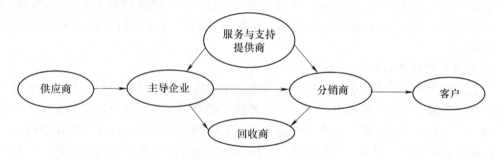

图10-9 典型的扩展企业

（二）目标成本管理中扩展企业的作用

目标成本管理不是简单地将成本削减任务传递给供应商、经销商和回收商等。所有的扩展企业都必须了解，目标成本管理是产品生命周期和整个价值链的成本削减过程。另外也必须明确，由于各成员在价值链中所处位置不同，它们为目标成本管理过程所做的贡献程度也不相同。扩展企业在目标成本管理中的重要作用如下：

1. 提供更好的客户需求信息

供应商、经销商、服务与支持提供商以及回收商可以提供大量有关客户需求的信息。每个扩展企业基于各自的功能提供不同的视角。例如，座椅生产商对于客户的需求可能比汽车制造商更加清楚。目标成本管理过程就要将不同的视角融合为对客户需求的统一看法。

2. 提高产品技术

所有扩展企业都有提高产品技术水平的愿望。每个成员可能带来特定领域的专业技术。特别是供应商，通常都掌握了主导企业所不具备的专门技术。产品技术水平的提高通常可以缩短新产品的开发时间，提高产品质量并降低成本。技术改进及应用的想法应在扩展企业间共享，以达到对该技术的最佳利用。

3. 在产品概念形成阶段的早期提供相关信息

扩展企业应在产品概念形成阶段的早期提供相关信息。这样才能保证这些信息以最小成本经过验证、提炼，并最终进入到具体的产品与生产流程规范中。另外，扩展企业参与目标成本管理，应该对实施降低成本的改动做出承诺。

4. 消除非增值性作业

为实现各扩展企业所要求的成本削减，应研究流程并消除非增值性作业。通过共享有关流程信息，可以实现双赢的解决方案。以一个消耗大量鸡蛋的糕点店为例。鸡蛋供应商要花费大量的时间和成本来包装鸡蛋，以保证它们在运输过程中不会打碎。而糕点店则要花费大量时间和成本来打碎鸡蛋并处置蛋壳。因此两者可以就这一问题达成双赢的解决方案：即鸡蛋供应商打碎鸡蛋装在容器中卖给糕点店，并卖掉蛋壳；糕点店则可以以较低价格购买所需要的数量。消除非增值性作业，还能够缩短产品设计、生产以及配送的时间。

5. 消除不必要的产品性能与部件

所有扩展企业应确立一种重要信念，即通过消除不必要的产品性能与部件，成本可以降低并且质量也将得到提高。设计一种基础产品，包含最基本的产品性能与部件，对其进行改动可以形成不同的产品。扩展企业可以针对如何设计这种基础产品进行集体讨论。

6. 评估可供选择的材料

为了实现成本的长期降低，扩展企业应考虑不同的可供选择的材料。其中一些意见可能与控制环境成本有关。应充分考虑使用某种材料的全部成本，包括使用复杂、污染性的材料为生产过程带来的困难，潜在的清除成本，不好的公众形象，以及环境保护组织对产品销售的负面影响等。另外，评估可供选择的材料也要考虑到各材料的功能性，以及对各扩展企业的成本。

7. 追求标准化

标准化可以提高产品质量并降低成本。扩展企业应共同努力，使生产流程、产品和零部件尽可能标准化。

8. 提高产品的可靠性与耐久性

设计团队所进行的价值工程应关注如何提高产品的可靠性与耐久性。这一努力应该在产品的设计阶段进行，而不应等到产品生产阶段和服务支持阶段再来弥补。产品可靠性与耐久性是客户满意度的重要因素，相关信息可以来自经销商、服务支持提供商或者供应商。

9. 减少文书工作

所有扩展企业应相互配合，考虑如何减少文书工作。对交易过程重新进行设计，以达到最小的文书工作量，并减少不必要的行政步骤。这将降低成本，并使行政工作投入到更加需要的环节中。

五、生产阶段目标成本控制

1. 预测目标总成本

预测目标总成本是在确定目标利润的基础上进行的。目标利润的确定既要考虑企业的现有设备情况、生产能力、技术水平和历史成本资料等内部条件，也要考虑企业的外部环境。通过市场调查，收集国内国际市场的价格信息资料，测算产品的市场价格，预计销售收入。一般采用以下公式进行计算：

目标总成本 = 预计销售收入 − 目标利润 − 应缴税金

目标利润的预计主要有以下三种方法：

（1）目标利润 = 预计销售收入 × 同类企业平均利润率

（2）目标利润 = 总资产 × 同类企业平均资产利润率

（3）目标利润 = 上年利润 × 利润增长率

【例 10-2】 某钢厂某种圆钢的同业销售利润率为 4.44%，预计本年销售量为 102 万 t，该种圆钢的市场价格为 1 766 元/t，则

$$目标利润 = 102 \times 1\,766 \times 4.44\% = 8\,000（万元）$$
$$目标成本 = 102 \times 1\,766 - 8\,000 = 172\,132（万元）$$
$$单位成本 = 172\,132 \div 102 = 1\,688（元/t）$$

2. 目标成本的可行性分析

经过实际测算，上述圆钢的实际估计成本为 1 742 元/t，与目标成本相差 54 元/t。为此，该厂必须将现有估计成本降低到目标成本以下，否则就要停止该圆钢的生产。经过多方论证，该厂通过采取以下措施实现了目标成本：

（1）提高成材率，降低成本 10 元/t。

（2）原材料方坯可降 5 元/t。

（3）方坯的原材料钢锭可降 28.83 元/t。

（4）采购部门外购生铁可降 6 元/t。

（5）降低维修费和提高劳动生产效率 5 元/t。

3. 目标成本的分解与落实

目标成本的分解和落实是目标成本管理的中心环节，它以确定的目标成本为基础，为目标成本控制提供标度，具有承上启下的作用。目标成本的分解，是将测定的目标成本值，按照一定的要求，采用一定的形式和方法，进行科学的划分、分解和展开，化大为中，化中为小，使之具体化、细小化、单元化，尽可能地变为若干较小的分、子目标，从而构成有机的目标成本体系。

目标成本的落实，同责任成本和成本会计相结合，按责任归属和可控性原则，归口分级分解与落实，并按照谁消耗、谁负责、谁管理、谁受益的原则，组织目标成本的实施、管理、控制、分析、考核与奖惩等。

根据不同的管理目的，目标成本的分解主要可以采取以下两种方法：

（1）按管理层次分解。首先，将全厂的目标成本按成本费用项目分解到各车间或科室；其次，各车间和科室将其所承担的成本费用逐一分解到各工段形成各工段的目标成本；然后，各工段再将其所承担的目标成本分解到各班组；最后，各班组再将其目标成本分解到岗位，形成班组的目标成本。这样企业的目标成本自上而下层层分解到岗位，只有各岗位的目标成本完成，才能保证班组目标成本的完成，只有各班组目标成本的实现才能保证各工段目标成本的完成，进而保证全厂目标成本的实现。因此，目标成本按管理层次自上而下分解，而目标成本的实现则需自下而上的层层保证。其分解过程如图 10-10 所示。

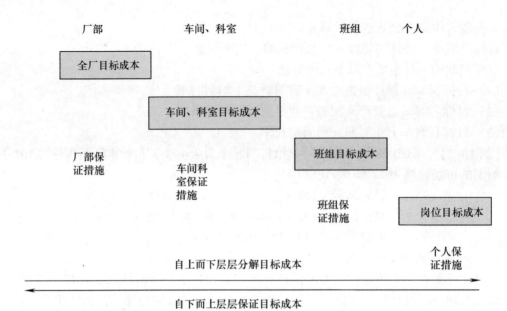

图 10-10　目标成本按管理层次分解

【例 10-3】　某年邯钢第二分厂目标成本 1 688 万元/t，产量 102t，总成本 172 132 万元，质量目标合格率 99.75%。图 10-11 描述了炉前工段的目标成本分解。

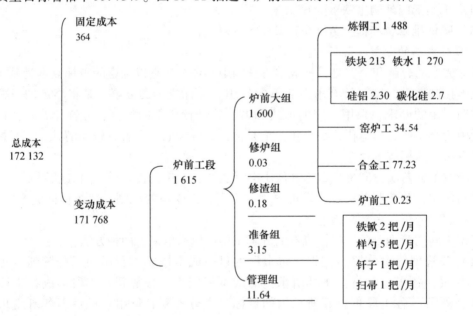

图 10-11　炉前工段目标成本分解（单位：万元）

（2）目标成本按成本项目分解。企业的目标成本还可以按照产品成本项目进行分解，主要是将企业的目标成本分解为不同的成本项目，然后将各成本项目的目标成本分解落实到各部门或车间。表 10-9 是某煤矿原煤材料目标成本的分解结果。

表 10-9　原煤材料目标成本分解

序　号	单　位	总金额（万元）	百分比	吨煤消耗（元）
1	回采区队	481.12	15.02%	3.11
2	掘进区队	993.18	31.01%	6.42
3	皮带区队	228.96	7.15%	1.48
4	修理区队	182.55	5.70%	1.18
5	通风区队	57.23	1.79%	0.33
6	搬运区队	111.38	3.48%	0.72
7	机电科	392.94	12.27%	2.54
8	供应科	63.43	1.98%	0.41
9	行政科	3.09	0.10%	0.02
10	通信科	6.19	0.19%	0.04
11	房管科	3.09	0.10%	0.02
12	地质科	6.19	0.19%	0.04
13	回收科	672.95	21.01%	4.35
14	合计	3 202.3	100.00%	20.66

第三节　约束理论

一、约束理论的基本思想

与重视生命周期成本早期阶段的目标成本管理不同，约束理论将注意力集中于制造活动本身。约束理论（The Theory of Constraint，TOC）由 Goldratt 和 Cox 提出，目的是帮助经理人员提高企业的整体利润。该理论认为企业应集中精力于减少生产过程的约束或瓶颈，提高企业的产出量。其主要思想是：企业可以通过最大程度地增加整体产出效率来获得成功，这一整体产出效率被称为企业的生产量效益。生产量效益（Throughput）被定义为销售额减去直接材料成本，包括外购部件和自制材料的成本。

约束理论指导经理人员集中注意力于原材料和外购部件转化为最终产品和被送到消费者手中的速度（见图 10-12），重视通过消除或减少生产过程中降低产出的瓶颈来提高产出效益。那些不影响企业产出率效益的生产和分销过程是非约束性的，它们不像瓶颈和约束条件那样受到重视。

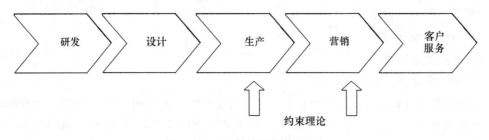

图 10-12　约束理论的管理重点

二、约束理论的分析步骤

约束理论分析的目的是辨认和去除约束性限制以使产出的速度更快、原材料的产出效益更高。追寻提高产出效率意味着想办法减少加工时间,更好地协调生产流程,减少生产准备时间,减少生产批量的规模。通过重视产出效益,约束理论方法为经理人员提出了一个清晰明了的目标。此外,由于约束理论方法可以使制造环境更为敏捷和更加灵活,使企业对快速的生产变化和客户偏好的变化能更好地准备,因而对企业在多变的市场中取胜具有战略意义。

约束理论分析的步骤如下:
（1）辨认限制性约束。
（2）充分利用限制性约束。
（3）通过限制性约束来控制生产流程。
（4）提高约束条件下的效率。
（5）重新设计制造过程以实现柔性化和牢固的产出效益。

三、约束理论应用举例

（一）辨认限制性约束

为了便于描述,假设一家小的制药企业 Skincare Products, Inc.（简称 SP 公司）生产各种局部皮肤乳剂,包括驱虫剂和防晒剂。公司将活性和惰性的药物成分放在一个大桶中搅拌,搅拌的过程就是一个约束,因为包装和贴标签必须等到搅拌完成后,且未加工材料必须等到大桶空了的时候才能用到。

在第一步中,成本会计师、制造经理和工程师协同工作,通过开发一种生产流程的网络图来分辨限制性因素。网络图（Network Diagram）是一种描述所做工作的流程图,它可显示工序的顺序和每个工序所用的时间。网络图的目的是帮助成本会计人员寻找瓶颈的迹象,瓶颈常常通过某一生产过程中有大量累积存货或者很长的到货时间表现出来。任务分析（Task Analysis）也可用来辨认限制性,它详细描述了每个程序的作业状况。图 10-13 中的网络图描述了 SP 公司的制造流程,它包含以下 6 个制造工序:

工序 1：接受并检查原材料；
工序 2：原材料混合；
工序 3：第二次检查；
工序 4：填充和包装；
工序 5：第三次审查；
工序 6：贴标签。

请注意图 10-13 中制造工序中 6 个工序各自需用的时间。由于食品和药品管理局的要求,SP 公司从以下三个点检查其产品：①SP 所收到的原材料。②搅拌过程中的原材料混合物。③贴标签后的最终产品。第一个点和第二个点检验了材料的正确化学成分和效力,而第三个点检查其是否足量。通过对网络图的形象分析，我们看到关键工序，即约束性条件是：

(1) 工序1：接收并检查原材料，所需时间3h。
(2) 工序2：在大桶中搅拌混合原材料，12h。
(3) 工序5：对包装好的产品的第三次检查，6h。

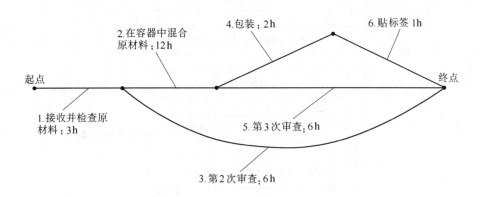

图10-13 SP公司的网络图

整个制造过程的总时数不能少于这三个工序所需时间之和（3+12+6）h=21h，因为这些工序必须按顺序进行，不能交迭。剩余的工序3、工序4和工序6并非约束性的，它们可被延误1h或更长时间，而不会耽搁整个制造过程。耽搁的数量可如下确定，工序3需6h，它在工序2和工序5完成的时候必须完成，但是因为工序2和工序5需18h（12+6），而工序3只需6h，所以就有12h（18-6）的宽松时间来完成工序3。

（二）充分利用限制性约束

在这个步骤中，会计人员确定如何最高效地利用公司的资源。这个方法在某种程度上依产品是一种还是两种或更多而不同。如果只有一种产品，会计人员就通过约束条件寻求使生产流程效率最大化的方法。然而对于两个或更多的产品，确定生产哪种产品或产品组合便很重要。不同的产品在约束性条件上可能需要不同的时间，这样的话，管理人员必须确定最盈利的产品组合。最盈利的产品组合需要对每个产品的盈利性进行详细的分析，同时还需要分析在约束条件下每种产品所需的时间量。

（三）通过限制性约束来制定生产流程

第三步的目的在于制定约束性条件内外的生产流程以便平滑整个企业的生产流程。有序的生产计划可以防止材料或不同工序中的在产品堆积。制定生产工艺流程的一个重要工具是鼓—缓冲区—绳系统（Drum—Buffer—Rope，DBR），它通过限制性约束来平衡生产流程。图10-14以保健品国际有限公司（HPI）为例描述了这个系统，HPI在制造助听器当中使用了DBR系统。

限制性约束是工序4，因为它要求高水平的专业技能。

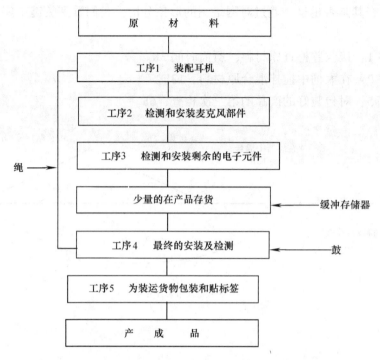

图10-14 生产流程管理中的"鼓—缓冲区—绳"系统

以下就是DBR系统在HPI的运行情况：在DBR系统中，所有的生产流程都与"鼓"或限制性约束（即工序4）同步，"绳"是包括约束限制和所有"鼓"之前的工序，目的在于使工序1~3的运行经过详细的时间选择和排序，从而通过"绳"来平衡创造流程。"缓冲区"是为工序4投入最少量的在产品，旨在保证工序4处于紧张运行状态。

（四）提高约束条件下的效率

作为旨在解决瓶颈问题并提高产出效益的一个长期措施，管理层应考虑通过增加新的或改良机器设备并增加额外人工约束条件的能力。

（五）重新设计制造过程以实现柔性化和牢固的产出效益

对于瓶颈部位的最彻底的解决办法是重新设计制造程序，包括引进新的制造技术，取消一些很难制造的产品，以及重新设计一些更易制造的产品。仅仅去掉既定产品的一个或更多细小功能，可能会显著加速生产流程。前面描述过的价值工程的应用可能在这点上有所帮助。

▶ 四、约束理论报告

当一家企业关注于提高产出效益、消除瓶颈和加快配送的速度时，经营业绩评价也会相应地关注于这些关键成功因素。一个常用的方法就是应用约束理论报告来报告产出效益。表10-10就是一家汽车玻璃制造商应用这种报告的例子，请注意表中H和B型玻璃窗是最盈利的，H和B的每小时产出效益是3 667美元和2 370美元，相反，C和A的每小时产出效益不超过1 000美元。约束理论分析报告对于辨认最盈利产品是有用的，它也有助于获得关键性成功因素。

表 10-10　一家汽车玻璃制造商的 TOC 报告

20××年3月

	C 型	A 型	H 型	B 型
窗户尺寸/m²	0.77	0.73	7.05	4.95
销量	高	中	高	中
未完订单数（块）	1 113	234	882	23
平均到货时间（天）	16	23	8	11
市场价格（美元）	2.82	6.68	38.12	24.46
直接生产成本（单位成本)				
材料（美元）	0.68	0.64	5.75	4.02
废料（美元）	0.06	0.05	0.42	0.34
材料整理费（美元）	0.12	0.12	1.88	1.61
小计（美元）	0.86	0.81	8.05	5.97
完工效益值（美元）	1.96	5.87	30.07	18.49
单位产品烧制时间/h	0.006 2	0.006 1	0.008 2	0.007 8
每小时完工效益（美元/h）	316	962	3 667	2 371

五、作业成本法与约束理论

作业成本法通常被企业作为成本管理方法来运用。作业成本法被用来评估产品的盈利性，就像前面描述的约束理论方法一样，不同之处在于约束理论采用一种短期的方法来进行盈利性分析，而作业成本法则是一种长期分析。约束理论侧重于短期分析，是因为它只重视与原材料相关的成本，而作业成本法包括了所有的产品成本。

另一方面，与约束理论不同，作业成本法并没有明确地将资源约束和生产作业的能力包括在内，所以，就像表 10-7 中的汽车玻璃制造商那样，作业成本法并不能用来确定短期最佳产量组合，因而作业成本法和约束理论是互补的方法。作业成本法提供了成本动因的综合分析和准确的单位成本，以此作为关于长期定价和产品组合的战略性决策的基础。相反，约束理论通过短期产品组合的调整和对生产瓶颈的关注，有助于提高企业短期盈利。作业成本法和约束理论的差异列示于表 10-11 中。

表 10-11　作业成本法与约束理论的比较

	约束理论	作业成本法
主要目标	短期关注：基于材料和材料相关成本的产出效益分析	长期关注：全部生产成本分析包括材料、人工和间接费用
资源约束和生产能力	明确涉及；是约束理论的主要内容	无明确涉及
成本动因	没有直接利用成本动因	增加了对单位级、批次级、产品级和设备级成本动因的理解
主要用途	最佳生产流程和短期产品组合	战略性定价和盈利规划

第十一章 标准成本制度

本章学习目标

- 理解标准成本的内容；
- 理解标准成本的定义及其制定方法；
- 掌握成本差异的计算方法；
- 掌握成本差异形成的原因；
- 掌握成本差异的账务处理；
- 了解标准成本制度在作业成本法中的应用；
- 了解标准成本制度在信息技术下的应用与改进；
- 了解基于ERP的标准成本制定与分析。

第一节 标准成本制度概述

一、标准成本制度的形成及其定义

早在1911年，美国工程师泰罗（F. W. Taylor）出版了《科学管理》一书，提出了用计件工资制和标准化原理控制生产工人的工作效率。随后，工程师埃默森（Emerson）提出了标准人工成本法，甘特（Gunter）又把标准成本推广到材料及制造费用，提出制定标准材料成本和标准制造费用。1919年，美国全国成本会计师协会成立，该协会由工程师和会计师共同组成。该协会成立后，准备推广标准成本制度。但是，由于当时的标准成本是由工程师提出的，他们的原意主要是用标准成本控制实际成本的发生，提高生产效率，并没有考虑同会计的结合。直到1930年以后，工程师和会计师才取得了一致的看法，即把标准成本同会计账务处理结合起来，从此逐步形成了完整的标准成本制度。从标准成本制度的形成过程可以看出，它是从成本控制的角度发展起来的，因而在很大程度上是一种成本控制制度（Cost Control System）。

标准成本，是指以产品设计阶段所选定的最优设计和工艺方案为基础，根据料、工、费的合理耗费，在企业现有生产工艺技术水平条件下进行有效经营应该发生的成本。它为衡量成本水平的高低提供了科学的尺度，并且为考核各部门的工作业绩提供了重要的依据。

标准成本制度，是指企业在生产经营过程中将实际成本与标准成本进行定期比较，揭示成本差异，按照例外管理原则分析成本差异发生的原因，及时向管理层反馈，并就重大的差异事项及时采取措施纠正，从而达到成本控制目标的一种成本控制系统。其具体内容包括标准成本的制定、成本差异的计算与分析、成本差异的处理三个部分。

标准成本的制定，是指根据已经达到的生产技术水平，通过精密的调查、分析和技术测定，科学地为每一个成本项目制定标准支出。

分析成本差异，是指通过记录当期发生的实际成本，根据成本项目的标准开支数和当期实际业务量比较实际成本与标准成本，确定各成本项目的差异及产品成本的总差异，分析差异形成的原因，明确经济责任。

成本差异的处理，是指对各成本项目的差异及产品成本的总差异，按照一定的原则和程序进行账务处理，并总结经验教训，进一步明确降低成本的措施，为后期加强成本控制与管理打下基础。

以上三个部分构成一个完整体系，其关系如图 11-1 所示。

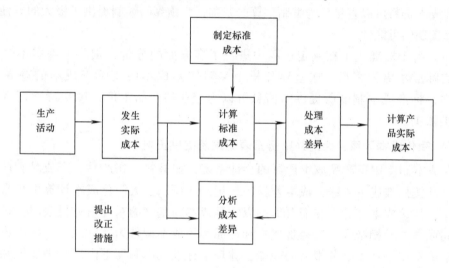

图 11-1　标准成本制度的业务流程

由图 11-1 可知，标准成本制度并不单纯是一种成本计算方法。它不仅是会计信息系统的一个分支，而且也是成本控制系统的一个分支。作为一种成本计算方法，它可以把成本差异计入标准成本，以确定产品的实际成本；作为一种成本控制方法，它可以将实际成本与标准成本比较后得到成本差异，并对成本差异进行分析与处理，以有效控制成本。就成本控制而言，标准成本及成本差异是比实际成本更为重要和有用的管理信息。

二、标准成本制度的作用

与实际成本制度相比较，标准成本制度将事前成本计划、日常成本控制和最终产品成本计算有机地结合起来，形成了一个完整的成本控制体系，对企业加强成本管理、全面提高生产经营成果具有重要意义。标准成本制度的具体作用主要包括以下几个方面：

（一）控制成本，提高成本管理水平

标准成本是衡量正常成本水平的尺度，可作为评价和考核工作成果的标准。在标准成本的确定中，可以使成本水平得到事前控制。通过实际成本与标准成本的差异分析，能及时发现问题，采取措施加以控制和纠正，从而降低成本水平，提高经济效益。

（二）正确评价和考核工作成果，调动职工积极性

标准成本是在事前经过科学分析确定的在正常条件下应该发生的成本。它是衡量成本

水平的尺度，也是评价和考核工作成果的基础和依据。在实际生产过程中，通过实际成本与标准成本的比较来进行差异分析并确定经济责任，可以正确评价责任中心的工作业绩，从而调动员工的工作积极性，使其关心和参与生产成本的控制与管理，挖掘降低成本的潜力，提高经济效益。

（三）为企业的预算编制和经营决策提供依据

编制生产经营的全面预算是企业实现短期利润计划、进行综合平衡和实行全面控制的重要措施。而成本预算的客观性与规范程度直接影响着全面预算的质量和实施的可能性。实施标准成本制度对标准成本规范要求的严格程度，一般要高于相同规范的预算编制，因此，标准成本资料可以直接作为编制预算的基础，为预算的编制提供了极大的方便，并提高了预算实现的可能性。

另外，由于标准成本在制定过程中进行了多方面的分析，剔除了许多不合理的因素，比实际成本更为客观，在差异分析中又对实际成本脱离标准成本的差异进行分析，这样，标准成本制度所提供的信息可以为企业的产品定价、接受特别订货等专门决策提供依据。

（四）简化成本计算，为对外财务报表的编制提供资料

标准成本制度用于产品成本计算的会计系统，如材料、在产品、产成品和产品的销售成本等都按标准成本入账，成本差异另行记录，可以大大简化成本计算中日常的账务处理工作，加速成本计算。在需要编制以实际成本为基础的对外财务报表时，可以将标准成本同成本差异相结合，把存货成本和产品销售成本调整为实际成本。标准成本制度下的成本信息用于对外财务报表的职能，体现了标准成本制度下内部管理职能和对外财务报告职能的结合。

三、标准成本的类型

（一）按其制定所根据的生产技术和经营管理水平划分

标准成本按其制定所根据的生产技术和经营管理水平，分为理想标准成本和正常标准成本。

1. 理想标准成本

理想标准成本是指在最优的生产条件下，利用现有的规模和设备能够达到的最低成本。制定理想标准成本的依据，是理论上的业绩标准，是指生产要素的理想价格和可能实现的最高生产经营能力利用水平。这里所说的理论业绩标准，是指在生产过程中毫无技术浪费、由最熟练的工人全力以赴工作、不存在废品损失和停工时间等条件下可能实现的最优业绩。这里所说的最高生产经营能力利用水平，是指理论上可能达到的设备利用程度，只考虑不可避免的机器修理、改换品种、调整设备、生产技术故障等造成的影响。这里所说的理想价格，是指原材料、劳动力等生产要素在计划期间最低的价格水平。因此，这种标准是"工厂的极乐世界"，很难成为现实，即使暂时出现也不可能持久。它的主要用途是提供一个完美无缺的目标，揭示实际成本下降的潜力。因其提出的要求太高，因而不能作为考核的依据。

2. 正常标准成本

正常标准成本是指在效率良好的条件下,根据下期一般应该发生的生产要素消耗量、预计价格和预计生产经营能力利用程度制定出来的标准成本。在制定这种标准成本时,把生产经营活动中一般难以避免的损耗和低效率等情况也计算在内,使之符合下期的实际情况成为切实可行的控制标准。要达到这种标准不是没有困难,但它们是可能达到的,是一种"严格但又能达到的"标准。从具体数量上看,它应大于理想标准成本,但又小于历史平均水平,是要经过努力才能达到的一种标准,因而可以调动职工的积极性。在标准成本制度中,广泛使用正常的标准成本。它具有以下特点:它是用科学方法根据客观实验和过去实践经充分研究后制定出来的,具有客观性和科学性;它排除了各种偶然性和意外情况,又保留了目前条件下难以避免的损失,代表正常情况下的消耗水平,具有现实性;它是应该发生的成本,可以作为评价业绩的尺度,成为督促职工努力争取的目标,具有激励性;它可以在工艺技术水平和管理有效性水平变化不大时持续使用,不需要经常修订,具有稳定性。

(二)按其适用期划分

标准成本按其适用期划分,分为现行标准成本和基本标准成本。

1. 现行标准成本

现行标准成本是指根据其适用期间应该发生的价格、效率和生产经营能力利用程度等计算的标准成本。在这些决定因素变化时,需要按照改变了的情况对标准成本加以修订。这种标准成本可以成为评价实际成本的依据,也可以用来计算存货和销货的成本。

2. 基本标准成本

基本标准成本是指一经制定,只要生产基本条件无重大变化,就不予变动的一种标准成本。所谓生产基本条件的重大变化是指产品的物理结构变化、重要原材料和劳动力价格的变化、生产技术和工艺的根本变化等。只有这些条件发生变化,基本标准成本才需要修订。由于市场供求变化导致的售价变化和生产经营能力利用程度变化,由于工作方法改变而引起的效率变化等,不属于生产的基本条件变化,对此不需要修订基本标准成本。基本标准成本与各期实际成本对比,可反映成本变动的趋势。由于基本标准成本不按各期实际修订,不宜用来直接评价工作效率和成本控制的有效性。

四、实施标准成本制度的基本条件

把标准成本纳入正常的成本计算系统,需要具备一些基本的前提条件,否则标准成本计算就难以名副其实,不能达到标准成本计算的应有作用。标准成本实施的基本条件主要有以下几点:

(一)产品设计及生产过程的标准化

采用标准成本制度,仅对成本计算对象的产品成本制定标准是不够的,因为产品生产过程中使用的零部件、半成品耗用的材料、使用的设备以及工艺操作方法如果不能标准化,就无法进行标准成本的累积,因而也就不能制定合理的成本标准。要确定零部件、半成品等成本要素的标准就必须实施作业流程和工艺规程的标准化,从而确定它们同成本要素之间的数量关系。

(二) 完备的成本管理系统

标准成本制度的重要目的在于成本控制，如果只有标准成本计算而没有相应的成本管理系统，那么标准成本计算将有名无实。因此，同标准成本计算相适应，应确立成本管理的责任体系，成立专门的机构负责标准成本的制定、差异的原因分析、工作成果的评价以及标准成本的修订等。同时，根据生产过程的特点，建立成本责任中心，明确管理者在成本上的责任及权限范围，通过标准成本计算和工作成果的评价考核，对成本进行全面的控制。

(三) 全员成本参与意识的提高

采用标准成本制度对成本进行全面控制，以达到降低成本、提高经济效益的目的，归根到底要依靠人们在生产经营活动中的积极性。标准成本制度的本身并不能降低成本，能否降低成本要取决于管理者和实践者对标准成本制度的态度和参与程度。因此，提高全员的成本意识、取得他们对标准成本制度的支持、使之积极参与成本管理，是实现标准成本制度目的的重要方面。

第二节 标准成本的制定

制定标准成本，通常先确定直接材料和直接人工的标准成本，其次确定制造费用的标准成本，最后确定单位产品的标准成本。在制定标准成本时，无论是哪一个成本项目，都需要分别确定其用量标准和价格标准，两者相乘后得出成本标准。

用量标准包括单位产品材料消耗量、单位产品直接人工工时等，主要由生产技术部门主持制定，吸收执行标准的部门和员工参加。

价格标准包括原材料单价、小时工资率、小时制造费用分配率等，由会计部门和其他有关部门共同研究确定。采购部门是材料价格的责任部门，人力资源管理部门和生产部门对小时工资率负有责任，各生产车间对小时制造费用分配率承担责任，在制定有关价格标准时要与他们协商。

无论是价格标准还是用量标准，都可以是理想状态的或正常状态的，据此得出理想的标准成本或正常的标准成本。下面介绍正常标准成本的制定。

▶ 一、直接材料标准成本的确定

直接材料标准成本是由直接材料价格标准和直接材料用量标准决定的。

(一) 直接材料价格标准的制定

直接材料价格标准，是指取得某种材料所应支付的单位价格。直接材料的价格标准包括材料的购买价格和预计的采购费用，如运输费、装卸搬运费等，也应扣除享受的任何折扣。制定直接材料价格标准时，应按每一种材料分别计算。

(二) 直接材料用量标准的制定

直接材料用量标准，即直接材料的消耗定额。它是指生产技术部门在一定条件下所确定的单位产品所耗用的各种直接材料的数量，包括形成产品实体的材料数量、在正常情况下所允许发生的材料损耗,以及生产中不可避免的废品所耗费的材料数量和其他正常的无效率消耗。但对这种材料损耗、废品耗费和无效率消耗,应定期复核并且逐渐减少,以反映改善的情况。制定直接材料用量标准时,也应按各种材料分别计算。

在某些生产过程中,发生一定数量的次品和废品是正常的。计算材料的标准数量时必须予以考虑。假如生产80L的合格产品通常需要投入100L化学品。如果1月合格产品为500L,那么投入品的标准数量计算如下:

$$合格产品数量 = 投入品数量 \times 80\%$$
$$投入品数量 = 合格产品数量 \div 80\%$$

本例,投入品数量=合格产品数量÷80%=500÷80%=625(L)。

(三)直接材料标准成本的制定

某种产品的直接材料标准成本,是由生产该种产品所需的每一种材料的标准数量和该种材料标准价格的乘积相加而求得的。其计算公式为:

某产品直接材料的标准成本 = ∑(直接材料用量标准 × 直接材料价格标准)

【例11-1】 M企业生产A产品需要甲、乙两种材料。A产品直接材料标准成本的计算如表11-1所示(假设无材料损耗、次品及废品等,下同)。

表11-1 A产品直接材料的标准成本计算表

项目	甲材料	乙材料
买价(元/kg)	7.3	8.5
采购费用(元/kg)	0.2	0.25
材料的价格标准(元/kg)	7.5	8.75
单位产品消耗数量/kg	5.8	3.8
单位产品的正常损耗率/kg	0.2	0.2
材料的数量标准/kg	6	4
各种直接材料的标准成本小计(元)	45	35
A产品的直接材料标准成本(元)	80	

二、直接人工标准成本的确定

(一)直接人工用量标准的制定

直接人工用量标准,即工时用量标准,也称工时消耗定额。确定单位产品所需的直接生产工人工时,需要按产品的加工工序分别进行,然后加以汇总。标准工时是指在现有生产技术条件下,生产单位产品所需要的时间。它包括直接加工操作必不可少的时间与必要的间歇和停工,如工间休息、调整设备时间,以及不可避免的废品耗用工时等。标准工时应以作业研究和工时研究为基础,参考有关统计资料确定。对某项作业的每个操作分为基本的身体运动,以这些运动的标准时间合计汇总确定每个操作所允许的总标准时间;也可让行业工程师进行时间和动作研究,以确定某项作业的标准时间。

(二)直接人工价格标准的制定

直接人工价格标准是指标准工资率。它可以是预定的工资率,也可以是正常的工资率。如果采用计件工资制,标准工资率是预定的每件产品支付的工资除以标准工时,或者是预定的小时工资率；如果采用月工资制，需要根据月职工薪酬总额和可用工时总量来计算标准工资率。

（三）直接人工标准成本的制定

制定了直接人工的用量标准和小时工资率标准后，就可以按照下列公式计算单位产品直接人工的标准成本：

单位产品的直接人工标准成本 = ∑（各项作业的工时用量标准 × 相应的标准工资率）

【例 11-2】 M 企业 A 产品直接人工标准成本的计算如表 11-2 所示。

表 11-2 直接人工标准成本计算表

小时工资率	第一车间	第二车间
基本生产工人人数（人）	20	50
每人每月工时/h	180	180
出勤率	95%	95%
每人平均可用工时/h	171	171
每月总工时/h	3 420	8 550
每月薪酬总额（元）	6 840	25 650
每小时薪酬（元）	2.0	3.0
单位产品工时：		
理想作业时间/h	1.0	1.8
调整设备时间/h	0.3	—
工间休息/h	0.1	0.1
其 他/h	0.1	0.1
单位产品工时合计/h	1.5	2.0
单位产品直接人工标准成本（元）	3.0	6.0
合计（元）	9.0	

三、制造费用标准成本的确定

制造费用的标准成本是按部门分别编制，然后将同一产品涉及的各部门制定的单位制造费用标准加以汇总，得出整个产品制造费用标准成本。

各部门的制造费用标准成本分为变动性制造费用标准成本和固定性制造费用标准成本两部分。

（一）变动性制造费用的标准成本

变动性制造费用的数量标准通常采用单位产品直接人工工时标准，它在直接人工标准成本制定时已经确定。有的企业采用机器工时或其他用量标准，作为数量标准的量应尽可能与变动性制造费用保持较好的线性关系。

变动性制造费用的价格标准是每一工时变动性制造费用的标准分配率，它根据变动性制造费用预算和直接人工总工时计算求得，计算公式为：

$$变动性制造费用标准分配率 = \frac{变动性制造费用预算总数}{直接人工标准总工时}$$

确定数量标准和价格标准后，两者相乘即可得出变动性制造费用的标准成本：

$$\begin{matrix}\text{变动性制造费用}\\ \text{的标准成本}\end{matrix} = \begin{matrix}\text{单位产品的直}\\ \text{接人工小时}\end{matrix} \times \begin{matrix}\text{每小时变动性制造}\\ \text{费用的标准分配率}\end{matrix}$$

各车间变动性制造费用的标准成本确定以后，可汇总出单位产品的变动性制造费用的标准成本。

【例 11-3】 M 企业 A 产品变动性制造费用标准成本的计算如表 11-3 所示。

表 11-3　A 产品变动性制造费用的标准成本计算表　　　　金额单位：元

部　门	第一车间	第二车间
变动性制造费用预算：		
运输	1 000	2 100
电力	4 000	2 400
消耗材料	5 000	1 800
间接人工	2 000	3 900
燃料	500	1 400
其他	500	400
合计	13 000	12 000
生产量标准（人工工时）	6 500	6 000
变动性制造费用标准分配率（元/h）	2.0	2.0
直接人工用量标准（人工工时）	1.5	2.0
变动性制造费用标准成本	3.0	4.0
单位产品标准变动性制造费用	7.0	

（二）固定性制造费用的标准成本

如果企业不将固定性制造费用计入产品成本，则单位产品的标准成本中不包括固定性制造费用的标准成本。在这种情况下，不需要制定固定性制造费用的标准成本，固定性制造费用的控制则通过预算管理来进行。如果采用完全成本计算成本，固定性制造费用要计入产品成本，因此需要确定其标准成本。

固定性制造费用的用量标准与变动性制造费用的用量标准相同，可采用直接人工工时、机器工时或其他用量标准等，并且两者要保持一致，以便进行差异分析。这个标准的数量在制定直接人工用量标准时已经确定。

固定性制造费用的价格标准是其每小时的标准分配率，它根据固定性制造费用预算和直接人工标准总工时计算求得，即

$$\text{固定性制造费用标准分配率} = \frac{\text{固定性制造费用预算总数}}{\text{直接人工标准总工时}}$$

确定了用量标准和价格标准之后，两者相乘，即可得出固定性制造费用的标准成本：

$$\begin{matrix}\text{固定性制造}\\ \text{费用标准成本}\end{matrix} = \begin{matrix}\text{单位产品的}\\ \text{直接人工小时}\end{matrix} \times \begin{matrix}\text{每小时固定性制造}\\ \text{费用的标准分配率}\end{matrix}$$

各车间固定性制造费用的标准成本确定之后，可汇总计算出单位产品的固定性制造费用标准成本。

【例 11-4】 M 企业 A 产品固定性制造费用标准成本的计算如表 11-4 所示。

表 11-4 固定性制造费用标准成本计算表   金额单位：元

部　　门	第一车间	第二车间
固定性制造费用：		
折旧费	8 000	2 350
管理人员工资	1 000	1 800
间接人工	1 500	1 200
保险费	1 400	400
其他	1 100	250
合计	13 000	6 000
生产量标准（人工工时）	6 500	6 000
固定性制造费用分配率（元/h）	2.0	1.0
直接人工用量标准（人工工时）	1.5	2.0
部门固定制造费用标准成本	3.0	2.0
单位产品固定性制造费用标准成本	5.0	

四、产成品的标准成本

产成品的标准成本是单位产品直接材料标准成本、直接人工标准成本、制造费用标准成本的总和。通常，企业通过编制"标准成本卡片"以反映产成品标准成本的具体构成。每种产品的标准成本卡片，应在生产开始之前分送有关人员，包括各级生产部门的负责人、会计部门和仓库。标准成本卡片是领料、派工和支付其他费用的依据。表 11-5 是 M 公司 A 产品的标准成本卡片。

表 11-5 A 产品的标准成本卡

成 本 项 目	用 量 标 准	价 格 标 准	标准成本（元）
直接材料：			
甲材料	6kg	7.5 元/kg	45
乙材料	4kg	8.75 元/kg	35
合计			80
直接人工：			
第一车间	1.5h	2.0 元/h	3.0
第二车间	2h	3.0 元/h	6.0
合计			9.0
制造费用：			
变动费用（第一车间）	1.5h	2.0 元/h	3.0
变动费用（第二车间）	2.0h	4.0 元/h	4.0
合计			7.0
固定费用（第一车间）	1.5h	2.0 元/h	3.0
固定费用（第二车间）	2.0h	1.0 元/h	2.0
合计			5.0

第三节　成本差异的计算与分析

成本差异（Cost Variance）是指生产经营过程中发生的实际成本偏离预定的标准成本

所形成的差额。如果实际成本超过标准成本,其差异称为不利差异(Unfavorable Variance),可缩写为 U,这种差异通常记录在差异账户的借方,故又称借差,表示成本的浪费;如果实际成本低于标准成本,其差异称为有利差异(Favorable Variance),可缩写为 F,这种差异通常记录在差异账户的贷方,故又称贷差,表示成本的节约。在标准成本制度中要分析这些成本差异。完整的差异分析包括三个步骤:①查明是什么差异,数额有多大;②通过调查研究,弄清楚发生差异的具体原因;③追究责任,采取措施,改进成本控制。

一、成本差异分析的一般原理

无论是标准成本还是实际成本,产品成本都是由直接材料费用、直接人工费用和制造费用三部分组成。因此,成本差异也分为直接材料成本差异、直接人工成本差异和制造费用成本差异三个组成部分。又由于每个成本项目均以数量和价格相乘求得,所以每一项成本差异均可进一步分为价格差异和数量差异。

成本差异 = 实际成本 − 标准成本
　　　　 = 实际数量 × 实际价格 − 标准数量 × 标准价格
　　　　 = 实际数量 × 实际价格 − 实际数量 × 标准价格 + 实际数量 × 标准价格 − 标准数量 × 标准价格
　　　　 = 实际数量 ×(实际价格 − 标准价格)+(实际数量 − 标准数量)× 标准价格
　　　　 = 价格差异 + 数量差异

图 11-2 列示了计算变动成本的标准成本差异的通用模型。价格差异是指由于材料单价、小时工资率、小时费用率等价格因素偏离标准,按实际数量计算的多支出(或少支出)的成本。数量差异是指材料的用量、人工工时的用量等数量因素偏离标准,按标准价格计算的多支出(或少支出)的成本。

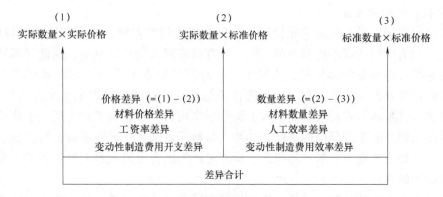

图 11-2　差异分析的通用模型——变动性制造成本

二、直接材料成本差异的计算与分析

直接材料成本差异是指直接材料实际成本与直接材料标准成本之间的差额,其中包括数量差异和价格差异。

(一) 直接材料数量差异的计算

直接材料数量差异是指生产过程中直接材料实际耗用数量偏离标准数量所形成的差异部分。其计算公式如下：

直接材料数量差异 =（实际用量×标准价格）−（标准用量×标准价格）
= （实际用量 − 标准用量）×标准价格

(二) 直接材料价格差异的计算

直接材料价格差异是指因直接材料实际价格偏离其标准价格而形成的差异部分。其计算公式为：

直接材料价格差异 =（实际用量×实际价格）−（实际用量×标准价格）
= 实际用量×（实际价格 − 标准价格）

【例 11-5】 假设某公司 2021 年 3 月份实际生产了 A 产品 700 件，实际使用直接材料 5 810kg，每千克实际价格为 10.10 元，其直接材料的标准消耗量为 8kg，每千克标准价格为 10 元。则直接材料的成本差异计算如下：

直接材料实际成本 = 5 810 × 10.10 = 58 681(元)
直接材料标准成本 = 700 × 8 × 10 = 56 000(元)
直接材料成本差异 = 58 681 − 56 000 = 2 681(元)(不利差异)

其中：

直接材料数量差异 =（5 810 − 700×8）×10 = 2 100（元）（不利差异）
直接材料价格差异 = 5 810 ×（10.1 − 10） = 581（元）（不利差异）

(三) 直接材料成本的差异分析

例 11-5 中，直接材料成本的总差异为不利差异，是直接材料数量的不利差异与其价格的不利差异之和。进一步分析差异原因，可能是由于价格上涨较高和相对便宜的材料（仍比预算价格高）质量较差，引起材料用量增加及价格上升同时发生。

1. 直接材料的数量差异分析

直接材料数量差异是根据实际使用量与标准使用量的差额，按标准价格计算确定的，它反映生产制造部门的成本控制业绩。生产经理通常对数量差异负责，因此计算数量差异时应采用标准价格而非实际价格，否则生产经理将被要求为采购经理的效率或无效率负责。材料数量差异形成的原因很多，如操作疏忽造成废品或废料增加、工人用料不精心、工人操作技术进步而节省材料、新工人上岗造成多用料、机器或工具不适用造成用料增加等。有时多用料并非生产部门的责任，如购入材料质量低劣、规格不符合要求也会使材料用量加大；又如工艺变更、新产品投产、检验过严等也会出现数量差异。因此，要进行具体分析才能明确责任。

另外，超出标准领料时应采用与正常领料不同颜色的领料单，使生产还在进行时就引起对材料过度使用的关注，从而提供更正任何正在发生问题的机会。

2. 直接材料的价格差异分析

直接材料价格差异一般由采购部门承担主要责任，因为在正常情况下，采购部门可选择价格合理、运输方便、采购费用比较低、质量较好的材料。但材料的实际价格又受许多因素影响，如市场供求的变化、价格的变化、采购数量、订货紧急、订货和运费增加等的影响，这些原因引起的价格差异就不应归属于采购部门，而应对差异形成的原因和责任根据具体情况做进一步的分析。例如，应生产上的要求，对某项材料进行小批量的紧急订货，由于加急运输形成的不利差异，应由生产部门负责而不应由采购部门负责。

上述直接材料成本的差异分析是假设当期购入的材料数量与当期使用的材料数量相等。如果当期购入的材料与当期使用的材料在数量上不一致，则差异的分析通常采用两段式：根据实际购入量计算材料的价格差异，在实际产出量和标准价格基础上计算材料的数量差异。价格差异分离越早越好，这样能及时引起管理层的注意，使问题及早得以发现和更正。因此，大多数公司是在材料购买时而不是在生产使用时计算材料价格差异。

【例 11-6】 假设某公司 3 月份以 2.8 元/kg 的价格购入直接材料 5 200kg，全部投入生产，实际生产 A 产品 1 000 件，该材料标准耗用量为 5kg/件，标准价格 3 元/kg，计算相应的直接材料成本差异。

$$价格差异 = 5\ 200 \times (2.8 - 3) = -1\ 040\ 元(有利差异)$$
$$数量差异 = (5\ 200 - 1\ 000 \times 5) \times 3 = 600\ 元(不利差异)$$

按实际采购量计算出来的价格差异，反映采购部门本期工作的成绩，它不受生产使用数量的影响。在标准成本的簿记系统中，通常将此差异记入"材料差异"账户，以便全面反映采购部门成本控制的业绩。采购部门未能按标准价格进货的原因有许多种，如供应厂家价格变动、没有按经济采购批量进货、未及时订货造成的紧急订货、采购时舍近求远使运费和途中损耗增加、不必要的快速运输方式、违反合同被罚款、承接紧急订货造成紧急采购等，需要进行具体分析和调查，才能明确最终原因和责任归属。

按实际使用量计算的材料价格差异，与其说是采购部门的责任，不如说是材料成本差异中不应由生产部门负责的部分。这部分价格差异，虽然是采购过程形成的，但在各期的分布受生产用量的影响，不便于分期考核采购部门的成本控制成绩。正因为如此，在标准成本的簿记系统中，更重视按实际采购量计算的价格差异。但是，实际用量的价格差异，生产部门很难承担责任，在进行本期制造成本的差异分析时，必须将其分离出来，以便区分部门责任。所以，在制造成本分析时，需要使用按实际耗用量计算的价格差异。也只有如此，才能使总差异与各项差异之和相等，进行差异计算正确性的检验。

综上所述，如果材料存货有期初期末余额，也不会影响材料成本的差异分析，因为价格差异是建立在购入数量基础上的，而数量差异是建立在标准价格基础上的。

三、直接人工成本差异的计算与分析

直接人工成本差异是指直接人工实际成本与直接人工标准成本之间的差额，其中包括直接人工效率差异（数量差异）和直接人工工资率差异（价格差异）。

（一）直接人工效率差异的计算

直接人工的数量差异也称直接人工的效率差异，是指因生产单位产品实际耗用的直接人工小时偏离其预定的标准工时所形成的直接人工成本差异部分。其计算公式如下：

$$直接人工效率差异 = (实际工时 \times 标准工资率) - (标准工时 \times 标准工资率)$$
$$= (实际工时 - 标准工时) \times 标准工资率$$

（二）直接人工工资率差异的计算

直接人工工资率差异，是指因直接人工实际工资率偏离其预定的标准工资率而形成的直接人工成本差异部分。其计算公式如下：

直接人工工资率差异 =（实际工时 × 实际工资率）－（实际工时 × 标准工资率）
　　　　　　　　 = 实际工时 ×（实际工资率 － 标准工资率）

【例11-7】 假设某公司3月份在实际生产700件产品的生产水平上，实际耗用直接人工7 200h，实际工资率为3.8元/h。生产每件A产品的直接人工标准工时为10h，标准工资率为4元/h。直接人工成本差异具体计算如下：

直接人工实际成本 = 7 200 × 3.8 = 27 360（元）
直接人工标准成本 = 700 × 4 × 10 = 28 000（元）
直接人工成本差异 = 27 360 － 28 000 = －640（元）（有利差异）

其中：

直接人工效率差异 =（7 200 － 7 000）× 4 = 800（元）（不利差异）
直接人工工资率差异 = 7 200 ×（3.8 － 4）= －1 440（元）（有利差异）

（三）直接人工成本差异的分析

例11-7中，直接人工成本差异为有利差异，是直接人工工资率有利差异大于直接人工效率不利差异的结果；进一步分析则揭示了可能是由于使用低水平技术工人造成了生产效率的下降。

1. 直接人工工资率差异的分析

工资率差异可能因人工使用方式的不同而产生，其原因包括直接生产工人升级或降级使用、奖励制度未产生实效、工资率调整而未修改标准工资率、加班和使用临时工、出勤率变化等。它也和材料的价格差异一样，成因复杂且难控制。但工资率差异一般是由于人工如何使用而产生的，生产监工有责任确保工资率差异可控。工资率差异是按"实际工时"计算的，因此不仅包括"纯"工资率差异，而且包括工资率—效率差异，即工资率和工时都超过标准而形成的差异。

2. 直接人工效率差异分析

效率差异形成的原因，包括工作环境不良、使用工人的工种不符合要求、工人经验不足、工人劳动情绪不佳、新工人上岗太多、机器或工具选用不当或故障较多、作业计划安排不当、产量太少无法发挥批量节约优势等。它主要是生产部门的责任，但也不是绝对的，例如材料质量不好，也会影响生产效率。

另外，当工人数量在短期内基本固定时，管理者对产量太少引起的人工效率差异的管理需要谨慎，出于激励和控制车间工人数量的目的，应接受一定程度的人工效率不利差异。

▶ 四、制造费用差异的计算与分析

由于变动性制造费用和固定性制造费用成本性态不同，通常是根据制造费用的弹性预算，分别对变动性制造费用和固定性制造费用分别进行差异分析。

（一）变动性制造费用差异的计算

变动性制造费用差异，是指变动性制造费用实际发生额与变动性制造费用的标准成本之间的差额。变动性制造费用差异通常包括变动性制造费用支出差异即"价格"差异，和变动性制造费用效率差异即"数量"差异。变动性制造费用的差异分析与直接材料和直接人工的差异分析相同，也是建立在实际产出基础上，根据实际产量进行分析。

1. 变动性制造费用的支出差异

变动性制造费用支出差异，是指因变动性制造费用实际分配率偏离其标准分配率形成的变动性制造费用差异部分。其计算公式如下：

$$\text{变动性制造费用支出差异} = (\text{实际费用分配率} - \text{标准费用分配率}) \times \text{分配基础实际用量}$$

式中分配基础实际用量即实际耗用的工时数。

2. 变动性制造费用的效率差异

变动性制造费用的效率差异，是指因生产单位产品实际耗用的直接人工小时偏离预定的标准工时而形成的变动性制造费用差异部分。其计算公式如下：

$$\text{变动性制造费用效率差异} = (\text{分配基础实际用量} - \text{分配基础标准用量}) \times \text{标准费用分配率}$$

【例 11-8】 假设某公司 3 月份实际发生变动性制造费用 6 120 元，固定性制造费用 11 500 元。根据例 11-7 的资料，实际生产量 700 件，实际使用人工 7 200h，已知变动性制造费用的标准分配率为 0.8 元/h。

其变动性制造费用差异计算如下：

变动性制造费用实际分配率 = 6 120 ÷ 7 200 = 0.85（元/h）

　变动性制造费用支出差异 = (0.85 - 0.8) × 7 200 = 360(元)(不利差异)

　变动性制造费用效率差异 = (7 200 - 7 000) × 0.8 = 160(元)(不利差异)

变动性制造费用发生不利支出差异 360 元，不利效率差异 160 元，导致变动性制造费用总差异为不利差异 520 元。

3. 变动性制造费用的差异分析

引起变动性制造费用不利差异的原因可能是多方面的，例如：构成变动性制造费用的各要素价格的上涨，如间接材料价格的上涨，动力费用价格上涨；间接材料和人工的使用浪费；动力和设备使用的浪费等。变动性制造费用的效率差异是同其分配基础联系在一起的，所以变动性制造费用分配基础的选择非常重要。通常负责控制分配基础水平的部门应对变动性制造费用的效率差异承担责任。如分配标准是人工工时，则负责人工工时的管理者应对此效率差异负责。在例 11-8 中，它是同直接人工效率联系在一起的。

（二）固定性制造费用成本差异的计算分析

固定性制造费用差异是指实际产量下固定性制造费用的实际发生额与实际产量下的预算发生额之间的差异。对于固定性制造费用差异的计算，通常有两种方法，一种是两差异法，另一种是三差异法。

1. 两差异法

两差异法是将固定性制造费用差异分为耗费差异和能量差异。

耗费差异是指固定性制造费用的实际发生额与固定性制造费用的预算发生额之间的差额。固定性制造费用与变动性费用不同，其总额并不因业务量的变动而变动，故其差异计算有别于变动费用。在考核时不考虑业务量的变动，以原来的预算数作为标准，实际数超过预算数即视为耗费过多。因此，耗费差异也称预算差异。其计算公式为：

$$\text{固定性制造费用耗费差异} = \text{固定性制造费用的实际发生额} - \text{固定性制造费用的预算额}$$

能量差异是指固定性制造费用预算与固定性制造费用标准成本之间的差额，或者说是实际产量的标准工时与预算产量的标准工时之间的差额用标准分配率计算的金额。它反映未能充分利用生产能力而形成的损失。其计算公式如下：

固定性制造费用的能量差异
= 固定性制造费用的预算数 - 固定性制造费用的标准发生额
= 固定性制造费用标准分配率 × 预算产量的标准工时 - 固定性制造费用的标准分配率 × 实际产量的标准工时
= (预算产量标准工时 - 实际产量的标准工时) × 固定性制造费用的标准分配率

其中：

固定性制造费用的标准分配率 = 固定性制造费用预算总额 ÷ 预算产量的标准工时

综上所述，我们可以看出，固定性制造费用差异可以表述为：

固定性制造费用成本差异 = 固定性制造费用的耗费差异 + 固定性制造费用的能量差异
= 固定性制造费用的实际发生总额 - 固定性制造费用的标准发生额

【例 11-9】 本月实际产量 100 件，实际发生的固定性制造费用总额为 380 000 元，预算产量的标准工时为 12 000h，固定性制造费用的预算总额为 480 000 元，每件产品的标准工时为 100h/件。

要求：计算有关固定性制造费用的成本差异。

解：

固定性制造费用的标准分配率 = 480 000 ÷ 12 000 = 40（元/h）

固定性制造费用的耗费差异 = (380 000 - 480 000) = -100 000（元）（有利差异）

固定性制造费用的能量差异 = (12 000 - 100 × 100) × 40 = 80 000（元）（不利差异）

验算：

固定性制造费用的成本差异 = 固定性制造费用的实际发生额 - 固定性制造费用的标准发生额
= (380 000 - 100 × 100 × 40) = -20 000（元）（有利差异）

固定性制造费用的成本差异 = 固定性制造费用耗费差异 + 固定性制造费用的能量差异
= -100 000 元 + 80 000 = -20 000（元）（有利差异）

2. 三差异法

三差异法是将固定性制造费用成本差异分为耗费差异、效率差异和生产能力闲置差异三种。其中，耗费差异的计算与两差异法的计算相同。三差异法将两差异法中的"能量差异"进一步分为两个部分：一部分是实际产量的实际工时未能达到（或超额）预算产量的标准工时而形成的生产能力差异；另一部分是实际产量的实际工时脱离实际产量标准工时而形成的差异，即效率差异。它们的计算公式如下：

$$固定性制造费用的耗费差异 = 固定性制造费用的实际发生额 - 固定性制造费用的预算额$$

$$固定性制造费用效率差异 = \left(\frac{实际产量}{实际工时} - \frac{实际产量}{标准工时}\right) \times 固定性制造费用标准分配率$$

$$固定性制造费用能力差异 = \left(\frac{预算产量}{的标准工时} - \frac{实际产量}{的实际工时}\right) \times 固定性制造费用标准分配率$$

显然，三差异法与两差异法大致相同，所不同的只是三差异法下要将两差异法下的"能量差异"进一步分解为"效率差异"和"能力差异"两部分。

【例11-10】 仍以例11-9资料为例，若实际耗用直接人工11 000h，要求用三差异法计算有关固定性制造费用成本差异。

解：有关成本差异计算如下：

固定性制造费用耗费差异 =（380 000 - 480 000）= -100 000（元）（有利差异）

固定性制造费用效率差异 =（11 000 - 100×100）×40元 = 40 000（元）（不利差异）

固定性制造费用能力差异 =（12 000 - 11 000）×40 = 40 000（元）（不利差异）

三差异法下，能力差异（40 000元）与效率差异（40 000元）之和（80 000元），与两差异法下的"能量差异"的数额相等。

3. 固定性制造费用成本差异的分析

造成固定性制造费用成本差异的原因比较复杂。严格地说，企业高层经理人员、计划部门、生产部门、财务部门、设备管理部门、销售部门、职工教育部门等都可能负有一定的责任，涉及面很广，需要从全企业的角度考虑，综合加以分析。

造成固定性制造费用耗费差异的原因可能有：

（1）管理人员的增减。

（2）管理人员工资及相应职工福利费的调整。

（3）税率的变动。

（4）折旧方法的改变。

（5）维修费开支加大。

（6）职工培训费的增减。

（7）租赁费、保险费的调整。

（8）各项公共事业费增加。

耗费差异的责任应由有关的责任部门负责。例如，固定资产折旧费用发生变化应由财务部门负责；修理费用的开支变化应由设备维修部门负责；有些费用（如水电费调价等）属不可控因素，不应由某个部门来承担责任。

造成固定性制造费用能量差异的原因可能有：

（1）订货增减。

（2）产品定价调整。

（3）原设计生产能力过剩，市场容纳不下。
（4）原材料、燃料、动力供应不足。
（5）产品结构调整。
（6）机械设备故障频繁，停工修理增多。
（7）人员技术水平有限，不能充分发挥设备能力。

能量差异是由于现有生产能力未充分利用而造成的差异，难以简单地确定责任的归属。为分清各部门应负的责任，应根据实际情况加以分析，分别由计划部门、生产部门、采购部门、销售部门等承担相应的责任。

五、例外管理和差异调查

例外管理强调管理者的注意力应该指向组织中没有生效的计划部分，其时间和精力不应浪费在组织中那些已顺利进行的事务上。但也并不是所有的差异都值得调查，其中重要的差异才值得管理者关注。一般确定差异调查的方法有以下几种：

1. 差异规模

几块钱的差异一般不值得关注，但达到一定程度的差异就应该追查。应调查的差异规模大小，可结合公司支出规模等实际情况确定。

2. 差异比重

差异比重可用差异规模与支出规模的比例表示。差异比重太小，可能是随机因素引起的可控范围内的差异，但超过一定程度的话，一定是某个环节出现了问题，应立即调查。

3. 绘制统计控制图

统计控制图的基本思路是以周、月、季等为考察期间，一个期间到另一个期间差异有些随机变动是正常的，高于随机变动正常水平的差异是应该被调查的。通常，差异的标准差可用于计量波动的正常水平。比如某公司"以零为基点，超过 X 标准差的差异应被调查"。X 取值越大，不会被调查的可接受的差异的范围就越宽，但也可能出现某个真正脱离控制的情况被忽视。因此，实际使用中应合理确定 X 值的大小。

除了注意非常大的差异外，差异的变化趋势也应该被重视。如一系列逐步增加的差异，虽然没有一个差异足够大到值得调查，但可能隐含着引发大的不利差异的问题，及早调查，问题就会及早被发现和得到解决。

第四节 成本差异的账务处理

有的企业，将标准成本作为统计资料处理，并不记入账簿，这样也可以提供成本控制的有关信息。但是，将标准成本纳入会计体系，不仅能够提高成本计算的质量和效率，使标准成本发挥更大的功效，而且还可以简化记账手续。

一、账户设置

在标准成本制度中，为了能够同时提供标准成本、实际成本和成本差异三项成本资料，可以把实际发生的各项成本划分为标准成本和成本差异两部分，并对两者分别进行归集；期末时再分别调整有关的各项成本差异，使其能够反映实际成本的有关资料。因此，需设置反映各项标准成本的账户和反映各项成本差异的账户。

（一）反映各项标准成本的账户

反映各项标准成本的账户是成本计算账户，主要包括："原材料""生产成本""库存商品"和"主营业务成本"等。这些账户都应按标准成本进行核算，即记入这些账户的借方金额或贷方金额都应当是以实际产量计算的标准成本数额。这类账户如有余额，一般应在借方。

（二）反映各项成本差异的账户

对于实际成本脱离标准成本而形成的各项成本差异，既可以按大的成本项目设置账户，也可以按具体成本差异的内容设置账户。在完全成本法下，按大的成本项目设置的各项成本差异账户包括："直接材料成本差异""直接人工成本差异""变动性制造费用成本差异"和"固定性制造费用成本差异"，每个账户下再按差异形成的原因分设明细账户。在变动成本法下，可以不设置"固定性制造费用成本差异"账户。

按具体差异设置的账户应包括："直接材料用量差异""直接材料价格差异""直接人工效率差异""直接人工工资率差异""变动性制造费用耗费差异""变动性制造费用效率差异""固定性制造费用耗费差异"和"固定性制造费用能量差异"，或以"固定性制造费用效率差异"和"固定性制造费用能力差异"替代"固定性制造费用能量差异"。

二、标准成本制度的账务处理程序

（一）登记各项标准成本账户

对于日常发生的各项实际成本，都应当将其分离为标准成本和成本差异两部分，并以标准成本分别登记"原材料""生产成本""库存商品"和"主营业务成本"等各有关成本账户。

（二）登记各项成本差异账户

对于实际成本脱离标准成本而形成的各项成本差异，应当按照其不同的类别，分别登记各有关的成本差异账户。对超支差异应借记有关差异账户，节约差异则贷记相应账户。为了便于考核，各成本差异账户还可以按照其责任部门设置有关的明细账，分别记录各部门的各项成本差异数额。

（三）期末处理各项成本差异

各差异账户的累计发生额，反映了本期成本控制业绩。在月末或年末，对成本差异的处理方法有两种。

1. 结转本期损益法

结转本期损益法是指将本期发生的各项成本差异全部记入利润表，由本期收入补偿，视同于主营业务成本的一种成本差异处理方法。这种方法的理由是：本期差异应体现本期成本控制的业绩，要在本期利润上予以反映。其优点是比较简单，使当期经营成果与成本控制的业绩直接挂钩。但当标准成本过于陈旧或实际成本水平波动幅度过大时，就会因差异额过高而导致当期利润失真，同时会使存货成本水平失真。西方应用标准成本控制系统的企业多数采用此种方法。

2. 调整主营业务成本与存货成本法

按照这种方法，在会计期末将成本差异按比例分配至主营业务成本和存货成本。采用这种方法的依据是税法和会计原则均要求以实际成本反映存货成本和主营业务成本。本期发生的成本差异，应由存货和主营业务成本共同负担。当然，这样进行差异的分配会增加一些计算工作量，而且将这些费用计入存货成本也不一定合理。例如，生产能力闲置差异是一种损失，并不能在未来换取收益，作为资产计入存货成本明显不合理，不如作为期间费用在当期参加损益汇总。

成本差异处理的方法选择，要考虑许多因素，包括差异的类型（材料、人工和制造费用）、差异的大小、差异的原因、差异的时间（如季节性变动引起的非常性差异）等。因此，可以对各种成本差异采用不同的处理方法，如材料价格差异多采用调整主营业务成本与存货成本法，闲置能量差异多采用结转本期损益法，其他差异则可因具体企业情况而定。需要强调的是，差异处理的方法要保持历史的一致性，以便使成本数据保持可比性，并防止信息使用人发生误解。

下面以结转本期损益法为例，介绍标准成本制度的账务处理程序，如图11-3所示。

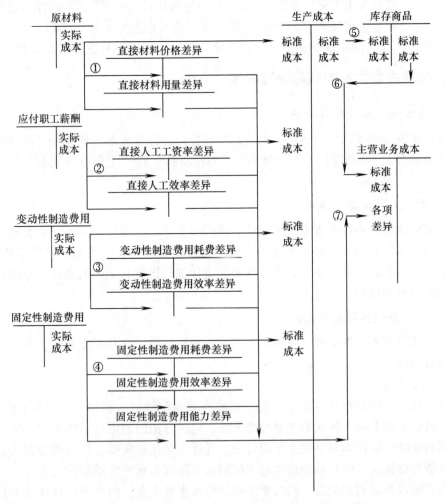

图 11-3 标准成本制度的账务处理流程图

三、账务处理实例

(一) 有关数据

(1) 标准成本卡,如表 11-6 所示。

表 11-6 标准成本卡

产品名称:甲产品

成 本 项 目	数 量 标 准	价 格 标 准	单位产品标准成本（元）
直接材料	5kg	4 元/kg	20
直接人工	2h	5 元/h	10
变动性制造费用	2h	2 元/h	4
固定性制造费用	2h	1 元/h	2
标准成本		36 元	

(2) 费用预算,如表 11-7 所示。

表 11-7 费用预算

产品名称:甲产品

项 目	预 算
生产能力/h	1 100
变动性制造费用（元）	2 200
固定性制造费用（元）	1 100
变动性制造费用标准分配率（元/h）	2 200 ÷ 1 100 = 2
固定性制造费用标准分配率（元/h）	1 100 ÷ 1 100 = 1

(3) 期初存货成本,如表 11-8 所示。本月期初在产品存货 30 件,产成品存货 50 件。由于材料一次投入,在产品存货中材料成本按标准成本计价,其他成本项目按照约当产量法计价,在产品的完工系数为 0.5。

表 11-8 期初存货成本

成 本 项 目	金 额（元）
直接材料	30 × 20 = 600
直接人工	30 × 10 × 0.5 = 150
制造费用	30 × 6 × 0.5 = 90
月初在产品成本	840
月初产成品成本	50 × 36 = 1 800

(4) 生产和销售资料,如表 11-9 所示。

(二) 本月实际发生的各项经济业务

(1) 购入材料一批,数量为 3 000kg,单价为 3.5 元,货款已用银行存款支付

标准成本 = 3 000 × 4 = 12 000 （元）

实际成本 = 3 000 × 3.5 = 10 500 （元）

价格差异 = (3.5 − 4) × 3 000 = − 1 500(元)

表 11-9 A 产品生产销售情况表

项　　目	数量（件）
月初在产品	30
加：本月投产	480
减：月末在产品	60
本月完工产品	450
加：月初产成品	50
可供销售产成品	500
减：本月销售	450
月末产成品	50

注：原材料一次投入，在产品完工程度为 50%。

编制会计分录：

借：原材料　　　　　　　　　　　　　　　　　　　　　　　　12 000
　　贷：银行存款　　　　　　　　　　　　　　　　　　　　　10 500
　　　　直接材料价格差异　　　　　　　　　　　　　　　　　 1 500

（2）生产产品领用材料 2 500kg

$$标准成本 = 5 \times 480 \times 4 = 9\,600（元）$$
$$实际成本 = 2\,500 \times 4 = 10\,000（元）$$
$$用量差异 = (2\,500 - 5 \times 480) \times 4 = 400(kg)$$

编制会计分录：

借：生产成本　　　　　　　　　　　　　　　　　　　　　　　 9 600
　　直接材料用量差异　　　　　　　　　　　　　　　　　　　　 400
　　贷：原材料　　　　　　　　　　　　　　　　　　　　　　10 000

（3）本月生产产品实用工时 1 000h，发生直接人工费用 4 000 元，以银行存款支付发生的直接人工费

编制会计分录：

借：应付职工薪酬　　　　　　　　　　　　　　　　　　　　　 4 000
　　贷：银行存款　　　　　　　　　　　　　　　　　　　　　 4 000

（4）将上述直接人工费用计入产品成本。为了确定应计入"生产成本"账户的直接人工标准成本，需要计算本月实际完成的约当产量

$$本月实际完成的约当产量 = (450 + 60 \times 0.5 - 30 \times 0.5) = 465（件）$$
$$标准成本 = 10 \times 465 = 4\,650（元）$$
$$实际成本 = 4\,000（元）$$
$$效率差异 = (1\,000 - 465 \times 2) \times 5 = 350（元）$$
$$工资率差异 = (4\,000 \div 1\,000 - 5) \times 1\,000 = -1\,000（元/h）$$

编制会计分录：

借：生产成本　　　　　　　　　　　　　　　　　　　　　　　 4 650
　　直接人工效率差异　　　　　　　　　　　　　　　　　　　　 350
　　贷：应付职工薪酬　　　　　　　　　　　　　　　　　　　 4 000

　　　　直接人工效率差异　　　　　　　　　　　　　　　　　　　　　　　　1 000
（5）本月实际发生制造费用3 400元，其中变动性制造费用2 500元，固定性制造费用900元，企业以银行存款支付

编制会计分录：
借：固定性制造费用　　　　　　　　　　　　　　　　　　　　　　　　900
　　变动性制造费用　　　　　　　　　　　　　　　　　　　　　　　　2 500
　　贷：银行存款　　　　　　　　　　　　　　　　　　　　　　　　　3 400

（6）将上述变动性制造费用计入产品成本

$$标准成本 = 4 \times 465 = 1\ 860\ (元)$$
$$实际成本 = 2\ 500\ (元)$$
$$效率差异 = (1\ 000 - 465 \times 2) \times 2 = 140(元)$$
$$耗费差异 = (2\ 500 \div 1\ 000 - 2) \times 1\ 000\ 元 = 500(元)$$

编制会计分录：
借：生产成本　　　　　　　　　　　　　　　　　　　　　　　　　　　1 860
　　变动性制造费用耗费差异　　　　　　　　　　　　　　　　　　　　500
　　变动性制造费用效率差异　　　　　　　　　　　　　　　　　　　　140
　　贷：变动性制造费用　　　　　　　　　　　　　　　　　　　　　　2 500

（7）将上述固定性制造费用计入产品成本

$$标准成本 = 2 \times 465 = 930\ (元)$$
$$实际成本 = 900\ (元)$$

1）采用两差异法时：

$$耗费差异 = (900 - 1\ 100) = -200(元)$$
$$能量差异 = (1\ 100 - 465 \times 2) \times 1 = 170(元)$$

编制会计分录：
借：生产成本　　　　　　　　　　　　　　　　　　　　　　　　　　　930
　　固定性制造费用能量差异　　　　　　　　　　　　　　　　　　　　170
　　贷：固定性制造费用　　　　　　　　　　　　　　　　　　　　　　900
　　　　固定性制造费用预算差异　　　　　　　　　　　　　　　　　　200

2）采用三差异法时：

$$耗费差异 = (900 - 1\ 100) = -200(元)$$
$$效率差异 = (1\ 000 - 465 \times 2) \times 1 = 70(元)$$
$$能力差异 = (1\ 100 - 1\ 000) \times 1 = 100(元)$$

编制会计分录：
借：生产成本　　　　　　　　　　　　　　　　　　　　　　　　　　　930
　　固定性制造费用效率差异　　　　　　　　　　　　　　　　　　　　70
　　固定性制造费用能力差异　　　　　　　　　　　　　　　　　　　　100
　　贷：固定性制造费用　　　　　　　　　　　　　　　　　　　　　　900
　　　　固定性制造费用耗费差异　　　　　　　　　　　　　　　　　　200

（8）产成品完工入库

$$标准成本 = 36 \times 450 = 16\ 200（元）$$

编制会计分录：

借：库存商品　　　　　　　　　　　　　　　　　　　　　16 200
　　贷：生产成本　　　　　　　　　　　　　　　　　　　　　16 200

（9）本月销售产品，产品单价为60元，货款尚未收到

$$产品销货款 = 60 \times 450 = 27\ 000（元）$$

编制会计分录：

借：应收账款　　　　　　　　　　　　　　　　　　　　　27 000
　　贷：主营业务收入　　　　　　　　　　　　　　　　　　　27 000

（10）结转已销产品标准成本

$$产品标准成本 = 36 \times 450 = 16\ 200（元）$$

编制会计分录：

借：主营业务成本　　　　　　　　　　　　　　　　　　　16 200
　　贷：库存商品　　　　　　　　　　　　　　　　　　　　　16 200

（11）结转成本差异（假设本企业采用"结转本期损益法"处理成本差异，且固定性制造费用采用两差异法）

编制会计分录：

借：主营业务成本　　　　　　　　　　　　　　　　　　　-1 140
　　贷：直接材料用量差异　　　　　　　　　　　　　　　　　 400
　　　　直接材料价格差异　　　　　　　　　　　　　　　　-1 500
　　　　直接人工效率差异　　　　　　　　　　　　　　　　　 350
　　　　直接人工工资率差异　　　　　　　　　　　　　　　-1 000
　　　　变动性制造费用耗费差异　　　　　　　　　　　　　　 500
　　　　变动性制造费用耗费差异　　　　　　　　　　　　　　 140
　　　　固定性制造费用效率差异　　　　　　　　　　　　　　-200
　　　　固定性制造费用能量差异　　　　　　　　　　　　　　 170

第五节　标准成本制度的应用与改进

一、标准成本在国际范围的使用

标准成本被世界范围内的公司广泛使用。一项研究调查了95家美国公司、52家英国公司、82家加拿大公司和646家日本公司，发现英国3/4的被调查公司、加拿大2/3的被调查公司以及日本2/5的被调查公司使用标准成本系统。

标准成本是在第二次世界大战之后最先引入日本的，NEC是日本最早在其所有产品上采用标准成本的公司。许多其他公司跟随了NEC的脚步并且发展了标准成本系统。标准成本在上述调查的四个国家的使用方式如表11-10所示。

表 11-10 标准成本在四个国家中的使用方式

	美 国	英 国	加 拿 大	日 本
成本管理	1	2	2	1
预算计划和控制	2	3	1	3
定价决策	3	1	3	2
财务报表编制	4	4	4	4

注：数字 1 到 4 表明使用的重要程度，从重要到次要。

资料来源：Shin ichi Inoue, "Comparative Studies of Recent Development of Cost Management Problems in U.S.A., U.K., Canada, and Japan." Research Paper No. 29, Kagawa University, p. 20.

随着时间的流逝，标准成本使用的方式可能会变化，但是现在大多数工业化国家，管理者都会碰到标准成本，而且最重要的运用是出于成本管理和预算计划的目的。

二、标准成本制度在作业成本体系中的改进与应用

标准成本法并非独立的成本计算方法，它可以与任何一种成本核算模式和计算方法相结合。标准作业成本系统正是标准作业成本法与作业成本法相结合的产物，它将标准建立在作业的基础上，通过实际作业成本与预先制定的标准作业成本的比较，以及对差异的分析，达到有效控制成本的目的。

（一）产品标准成本的制定

作业成本计算的基本思想是"产品消耗作业，作业消耗资源，产品成本是作业成本之和"。因此，在作业成本法下，产品的标准成本应由两部分构成，一部分为产品的直接成本的标准成本，如直接材料标准成本和直接人工标准成本；另一部分为间接成本标准成本。在作业成本法下，间接成本是按作业归集并按产品消耗的作业量（成本动因量）分配计入产品成本中的，因此，间接标准成本的制定应改为按作业制定标准。具体的标准成本计算方法应该是：

$$\text{某产品的标准成本} = \text{直接材料标准成本} + \text{直接人工标准成本} + \sum \text{各项作业的标准成本}$$

其中，直接材料的标准成本和直接人工标准成本的制定同本章第二节所述，各项作业的标准成本计算公式如下：

$$\text{某产品消耗的作业成本标准} = \sum \left(\text{消耗某项作业的成本动因量标准} \times \text{该项作业的标准成本动因率} \right)$$

式中，某项作业的标准成本动因率，是按作业确定的预算费用与标准的作业产出量（成本动因量）计算的。

（二）成本差异的计算与分析

传统成本差异分析的只是与产量相关的业务活动，以产品为基础，分直接材料、直接人工、变动性制造费用和固定性制造费用四个成本项目进行分析的。在作业成本法下，直接材料成本与直接人工成本的差异计算与分析仍然同本章第三节所述；但是作业成本差异的分析与计算，应以作业为基础，分析产品消耗各项作业的实际成本与其标准成本之间的差异。

具体来讲，应用标准成本制度原理，作业成本的差异计算与分析也应从数量差异和价格差异两方面进行。所谓数量差异，是指某产品实际消耗的各项作业量与应该消耗的标准成本动因量之间的差异；所谓价格差异，是指某产品实际消耗的各项作业的实际成本动因率与该项作业的标准成本动因率之间的差异。具体计算如下：

$$\text{某项作业成本的数量差异} = \left(\text{实际成本动因量} - \text{标准成本动因量}\right) \times \text{标准成本动因率}$$

$$\text{某项作业成本的价格差异} = \left(\text{实际成本动因率} - \text{标准成本动因率}\right) \times \text{实际成本动因量}$$

由于各项作业中心的成本按照成本性态可以分为固定成本和变动成本两类，因此，对于产品消耗各项作业的实际成本与其标准成本之间的差异分析，可以比照标准成本制度中制造费用成本项目的分析，按照变动性作业成本差异与固定性作业成本差异进行分析。

某作业中心变动性成本差异计算如下：

$$\text{某项作业的变动性成本效率差异} = \left(\text{实际成本动因量} - \text{标准成本动因量}\right) \times \text{标准成本动因率}$$

$$\text{某项作业的变动性成本耗费差异} = \left(\text{实际成本动因率} - \text{标准成本动因率}\right) \times \text{实际成本动因量}$$

某作业中心固定性成本差异的分析计算如下：

某项作业的固定性成本的耗费差异 = 实际发生的固定性成本 − 预算固定性成本

$$\text{某项作业的固定性成本效率差异} = \left(\text{实际成本动因量} - \text{标准成本动因量}\right) \times \text{标准成本动因率}$$

$$\text{某项作业的固定性成本能力差异} = \left(\text{生产能力} - \text{实际成本动因量}\right) \times \text{标准成本动因率}$$

（三）成本差异的账务处理

作业成本观认为，增值作业构成产品成本；不增值的作业是应消除的无效作业，它与作业的不利差异项目都是特别关注的零目标成本，不计入产品成本。因此，成本差异的账务处理上，作业成本按标准成本入账，非增值作业成本为零，其数量差异及能力差异是应消除的无效作业成本，记入"期间费用"账户。对于作业成本价格差异部分，如果差异较小，又符合实际情况，可将差异作为当期主营业务成本的调整项目；如果差异较大，应在主营业务成本与存货之间进行分摊。在产量较少时，差异部分则可全部转入当期损益。

（四）评价作业中心成本控制业绩

评价作业中心成本控制业绩主要根据作业中心成本控制业绩评价标准，如作业成本或作业预算，利用差异计算和差异分析的结果，对各作业中心的实际成本控制业绩进行评价，分析原因，判明责任，并定期编制作业中心成本控制业绩报告。

值得注意的是，标准作业成本系统主要关注作业中心成本控制业绩，但就作业中心的整体业绩评价来说，作业中心的业绩评价指标应该根据作业中心的具体性质来选取。除成本指标外，时间、效率、质量等非成本指标也可能是业绩评价的内容。在进行整体业绩评价时，可以根据作业中心的具体情况和性质，赋予不同的权重，依据得分情况来进行评价。

标准作业成本系统以作业中心为责任中心，可使责任成本核算和作业成本核算的口径一致，使责任成本的评价与考核落到实处。

三、标准成本制度在信息技术下的改进与应用

标准成本制度促进了信息技术的使用，将企业几大流程联系起来。当制造商为产品成本计算和成本管理目的而采用标准成本法时，材料和人工的标准成本被输入到计算机中。当生产过程需要某项原材料和部件时，通过从储存原材料和部件的标准数量与价格的数据库中取得资料，自动记录原材料和部件的标准成本。同样道理，当生产员工生产某订单时，他们的工作时间被记录下来，通过从数据库中取得标准人工工时和工资率，自动确定标准人工成本。

1. 条形码的使用

条形码现在广泛应用于反映生产过程中发生的重要事件。在工作场所实时数据收集系统中，生产员工通过扫描身份证上的条形码及某个生产订单所分配的条形码，来记录他们生产某项订单的开始时间。这样标准直接人工成本就被分配至某个生产订单。

当原材料抵达生产场所时，它们的条形码也被扫描，整个事件被记录下来。存货记录会自动更新。原材料和部分完工部件被标上条形码，它们在生产过程中的移动就可以有效地记录下来。例如，通过扫描所需原材料上的条形码，生产员工就可领用该原材料。当原材料从仓库运送到领用生产部门，条形码被再次扫描。存货记录立即自动更新，原材料的标准成本即被记作产品成本。

2. 计算机辅助设计

标准成本制度也可以和计算机辅助设计（CAD）结合起来以帮助设计工程师进行产品设计。原材料和人工的标准成本储存在计算机数据库中，以便产品设计小组方便地得到所需信息。这种信息能帮助产品设计工程师迅速解决这样的问题：如果产品设计发生变化，那么新产品成本将是多少？例如，如果工程师想知道改变特定计算机模型的外箱的成本，那么借助成本数据库就可以容易地确定该项成本信息。

目标成本法或价值工程中的成本数据也可以被应用于新产品设计。例如，在波音公司，公司专属的成本和生产率数据在产品开发的早期阶段被用来改进传统的工程设计成本。

第六节 基于 ERP 的标准成本制定与分析

ERP（Enterprise Resource Planning）是由美国计算机技术咨询和评估集团 Gartner Group Inc. 于 1990 年提出的一种供应链的管理思想，是将企业管理理念、业务流程、基础数据、人力物力、计算机硬件和软件整合一体的企业资源管理系统。长期以来，主导我国 ERP 市场的商家用友和金蝶，一直在国内品牌中占据主导地位，同时 SAP 等国际品牌也处于我国 ERP 市场的领先位置。

众所周知，ERP 系统采用模块化的结构，模块一般按企业内部的职能划分，比如从企业运作整体来看可以分为物流、会计和人力资源等模块。物流下又可以分出生产、销售、采购和储运等模块，同样的会计下也可以分出财务会计、管理会计和资金管理等模块。各模块之间数据集成和共享。其中成本控制是企业管理的一项重要内容，是 ERP 的一个重

要模块，是生产和管理会计的交叉部分。产品标准成本是在 ERP 中与生产和会计都相关的领域。标准的制定是有效控制成本的前提。借助产品标准成本的计算，通过调用数据库资料，将成本核算的实际结果与标准或预算进行比较，对成本差异进行分析，还可以分析企业的内部价值链，并比较不同产品和不同生产方式在成本上的差异。产品标准成本的信息还可被用于企业预算和市场盈利分析。ERP 中这些分析可以实时进行，在过程中即可进行控制。本节主要对 ERP 标准成本的制定及相关分析进行介绍。

一、产品标准成本的制定与计算

（一）计算产品成本的数据准备

产品制造需要经过一定的工艺路线加工生产，耗用材料、人工、制造费用等，计算产品的成本需要制定其物料清单及工艺路线。

1. 物料清单

物料清单（Bill of Material，BOM）是描述某一产品由哪些原材料或半成品组成，并且说明彼此间的组合过程的表单，是一个完整的、正式的、结构化的关于组成一个产品的部件清单。如图 11-4 所示，产品 A 是由 2 个原料 B 和 1 个半成品 C 组成，而半成品 C 则是由 2 个原料 B 和 3 个原料 D 组成的。

物料清单是企业研究开发人员、工艺和生产管理人员共同编制的产品结构表。该清单包含每个部件的物料编号、数量和计量单位。对于产品成本来说物料清单决定了哪些材料将被计算进产品的成本以及计算的顺序。

物料清单中可能会包括一些半成品，这些半成品本身也有物料清单。这样就构成了多层物料清单。图 11-4 就是一个多层物料清单。对于多层物料清单，ERP 系统

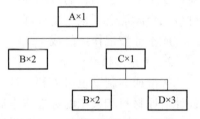

图 11-4　物料清单树状结构图

首先计算物料清单中最低层次物料的成本。随后逐步计算上一层次的物料，计算过程包括了已经计算过的下层物料的成本。这一过程被称为成本上卷（Cost Rollup）。当保存最终产成品的成本估算时，该产成品下的每一层半成品的成本估算和成本构成也被保存。通过成本上卷还可以分析每个生产层次的附加价值（Value Added）。

在实际的 ERP 系统中，BOM 更为复杂。例如，当工艺路线或工序不同时，由于制造费用的不同，计算出来的成本物料清单也不同，而且还要将生产中的各种物料耗损、废品以及物料需求的时间考虑进去。有些企业在内部各部门使用一种统一的 BOM 结构。这种结构通常由产品设计部门创建，被储运部门和生产装配部门使用。ERP 系统允许企业的各个不同部门和领域维护各自的 BOM，但每个 BOM 都必须有唯一的编号并明确指明它的用途。这样，每个部门就只需处理各自相关的数据。

2. 工艺路线

工艺路线（Routing）主要说明物料实际加工和装配的工序顺序、每道工序使用的工作中心、各项时间定额（如加工时间、传送时间等）以及委托加工工序的时间和费用。

其中，工作中心（Working Center）是生产加工单元的统称，在完成一项加工任务的同时也产生了加工成本。在 ERP 中，工作中心可以被灵活地定义为各种实际的工作中心，

如一台机器或一组机器、一条生产线、一个装配中心、一个生产班组或者一个车间。工作中心是 ERP 的基本加工单位，是进行物料需求计划与能力需求计划运算的基本资料，如依此进行生产进度安排、产能计划等。对于产品成本计算来说，工作中心是计算人工成本和制造费用的基础。工作中心中需定义和产品制造成本相关的公式，例如机器生产准备时间和批次有关而和批量大小无关，生产机时或工时则和批量大小成正比。

工艺路线中的每一道工序（Operation）都必须在工作中心中完成。对于每道工序还须定义完成该工序的标准作业（Activity），比如一道装配工序是由生产准备、装配、关机三项作业完成的。

3. 物料主记录

物料主记录（Material Master Record）包含了管理一个物料所需要的所有信息，如库存管理方面的信息、成本参数及销售参数等。对于产品成本计算，ERP 系统主要从物料主记录中获取外购材料的标准价格。除了物料主数据外，系统还可以从采购信息记录中获取材料价格。采购信息记录包含了从某个供应商处购买某件商品的信息，比如和供应商之间签订的价格条款。使用采购信息记录具有一些好处，比如该记录中包括运输成本，如运费、关税及保险费等，这样可以更好地估算实际材料价格。另外采购信息记录可以更好地估算转包和外协加工商品的成本。物料主记录除了提供产品成本计算所需信息外，在成本计算完成后，标准成本还会保存在主记录中。

4. 成本中心

成本中心（Cost Center），是 ERP 系统中归集和控制成本的组织机构。任何一个工作中心都必须明确地隶属于一个成本中心。实务中几个工作中心也可以同时属于一个成本中心。在实际中工作中心和成本中心的隶属关系通常应遵循能明确成本控制责任和方便成本核算的原则，有利于成本控制。

（二）产品成本的计算

先根据工艺文件工艺路线中的标准值及工作中心的成本费用数据计算标准的作业耗用量，再根据成本中心会计中计算出来的作业价格，系统就可以计算出产品的标准成本。

另外，我国制造业中约 80% 企业属于离散型生产。离散制造一般是按物理方法来组织生产的，分为大量生产、成批生产和单件生产，成本核算方式体现在生产订单层次（即批次）。企业中的各种生产作业或任务，都可以看作是各种订单，甚至工序返工费用、三包费用均可采用内部订单方式。例如，生产一批计算机的作业可视为总订单，显示器的生产视为一个子订单，显示器中的显像管生产是子订单的子订单。生产订单的下达可以通过 MRP 运算生成的结果，或者由客户订单对照到生产订单，或者手工直接下达。在由客户订单生成作业单过程中，经过物料清单的展开和物料需求计划的运算，生成采购订单、作业单和子作业单。作业单是安排产成品生产的订单，规定生产的数量、完工日期等。自制作业单是安排半成品生产的订单，包括自制半成品和委托加工的外协件。按作业单计算成本，就是按分批法计算成本。物料清单是有层次的，需要计算各子作业单成本。这就需要运用逐步结转分步法。所以计算作业单成本是需要将分批法与逐步结转分步法结合在一起使用的。

（三）产品标准成本的计算案例

下面通过简单的例子介绍 ERP 系统产品标准成本的计算原理。

某企业生产各种日用化工品,相关资料如下:
1. 计算产品成本的数据准备
(1) 物料清单
1) 牙膏 A 的物料清单(见表 11-11)。

表 11-11　牙膏 A 的物料清单　　　　　　　　　　　　　　　　　A:1 支

部　件	数　量	单　位	部件性质
铝管	1	个	原材料
膏体	100	g	半成品

2) 半成品膏体的物料清单(见表 11-12)。

表 11-12　半成品膏体的物料清单　　　　　　　　　　　　　　　膏体:1t

部　件	数　量	单　位	部件性质
D	400	kg	原材料
E	600	kg	原材料

(2) 工作中心。该企业有两个工作中心,具体情况见表 11-13。

表 11-13　工作中心划分

工作中心	成本中心	作　业	作业价格	标准公式
WC01 制膏车间	CC01	ACT101 生产准备	12 000 元/批	和批次成正比
		2 000 元/h	和批量成正比	ACT102 制膏
		500 元/h	和批量成正比	ACT103 固化
WC02 灌包装车间	CC02	ACT201 灌包装	40 元/人小时	和批量成正比

(3) 工艺路线。产品牙膏 A 的工艺路线见表 11-14。

表 11-14　产品牙膏 A 的工艺路线　　　　　　　　　　　　　批量:72 000 支

工　序	作　业	数　量	投入部件
10	ACT101 生产准备	1 批	D, E
	ACT102 制膏	48 h	
	ACT103 固化	96 h	
20	ACT201 灌包装	1 000 人小时	铝管,膏体

(4) 物料主记录。从物料主记录中,可以看到原材料的标准价格(见表 11-15)。

表 11-15　物料主记录(摘录)

原材料	价　格	单　位
铝管	0.4 元	个
D	34 000 元	t
E	4 000 元	t

上述这些数据和配置都是在实施 ERP 系统时收集整理的，实际上这些数据并不是产品成本模块单独使用的，像物料清单、工作中心、工艺路线、物料主记录等都是物流管理各领域的必须数据。系统实施完毕后，这些数据还必须不断维护和更新，保持系统运行的真实和流畅。

2. 产品标准成本的计算

产品成本构成中，除了原材料成本，其他成本构成都是以企业内部作业成本的形式体现。

（1）根据标准的作业耗用量，计算作业价格。根据产品盈利分析模块完成的销售量计划，结合各产品的标准工艺路线，算出两个成本中心相关作业的计划耗用量。本例中按月进行计算。根据计划的作业耗用量，计算各成本中心的每项作业的各项成本，比如固定资产折旧费用、工资福利费用、燃料电力费用等。成本还可以区分固定成本和变动成本，这些信息可为盈利分析应用（见表 11-16）。

表 11-16 作业价格基础数据　　　　　　　　　　　　　　　单位：元

成本中心	作业	作业单位	计划数量（月）	固定资产折旧费用	工资福利费用		燃料电力费用		其他费用		变动成本	固定成本
					变动	固定	变动	固定	变动	固定		
CC01	ACT101	次	6	25 000	3 000	30 000	7 000	4 000	2 000	1 000	2 000（元/次）	10 000（元/次）
	ACT102	h	500	600 000	50 000	120 000	180 000	20 000	20 000	10 000	500（元/h）	1 500（元/h）
	ACT103	h	450	120 000	20 000	35 000	37 500	2 000	10 000	500	150（元/h）	350（元/h）
CC02	ACT201	人小时	16 000	420 000	100 000	25 000	50 000	30 000	10 000	5 000	10（元/人小时）	30（元/人小时）

依据上述资料，ERP 系统将计算出各项作业的价格如下：

ACT101 的变动成本 =（3 000 元 + 7 000 元 + 2 000 元）/6 次 = 2 000(元/次)

ACT101 的固定成本 =（25 000 元 + 30 000 元 + 4 000 元 + 1 000 元）/6 次 = 10 000(元/次)

ACT101 的总成本 = 2 000 元/次 + 10 000 元/次 = 12 000(元/次)

ACT102、ACT103、ACT201 的作业价格计算同理。计算结果见表 11-17。

表 11-17 作业价格计算表　　　　　　　　　　　　　　　　单位：元

作 业	价 格	固定资产折旧费	工资福利费用	燃料电力费用	其他费用
ACT101	12 000 元/次	4 166.67 元/次	5 500 元/次	1 833.33 元/次	500 元/次
ACT102	2 000 元/h	1 200 元/h	340 元/次	400 元/次	60 元/次
ACT103	500 元/h	266.67 元/h	122.22 元/次	87.78 元/次	23.33 元/次
ACT201	40 元/人小时	26.25 元/人小时	7.81 元/人小时	5 元/人小时	0.94 元/人小时

（2）计算作业成本。根据本批次标准作业数量，计算作业成本，计算结果见表 11-18。

表 11-18　作业成本计算表　　　　　　　　　　　　　　　　　　　　单位：元

作业	作业成本	固定资产折旧费用	工资福利费用	燃料电力费用	其他费用
ACT101	12 000	4 166.67	5 500	1 833.33	500
ACT102	96 000	57 600	16 320	19 200	2 880
ACT103	48 000	25 600.32	11 733.12	8 426.88	2 239.68
合计	156 000	87 367	33 553	29 460	5 620
ACT201	40 000	26 250	7 810	5 000	940
合计	40 000	26 250	7 810	5 000	940

（3）计算标准成本。根据物料清单、工艺路线、物料主记录等数据，通过系统成本上卷，计算出产品的标准成本。计算结果见表 11-19。

表 11-19　产品标准成本计算结果　　　　　　　　　　　　　　　　单位：元

产品成本	成本中心	原材料成本	作业	作业成本
340 000	CC01 271 200	115 200		
			ACT101	12 000
			ACT102	96 000
			ACT103	48 000
	CC02 68 800	28 800		
			ACT201	40 000
单位产品标准成本	4.72（340 000/72 000）			

其中：
原材料铝管的原材料成本 = 72 000 支 × 1 个/支 × 0.4 元/个 = 28 800（元）
半成品膏体的原材料成本 = 72 000 支 × 100g/支 ÷ 1 000 000 × 0.4 元/个 × 34 000 元/t +
　　　　　　　　　　　　72 000 支 × 100g/支 ÷ 1 000 000 × 0.6 元/个 × 4 000 元/t
　　　　　　　　　　 = 115 200（元）

二、产品标准成本的相关分析

运用标准成本所生成的各种数据（按成本项目及按作业等计算），结合实际及预算数据，即可进行传统的成本差异分析及基于作业的成本差异分析，见本章第四节和第五节内容。

下面介绍 ERP 系统中基于标准成本的成本构成分析、制造层附加价值分析及工序成本分析。

1. 成本构成分析

由于案例企业是生产日化产品的，因此定义了如图 11-5 所示的成本构成结构，该产品由五类成本构成，分别是原材料成本、生产准备成本、制膏成本、固化成本和灌包装成本，具体构成见图 11-5 计算结果。该结构对其所有产品都适用，因此可以方便进行产品之间的比较。

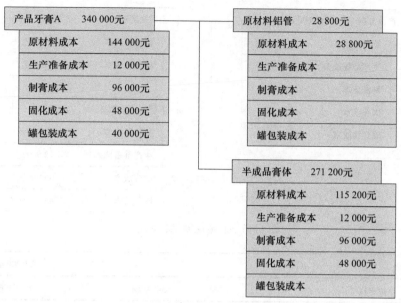

图 11-5 产品成本构成

图 11-5 中数字的计算过程如下：
原材料铝管的原材料成本 = 72 000 支 × 1 个/支 × 0.4 元/个 = 28 800（元）
半成品膏体的原材料成本 = 72 000 支 × 100g/支 ÷ 1 000 000 × 0.4 元/个 × 34 000 元/t +
　　　　　　　　　　　　 72 000 支 × 100g/支 ÷ 1 000 000 × 0.6 元/个 × 4 000 元/t
　　　　　　　　　　　 = 115 200（元）
半成品膏体的生产准备成本 = 12 000 元/批 × 1 批 = 12 000（元）
半成品膏体的制膏成本 = 2 000 元/h × 48h = 96 000（元）
半成品膏体的固化成本 = 500 元/h × 96h = 48 000（元）
产品牙膏 A 的原材料成本 = 28 800 元 + 115 200 元 = 144 000（元）
产品牙膏 A 的灌包装成本 = 40 元/人小时 × 1 000 人小时 = 40 000（元）

2. 制造层附加价值分析

利用成本构成分析的结果，ERP 系统还可以分析产品价值在各个制造层次增加的情况。

本例中生产产品牙膏 A 经过两个制造层次，上层是制造牙膏 A 本身，下层是制造半成品膏体。如图 11-6 所示，可以看到上层制造层投入了价值 28 800 元的原材料和价值 40 000 元的罐包装成本，下层制造层 271 200 元的成本，产品牙膏 A 的总成本为 340 000 元。

3. 工序成本分析

如图 11-7 所示，ERP 系统还可以按工艺路线中的工序分析产品价值的创造过程。产品牙膏 A 共经过两道工序，总工序成本 340 000 元，第一道工序 10 制膏成本 271 200 元，第二道工序 20 罐包装成本 68 800 元。通过工序成本比较分析，找出工序成本变化原因，不断降低工序成本。

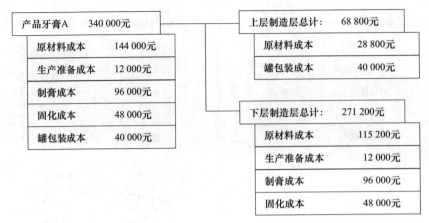

图 11-6 制造层附加价值分析

10制膏				271 200元
	原料D	2.88t	34 000元/t	97 920元
	原料E	4.32t	4 000元/t	17 280元
	作业 生产准备 制膏车间	1批	12 000元/批	12 000元
	作业 制膏 制膏车间	48h	2 000元/h	96 000元
	作业 固化 制膏车间	96h	500/h	48 000元
20罐包装				68 800元
	原材料铝管	72 000个	0.4元/个	28 800元
	作业 罐包装 罐包装车间	1 000人小时	40元/人小时	40 000元
总工序成本				340 000元

图 11-7 工序成本分析

实务中还需注意，由于 ERP 系统的高度集成性，任何上游的异常业务都会造成差异的产生。企业应标准化各操作流程，加强对系统录入信息的质量控制，并采取差异负责制由责任人对差异负责，逐步从源头减少差异产生的概率，使得标准成本真正成为企业管理的利器。

第十二章

质量成本管理

> **本章学习目标**
> - 明确质量成本的概念及内容；
> - 明确隐性质量成本和显性质量成本的计量方法；
> - 理解质量成本的管理方法；
> - 理解全面质量管理的概念及其对成本系统的要求。

在全球经济竞争日趋剧烈的当今世界，产品和服务的质量在一定程度上决定了企业能否确保和扩展产品的市场份额。加强对质量的管理，不仅可以提高企业的竞争能力，而且还可以增加客户对高质量、低成本产品和服务的需求。提高质量是决定企业成败的关键。人们普遍认识到，提高质量可以改善企业的财务和竞争状况。

第一节 质量成本的形成与发展

20世纪50年代初，美国质量管理专家费根堡姆在他的研究报告中首次提出质量成本概念。半个多世纪以来，质量成本被广泛应用于企业管理，并在应用的实践中不断发展。

质量成本（Quality Cost）的形成与发展过程，体现了不同国家在不同时期对质量成本应用的不同需求，表明对质量成本理念的认知程度及其不断提高的过程。质量成本是市场经济发展到一定阶段的历史产物，它随着市场经济的发展而产生，并伴随着市场经济中质量管理和成本管理的结合而发展。研究质量成本形成和发展的历史，有助于引导人们沿着质量成本历史发展的轨迹，去认识和把握质量成本发展的规律，探索质量成本未来发展的趋势。

一、质量成本的形成

（一）质量管理的发展与质量成本的形成

质量成本的形成与质量管理的发展密切相关。质量管理发展的过程包含着质量成本的萌芽和形成的过程。在国外，质量管理经历了近百年的发展历史，这段历史大体上可分为标准化质量管理阶段、统计质量管理阶段和全面质量管理阶段三个阶段。

1. 标准化质量管理阶段

标准化质量管理主要是指1924年以前的泰罗质量管理，其特点是依靠质量检验的专业化队伍，按照既定的质量技术标准进行事后检验和质量把关，以减少废次品。标准化质量管理是在传统经验管理的基础上向科学管理迈出的可喜一步。这一阶段虽未形成对质量经济性的要求，但由于质量检验费用的大幅上升，引起了管理者的关注，并开始搜集有关质量检验费用的资料，为质量成本的形成提供了最原始的雏形。

2. 统计质量管理阶段

第二次世界大战期间，由于军方对军品质量的要求越来越高，而且军工生产规模不断扩大，在这种情况下，采用标准化质量管理对产品质量进行全数检验的方法既费工又费时，且效果不佳，暴露出明显的不适应性。以美国电话公司工程师休哈特为代表，采用数理统计和概率的方法，对产品质量进行"抽样检验"和对废次品进行"防护性"的事前控制，既省时又省工，且效果明显，成为当时质量管理的一大突破。接着，以道奇罗末格为首，采用统计方法，解决了破坏性实验下，控制质量现状、减少损失的难题，成为质量管理的又一重大突破。两大突破促使了统计质量管理（Statistical Quality Control，SQC）的形成。在统计质量管理阶段，增强了质量经济性观念，质量成本的范围不断扩大，内容不断完善，质量成本基本成型。

3. 全面质量管理阶段

20 世纪 50 年代初期，美国质量管理专家费根堡姆在担任通用电气公司制造和质量经理期间提出了一种报告体系，把质量预防和鉴定活动的费用与产品质量不合格所引起的损失一并考虑，向公司最高领导层提供一种质量成本报告。该报告使公司各管理层可以在质量经济性方面沟通信息，使领导层了解质量问题及其对企业经济效益的影响，以引起领导层对质量工作的重视，便于领导进行质量决策。这种把质量与成本、质量与经济效益联系起来考虑的质量成本新概念为公司各方所接受，并迅速推广到其他公司，使质量成本在实践中逐步形成。

(二) 质量成本的内涵

1. "矿中黄金"和"水面冰山"

20 世纪 50 年代，随着现代化进程的加快，质量竞争日益加剧，单纯的设计方法和原有的会计分类科目，已不能适应质量管理发展的要求，急需一种把质量与经济效益统一起来的新方法。同时，产品结构日益复杂，对精密度和可靠性的要求越来越高，从而使产品达到其适用性功能而发生的成本也日益增加，尤其是产品常常因质量可靠性差而使消费者的使用成本增加，有时甚至超过产品的原始成本。在这种情况下，朱兰博士从质量与经济效益的关系出发，提出了有深远影响的"矿中黄金"和"水面冰山"的概念。"矿中黄金"是指"质量上可避免成本的总额"，而"水面冰山"则强调挖掘潜在废次品的深远意义。这个比喻认为生产现场中暴露的废次品损失好比暴露出来的冰山一样仅是全部废品损失的一小部分；而大量隐没在水下，不易被发现的潜在废次品损失竟达到全部废次品损失的 80%～90%。因此，如能对这部分废次品进行有效控制，就可以获得更大的经济效益。他还指出质量成本是"企业为保证和提高产品质量而支出的一切费用，以及因未达到既定质量水平而造成的一切损失之和。"

2. 工作质量成本

20 世纪 60 年代，费根堡姆博士在其代表作《全面质量管理》中首次系统地指出，要把质量预防和鉴定活动的费用同产品不符合要求所造成的损失一起加以考虑。他认为"工作质量成本"是指目前已能准确测算的企业内部的那部分质量成本，包括控制成本和控制失败成本。质量成本中有一些成本与质量的确定、形成以及控制有关，与是否符合质量、可靠性、安全性等要求的评价和反馈有关；而另一些成本则与未能满足企业自身和顾客要求而产生的后果有关。到了20世纪80年代，他进一步提出质量成本的范围涉及产品全生命周期。工作质量成本的主要构成内容如图12-1所示。

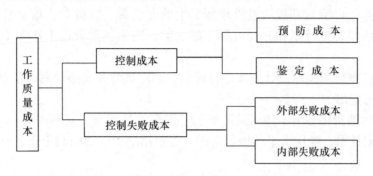

图12-1 工作质量成本的主要构成内容

其中，控制成本从两个方面进行测量：预防成本，即避免出现缺陷和偏差（包括原始工序生产不合格品）的质量费用；鉴定成本，即为维持企业的质量水平而进行正常的产品质量评价所支出的费用。

由产品不符合规定的质量要求所引起的控制失败成本也可从两个方面进行测量：内部失败成本，包括企业内部不能令人满意的质量损失；外部失败成本，包括企业外部不能令人满意的质量损失。

3. 不良质量成本

美国质量管理专家哈林顿在《不良质量成本》一书中认为，为了使人们避免高质量产品就需要高成本的误解，应将质量成本改名为"不良质量成本"，并把它划分为直接不良质量成本和间接不良质量成本。前者指一般意义上的质量成本，包括测控、试验设备和有关报告质量数据的设备投资；后者包括客户失败成本、客户不满成本和信誉失败成本。

4. ISO 质量成本

国际标准化组织ISO技术委员会9004在《质量管理和质量体系要素指南》中把质量成本分为工作质量成本和外部保证质量成本两类；其中工作质量成本是指企业为达到和保证规定的质量水平所耗费的成本，它包括预防成本、鉴定成本（或投资）和失败成本（或故障成本）；外部质量保证成本是按客户要求提供有关客观证据而做的论证和证明所支付的费用，它包括特殊的和附加的质量保证措施、程序、数据、论证试验和评价的费用。

二、质量成本的内容

综上所述，质量成本是指为预防质量不良所发生的成本及因质量不良所造成的失败成本。换句话说，质量成本是指为了保证产品符合一定的质量标准所必须支付的一切成本，以及因未能达到该标准而发生的失败成本。质量成本一般由以下五大部分构成。

（一）预防成本

预防成本（Prevention Cost）是指为了防止生产不合格产品所发生的成本。这类成本一般都发生在生产之前，而且这类成本若发生，往往使其他质量成本下降。预防成本又可细分如下：

（1）质量工作费用。在全面质量管理体系中，为预防、保证和控制产品质量而制定质量政策、目标、标准，开展质量管理所发生的办公费、宣传费、信息费，以及编制手册、制定全面质量管理计划和开展质量小组活动、组织质量管理工作和工序研究等所发生的费用。

（2）产品评审费用。对设计方案进行评估、制定试验和实施计划以及对试制产品质量的评审所发生的费用。

（3）质量培训费用。为了达到质量要求、提高人员素质，对有关人员进行质量意识、质量管理、检测技术、操作水平的培训费用，也包括培训计划的制定及实施所发生的一切费用。

（4）质量奖励费用。为改进和保证产品质量而支付的各种奖励，如质量小组成果奖、产品升级创优奖、质量信得过集体和个人奖以及有关质量的合理化建议奖等。

（5）质量改进措施费用。建立质量保证体系、提高产品及工作质量、改变产品设计、调整工艺、开展工序控制、进行技术改进等措施的费用。

（6）质量管理专职人员的薪酬。质量管理部门和车间从事专职质量管理人员的薪酬。

（二）检验成本

检验成本（Appraisal Cost）又称为鉴定成本，是指为检查和评定材料、在产品或产成品等是否达到规定的质量标准所发生的费用。

企业支出此类成本的目的，是希望在生产过程中，能够尽早发现不符合质量标准的产品，避免损失延续下去。显然，此类成本的发生，也可减少失败成本。检验成本又可细分如下：

（1）检测试验费。对进厂的材料、外购件以及生产过程中半成品、在产品、产成品按质量标准进行检查、测试、检验以及对设备的校正所发生的费用。

（2）职工薪酬。支付给材料、零部件、产成品的质量检验专职人员的薪酬。

（3）检验试验办公费用。为检验材料、零部件、产成品所发生的办公费用、参考资料等费用。

（4）检验测试设备与房屋折旧费。用于质量检测的设备、仪器以及质量检测用的房屋基本折旧与大修理费用。

（三）内部失败成本

内部失败成本（Internal Failure Cost）在国内又称为内部故障成本、内部差错成本等，是指产品出厂前，因产品不符合规定的质量要求所发生的费用。这类成本一般与企业的废次品数量成正比。内部失败成本又可细分如下：

（1）废品报废损失。无法修复或在经济上不值得修复的在产品、半成品及因产成品报废而造成的损失。

（2）返修成本。对不合格的产成品、半成品及在产品进行返修所耗用的材料、人工费等。

（3）停工损失。由于质量事故引起的停工损失。

（4）事故分析处理费用。对质量问题进行分析处理所发生的费用。

（5）产品降级损失。产品因外表或局部的质量问题，达不到质量标准，又不影响主要性能而降级处理的损失。

（四）外部失败成本

外部失败成本（External Failure Cost）是指产品出厂后因未达到规定的质量要求所发生的各种费用或损失。此类成本又可细分如下：

（1）诉讼费用。由于产品质量低劣，客户提出诉讼，要求赔偿，企业为处理诉讼所支付的费用。

（2）赔偿费用。根据合同规定，因产品质量缺陷赔偿给客户的费用。

（3）退货损失。产品出厂后，由于质量缺陷造成客户退货、换货而支付的费用。

（4）保修费用。根据合同规定，在保修期间对客户提供修理服务发生的费用。

（5）产品降价损失：产品出厂后，因低于质量标准而进行降价造成的损失。

（五）外部质量保证成本

外部质量保证成本（External Quality Assurance Cost）是指企业为了证明和验证其产品的质量符合客户提出的特殊和附加的质量保证要求而发生的费用。外部质量保证成本又可细分为：质量保证措施费、产品质量保证试验费和质量评定费等。

上述质量成本按其是否实际支付可分为显性质量成本和隐性质量成本。显性质量成本（Observable Quality Cost）是指企业生产经营过程中实际发生的有形损失，包括预防成本、鉴定成本以及内部失败成本和外部失败成本的大部分，此类成本必须得到补偿。隐性质量成本（Hidden Quality Cost）是指由于产品质量低劣导致的机会成本，这类成本主要包括损失的销售额、客户的不满意和失去的市场份额。一般来讲，隐性质量成本都列在外部失败成本中。根据可否避免，质量成本又可分为可避免成本和不可避免成本。预防成本和鉴定成本可归为不可避免成本，内部失败成本和外部失败成本属于可避免成本。显然，两类成本之间是此消彼长的关系。当不可避免成本增加时，可避免成本就会降低；当不可避免成本降低时，可避免成本则可能增加。

第二节 质量成本的计量

如前所述，质量成本分为显性质量成本和隐性质量成本两类，由于显性质量成本都可以从企业的会计记录中收集，而隐性质量成本一般是指机会成本，无法从企业的会计资料中获得，因此两者的成本计量方法不同。

一、显性质量成本的计量

显性质量成本可以通过三种方法进行计量，它们是账外计量法、账内计量法和作业成本计量法。

（一）账外计量法

账外计量法就是把质量成本的核算和正常的会计核算截然分开，单独设置质量成本的账外记录,由各质量成本控制中心进行核算。其中大部分可利用原有的资料(如废品损失计算单),并在原有的"生产成本"和各种费用账户内设置分析专栏,根据有关凭证将成本数据在分析栏内填列;然后由各质量成本分析人员根据统计结果定期编制质量成本报告。

【例12-1】 DFP技术公司生产并销售打印机,其基本生产流程为:首先生产打印机钢铁框架;将打印机零部件安装到框架上,这些零部件包括打印机械装置、控制电子件、包装供应系统、进纸装置和供电装置;最后配上打印机外罩。本例以组装部门为质量控制中心,其全部实际成本如表12-1所示。

表12-1 DFP公司组装部门实际成本

20××年12月31日　　　　　　　　　　单位:元

项 目	成 本	项 目	成 本
原材料	8 124 000	设备	675 000
管理人员薪酬	64 000	租金	270 000
监管人员薪酬	102 000	公共事业费	90 000
组装工人薪酬	3 360 000	合计	12 685 000

经过分析该公司组装部门的实际成本中与质量有关的成本如下:

(1) 原材料

1) 所有花费中,约有194 940元用于损坏和返工零部件。

2) 这194 940元中,大约又有40%用于公司内部发现的废次品。

3) 剩余的60%属于客户发现的废次品的花费。

(2) 管理人员在下列质量关联作业所花时间

1) 出席预防质量问题研讨会15天。

2) 分析质量检查结果2h/周。

3) 查找问题原因10h/周。

4) 会同销售经理人员解决客户发现的质量问题1h/周。

(3) 监管人员用于质量相关作业上的时间

1) 质量培训3h/周。

2) 监督对公司内部发现的废次品返工5h/周。

3) 监督对客户发现的次品返工7h/周。

(4) 公司共有120名组装工人,平均每小时支付14元工资,其质量作业有:

1) 每年每人质量培训8h/年。

2) 检查外购零部件28 800h/年。

3) 检查部门内组装打印机18 000h/年。

4) 21名组装工人的全部时间用于对部门内发现的不合格品的返工。

5) 24名组装工人的全部时间用于对客户退货的不合格品的返工。

(5) 设备。组装部门设备相关费用共计675 000元。包括下列质量项目:

1）用于测试设备 8 500 元。
2）用于改正公司内部所发现问题的设备折旧 45 000 元。
3）用于改正客户所发现问题的设备折旧 38 000 元。

（6）租金。组装部门分担的工厂租金 270 000 元，分析显示：

1）组装部门占用约 10% 的场所用于检查。
2）组装部门占用约 30% 的场所用于对不合格品的返工；其中，60% 的返工产品为公司内部发现，其余 40% 为客户发现。

（7）公用事业费。年度公用事业费 90 000 元，按返工和检查所占场所进行分配。

根据以上数据，将组装部门的质量成本分解为预防成本、鉴定成本、内部失败成本和外部失败成本，如表 12-2 所示。

然后将各项成本汇总到上述四类质量成本之中，汇总结果如表 12-3 所示。

编制组装部门质量成本报表，如表 12-4 所示。

根据部门的质量成本报表汇总编制 DFP 公司的质量成本报表，如表 12-5 所示。

表 12-2 组装部门质量成本分类表

序号	质量成本要素	类别
1	原材料	
	（1）内部发现的不合格品	内部缺陷
	（2）客户发现的不合格品	外部缺陷
2	管理人员薪酬	
	（1）参加预防质量问题会议	预防
	（2）分析质量检查结果	评估
	（3）查找问题原因	内部缺陷
	（4）解决客户发现的质量问题	外部缺陷
3	监管人员薪酬	
	（1）质量培训	预防
	（2）监督内部发现的不合格品的返工	内部缺陷
	（3）监督客户发现的不合格品的返工	外部缺陷
4	组装工人薪酬	
	（1）质量培训	预防
	（2）检查外购零部件	评估
	（3）检查所组装的打印机	评估
	（4）对部门发现的不合格品返工	内部缺陷
	（5）对客户退回不合格品返工	外部缺陷
5	设备	
	（1）用于测试的设备	评估

（续）

序　号	质量成本要素	类　别
	（2）折旧——内部发现的问题	内部缺陷
	（3）折旧——客户发现的问题	外部缺陷
6	租金	
	（1）用于检查的工厂场所	评估
	（2）用于不合格品返工的工厂场所	
	——60% 内部	内部缺陷（60%）
	——40% 客户	外部缺陷（40%）
7	公用事业费	
	（1）用于检查的工作场所	评估
	（2）用于不合格品返工的工厂场所	
	——60% 内部	内部缺陷（60%）
	——40% 客户	外部缺陷（40%）

表 12-3　组装部门质量成本核算表

表12-2所列项目		成本要素	计算过程	金额（元）
		预防成本：		
2	（1）	管理人员薪酬——参加会议	$3 \div 50 \times 64\,000$	3 840
3	（1）	监管人员薪酬——质量培训	$\dfrac{3 \times 50}{2\,000} \times 102\,000$	7 650
4	（1）	组装工人薪酬——质量培训	$8 \times 120 \times 14$	13 440
		预防成本合计		24 930
		评估成本：		
		组装工人薪酬		
4	（2）	——外购零部件检查	$28\,800 \times 14$	403 200
4	（3）	——组装打印机检查	$18\,000 \times 14$	252 000
2	（2）	管理人员薪酬	$2 \div 40 \times 64\,000$	3 200
5	（1）	设备——测试		8 500
6	（1）	租金——检查场所	$0.10 \times 270\,000$	27 000
7	（1）	公用事业费——检查场所	$0.10 \times 90\,000$	9 000
		评估成本合计		702 900
		内部缺陷成本：		
1	（1）	原材料——内部不合格品	$0.40 \times 194\,940$	77 976

(续)

表12-2所列项目		成本要素	计算过程	金额（元）
2	(3)	管理人员薪酬——查找原因	$10 \div 40 \times 64\,000$	16 000
3	(2)	监管人员薪酬——监督返工	$\dfrac{5 \times 50}{2\,000} \times 102\,000$	12 750
4	(4)	组装工人薪酬——次品返工		588 000
5	(2)	设备——内部问题	$21 \times 2\,000 \times 14$	45 000
6	(2)	租金——返工	$0.30 \times 270\,000 \times 0.6$	48 600
7	(2)	公用事业费——返工	$0.30 \times 90\,000 \times 0.6$	16 200
		内部缺陷成本合计		804 526
		外部缺陷成本：		
1	(2)	原材料——外部次品	$0.6 \times 194\,940$	116 964
2	(4)	管理人员薪酬——销售人员会面	$1 \div 40 \times 64\,000$	1 600
3	(3)	监管人员薪酬——次品返工	$\dfrac{7 \times 50}{2\,000} \times 102\,000$	17 850
4	(5)	组装工人薪酬——返工	$24 \times 2\,000 \times 14$	672 000
5	(3)	设备——外部问题		38 000
6	(2)	租金——返工	$0.30 \times 270\,000 \times 0.4$	32 400
7	(2)	公用事业费——返工	$0.30 \times 90\,000 \times 0.40$	10 800
		外部缺陷成本合计		889 614
		质量成本总计		2 421 970

注：上述计算中，一年工作周数是50周，一周工作5天，每天工作8h，一周工作40h。

表12-4 组装部门质量成本报表   单位：元

成本项目	预防	评估	内部损失	外部损失	质量成本合计	部门总成本
原材料			77 976	116 964	194 940	8 124 000
管理人员薪酬	3 840	3 200	16 000	1 600	24 640	64 000
监管人员薪酬	7 650		12 750	17 850	38 250	102 000
组装工人薪酬	13 440	655 200	588 000	672 000	1 928 640	3 360 000
设备		8 500	45 000	38 000	91 500	675 000
租金		27 000	48 600	32 400	108 000	270 000
公用事业费		9 000	16 200	10 800	36 000	90 000
合计	24 930	702 900	804 526	889 614	2 421 970	12 685 000

表 12-5　DFP 公司质量成本报告　　　　　　　　　　　单位：元

项　　目	工程部	采购部	组装部	其他部门	合　　计	占总质量成本比例（%）
预防	505 900	8 400	24 930	248 520	787 750	13
评估	46 000	40 600	702 900	184 700	974 200	16
内部缺陷	320 800	260 200	804 526	841 124	2 226 650	38
外部缺陷	476 500	295 400	889 614	299 886	1 961 400	33
合计	1 349 200	604 600	2 421 970	1 574 230	5 950 000	100

（二）账内计量法

质量成本的账内计量法就是在原有会计科目表中增设"质量成本"一级科目，然后在它的下面再分别按"预防成本""鉴定成本""内部失败成本""外部失败成本"和"质量成本调整"设置五个二级科目，前四个二级科目分别核算属于各项目实际支付的有关费用和损失，后一个科目用来调整实际并未支付、但应计入前四个项目中的隐含成本（如停工损失、降级损失以及折价损失），以保证"质量成本"账户借方发生额完整地反映企业一定时期的总的质量成本，作为编制产品质量成本报告的依据。各二级科目下还可按具体内容设置明细项目。质量成本核算程序如图 12-2 所示。

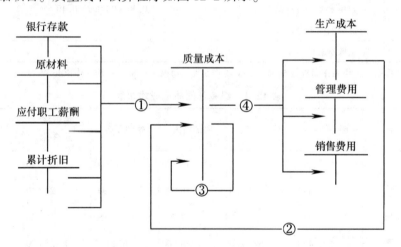

图 12-2　质量成本核算程序图

注：①归集发生的日常质量成本；②结转废品损失；③调整隐含质量成本；④质量成本的分配。

质量成本会计核算的具体程序及账务处理如下：

（1）归集发生的日常质量成本：

　　借：质量成本——预防成本
　　　　　　　　——鉴定成本
　　　　　　　　——内部失败成本
　　　　　　　　——外部失败成本

　　　　　贷：银行存款
　　　　　　　原材料
　　　　　　　应付职工薪酬
　　　　　　　累计折旧
　（2）月末结转废品损失：
　　　　　借：质量成本——内部失败成本
　　　　　贷：生产成本——废品损失
　（3）调整隐性质量成本：
　　　　　借：质量成本——内部失败成本
　　　　　　　　　　　——外部失败成本
　　　　　贷：质量成本——质量成本调整
　（4）质量成本的分配：
　　　　　借：生产成本
　　　　　　　管理费用
　　　　　　　销售费用
　　　　　贷：质量成本——预防成本
　　　　　　　　　　　——鉴定成本
　　　　　　　　　　　——内部失败成本
　　　　　　　　　　　——外部失败成本

（三）作业成本计量法

质量成本包括的预防成本、鉴定成本、内部失败成本和外部失败成本发生在企业价值链的所有阶段。每一项作业发生的与质量有关的成本应按质量成本项目进行归集。

【例12-2】　假设P公司生产多种产品，我们着重研究该公司的复印机产品。P公司20××年复印机的销售额为2.4亿元（16 000台），营业利润为1 920万元。P公司采用作业成本计算方法，分五个步骤确定质量成本。

第一步：确定所有与质量相关的作业和作业成本。

该公司将质量成本分为预防成本、鉴定成本、内部失败成本和外部失败成本，并分析这些成本发生在价值链的哪一项作业中，具体分析结果如表12-6所示。

表12-6　分析结果

预防成本	鉴定成本	内部失败成本	外部失败成本
工程设计	检测	废品	客户支持
加工工程	现场产品制造和加工检测	返工产品	运输成本
工程质量	产品测试	残料	制造/加工工程
供应商评估		停工维修	质量担保维修成本
预防性设备维修		内部差错中的制造/加工工程	赔偿责任
质量培训			
使用新材料制造产品			

第二步：为每项与质量相关的作业活动确定成本分配基数。

P 公司认定以检测时间作为每项检测活动的成本分配基数，也就是主要的成本动因。检测复印机的成本分配基数为 160 000h（10h/台复印机×16 000 台复印机）。

第三步：确定每项成本分配基数的单位费用。

在 P 公司中，质检活动的单位时间总成本（固定成本和变动成本）是 30 元/h。

第四步：确定复印机中与质量相关的各项作业成本。

将第二步中计算的成本分配基数与第三步中计算的每项成本分配基数单位费用相乘，从而确定复印机中与质量相关的每项作业活动的成本。本例中，与质量有关的质检成本是 4 800 000 元（160 000×30）。

第五步：计算与复印机有关的总质量成本。

汇总复印机的各项与质量相关的作业成本，得到价值链上各项作业总质量成本。

表 12-7 中的 A 组表明的是在 P 公司质量成本报告中的复印机的总质量成本是 2 744 万元，其中包括最大的部分是 1 044 万元的外部失败成本和 720 万元的内部失败成本——总共是 1 764 万元。报告的总质量成本是当前销售额的 11.43%。

表 12-7 P 公司的作业基础质量成本报告

A 组：质量成本报告				
	分配基础或成本动因			
质量成本和作业类型 ①	数量 ②	单位费用 ③	总成本 ④ = ② × ③	占销售比例 ⑤ = ④ ÷ 240 000 000
预防成本				
工程设计（研究开发/设计）	32 000h	70 元/h	2 240 000 元	0.93%
加工设计（研究开发/设计）	36 000h	50 元/h	1 800 000 元	0.75%
总预防成本			4 040 000 元	1.68%
鉴定成本				
检测（制造）	192 000h	30 元/h	5 760 000 元	2.4%
总鉴定成本			5 760 000 元	2.4%
内部失败成本				
返工产品（制造）	2 000 台返工	3 600 元/台	7 200 000 元	3%
总内部失败成本			7 200 000 元	3%
外部失败成本				
客户支持（营销）	2 400 台维修	150 元/台	360 000 元	0.15%
运输成本（分销）	2 400 台维修	200 元/台	480 000 元	0.2%
质量担保维修成本（客户服务）	2 400 台维修	4 000 元/台	9 600 000 元	4%

(续)

A组：质量成本报告				
质量成本和作业类型 ①	分配基础或成本动因		总成本 ④ = ② × ③	占销售比例 ⑤ = ④ ÷ 240 000 000
	数量 ②	单位费用 ③		
总外部失败成本			10 440 000 元	4.35%
总质量成本			27 440 000 元	11.43%
B组：外部失败成本（机会成本）				
估计由于销售量的下降而放弃的贡献毛益	1 600 台复印机	6 000 元/台	9 600 000 元	4.00%

质量成本报告并没有把机会成本包含在内，比如由于低质量而导致的销售下降、生产下降和低价格而放弃的贡献毛益。我们之所以没有把机会成本包含在内，是因为机会成本是很难估计的，而且通常并不在会计系统中进行计量。但是，在提高质量计划中，机会成本有可能是很大的，并且是重要的动因。上表中的 B 组是对低质量而导致的机会成本所进行的分析。P 公司的市场研究部门估计，由于外部差错而导致的复印机的销售量下降 1 600 台，损失 960 万元的收益，这是因为客户退货以及因质量信誉不佳而造成的损失。总质量成本（包括机会成本）为 3 704 万元，占当期销售收入的 15.43%。机会成本占 P 公司质量成本的 25.9%。

二、隐性质量成本的计量

尽管隐性质量成本不易计量，但通过适当的方法可以对其作相应的估计。下面介绍比较常用的方法。

（一）乘数法

乘数法（The Multiplier Method）是简单地假定全部失败成本是已计量失败成本的某一倍数。其计算公式为：

$$外部失败成本总和 = K(已计量的外部失败成本)$$

式中 K——乘数效应系数，可根据经验确定。

若某公司的 K 值为 3～4，假定已计量的外部失败成本为 2 000 000 元，则实际外部失败成本在 6 000 000～8 000 000 元之间。将隐性成本计算到外部缺陷成本的估计数中，有助于管理者更准确地确定用于防止和评估质量作业所耗资源的水平；尤其是，当失败成本增高时，有助于管理者做出增加控制质量的投资决策。

（二）市场研究法

市场研究法（Market Research Method）常用于判断不良质量对销售和市场份额的影响。通过客户调查和与公司销售人员的面谈可以对估计公司隐性成本提供重要参考依据。市场研究结果可用于预计未来不良质量所带来的利润损失。如例 12-2 中，隐性成本为由于低质量而导致的销售下降而损失的贡献毛益。

（三）塔古奇损失函数

传统的零缺陷定义假设只有存在产品的质量特性落在设计规格的上限和下限之外时，才会发生隐性质量成本。塔古奇损失函数（Taguchi Loss Function）假定任一质量特性相对目标值的偏离都会导致隐性质量成本。而且，当质量特性实际值偏离目标值时，隐性质量成本以方级增加。塔古奇损失函数可以用下面的公式表示：

$$L(y) = k(y-T)^2$$

式中　k——取决于组织外部失败成本结构的比例常数；
　　　y——质量特性的实际值；
　　　T——质量特性的目标值；
　　　L——质量损失。

图 12-3 表明在目标值这一点，质量成本是零；当实际值偏离目标值时，质量成本相应地加速增加。例如，假定 $k=400$，目标值 $T=10$。表 12-8 展示出四件产品质量成本的计算，还可以计算平均方差以及平均单位产品损失。这些平均数可用来计算一种产品的预期全部隐性质量成本。例如，如果产品产量是 2 000，平均方差是 0.025，那么预期平均单位产品成本是 10 元（0.025×400），2 000 件产品的全部预期损失是 20 000 元（10×2 000）。

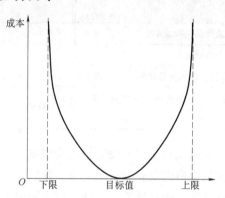

图 12-3　塔古奇损失函数

表 12-8　质量损失计算表

产品号	实际值 y	$y-T$	$(y-T)^2$	$k(y-T)^2$
1	9.9	-0.10	0.010	4.00
2	10.1	0.10	0.010	4.00
3	10.2	0.20	0.040	16.00
4	9.8	-0.20	0.040	16.00
			0.10	40.00
产量			4	4
平均			0.025	10.00

要运用塔古奇损失函数，必须先估计 k 值。用一个规格极限相对目标值的偏离值平方去除该极限的预期成本，可得出 k 值：

$$k = \frac{c}{d^2}$$

式中　c——规格上限或下限的损失；
　　　d——上限或下限相对目标值的偏离。

这意味着我们必须还要估计给定偏离下的损失。前面介绍的两种方法——乘数法和市场调查法可以帮助进行这种估计（一次性的估计需要）。一旦知道了 k 的值，就可以估计质量特性相对目标值任何水平偏离所导致的隐性质量成本。

第三节 质量成本管理

一、质量成本控制中的 AQL 模型与 ZD 模型

预防成本和鉴定成本属于控制产品质量所发生的成本，因此称为控制成本；内部失败成本和外部失败成本是属于由于产品质量不合格而引起的失败成本，因此称为失败成本。显然，两类成本之间是此消彼长的关系。当控制成本增加时，失败成本就会降低；当控制成本降低时，失败成本则可能增加。那么，哪类成本是优先控制的对象呢？

日本企业界流行着一种说法：如果在设计阶段花费一元钱就能解决的问题不予处理的话，在制造阶段可能要支出 10 元钱才能纠正；假如产品已制造成型，则为修正缺陷所花费的代价也许是 100 元；如果不合格品流入市场，则为弥补损失的支出会高达 1 000 元。换言之，在质量关联作业链中的成本，从预防成本、鉴定成本、内部失败成本到外部失败成本，需呈几何级数的递增才能取得同样的质量效益，这是必须引起高度重视的。因此，质量成本控制应把重心放在上游，特别应以设计环节作为重中之重。

（一）AQL 模型

AQL 模型称为可接受质量水平（Acceptable Quality Level，AQL）模型。可接受质量水平模型的基本思想是在控制成本和失败成本之间存在此消彼长的权衡关系，当控制成本增加时，失败成本将会减少。只要失败成本的减少大于控制成本的相应增加，企业就应该继续增加预防或检验的努力。最终，到达这样一个点，在该点上，任何额外的控制或检验成本的增加都会大于失败成本的相应减少。这个点代表最低的全面质量成本水平。该点是控制成本和失败成本的最优平衡点，决定了所谓的可接受质量水平。图 12-4 表示了这种理论关系。

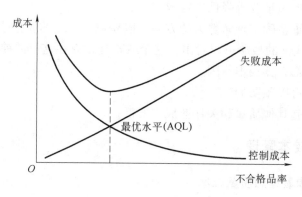

图 12-4　AQL 质量成本模型

（二）ZD 模型

ZD 模型即为零缺陷（Zero Defect，ZD）模型。零缺陷模型最基本的主张是：把不合格产品的数量降到零是符合成本效益原则的。这是因为企业发现，对各类质量成本之间的权衡可以不同于图 12-4 所描绘的各类质量成本之间的关系。这个发现的本质是：如果企

业增加其预防和鉴定成本并降低失败成本，则随后预防和鉴定成本也能够得到削减。最初看来，各类质量成本的关系好像是一种此消彼长的关系；而实际情况表明质量成本可以实现永久的降低。从图12-5可以看出各类质量成本关系的这种变化，它表示了一个与上面描述的质量成本关系一致的全面质量成本函数。它与传统的质量成本有几个重大的区别：①当接近严格零缺陷状态时，控制成本并没有无限地增加；②在接近严格零缺陷状态的过程中，控制成本可能先增加，然后降低。③可以努力把失败成本变为零。

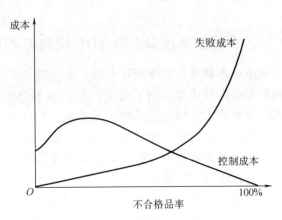

图12-5　ZD质量成本模型图

例如，假设一个企业决定通过一个供应商选择项目，以改进它的原材料投入的质量，目标是识别和利用愿意满足特定质量标准的供应商。当企业努力实施该项目时，可能发生一些额外的成本（例如供应商审查、与供应商沟通、合同谈判等）。最初，其他的预防和鉴定成本可能维持在当前水平。然而，一旦该项目完全实施后，就会有证据表明失败成本正在降低（例如更少的返工、更少的客户投诉和更少的产品返修），那时企业就可以做出决定，如减少购入原材料的检验，降低产品验收作业水平等。最后的结果是所有质量成本都降下来，而且产品质量也得到了提高。

这个例子与美国质量控制协会推荐的降低质量成本战略相一致。这些战略包括：

（1）采取针对失败成本的措施，使它们逐渐降低为零。
（2）投资于能带来质量改进的"正确"的预防作业。
（3）根据已实现的质量改进降低鉴定成本。
（4）持续评价和重新确定预防努力的方向，以获得进一步的质量改进。

从上述降低质量成本的战略可以看出，这个战略是建立在这样的前提下的，即：

（1）每一个损失都有其根本原因。
（2）损失原因是可以预防的。
（3）预防成本比起其他质量相关作业成本要低。

二、作业质量成本管理

（一）作业管理和最理想质量成本

作业成本管理把作业分为增值作业和非增值作业，并只保留那些增加价值的作业。这个原则可用到质量成本的管理。鉴定和损失作业以及与这些作业相关的成本是不增加价值的，应该被消除。那些得到有效执行的预防作业被认为是增值作业，应该保留。然而，最初的时候，预防作业可能没有得到有效执行，这时可以利用作业减少和作业选择（也许甚至包括作业共享）使其达到理想的增值状态。

铸造公司密尔沃基的克瑞德基础设施有限公司已经观察质量成本长达20余年。然而，他们没有在期末的报告中将预防成本作为质量成本的一部分。之所以这么做，是因为他们不想让他们的管理者通过减少预防作业来降低质量成本。他们坚持认为在预防作业上投的钱是值得的。例如，他们已经发现：废品减少1%，会导致外部发现的次品数量减少大约5%。

确定了每类作业的性质后，就可利用资源动因来改进将资源成本分配到每类作业的过程。还可对作业的根本动因（成本动因）进行识别，尤其是损失作业的根本动因，以帮助管理者了解导致作业成本发生的原因。这些信息可以用来选择降低质量成本的方法，使质量成本达到如图12-5所示的水平。实际上，作业管理支持关于质量成本的严格零缺陷观点。在控制成本和失败成本之间没有最优的平衡；后者是非增值成本，应该将其降为零。其中一些控制作业是非增值的，应该被消除。而另外一些控制作业则是增值作业，但是可能执行效率不高，由此而导致的成本是非增值成本。因此，这些类别的质量成本也可以降到更低的水平。

（二）质量成本的趋势分析

质量成本报告揭示了质量成本的大小以及在四个成本种类中的分布，从而让我们看到了改进的机会。一旦采取了质量改进措施，确定质量成本是否按预期降低就变得十分重要了。质量成本报告并不揭示改进是否已经发生。如果能了解质量改进计划从初始起的进展情况会大有裨益。多期的趋势——质量成本总变化——是否沿着正确的方向变动？每期是否都取得了重大质量收益？这些问题的答案可以通过编制追踪质量成本期间变化的趋势表或图得到。我们称此图为多期质量趋势报告（Multiple-period Quality Trend）。按照各期的质量成本占销售额的百分比绘制图表，可以估计出质量方案的总体趋势。表12-9中，第一年为实施质量改进计划的前一年。假设Ladd公司下属的一家工厂的有关质量成本情况如表12-9所示。

表12-9　Ladd公司某工厂的质量成本

年　　份	质量成本（美元）	实际销售额（美元）	成本占销售额的百分比（%）
20×4年	440 000	2 200 000	20.0
20×5年	423 000	2 350 000	18.0
20×6年	412 500	2 750 000	15.0
20×7年	392 000	2 800 000	14.0
20×8年	280 000	2 800 000	10.0

设定20×4年为第0年，20×5年为第1年，以此类推，趋势图如图12-6所示。横轴表示时间，纵轴表示销售百分比。最终的质量成本目标为3%，即目标百分比，以图中的水平线表示。

图12-6表明了按销售百分比表示的质量成本的稳定下降趋势，同时也揭示了要实现远期的目标百分比还有广阔的改进空间。

通过绘制各类质量成本的变化趋势，可以获得更多的信息。假设同一时期，各类成本都按照销售额的百分比表示，如表12-10所示。

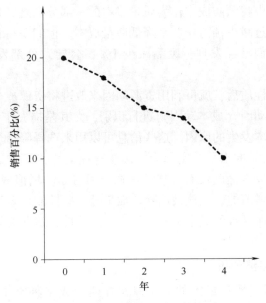

图 12-6 多期趋势图：总体质量成本

表 12-10 Ladd 公司某工厂的质量成本构成

年　份	预防（%）	鉴定（%）	内部故障（%）	外部故障（%）
20×4 年	2.0	2.0	6.0	10.0
20×5 年	3.0	2.4	4.0	8.6
20×6 年	3.0	3.0	3.0	6.0
20×7 年	4.0	3.0	2.5	4.5
20×8 年	4.1	2.4	2.0	1.5

图 12-7 表明了各种成本的趋势曲线图。从图中我们可以看出，Ladd 公司在减少外部和内部故障方面取得了显著进展。更多的资金被投入到预防中（百分比数增长了 1 倍）。鉴定成本先增后减。请注意，成本的相对分布也发生了变化。在 20×4 年，故障成本占总质量成本的 80%（0.16/0.20），而到 20×8 年，它仅占总质量成本的 35%（0.035/0.10）。降低质量成本的潜力还影响了决策的制定方式，质量成本信息对于决策制定和规划的作用都是不容低估的。

（三）质量成本信息的使用

报告质量成本的主要目标是提高和促进公司管理层的计划、控制和决策。例如，当决定实施供应商选择方案以提高材料投入的质量时，经理人员就需要预测当前质量成本按项及按类的评估数、与该选择方案相关的附加成本

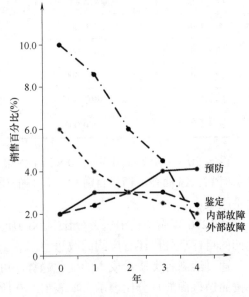

图 12-7 多期趋势图：各种质量成本

的评估数以及预计节约额的按项和按类的评估数。此外，还要预测成本和节约额的发生时间。这些资金的影响一旦预测出来，就可以进行资本预算分析，以评价所提出的供应商选择方案的优缺点所在。如果评价结果是有利的，那么就可以启动方案，重要的是要通过相对标准的业绩报告来监督该方案。

将质量成本信息用于质量方案的实施决策，并评价方案实施后的有效性，这仅是质量成本系统的潜在应用之一，另外还有其他重要的应用。下面的案例说明了质量成本信息在战略定价决策和新产品设计方案盈利分析中的应用。

【例 12-3】 营销经理 Leola Wise 在审查了公司定价很低的电子测量仪最新的市场份额资料后自言自语地说，公司的市场份额又下降了！日本公司还在继续对此产品施加压力。Leola 已经预计到了这个结果，并开始起草一份支持该类产品大幅度降价的简报。产品价格要下降 3 美元才可以重新获得失去的市场份额。新价格减去单位产品预期利润所得到的目标成本低于目前生产和销售这些低档仪器的实际成本。要想继续生产这种产品，就要降低成本。为了重建该产品的竞争地位，就要实施成本压缩战略。

在上一次行政会议上，大家的讨论主要集中于如何压缩成本上。公司的总工程师 Ben Blackburn 指出，对工序重新进行设计可以满足一半的成本压缩需求。Leola 建议公司实施全面质量控制，通过减少质量成本来尽量降低低档仪器的成本。为了确定成本压缩的潜力大小，她向主计长 Earl Simpson 咨询该低档仪器的质量成本是多少。Earl 承认没有对这些成本进行单独追踪，例如，废料的成本都混入了在产品账户中。但他承诺在月底对一些成本——也许并非全部成本做些评估。下面就是该低档仪器的有关报告（形式为来自 Earl Simpson 的一份备忘录）：

备忘录

收件人：Leola Wise

发件人：Earl Simpson

事由：质量成本

Leola，我收集了一些数据，这些数据对你也许会有用。按照你的要求，我对与这种产品相关的质量成本进行了测算，但其中不包括由于质量不合格产品而引起的任何销售损失成本。也许你更有可能评估此种影响。

质量成本（估算）：

原材料检验	200 000 美元
废料	800 000 美元
退货	500 000 美元
返工	400 000 美元
检验	300 000 美元
保修	1 000 000 美元
估算总成本	3 200 000 美元

收到这份备忘录后，Leola 立即致电质量管理部，约见该部门的经理 Art Smith。Art 表示，实施全面质量控制将使质量成本在 18 个月内下降 50%。他已经开始计划实施一项新的质量方案。根据这一数据，再使用 1 000 000 件产品的产量信息，Leola 计算出低档仪器的相关质量成本减少 50% 将使单位产品成本下降约 1.60 美元（1 600 000/1 000 000）。售

价需要下降 3 美元（降低额为 20 美元的 15%），而质量成本的降低可以弥补其中的一半多一点。在此基础上，Leola 决定分三个阶段来降低价格：立即降价 1 美元，6 个月后再降价 1 美元，12 月后再最后降价 1 美元。这一分阶段降价有可能阻止市场份额被进一步蚕食，并可能在第二阶段的某个时期开始提高市场份额。通过实行分阶段降价，质量管理部就有时间降低成本，从而避免发生大的损失。

本案例表明，质量成本信息和实行全面质量控制方案都有助于重大的战略性决策；它还表明提高质量不是万能的，降低的质量成本并不足以消化全部的降价额，还需要例如设计部门承诺的生产率的改进来保证产品的长期生存能力。

【例 12-4】 营销经理 Tara Anderson 和设计工程师 Brittany Fox 都很不开心。他们曾确信关于新产品的一个方案会得到批准，但是，他们却收到主计长办公室的以下报告：

报告：新产品分析，项目#675

预计产品生命周期：2 年

预计销售潜力：50 000 件（生命周期）

预计生命周期利润表：

销售额（50 000 件，单价 60 美元）	3 000 000 美元
投入成本：	2 700 000 美元
材料	800 000 美元
人工	400 000 美元
废料	150 000 美元
检验	350 000 美元
维修	200 000 美元
产品开发	500 000 美元
销售	300 000 美元
生命周期损益	300 000 美元

决定：拒绝

原因：生命周期损益低于公司所需的 18% 的销售回报率。

"你知道，"Tara 说，"我不太相信这份报告，我们为什么不去问问 Bob 他是怎么得出这些数字的呢？"

"我同意，"Brittany 回答说，"我明天会安排一次会议，会要求他提供一些详细的资料，而不仅是报告上的这些总数字。"

第二天的谈话记录如下。Brittany 和 Tara 看完了副主计长 Bob Brown 提供的详细成本预测资料。

Brittany："Bob，我想知道每单位产品为什么会有 3 美元的废料成本，而且检验成本好像也很高，你能解释一下这些成本吗？"

Bob："当然可以。我们是根据我们跟踪的现有类似产品的废料成本来计算的。此外，你也知道，对这类产品，我们还有 10% 的破坏性抽样检验的要求。"

Brittany："哦，但是我想你可能忽视了这种新产品的设计特征。它的设计基本上消灭了浪费——特别是当你考虑由数控机器来生产该产品时。"

Tara:"还有,这每单位产品的4美元维修收费也应消除。Brittany的新设计解决了我们在相关产品上一直存在的故障问题。这还意味着与修理作业相关的100 000美元固定成本也可以消灭。此外,由于此新设计,我们不用再进行破坏性抽样检查了,而且检验员也可以比你预计的人数减少一名。"

Bob:"Brittany,你对新设计消除这些质量问题中的一部分有多大把握?"

Brittany:"我绝对肯定。先前的样机与我们预计的完全一样,在我的提议中包括了这些测试的结果。你一定没看过样机测试结果。"

Bob:"是的,我还没看。消灭废品成本使产量级变动成本下降了3美元,我还明白了在哪方面维修和检验作业的成本被高估了。我们只需要一名检验员,成本为50 000美元,并且去掉修理作业还可以节约200 000美元。这意味着预计生命周期利润数要比我原先预计的超出650 000美元,也就是销售回报率超过30%。"

本案例表明了按成本习性进一步划分质量成本的重要性,同时也强调了单独识别和报告质量成本的重要性。新产品设计的目的是降低质量成本,Brittany和Tara只有通过了解质量成本的分配情况才能发现生命周期收益分析中的错误。

报告质量成本并将其用于决策制定只是好的质量成本系统的目标之一。另一个目标是控制质量成本——这是帮助实现预期的决策结果的一个关键因素。例如,上一个案例中的定价决策就依赖于降低质量成本的计划。

第四节 全面质量管理

一、全面质量管理的概念和特点

最早提出全面质量管理概念的是美国通用电气公司质量管理部部长菲根堡姆博士。1961年,他出版了一本著作,该书强调执行质量只能是公司全体人员的责任,应该使全体人员都具有质量的概念和承担质量的责任。因此,全面质量管理的核心思想是在一个企业内各部门中做出质量发展、质量保持、质量改进计划,从而以最为经济的水平进行生产与服务,使客户或消费者获得最大的满意。此后,世界各国对全面质量管理进行了深入的研究,使全面质量管理的思想、方法、理论在实践中不断得到应用和发展。其中比较有代表性的是全面质量管理在日本企业实践中的发展。

自20世纪60年代以来,日本意识到自身自然资源的先天不足,为保持在国际市场的竞争力,日本制造商采取了一系列强化措施保证出口产品的质量。他们认为早期市场调研、产品设计、研发是产品高质量的关键,因此对质量的控制也延伸到产品制造、包装、存储、运输等各个方面。全面质量管理对日本经济的发展起到极大的促进作用。到1970年,质量管理已经逐步渗透到了全日本企业的基层,并产生了巨大收益。日本人充分认识到了全面质量管理的好处,开始将质量管理当作一门科学来对待。统计技术和计算机技术的推广与应用,使全面质量管理在日本获得了新的发展。

在日本以外的其他国家,随着全面质量管理理念的普及,越来越多的企业开始采用这种管理方法。1986年,国际标准化组织(ISO)把全面质量管理的内容和要求进行了标准化，1987年3月正式颁布了ISO 9000系列标准，这是全面质量管理发展的第三个阶段，实际上是对原来全面质量管理研究成果的标准化。

全面质量管理之所以受到如此多的关注，首先在于它在管理理念上对传统质量管理的超越，表现在以下三个方面：

1. 市场导向与产品导向

全面质量管理将满足客户需求作为最重要的目标，追求的不是最小化产品成本，而是实现对客户"零缺陷"。而传统的质量管理则认为存在一个最优的产品质量成本，质量控制的任务是将质量成本向最优值逼近。产品导向的质量管理理念忽视了竞争者带来的压力，一个达到了目标缺陷率、实现最小化质量成本的企业也会因为竞争者达到同样的质量水准而丧失竞争优势。

2. 设计质量和执行质量

全面质量管理强调设计质量，而不是传统质量管理中的执行质量。设计质量意味着将客户的需求体现在产品设计上，强调产品设计是产品质量控制至关重要的环节；而执行质量则将质量控制的重点集中于产品生产质量是否符合它的设计。前者是设定控制目标的质量，后者则是控制结果的质量。显然执行质量忽视了成本与产品设计之间的关系。

3. 全员参与和依赖专家

传统的质量管理是由专业人员实施的，对质量管理活动也有明确的表述和界定。全员参与则是全面质量管理的一个重要理念，它指出质量控制与管理必须有企业各个层次员工的参与。在传统的质量管理中，质量预防成本和鉴定成本比较容易被识别，比如质量保证部门和产品检验部门的所有成本费用都被归入预防成本和鉴定成本；而在全员参与的全面质量管理中，一线工人生产中的自查也是质量控制活动的环节之一，因此要把预防成本和鉴定成本从其他成本中分离出来是非常困难的。表12-11为全面质量管理的"质量观"与传统的"质量观"比较。

表12-11 全面质量管理的"质量观"与传统的"质量观"比较

比较项目	全面质量管理的"质量观"	传统的"质量观"
质量与成本	提高质量水平会降低成本	提高质量水平会提高成本
质量控制手段	质量控制在检测之前就存在，质量检测不是必需的	专门的质量检测时必需的，是保证质量的唯一途径
质量缺陷的成因	系统的漏洞造成质量缺陷	工人的失误造成质量缺陷
质量标准	"零缺陷"	可以接受的缺陷率
企业的目标	客户的忠诚意味着长期的高利润	最大化短期的收入与成本之差

二、质量标准体系

全面质量管理要求在生产过程中建立质量体系，以补充技术规范对产品或服务的要求，这就导致了质量体系标准的产生。国际标准化组织（ISO）为适应国际贸易发展的需要，在总结各国质量保证制度经验的基础上，经过多年工作，于1987年3月发布了ISO 9000《质量管理和质量保证》标准。这套标准颁布后，得到许多国家和地区的关注和采用，并于1994年修改后，形成了现在被广泛采用的ISO 9000：1994族《质量管理和质量保证》标准。

ISO 9000 质量管理和质量保证系列标准由以下五个标准组成：

ISO 9000：1987《质量管理和质量保证标准——选择和使用指南》

ISO 9001：1987《质量体系——设计/开发、生产、安装和服务的质量保证模式》

ISO 9002：1987《质量体系——生产和安装质量保证模式》

ISO 9003：1987《质量体系——最终检验和试验的质量保证模式》

ISO 9004：1987《质量管理和质量体系要素——指南》

以上五个标准中，ISO 9000 为该系列标准的选择与使用提供原则指导，而 ISO 9001、ISO 9002、ISO 9003 是一组三项质量保证模式标准，它是在英国 BS 5750 的基础上，参照其他国家的有关标准由英国编制的；ISO 9004 是指导企业内部建立质量体系的文件。

ISO 9000 系列有以下五个特点：

1. 编制 ISO 9000 族标准的目的在于提供指导

该标准与其他技术标准和管理标准的一个显著区别，就是该标准并不试图在标准所规定的领域内实施标准化，执行一个模式，而是对该领域实行原则指导。

2. 在合同中，质量保证模式标准是对技术规范的补充

每个企业都力图使生产的产品满足客户的需求，而这些要求，一般都在技术规范中做了规定。但是，如果技术规范本身或企业组织体系不完善，那么，仅靠技术规范就不能保证产品质量，还必须同时辅以相应的管理技术，即合理采用标准的质量体系要素，建立健全质量体系，并使之有效运行，使技术与管理相结合、互为补充，才能有效保证产品质量。当然，两者不能互相取代。

3. ISO 9000 族标准可同时适用于合同环境和非合同环境

根据企业经营特点，该标准提出了合同环境和非合同环境、内部质量保证和外部质量保证的概念，在此基础上形成质量管理体系标准和质量保证体系标准，这样就使该标准的指导原则适用于所有的产品和产品生产企业。无论该产品是在合同环境下生产还是在非合同环境下生产，或是同时处在两个环境下生产，该标准都能适用。

4. ISO 9000 族标准可提供多种模式

各行各业和各种不同的合同环境对质量体系有不同的要求。作为通用性质量体系标准系列，必须在其内容的广度、深度和应用方法上保证该标准具有广泛的通用性，以适应各种不同的情况。该标准提供了四种质量体系，其中三项质量保证模式是在分析了大量具体产品的基础上，按照产品重要性和复杂程度设计的，为供需双方应用于外部质量保证提供了较大的选择余地。质量体系要素内容较全面，适合各行各业的需要；通过对影响产品质量的技术、管理和人的因素进行全面分析，规定了必要的质量控制和质量保证活动。在采用质量体系标准时，可根据具体情况对质量体系要素有所选择、删除或补充。通过对要素的选择，可以组合出许多种既符合质量管理的基本原理，又适合实际使用的质量体系。

5. 强调以预防为主和全面控制

企业建立质量体系的目的之一，是使与质量有关的各项活动处于受控状态，预防和避免质量问题的产生，而不是完全依靠事后检查。因此，工作的重点是以全过程控制为主，实行预防和把关相结合，采用各种方法查明实际的或潜在的质量问题，并采取预防和补救措施，把质量问题消灭在形成过程中。

三、全面质量管理对成本会计系统的要求

全面质量管理成功实施的一个重要条件是成本会计系统的支持。由于成本会计系统与管理者业绩评价之间的密切关系，如果成本信息不能和全面质量管理的要求统一起来，就很难引导管理者按照全面质量管理的理念行事。例如，假设全面质量管理要求对员工进行质量培训，这显然会增加企业短期成本，并被会计系统记录；此外，如果质量的逐步改进得不到记录，那么管理者当然会选择放弃改进质量的努力。

有效实施全面质量管理需要传统的成本系统至少进行以下改进：

（1）利用财务信息的同时充分利用非财务信息。例如，财务数据可以显示营业收入下降，但不能反映下降的原因。而客户投诉频率和抱怨程度这样的非财务信息可以揭示收入下降的原因在于产品或服务的某些质量缺陷。

（2）与质量相关的成本信息可能大量来自于生产或服务一线的工人，并由他们使用，信息的形式必须直观且易于理解。传统的成本系统是以搜集的基层数据为基础，由会计人员对信息加以总结，呈报给管理者，然后再有选择的向下传递给工人。那些会计概念对管理者和会计人员可能具有意义，但对不熟悉会计概念的工人来说，可能会显得烦琐而难以理解。

（3）成本信息的采集、加工和传递应该更快地完成，以便工人尽早确认质量问题并对其进行纠正。传统上以周、月为时间单位的成本报告，可能需要加快为以日为单位。

（4）与传统的成本会计系统相比，全面质量管理下的成本数据可能更加具体、详细。比如，质量报告不仅仅显示质量缺陷的成本，而且需要报告缺陷的类型和成因。

（5）对衡量质量和客户满意度的业绩评价指标赋予更大的权数，以此激励管理者的行为更加符合全面质量管理的要求。

第十三章 供应链成本管理

 本章学习目标

- 理解供应链与供应链成本管理的基本概念;
- 理解供应链成本管理的基本思想与特征;
- 理解物流成本的含义及计算方法;
- 理解供应链物流成本的管理方法;
- 理解供应链仓储成本与运输成本的管理方法;
- 了解供应链成本的管理方法。

随着全球经济一体化的发展,企业间的竞争越趋激烈。同时,零售商和最终消费者对价格的敏感度不断增强,客户对产品质量和服务的要求不断增加,而对增加这些价值的期望价格却很低。因此,企业处在价值—价格相向挤压的发展趋势之中,经营难度和经营风险不断加大,企业间不得不加强合作以寻求一种持久和稳定的竞争优势,于是供应链管理应运而生。基于供应链的企业管理战略是 21 世纪企业适应全球竞争的有效途径,正如英国著名供应链专家马丁·克里斯多夫所说"市场上只有供应链而没有企业,21 世纪的竞争不是企业与企业之间的竞争,而是供应链与供应链之间的竞争"。供应链是价值链的表现形式,包括企业内部和外部与企业价值相联系的经济活动,如上游的供应活动和下游的经销活动,这些活动使产品的价值不断增加。按照"以整体的最低成本传递最优客户价值"的供应链管理思想,成本管理在供应链管理中处于核心地位。

第一节 供应链和供应链成本管理的基本概念

一、供应链

早期的观点认为供应链是制造企业中的一个内部过程,即把从企业外部采购的原材料和零部件,通过生产转换和销售等环节,再传递到零售商和客户的过程。这样的观点把供应链仅仅视为企业内部的一个物流过程,所涉及的主要是物料采购、库存、生产和分销等部门的职能协调问题,最终目的是为了优化企业内部的业务流程,降低物流成本。这种传统的供应链概念局限于企业内部操作层面,注重企业自身的利益目标。然而,随着产业环境的变化和企业间相互协调重要性的上升,人们逐步将对供应环节重要性的认识从企业内部扩展到企业外部环境,因而供应商被纳入了供应链范畴。在这一阶段,人们主要从某种产品由原料到最终产品的整个生产过程来理解供应链。在这种认识下,加强与供应商的全方位协作,剔除供应链中的"冗余"成分,提高运作速度成为供应链的核心问题。

进入20世纪90年代，由于需求环境的变化，原来被排斥在供应链之外的最终客户的地位得到了前所未有的重视，从而被纳入了供应链的范围。这样，供应链就不再只是企业内部一条的生产链了，而是一个涵盖了整个产品"运动"过程的增值链。

美国学者史迪文斯（Stevens）认为："通过增值过程和分销渠道控制从供应商的供应商到客户的客户的流程就是供应链，它开始于供应的源点，结束于消费的终点。"美国学者伊文斯（Evens）认为："供应链管理是通过前馈的信息流和反馈的物料流及信息流，将供应商、制造商、分销商、零售商，直到最终客户连成一个整体的模式。"中国清华大学蓝伯雄教授认为："供应链就是原材料供应商、生产商、分销商、运输商等一系列企业组成的价值增值链。"原材料零部件依次通过"链"中的每个企业，逐步变成产品，交到最终客户手中，这一系列的活动就构成了一个完整的供应链。

随着信息技术的发展和产业不确定性的增加，今天的企业间关系正在呈现日益明显的网络化趋势。与此同时，人们对供应链的认识也正在从线性的"单链"转向非线性的"网链"。

美国供应链协会认为，供应链作为目前国际上广泛使用的一个术语，涉及从供应商的供应商到客户的客户的最终产品生产与交付的一切努力。中国2001年发布实施的《物流术语》国家标准（GB/T 18354—2001）中对供应链的定义是：在生产及流通过程中，由涉及将产品或服务提供给最终客户活动的上游与下游企业所形成的网链结构。

由此可见，在这个阶段，供应链的概念更加注重围绕核心企业的网链关系，即核心企业与供应商、供应商的供应商的一切前向关系，与客户、客户的客户及一切后向关系。供应链的网链结构如图13-1所示。

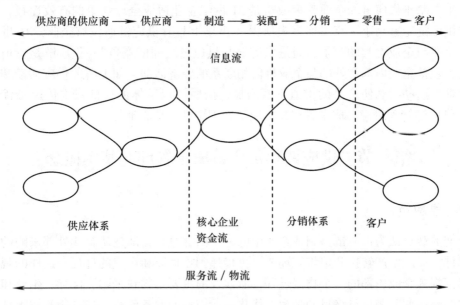

图13-1 供应链的网链结构示意图

从图13-1中可以看出，供应链是由所有加盟的节点企业组成，其中有一个核心企业。节点企业在需求信息的驱动下，通过供应链的职能分工与合作，以资金流、物流/服务流和信息流为媒介实现整个供应链的不断增值。在上述供应链中的物流与信息流之间的关系如图13-2所示。

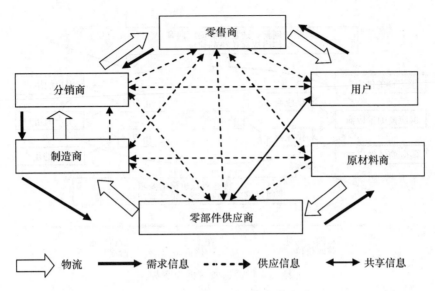

图 13-2 供应链中的物流与信息流

综上所述,供应链是围绕核心企业,通过对信息流、物流、资金流的控制,从采购原材料开始,到制成中间产品,以及最终产品,最后由销售网络把产品送到客户手中的将供应商、制造商、分销商、零售商,直到最终客户的网络系统。它包含了所有加盟的节点企业,从原材料的供应开始,经过链中不同企业的制造加工、组装、分销等过程直到最终客户。因此,供应链不仅是一条连接供应商到客户的物流链、信息链、资金链,而且还是一条增值链。

二、供应链管理

"管理同供应商和客户的上下游关系,以供应链整体最低成本传递最优客户价值"是供应链管理的基本思想。这一思想可用图 13-3 反映。从图 13-3 可以看出,供应链管理是以核心企业为中心,以供应商和供应商的供应商为上游,用户和用户的用户为下游所集成的网络系统。模型上方反映以质量、创新速度为主的价值流向客户的过程和信息反馈过程;模型下方反映客户需求的传递过程及客户价值的创造过程,模型中央椭圆所圈定的则是基于供应链的虚拟企业。图 13-3 不仅显示了供应链管理的基本思想,还显示了一系列从最初制造商到分销商再到最终客户所经历的阶段和节点,体现了一种规划和传递最大效率和最优过程的最有效的模式。

因此,供应链管理的目的是通过对供应链各环节活动的协调,提高客户的满意程度,在为客户增加价值的过程中,实现供应链整体效益的最大化。对企业来说,供应链管理的最根本目的就是增强企业的核心竞争力,而其首要目标是提高客户的满意程度,即做到将正确的产品或服务(Right Product or Service),按照合适的状态与包装(Right Condition and Packaging),以准确的数量(Right Quantity)和合理的成本费用(Right Cost),在恰当的时间(Right Time)送到在指定地方(Right Place)的确定客户(Right Customer)。由此可见,供应链管理关心的并不仅仅是物料实体在供应链中的流动,除了企业内部与企业之间的运输问题和实物分销以外,供应链管理还包括以下主要内容:

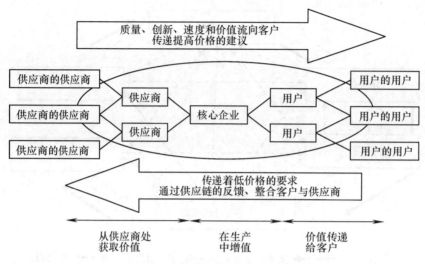

图 13-3 供应链管理的概念模型

（1）战略性供应商和用户合作伙伴关系管理。
（2）供应链产品需求预测和计划。
（3）供应链的设计（全球节点企业、资源、设备等的评价、选择和定位）。
（4）企业内部与企业之间物料供应与需求管理。
（5）基于供应链管理的产品设计与制造管理、生产集成化计划、跟踪和控制。
（6）基于供应链的用户服务和物流（运输、库存、包装等）管理。
（7）企业间资金流管理（汇率、成本等问题）。
（8）基于 Internet 的供应链交互信息管理等。

1997 年 PRTM（Pittiglio Rabin Todd & Amp；Mcgrath）公司进行的一项关于集成化供应链管理的调查（调查涉及 6 个行业的 165 个企业，其中化工业 25%、计算机电子设备业 25%、通信业 16%、服务业 15%、工业 13%、半导体业 6%）表明，通过实施供应链管理，企业可以达到以下多方面的效益：

（1）总供应链管理成本（占收入的百分比）降低 10% 以上。
（2）中型企业的准时交货率提高 15%。
（3）订单满足提前期缩短 25%～35%。
（4）中型企业的增值生产率提高 10% 以上。
（5）绩优企业资产运营业绩提高 15%～20%。
（6）中型企业的库存降低 3%，绩优企业的库存降低 15%。
（7）绩优企业在现金流周转周期上具有比一般企业少 40～65 天的优势。

三、供应链成本管理的特点

（一）供应链成本的特点

供应链管理模式对于企业的成本产生与变化有着重要的影响，企业的成本管理体系始终与制造系统模式相适应并随着制造模式的发展而变化。在供应链成本管理模式下，企业成本发生的范围表现出如下特点：

1. 成本发生空间的扩展

传统管理模式下，企业一般拥有固定和清晰的企业边界，考察成本发生主要是针对企业内部。在供应链管理模式下，企业边界呈现出模糊的特点，导致了成本发生空间的扩展，从企业内部扩展到以产品为中心而构成的整个企业内外部环境。供应链管理模式打破了传统的企业概念，主张通过企业内部以及企业之间的信任与合作、生产要素的联合使用、信息资源的共享等措施来降低产品制造的综合成本，缩短产品开发与生产周期，提高产品质量。这就要求现代制造模式下的成本管理必须突破原有企业边界的限制，着眼并作用于整个动态企业联盟。不仅仅要注重内部的成本状态，而且要始终关注合作企业的成本管理水平，加强与合作企业之间就成本问题的合作与协调。

2. 对象空间的变化

传统制造模式下，成本管理的对象是企业生产经营活动中发生的成本。供应链管理模式强调并在客观上建立了新型的供需关系，制造商、供应商、分销商之间构成"风险共担、利益共享"的利益共同体。在这个利益共同体中，制造商、供应商、采购商之间以产品为纽带组建了纵横交织的供应链。供应链中每一个环节的表现都将直接或间接地影响整个共同体的利益，因为某个环节发生问题而给其他成员所带来的影响和损失往往不是通过传统的索赔手段所能弥补的。因此，制造商、供应商、采购商之间的关系发生了根本性改变，在"选择—被选择"或"接受—被接受"的制约关系基础上增加了"共同协商、共同制定成本目标、共同解决成本问题"的协作关系，形成了"制约＋协作"的新型关系。

在供应链环境下，产品成本客观上是由供应链全体成员共同保证和实现的。产品成本的形成和实现过程实际上分布在整个供应链范围内。具体地说，产品设计成本是由主机和零部件设计服务提供者保证的；产品制造成本是由主机装配企业、零部件供应商和原材料供应商保证的；运输和销售过程中的成本分别是由运输服务提供者、分销商、零售商保证的；而售后服务成本是由售后服务提供者保证的。因此，供应链环境下的产品成本管理功能是分布在整个供应链范围内的，成本管理的概念已经扩大到企业间。供应链环境下的产品成本形成过程可看作由一系列分布于不同企业内的具有时序和逻辑关系的子过程和活动所构成。随着产品的复杂化以及外包战略的实施，这些过程和活动之间的关系更加复杂，交互更加频繁。这就要求所有成员企业加强交流、协调与合作。由于成本体系、管理水平、技术能力、资源、企业文化等方面的不同，各成员企业的成本管理水平存在着较大差异和不确定性。供应链中存在的成本发生的不确定性将对最终产品和服务的成本产生重大影响。因此，必须对整个供应链范围的所有成本管理进行全面和系统的管理，确保整个供应链具有持续稳定的成本竞争力，快速响应市场需求，提供客户满意的产品和服务。

（二）供应链成本管理的特点

1. 客户满意是供应链成本管理的前提

从供应链管理概念模型的分析中我们可以看出，供应链管理实质上是由客户驱动的"需求链管理"。客户的需求通过供应链逐级传递给供应链网络中的节点企业，每个下游的节点企业都可看作是上游节点企业的客户；而客户的价值和需求又是通过供应链的下游节点企业逐级上传和保证的，直至最终客户。因此，客户的需求是通过客户价值增值水平体现的，即价值增值＝客户价值－客户成本。而在供应链网络中，每个成员企业既是其上游供应商的客户,又是其下游客户的供应商,因此只有各成员企业在供应链成本管理过程中都坚持增加客户价值的观念,避免因自己或下层企业对供应链成本的过度压缩而导致客户满意度的降低,才能实现最终客户的价值增值。为此,供应链成本管理必须以客户满意为前提。

2. 作业是供应链成本管理的基础

供应链管理也称"需求链管理",是为满足最终客户需要而形成的一系列作业的集合体,这个集合体构成了一个虚拟的企业。在这个虚拟的企业中,每个成员企业都可看作为最终客户提供产品或服务的一项作业,每一项作业的完成都要消耗一定的资源,而作业的产出又形成一定的价值,转移到下一项作业,依次转移,直到形成最终产品。基于供应链形成的虚拟企业为了寻求持续的竞争优势,必须提高作业的产出,减少作业的耗费,而要做到这一点,就必须从整体的、战略的角度对各项作业进行分析。因此,供应链的管理必须深入到每一个"作业"层次。在供应链中每个成员企业的作业,又是其内部各项子作业的集合体,各项子作业的耗费构成了供应链的总成本。因此,供应链总成本的管理,必须深入到作业层次,作业是供应链成本构成的基本单位。

3. 成本信息共享是供应链成本管理的核心

供应链成本管理跨越多个企业,需要上下游企业的成本信息是透明和可见的,需要共享库存、共享销售数据、共享计划等。为了解供应商的成本降低潜力,使其达到跨组织的目标成本,客户可以用共享的成本信息对整个供应链进行价值分析;可以通过开簿会计(Open-Book Accounting)来实现成本信息共享,开簿会计是企业向业务伙伴披露部分或全部的成本会计系统或成本信息的成本管理。没有准确的成本信息,供应链节点上各企业必须保持大量的存货以保证快速反应,大大增加了库存成本。信息共享可以使库存成本降低60%,没有成本信息共享或成本信息不对称,很难对整个供应链成本进行管理。图13-4显示了西欧汽车工业生产流程的库存周转轮廓。

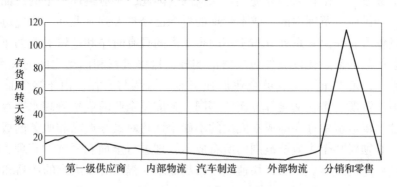

图13-4 西欧汽车工业生产流程的库存周转轮廓

从图13-4中看出,汽车的装配已基本实现了最小化库存的精细生产,但其上游或下游工序可能并非如此,尤其在分销和零售环节,这时作为产成品的汽车拥有最大的价值量,但是库存周转的时间也最长。据统计,完工汽车的库存费用不低于其成本的25%。

这个例子说明,今天的竞争不仅仅是企业间的竞争,而且是供应链之间的竞争,因为这一期间的所有成本都将被计入最终产品的价格,参与市场激烈的价格竞争。因此,在整条供应链范围内控制成本显得尤为重要。对许多企业而言,它们成本中的很大一部分都是产生与法律意义界定的"企业"之外,并且这些成本的发生越来越多,这些成本有时被称为"交易成本"。保持库存就是交易成本的一项。存货周转时间最长的地方是企业间交接的位置,这里有重复的存货储备:供应商和他们的客户同时储备了某种商品。之所以如此,是因为没有共享关于最终订单和用量的信息,双方都不得不为了防范不确定性而储备额外的存货,如果信息共享能够消除不确定性,那么多余的存货也就不必要了。因此,企业之间供应链成本管理的核心在于企业间的沟通,或者说信息共享的程度。例如在成熟的市场经济国家,一种所谓的"联合计划、预测和更新"(Collaborative Planning, Forecasting and Replenishment, CPFR)活动悄然兴起:上游的供应商和下游的制造商密切合作,共同预测最终产品的市场需求,制定生产计划,供应商根据实际的销售和用量情况来决定原材料的库存水平。从目前来看,这项活动取得了较好的效果,在很大程度上降低了库存,同时也推动了销售的增长。

第二节 供应链物流成本管理

如前所述,供应链是围绕核心企业,通过对信息流、物流、资金流的控制,从采购原材料开始,到制成中间产品,以及最终产品,最后由销售网络把产品送到客户手中的供应商、制造商、分销商、零售商,直到最终客户的网络系统。在这个网络系统中,物流的作用特别重要,因为缩短物流周期比缩短制造周期更为关键。美国曾经有人对早餐用的麦片粥从生产厂到超级市场这一过程作过统计,结果是这个过程需要104天。而104天里面真正用于生产的时间很短,大部分的时间是用于分销、运输、仓储、再分销、再仓储。由于最终给客户的产品不是由单独一家企业完成的,而是从原材料开始一级一级地制造并传递过来,响应周期是多级的"链式周期",而不是点式周期(单个企业的制造周期)。因此,缩短物流周期所取得的效益往往很大。比如制造商投资数百万元买一台新设备,使加工一个零件的时间从原来一分钟缩短到30s,工效提高一倍,但是它对缩短整个供应链周期的贡献却很小。如果能把二级供应商到一级供应商的物流周期从7天缩短到5天,就节约出两天的时间。所以,在供应链管理环境下,物流成本管理尤为重要。管理大师彼得·德鲁克曾指出"物流是一块经济界的黑暗大陆"。日本早稻田大学的西泽修教授1970年在他的著作中把物流称为"第三利润源",认为"物流是降低成本的宝库"。销售部门提高销售额得到的利润称为第一利润,生产部门降低生产成本所获得的利润为第二利润。物流部门降低物流成本所获得的利润称为第三利润。物流成本被看成企业供应链管理中的最高成本之一。因此,许多企业将利润增长的目标指向了物流领域。

物流管理在供应链中的作用可以通过下面的价值分布进行考察,如表13-1所示。

表13-1 供应链上的价值分布

产　品	采购(%)	制造(%)	分销(%)
易耗品(如肥皂、香精)	30~50	5~10	30~50
耐用消费品(如轿车、洗衣机)	50~60	10~15	20~30
重工业(如工业设备、飞机)	30~50	30~50	

从表13-1中我们可以看出,行业和产品类型不同,其供应链价值分布也不同。但是,

物流价值（采购和分销之和）在各种类型的产品和行业中都占到了整个供应链价值的50%，甚至更高，在易耗消费品和一般工业中，物流价值的比例达到了80%以上。因此，加强物流管理，对于提高供应链的价值增值水平，有着举足轻重的作用。

一、物流成本及其分类

（一）物流成本的含义

物流成本是指产品空间位移（包括静止）过程中所耗费的各种资源的货币表现。即产品在实物运动过程中，在包装、装卸搬运、运输、储存、流通加工和物流信息等各个环节所支出的人力、物力、财力的总和。由于现代物流是一个贯穿原材料供应、生产和销售等各环节的一系列活动，是一个跨企业、跨行业、跨地区和国界的复杂系统，因此物流成本从不同的角度观察有不同的构成内容。但是，不管从哪个角度分类，物流成本总体上由三部分构成，具体如图13-5所示。

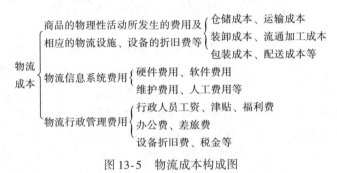

图 13-5 物流成本构成图

（二）物流成本的分类

按照不同的标志，物流成本主要有以下三种划分方式：

1. 按成本的支付形式划分

物流成本按成本的支付形式可以分为本企业支付的物流费用和其他企业支付的物流费用两类，具体如图13-6所示。

图中各项费用的内容如下：

（1）材料费。材料费是指因物料的消耗而发生的费用，它由物料材料费、燃料费、消耗性工具、低值易耗品摊销以及其他物料消耗等费用组成。

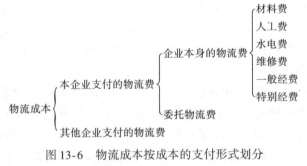

图 13-6 物流成本按成本的支付形式划分

（2）人工费。人工费是指因人力劳务的消耗而发生的费用，包括工资、奖金、福利费、医药费、劳动保护费及职工教育培训费和其他一切用于职工的费用。

（3）水电费。水电费是指物流活动过程中支付的水费、电费、煤气费、冬季取暖费、绿化费及其他费用。

（4）维护费。维护费是指土地、建筑物、机械设备、车辆、船舶、搬运工具、器具备件等固定资产的使用、运转和维修保养所产生的费用，包括维修保养费、折旧费、租赁费和保险费等。

（5）一般经费。一般经费是指差旅费、交通费、会议费、书报资料费、文具费、邮电费、零星购进费等，还包括物资及商品损耗费、物流事故处理及其他杂费等一般支出。

（6）特别经费。特别经费是指采用不同于财务会计的计算方法所计算出来的物流费用，包括按实际使用年限计算的折旧费和企业内部物流利息等。企业内部物流利息是物流活动所占用的全部资金的资金成本，它是以企业内部利率计算而来，故又称企业内利息。

（7）委托物流费。委托物流费是指将物流业务委托给第三方物流企业时向其支付的费用，包括支付的包装费、运费、保管费、出入库手续费、装卸费、特殊服务费等。

（8）其他企业支付的物流费。其他企业支付的物流费是指由于企业采购材料、销售产品等业务发生的由有关供应者和购买者支付的各种包装、发运、运输、验收等物流成本。在此情况下，虽然表面上看本企业虽未发生物流费，但物流费却包含在了购入的材料、销售的产品的价格中。因此，这些费用也应该计入物流成本之内。

2. 按物流功能划分

物流成本按物流功能可分为运输成本、装卸搬运成本、仓储成本、流通加工成本、包装成本、配送成本、订单处理和信息成本，以及物流管理费用等。

（1）运输成本。物流运输费用在所有物流成本中所占比率是最高的，据测算，通常运输成本占物流总成本的30%以上，有的甚至达40%以上。因此，物流合理化在很大程度上依赖于运输合理化，而运输合理与否直接影响着物流运输费用的高低，进而影响物流成本的高低。

（2）装卸搬运成本。装卸搬运成本的构成主要有：①人工费用，如人员工资、奖金、津贴、补贴和福利费等。②营运费用，如固定资产折旧费、维修费、能源消耗费、材料费等。③装卸搬运合理损耗费用，如装卸搬运中发生的货物破损、散失、损耗、混合等费用。④其他费用，如办公费、差旅费和保险费等。

（3）仓储成本。在许多企业中，仓储成本是物流总成本的一个重要组成部分，物流成本的高低常常取决于仓储管理成本的大小。同时，企业物流系统所保持的库存水平对于企业为客户提供的物流服务水平起着重要作用。仓储成本包括了仓储持有成本、订货或生产准备成本、缺货成本和在途库存持有成本等。

（4）流通加工成本。在商品从生产者向消费者流动的过程中，为了促进销售，维护商品质量，实现物流的高效率所采用的使商品发生形状和性质的变化过程，就是流通加工，如剪板加工、冷冻加工、分装加工、组装加工和精致加工等。

（5）包装成本。包装是生产的终点和物流的起点，其所发生的耗费占流通费用的10%，有的商品包装费用甚至高达50%。因此，加强包装费用的管理与核算，可以降低物流成本，提高企业的经济效益。

（6）配送成本。配送是一种末端运输方式，即是一种直接将商品递送给客户的小范围内的物流活动。企业物流按客户订单或配送协议进行配货，选择经济合理的运输路线与运输方式，在客户指定的时间内，将符合要求的货物送达指定地点的一种商品供应方式。一般的配送集装卸、包装、保管、运输于一身，特殊的配送还包括加工在内。配送成本一般包括配送运输费用、分拣费用、配装费用，有时还包括包装费用、流通加工费用等。

（7）订单处理和信息成本。订单处理和信息成本包括发出订单和结算订单的成本、相关处理成本、相关信息交流成本等，如硬件费用、软件费用、人工费、维护费等。

（8）物流管理费用。物流管理费用是指为了组织、计划、控制、考核评价物流活动等而发生的各种管理费用。包括现场物流管理费和机构物流管理费，如办公费、管理人员工资、附加工资、差旅费和设施设备的折旧费等。

3. 按物流活动范围划分

物流成本按物流活动范围可分为供应物流成本、企业内部物流成本、销售物流成本、退货物流成本等。其中，供应物流成本是指从原材料（包括容器、包装材料）采购到供应给购入者——制造业这一物流过程中所发生的费用；企业内部物流成本是指从物品运输、包装开始到最终确定向客户销售这一物流过程中所发生的费用；销售物流成本是指从确定向客户销售到向客户交货这一物流过程中所发生的费用；退货物流成本是指随售出商品的退货而发生的物流活动过程中所发生的费用。

二、物流成本的计算

（一）物流成本计算对象和成本项目的确定

成本计算对象是指企业或成本管理部门为归集和分配各项成本费用而确定的、以一定期间和空间范围为条件而存在的成本计算实体，它是根据管理的需要而确定的。成本项目是成本的基本构成内容。物流成本如何归集与计算，取决于物流管理对所评价和考核的成本计算对象的选取。成本计算对象的确定方法不同，得出的物流成本也就不同，从而导致了不同的成本评价对象与评价结果。因此，正确确定成本计算对象，是进行成本计算的基础。

物流成本计算对象和成本项目的确定，主要取决于物流活动范围和物流功能范围的选取。

1. 物流活动范围的选取

物流活动范围的选取是指对物流的起点与终点以及起点与终点间的物流活动过程的选取。物流活动范围可以划分为企业物流与社会物流；也可以从企业角度划分为供应物流、生产物流、销售物流、退货物流、回收物流、废弃物流。物流活动范围选取可以选择企业物流，也可以选择社会物流，还可以选择供应物流、销售物流、退货物流等。物流活动范围的选取不同，其成本计算结果也就不同。需要注意的是，在物流范围确定之后，一般不能任意改变，以满足成本计算的可比性和一贯性要求。

2. 物流功能范围的选取

物流功能范围的选取是指对于运输、搬运装卸、储存、包装、流通加工和物流信息处理、物流管理等物流功能，选取哪些功能作为物流成本计算对象。把所有的物流功能作为成本计算对象与只把运输、保管这两种功能作为成本计算对象，所反映的物流功能范围的成本显然是不同的。如美国的物流成本只选取了储存、运输、物流管理三个物流功能，因此，它所反映的物流成本主要由三部分组成：库存费用、运输费用和管理费用。

因此，物流成本的计算对象要与物流成本管理和控制的对象一致，不能局限于某一个成本计算对象，需要核算整个供应链物流活动所花费的全部物流成本支出。为此，需要结合物流活动的范围、物流功能的范围和物流成本费用项目三维角度对物流成本进行计算，从而能得到更详细的物流成本信息，满足对整个供应链的物流成本进行管理和控制。物流成本的计算对象如图13-7所示。

物流成本的计算对象除上述的物流范围和物流功能外，也可以是各种流通的物品如原材料、包装材料、在产品、产成品和销售产品，如表13-2所示；还可以是原材料购入地区、产品销售地区，如表13-3所示。

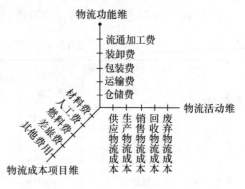

图 13-7 物流成本计算对象

表 13-2 物流成本计算表（以流通物品为成本计算对象）

费用 物品	功能	运输费	存储费	搬运装卸费	包装费	流通加工费	配送费	合 计
物品 A	直接费							
	间接费							
	小计							
物品 B	直接费							
	间接费							
	小计							
物品 C	直接费							
	间接费							
	小计							
合计								

表 13-3 物流成本计算表（以地区为成本计算对象）

费用 地区	功能	运输费	存储费	搬运装卸费	包装费	流通加工费	配送费	合 计
甲地区	直接费							
	间接费							
	小计							
乙地区	直接费							
	间接费							
	小计							
乙地区	直接费							
	间接费							
	小计							
合计								

(二) 物流成本计算的步骤

(1) 按支付形态和物流活动范围进行物流成本计算，计算结果如表 13-4 所示。

表 13-4　物流成本计算表（形态、范围）　　　　　　　　　单位：元

支付形态			范围	供应物流成本	生产物流成本	销售物流成本	回收物流成本	废弃物流成本	合　计
企业物流费	本企业支付物流费	企业本身物流费	材料费	822	39 116	1 643			41 581
			人工费	45 058	51 702	90 115			186 875
			水电费	2 285		4 569			6 854
			维护费	45 710	12 049	85 471			143 230
			一般经费	6 657		13 315			19 972
			特别经费	5 716	23 184	11 433			40 333
			小计	106 248	126 051	206 546			438 845
		委托物流费		48 320	73 110				121 430
	本企业支付的物流成本合计			154 568	199 161	206 546			560 275
	外企业支付的物流成本			33 460		24 780			58 240
	企业物流成本总计			188 028	199 161	231 326			618 515
企业物流范围成本构成比例				30.4%	32.2%	37.4%			100%

(2) 将按支付形态计算的物流成本按物流功能分类，然后汇总。如果将所有功能都作为成本计算对象，则需要编制七张表，可以根据需要，只计算其中的某几项功能的费用。表 13-5 是按物流包装功能计算的物流成本。

表 13-5　包装费用计算表　　　　　　　　　单位：元

支付形态			范围	供应物流成本	生产物流成本	销售物流成本	回收物流成本	废弃物流成本	合　计
企业物流费	本企业支付物流费	企业本身物流费	材料费		35 274				35 274
			人工费		30 866				30 866
			水电费						
			维护费		3 987				3 987
			一般经费						
			特别经费		3 911				3 911
		企业本身物流成本合计			74 038				74 038
		委托物流成本							
	本企业支付的物流成本合计				74 038				74 038
	外企业支付的物流成本								
	企业物流成本总计				74 038				74 038

(3) 计算按支付形态和物流功能分类的物流成本，如表 13-6 所示。

表 13-6　物流成本计算表（形态、功能）　　　　单位：元

支付形态		功能	包装费	运输费	保管费	装卸费	物流信息费	物流管理费	合计
企业物流费	本企业支付物流费	企业本身物流费							
		材料费	35 274		3 842			2 465	41 581
		人工费	30 866	62 565	20 836	52 482		20 126	186 875
		水电费						6 854	6 854
		维护费	3 987	128 169	8 062	1 801		1 211	143 230
		一般经费					11 764	8 208	19 972
		特别经费	3 911	14 194	19 273	1 767		1 188	40 333
		企业本身物流费合计	74 038	204 928	52 013	56 050	11 764	40 052	438 845
	委托物流费			48 320	73 110				121 430
	本企业支付的物流费合计		74 038	253 248	125 123	56 050	11 764	40 052	560 275
	外企业支付的物流费			58 240					58 240
	企业物流费总计		74 038	311 488	125 123	56 050	11 764	40 052	618 515
企业物流范围费用构成比例			11.97%	50.36%	20.23%	9.06%	1.90%	6.48%	100%

（4）计算按物流活动范围和物流功能分类的物流成本如表 13-7 所示。

表 13-7　物流成本计算表（范围、功能）　　　　单位：元

功能＼范围	包装费	运输费	保管费	装卸费	物流信息费	物流管理费	合计
供应物流成本		15 2072		18 683	3 921	13 352	188 028
生产物流费	74 038		125 123				199 161
销售物流费		159 416		37 367	7 843	26 700	231 326
回收物流费							
废弃物流费							
合计	74 038	311 488	125 123	56 050	11 764	40 052	618 515

（三）物流作业成本计算

根据作业成本法的思想，企业对供应链物流成本的计算可分为以下四个步骤：

（1）分析和确定资源。企业的资源一般有人工、材料、机器设备、厂房等。在分析和确定资源时，有时需要把一些账目和预算科目结合起来形成一个资源库，有时需要把一些被不同的作业消耗的账目或预算科目分解开来。

（2）分析和确定作业。在分析和确定作业的过程中，要分清服务和作业的各个环节，把组织的活动分解为一个个可理解的基本作业。在确认作业时，有必要对作业进行整合和分解，可以利用作业流程图来描述组织内的作业及其相互联系。图 13-8 为一个物流作业流程图，可以根据企业的自身特点和需要将图中的各个物流作业细分或合并。

图中矩形框代表所分析系统投入和产出的起点和终点，它们构成了这个系统的边界。圆环代表作业，它把投入转化为产出；直线和箭头代表系统起点、终点和作业间的投入和产出流向。

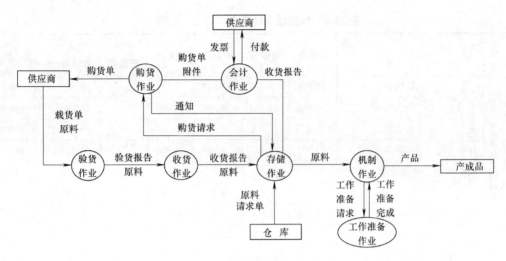

图 13-8　物流作业流程图

（3）建立作业成本库。根据物流资源动因把物流资源分配给不同的作业，形成物流作业成本库。

（4）分配成本至成本对象。一旦将物流资源分配给物流作业成本库后，就可以开始确定物流作业动因，物流作业动因是物流作业流程图中的一个作业的产出。所有物流作业动因确定后，便可依据这些动因，给各成本对象分配其应得的作业成本。当直接材料和直接人工确定后，就可以计算成本目标了。

在作业成本计算的基础上，物流作业成本控制应以达到客户满意度为前提，力图在总体成本最小的情况下，通过作业分析，将总体目标成本层层分解到各个物流作业上，形成系统的物流作业目标成本，并且把每一个物流作业确认为一个责任成本中心，对各责任成本中心进行成本考核，不断改进低效率的物流作业，从而降低企业的物流成本。

三、物流成本管理

（一）物流成本管理的对象

物流成本管理和控制的对象与物流成本的计算对象一致，可以分为以下三种：

1. 以物流成本的活动范围作为成本管理和控制的对象

以供应链制造企业为例，它将供应物流成本、生产物流成本、销售物流成本、废弃物流成本以及回收物物流成本作为成本管理和控制的对象。也就是说，从供应物流、生产物流、销售物流、废弃物流以及回收物流的不同活动范围上，寻求物流技术的更新和物流管理水平的提高，以控制和降低各个活动范围的物流成本。

2. 以物流服务的不同功能作为成本管理和控制对象

从仓储、运输、包装、装卸、流通加工、信息处理成本和物流管理费用等各个物流作业或物流功能的角度来寻求物流管理水平的提高和物流技术的更新，以控制和降低物流成本。

3. 以物流成本的不同项目作为成本管理和控制对象

将供应链物流传递过程中的材料费、人工费、燃料费、差旅费、办公费、折旧费、利息费、委托物流费及其他物流费等物流成本项目作为管理和控制的对象，通过对各项费用项目的控制节约，谋求总物流成本的降低。

因此，在整个供应链物流中，物流成本的管理和控制是对上述三种物流成本对象的综合管理和控制。三者之间的关系如图 13-9 所示。

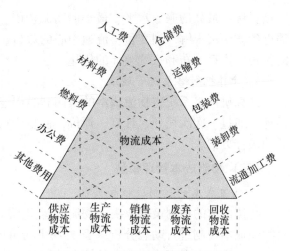

图 13-9 物流成本管理的对象

（二）物流成本管理方法

1. 物流成本横向管理法

物流成本的横向管理是指对物流成本进行预测、计划、计算、分析、信息反馈、控制与决策等。是在对物流成本进行分析，充分挖掘降低物流成本潜力的基础上，寻找降低物流成本的有关技术经济措施，决定采取的行动方案并进行可行性分析后选择最佳方案，以保证物流成本计划的先进性和可靠性。

2. 物流成本的纵向管理法

物流成本纵向管理是指对物流过程的优化管理。物流过程是一个创造时间性和空间性价值的经济活动过程。为使其能提供最佳的价值效能，就必须保证物流各个环节的合理化和物流过程的迅速、通畅。物流系统是一个庞大而复杂的系统，要对它进行纵向优化，需要借助于先进的管理方法和手段，使其与横向管理交织进行。具体方法如下：

（1）用线性规划、非线性规划制定最优运输计划，实现物品运输优化。物流过程中遇到最多的是运输问题。例如，某产品由几个企业制造后再供应到某几个客户，如何才能使企业生产的产品运到客户所在地时运费最小？假定这种产品的制造成本已知，从某企业到消费地的距离和单位运费，以及各企业的生产能力和消费量都确定的话，可以用线性规划来解决；如果企业的生产数量发生变化，生产费用函数是非线性的，可以使用非线性规划来解决。

（2）运用系统分析技术，选择货物最佳的配比和配送路线，实现货物配送优化。配送路线是指各送货车辆向各个客户送货时所要经过的路线，它的合理与否，对配送速度、车辆的利用效率和配送费用都有直接的影响。目前较成熟的优化配送路线的方法是节约法，即节约里程法。

（3）运用存储论确定经济合理的库存量，实现物资存储优化。存储是物流系统的中心环节，物资从生产到客户之间需要经过几个阶段，几乎在每一个阶段都需要存储。在每个阶段库存量持有多少最为合理？为了保证供给，需要隔多长时间补充库存？一次进货多少才能达到费用最省的目的？这些都是确定库存量的问题，也都可以在存储论中找到相应的解决方法。

（4）运用计算机模拟技术对整个物流系统进行研究，实现物流系统的最优化。例如，克莱顿·希尔模型，它是一种采用逐次逼近方法的模拟模型。这个方法提出了物流系统的三项目标：最高的服务水平、最小的物流费用、最快的信息反馈。在模拟过程中采用逐次逼近的方法来求解下列变量：流通中心的数目、对客户的服务水平、流通中心收发货时间的长短、库存分布和系统整体的优化。

3. 计算机网络系统管理法

计算机网络系统将物流成本的横向和纵向连接起来，形成一个不断优化的物流系统的循环。通过一次次循环、计算、评价，使整个物流系统不断地优化，最终找出其总成本最低的最佳方案。

(三) 物流成本管理模型

1. 物流成本的控制过程和策略

物流成本的控制策略取决于物流的运作模式，由于物流是一个动态过程，因此，必须对物流成本控制进行动态分析。表 13-8 所示的物流成本控制的四个过程，涵盖了企业物流的全过程。在考虑物流成本的综合控制时，应使用各控制策略的组合，选择有利于整个物流过程的总成本最小；以总物流成本最低为控制目标来协调各子系统，将总物流成本分解到各子系统作为子目标，通过子系统的优化、集成，最终获得使总物流成本最低的物流系统最优或次优状态。

表 13-8 物流成本控制过程与策略

过　　程	主要控制指标	控 制 策 略
销售过程中的物流成本控制	1. 运输成本 2. 仓储保管成本 3. 订货处理成本 4. 退货成本 5. 计算机信息处理费用 6. 人工费	◇ 选择运输设备、库存的最佳规模和最佳空间布置，以便最大限度地降低运输成本 ◇ 合理确定仓储，选择物流手段使其功能配套互补 ◇ 减少交货点，与用户协商简化交货约束条件 ◇ 鼓励用户尽可能大批量订购 ◇ 合理扩大运输和仓储规模 ◇ 以劳动生产率为中心制定人事政策，签订定额承包合同
生产过程中的物流成本控制	7. 人工费、投产准备费 8. 原材料、半成品和包装物的损失 9. 车间内和跨车间转运费 10. 搬运、仓储费和生产设备维修费 11. 燃料动力费 12. 备品备件成本	◇ 生产手段自动化，经常性进行生产投资，提高劳动生产率 ◇ 以人工费最低为标准确定厂址 ◇ 确定生产的规模、批量 ◇ 依靠工艺开发、技术革新，最大限度地提高各道工序效率 ◇ 建立健全及时反映生产经营状态的会计分析和物流成本控制体系
采购供应过程中的物流成本控制	13. 订货处理成本 14. 原材料等的验收—质检成本 15. 搬运成本 16. 运输成本 17. 仓储成本 18. 人工费	◇ 以减少运输和搬运为目的，进行大批量订货供应 ◇ 采购地点距离加工厂尽可能近 ◇ 采购供应原材料、零部件标准化，方便技术处理 ◇ 为减少人工，采用供应自动化管理 ◇ 给供应任务的承担者尽可能多的任务 ◇ 强化对采购供应活动的基础工作（记录）控制 ◇ 实行 VMI 管理

(续)

过　程	主要控制指标	控　制　策　略
售后服务过程中的物流成本控制	19. 维修人工费 20. 维修的网点和实施费 21. 备品备件、工具的库存费 22. 技术文件编印费 23. 使用操作者培训费 24. 维修工程师培训费 25. 售后服务信息系统运作费	◇ 调整售后服务网点的数量和布局 ◇ 调整售后服务工作的范围和水平 ◇ 在产品设计定型时，引入售后服务预测成本的概念 ◇ 集中多种商标，同时提供服务，以便形成售后服务经济规模 ◇ 发展维修中的组建快速替换，把维修工作集中为批量处理

2. 供应链物流成本管理模型

供应链物流成本管理方法包括横向、纵向和计算机网络管理三种方法，其中计算机网络管理是物流成本的横向和纵向管理的纽带，通过计算机网络将物流成本横向和纵向管理连接起来，形成一个不断优化的物流成本全局管理系统，通过循环、计算、评价，整个物流系统在不断优化，最终形成物流总成本最低的最佳方案。它们三者之间关系如图13-10所示。

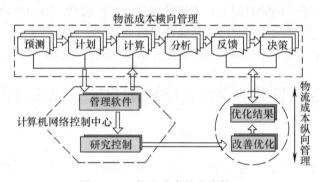

图13-10　物流成本的联合管理

（四）物流成本的降低

供应链物流成本管理的目的是使得物流总成本最低，删除物流不增值环节的成本，减少物流增值环节的成本。前文说过，从供应商到客户的供应链物流成本包括：采购成本、制造成本、库存成本、包装成本、销售成本、运输成本、在途制品成本和管理成本。在这些成本中制造成本和包装成本是在物流增值环节中发生的，其余成本都是在非增值环节发生的。供应链物流成本中的采购成本和销售成本，由于供应商、制造商和销售商之间已经建立了战略合作伙伴关系，原来存在于企业之间的界限消失，借助于计算机网络的支持，供应商可以直接将原材料或配件送给制造商，制造商也可以直接将产品运送给销售商，企业之间不需要原来意义上的采购和销售活动，相应的采购成本和销售成本消失。包装成本和管理成本也会随着物流环节的减少而大幅下降。因此，供应链物流成本管理的重点是非价值增值环节发生的库存成本、运输成本和在途制品成本。

1. 库存成本的降低

供应链管理是客户拉动、需求导向的管理，销售商最了解最终消费者的需求，他们收集需求信息，通过计算机网络将订单传输给制造商，制造商根据订单编制生产计划和物料需求计划并组织生产。供应商通过计算机网络获得制造商的物料需求信息后供货，虽然这一过程是一个环节、一个环节顺序地完成，但是在计算机网络下，可以使供应链中的各相关企业"同时"获得"客户"的需求，使得原来用于供应商、制造商和销售商之间因需求不确定而建立的缓冲库存可以取消，从而降低库存成本。但是，不是说可以不需要任何库存，可以通过在供应商和制造商之间建立转运中心，在制造商和销售商之间建立配送中心，集中管理整个供应链的库存，通过库存的集中管理，最终降低整个供应链的库存成本。

2. 运输成本和在途产品成本的降低

在供应链管理中，信息传递与物流流动是同步进行的，但由于地理位置的差异，使得物流流动速度比信息传递的速度慢，此时，运输便成为加快供应链物流流动、缩短物流周期的关键，也成为降低运输成本的关键。由于客户需求的多样化、小批量，以及供应商、制造商和销售商之间地理位置远近不同，若单个企业组织运输，肯定会使运输成本提高，因此必须统一组织运输。转运中心和配送中心承担运输安排任务，通过合理规划转运中心和配送中心的运输计划和配送计划，降低整个供应链的运输成本。为了降低在途产品成本，必须缩短物流周转周期，考虑运输产品的时间，在安排计划时计算提前期，将用户需求时间减去运输时间作为自己的备货或生产的最终时间，从而使供应商备货、制造商生产、销售商销售活动按准时生产的思想完成，最终缩短物流周转周期，降低在途产品成本。

第三节　供应链仓储成本与运输成本管理

（一）供应链仓储成本管理

仓储成本的管理对于供应链企业物流整体功能的发挥起着非常重要的作用。由于仓储成本在物流总成本中占有相当大的比例，因此，在物流成本的权衡决策中显得尤为重要。

仓储成本主要包括仓储持有成本、订货或生产准备成本、缺货成本和在途库存持有成本四个方面。

1. 仓储持有成本

仓储持有成本是指为保持适当的库存而发生的成本，它可以分为固定成本和变动成本。固定成本与一定限度内的仓储数量无关，如仓储设备折旧、仓储设备的维护费用、仓库职工工资等；变动成本与仓储数量的多少有关，如库存占用资金的利息费用、存货的毁损和变质损失、存货的保险费用、搬运装卸费用、挑选整理费用等。变动成本主要包括以下四项成本：资金占用成本、仓储维护成本、仓储运作成本和仓储风险成本。

（1）资金占用成本，也称为利息费用或机会成本，是仓储成本的隐含费用。为了核算上的方便，一般情况下，资金占用成本是指占用资金支付的银行利息。

（2）仓储维护成本，主要包括与仓库有关的租赁、取暖、照明、设备折旧、保险费用和税金等费用。仓储维护成本随企业采取的仓储方式不同而有不同的变化。如果企业利用自用的仓库，大部分仓储维护成本是固定的；如果企业利用公共的仓库，则有关仓储的所有成本将直接随库存数量的变化而变化。在做仓储决策时，这些成本都要考虑。

（3）仓储运作成本，主要与商品的出入库有关，即通常所说的装卸和搬运成本。

（4）仓储风险成本，反映了一个损失的可能性，即由于企业无法控制的原因，造成的库存商品贬值、损坏、丢失、变质等带来的损失。

随着库存水平的提高，年储存成本将随之增加。也就是说，储存成本是可变动成本，与平均存货数量或存货平均值成正比。

2. 订货或生产准备成本

（1）订货成本。订货成本是指企业为了实现一次订货而进行的各种活动的费用，如办公费，处理订货的差旅费、通信费等支出。订货成本中有一部分与订货次数无关，如常设采购机构的基本开支等，称为订货的固定成本；另一部分与订货的次数有关，如差旅费、通信费等，称为订货的变动成本。更详细地说，订货成本包括与下列活动相关的费用：①检查存货水平。②编制并提出订货申请。③对多个供应商进行调查比较，选择最合适的供货商。④填写并发出订货单。⑤填写、核对收货单。⑥验收发来的货物。⑦筹备资金并进行付款。这些成本很容易被忽视，但在考虑涉及订货、收货的全部活动时，这些成本很重要。

（2）生产准备成本。生产准备成本是指当库存的某些产品不是由外部供应而是由企业自己生产时，企业为生产一批货物而进行生产准备的成本。其中，更换模、夹具需要的工时或添置某些专用设备等属于固定成本，与生产产品的数量有关的费用如材料费、加工费等属于变动成本。

假定每次订货的成本是固定的，每次生产准备的成本也是固定的，因此，每年的总订货成本受到一年中订货次数或生产准备次数的影响，也就是受到每次订货规模或每次生产数量的影响。随着订货次数的减少（即订货规模或生产规模的增加），年总订货成本会下降。

订货成本和仓储持有成本随着订货次数或订货规模的变化而呈反方向变化。起初随着订货批量的增加，订货成本的下降比持有成本的增加要快，即订货成本的边际节约额比持有成本的边际增加额要多，使得总成本下降。当订货批量增加到某一临界点时，订货成本的边际节约额与持有成本的边际增加额相等，这时总成本最小。此后，随着订货批量的不断增加，订货成本的边际节约额比持有成本的边际增加额要小，导致仓储总成本不断增加。由此可见，总成本呈 U 形变化。

3. 缺货成本

缺货成本是指由于库存供应中断而造成的损失，包括原材料供应中断造成的停工损失、产成品库存缺货造成的延迟发货损失和丧失销售机会的损失（还应包括商誉损失）；如果生产企业以紧急采购代用材料来解决仓库材料的中断之急，那么缺货成本表现为紧急额外购入成本（紧急采购成本大于正常采购成本的部分）。当一种产品缺货时，客户就会购买竞争对手的产品，那么就对企业产生直接利润损失；如果失去客户，还可能为企业造成间接或长期成本。在供应物流阶段，原料和半成品或零配件的缺货，意味着机器空闲甚至关闭全部生产设备。

为了确定需要保持多少库存，有必要确定如果发生缺货造成的期望损失。首先，分析发生缺货可能产生的后果，包括延期交货、失销和失去客户。其次，核算与可能结果相关的成本，即利润损失。然后，计算一次缺货的损失。

如果增加库存的成本少于一次缺货的损失，那么就应增加库存以避免缺货。如果发生内部短缺，则可能导致生产损失（人员和机器设备的闲置）和完工期的延误。如果由于某项物品短缺而引起整个生产线停工，这时的缺货成本可能非常高。尤其对于实施准时制生产的企业来说更是这样。为了对保险库存量做出最好的决策，制造企业应该对由于原材料或零部件缺货造成停产的成本有全面的理解。首先确定每小时或每天的生产率，然后计算停产造成的产量减少，最后得出利润的损失量。

4. 在途库存持有成本

在途库存持有成本不像前面讨论的三项成本那么明显，然而在某些情况下，企业必须考虑这项成本。如果企业以目的地交货价销售商品，就意味着企业要负责将商品运达客户，当客户收到订货商品时，商品的所有权才转移。从理财的角度来看，商品在交给客户之前，仍是销售方的库存。因为这种在途商品在交给客户之前仍然属于企业所有，运货所需的时间是储存成本的一部分。然而快递交货意味着更高的运输成本，因此，企业应该对运输成本与在途存货持有成本进行权衡选择。

在核算问题上，与仓储持有成本略有不同，在途库存持有成本包括这部分库存的资金占用成本、保险费用和仓储风险成本等。

（二）供应链运输成本管理

运输成本是影响物流总成本的重要因素，是衡量供应链整体经济效益的一项重要指标，也是组织合理运输的主要目的之一。运输成本的高低，不仅关系到物流企业或运输部门的经济核算，而且也影响商品销售成本，最终影响客户的购买成本。为此，在组织合理运输工作中，积极节约运输成本是供应链成本管理的一项重要任务。

运输成本是指供应链企业在经营过程中因运输活动所发生的成本费用，即为两个地理位置间的运输所支付价款以及与行政管理和维持运输中的存货有关的费用。从物流系统的观点来看，成本和速度对运输活动来讲是十分重要的。运输速度是指完成特定的运输所需的时间。运输速度和成本的关系主要表现在以下两个方面：首先，能够提供更快捷服务的运输商要收取更高的运费；其次，运输速度越快，运输中的存货越少，无法利用的运输间隔时间就越短。快速运输能提高物流的反应能力，提高客户的服务水平，但会增加成本。因此，寻求运输服务的速度和成本之间的平衡是供应链运输成本管理的重点。运输成本的大小与运输方式、运输工具和运输路线密切相关，供应链物流成本管理的目标是高效率、低成本地组织物流活动，最大限度地保证物流活动的实现。运输管理决策就是从物流成本管理的目标出发，运用系统工程学的理论和方法对运输方式、运输工具和运输路线进行综合分析，并考虑环境因素的影响，如计划、运力、供需矛盾等，选择合理的运输调配方案。通过减少运输环节、合理选择运输方式和运输工具、提高车辆的装卸效率、利用现代技术手段和借助线性规划中的运输问题的数理方法，来控制供应链物流运输成本。

1. 减少运输环节

运输活动是物流的一个主要环节，围绕运输活动，还要进行装卸、搬运、包装等工作，多一道环节就会多花费很多劳动，也会多消耗许多成本。因此，在组织运输时，对有条件直运的，应尽可能采用直运、直拨运输，使物资不进入中转仓库，越过一些不必要的环节，由产地直接运到销地或客户手中，减少二次运输。同时，更要消除相向运输、迂回运输等不合理现象，以减少运输里程，节约运输费用。

2. 合理选择运输工具和运输方式

在当前多种运输工具并存的情况下，为了控制运输成本，必须根据不同货物的特点以及客户对物流时效的要求，选择合适的运输工具和适当的运输方式。常用的运输方式有铁路运输、公路运输、航空运输、水上运输和管道运输，不同的运输方式，其适用性和运输成本差别较大，如表 13-9 所示。

表 13-9 各种运输方式的经济性分析

运输方式	运输成本的经济性	运输适用性
铁路	运量大、运输成本低、期初投资大、连续性强	适用距离长、大宗、运送时间相对较长的货物
公路	运输组织灵活、适应性强、投资规模小、时效好、运输成本较高	适用距离短、小宗货运、可实现门对门服务
航空	速度快、运输成本高、风险大、基础设施投资大	适用距离长、小宗、时间要求紧的高附加值货物
水运	运量大、运输成本低、能耗低、系统投资大	适用距离长、大宗、运送时间长的货物
管道	传输量大、污染小、运输成本低、初期投资大	适用于液体或气体运输

同时，可以将上述的运输方式综合使用，实现综合一贯制运输。可将火车、汽车、船舶和飞机等两种以上的运输工具组合起来，实现有效运输。

3. 提高车辆的装卸效率

提高车辆的装卸效率是组织合理运输、降低运输成本的重要内容。在单位运输费用一定的情况下，通过改变装载方式，提高装载水平，充分利用运输车辆的容积和额定载重量，可以降低单位运输成本，最终减少总运输成本。主要做法包括：①轻重配装。将重量大、体积小的货物与重量小、体积大的货物组装，充分利用运输工具的装载空间和额定载重量，提高运输工具的使用效率。②解体运输。将体积大、笨重、不易装卸、易损坏的货物，如自行车、科学仪器、机械等，可将其拆卸装车，分别包装，以减小占用空间，方便搬运。③多样堆码。根据运输工具的货位情况、所载货物的形状，采取各种有效的堆码方法，如多层装载、紧密装载等，以提高运输效率。④拼装整车运输。

第四节 供应链成本管理方法

一、供应链的目标成本管理

供应链的目标成本管理应该是面向产品供应链的整个生命周期成本，包括由制造商和分销商承担的成本（研究开发成本、制造成本、物流成本和营销成本）和使用者承担的使用成本。在供应链中，产品的生命周期可能跨越链上的多个企业，在多个企业内部和之间应用作业成本和目标成本，有助于降低产品的生命周期的供应链成本。供应链目标成本方法可以概括为如图 13-11 所示的三个过程。

1. 市场驱动成本

所有产品应满足客户需求，以驱动产品开发。为了避免产品成本高于客户愿意支付的款项，需要推断成本目标。市场驱动的成本设置了产品的最高售价，减去目标利润，得到产品的允许成本。

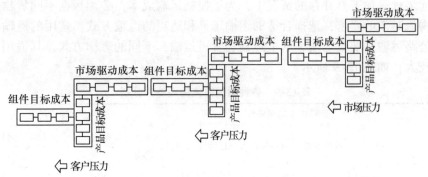

图 13-11 供应链目标成本管理过程

2. 产品目标成本

在产品目标成本中，允许成本与当前可行的设计和生产技术条件下产生的当前成本进行比较。通常当前成本超过允许成本，必须进行成本降低。

3. 组件目标成本

对产品的每一组件，分析其对客户的重要性并对相应的成本进行比较，做到功能价格质量平衡，成本最低。组件目标成本的构成是与供应商签订合同的基础，因此，它沿着供应链向上游推动成本压力，如图 13-11 所示。

在图 13-11 所示的供应链目标成本管理过程中，最靠近客户的企业将客户的需求传递到上游企业，市场压力就通过市场目标价格的形式传递为上游企业的客户压力，单个企业组件层次上的目标成本成为上游供应商所面临的市场目标成本，这种压力一直传递到原材料供应商，最终客户需求得以确认并反馈到供应链，作为市场目标价格基础的市场压力沿供应链向上传递客户的压力。

二、供应链的作业成本管理

作业成本管理是一种战略成本管理模式，它是在满足客户需要的前提下，通过优化企业整体价值链，而达到增强企业竞争优势的一种成本管理方法。运用作业成本管理方法进行供应链成本管理，要求供应链中的各成员企业以系统理论和信息技术为基础，运用作业成本管理的思想，对供应链的流程进行重新设计和重点控制。一方面将成本管理的重心深入到供应链作业层次，尽可能消除"非增值作业"，改进"增值作业"，优化"作业链"和"价值链"，从成本优化的角度改造作业和重组作业流程；另一方面对供应链中的各项作业进行成本-效益分析，确定关键作业点，从而有针对性地重点控制供应链成本。

（一）构建供应链作业目标成本控制体系

前已叙及，客户满意是供应链成本管理的前提，作业是供应链成本管理的基本单位，因此，在对供应链进行作业成本管理的基础上，实现对供应链成本的全面管理应构建供应链作业目标成本控制体系。以最终客户的期望成本为供应链成本管理的目标成本，采用"逆向递推法"将所确定的目标成本分解至供应链上的核心企业和上下游各成员企业,形成成员企业的子目标成本,然后在各成员企业内部,再度将子目标成本分解至各作业单元,以各作业单元为责任中心进行成本控制。建立的供应链作业目标成本控制体系如图13-12所示。

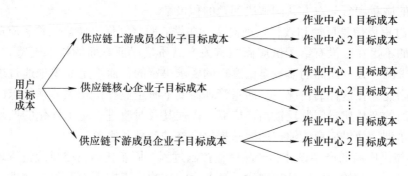

图13-12 供应链作业目标成本控制体系

(二) 构建供应链成本的考核与激励体系

供应链作业目标成本控制体系建立以后,还应该建立相应的供应链成本业绩计量体系,这样才能在供应链管理中有效地实施成本控制。根据供应链成本管理的特点,供应链目标成本控制体系的考核指标应该包括以下两部分内容:

1. 客户满意度指标

客户的满意度指标主要包括:质量、价格和及时性。其中,质量指标包括合格率、退货率和投诉率;价格指标主要包括客户期望价格与产品或服务的实际价格的比率,或产品的功能成本比率;及时性指标主要包括准时交货率和供应比率。

对于上述计量指标的考核,都应该坚持实际指标与目标指标的对比与分析,以反映各项指标的完成情况;本年实际指标与上年实际指标的对比与分析,以反映作业的持续改进状态;本年实际与行业标杆指标的对比与分析,以反映作业持续改进的目标。

2. 作业成本指标

作业成本指标主要包括以下几项:

(1) 作业目标成本的完成情况,以作业的目标成本与作业的实际成本进行比较。

(2) 作业成本的改进情况,以本期作业的实际成本与上期的作业实际成本对比,分析作业成本的改进状况。

(3) 作业成本与标杆的差距情况,以本期实际的作业成本与相应的标杆作业成本的比较与分析。

(4) 作业的改进情况,主要描述各项作业为实现目标成本,采取了哪些作业成本管理方法,对作业的流程进行了哪些改进,以保证各项作业目标成本完成的可持续性和作业成本管理的有效性。

三、供应商管理

在供应链管理的环境下,供应商管理越来越成为企业管理者重点关注的环节。美国加利福尼亚州立大学的研究生做了一次对汽车、电子、机械等企业的经营者准时化采购的效果问卷调查,调查结果显示:准时采购成功的关键是与供应商的关系,而最困难的问题也是缺乏供应商的合作。如何选择合适的供应商，以及供应商选择的合适与否，是影响准时化采购的重要条件。在供应链管理模式下，供应商管理应从以下五个方面进行：

（1）和供应商建立一种长期的、互惠互利的合作关系。这种合作关系保证了供需双方能够有合作的诚意和参与双方共同解决问题的积极性。

（2）通过提供信息反馈和教育培训支持，在供应商之间促进质量改善和质量保证。传统采购管理的不足在于没有给予供应商在有关产品质量保证方面的技术支持和信息反馈。在客户化需求的今天，产品的质量是由客户的要求决定的，而不是简单地通过事后把关所能解决的。因此，在这样的情况下，质量管理需要下游企业提供相关质量要求的同时，应及时把供应商的产品质量问题反馈给供应商，以便其及时改进。对个性化的产品质量要提供有关技术培训，使供应商能够按照要求提供合格的产品和服务。

（3）参与供应商的产品设计和产品质量控制过程。同步化运营是供应链管理的一个重要思想。通过同步化的供应链计划使供应链各企业在响应需求方面取得一致性的行动，增加供应链的敏捷性。实现同步化运营的措施是并行工程。制造商企业应该参与供应商的产品设计和质量控制过程，共同制定有关产品质量标准等，使需求信息能很好地在供应商的业务活动中体现出来。

（4）协调供应商计划。一个供应商有可能同时参与多条供应链的业务活动，在资源有限的情况下，必然会造成多方需求争夺供应商资源的局面。在这种情况下，下游企业的采购部门应主动参与供应商的协调计划。在资源共享的前提下，保证供应商不至于因为资源分配不公而出现供应商抬价的现象，保证供应链的正常供应关系，维护企业的利益。

（5）建立一种新的、有不同层次的供应商网络，并通过逐步减少供应商的数量，致力于与供应商建立合作伙伴关系。在供应商的数量方面，一般而言，供应商越少越有利于双方的合作。但是，企业的产品对零部件或原材料的需求是多样的，因此不同的企业供应商的数目不同，企业应该根据自己的情况选择适当数量的供应商，建立供应商网络，并逐步减少供应商的数量，致力于和少数供应商建立战略伙伴关系。

四、注重信息技术在供应链管理中的运用

信息技术在供应链管理中的应用可以从两个方面理解，一是IT功能对供应链管理的作用，二是IT技术本身所发挥的作用。IT特别是最新IT技术（如多媒体、图像处理和专家系统）在供应链中的应用，可以大大减少供应链运行中的不增值行为。

EDI是供应链管理的主要信息手段之一，特别是在国际贸易中有大量文件传输的条件下，它是计算机与计算机之间的相关业务数据的交换工具，它有一致的标准以使交换成为可能，典型的数据交换是传向供应商的订单。EDI的应用较为复杂，其费用也很昂贵，不过最新开发的软件包、远程通信技术使EDI更为通用。利用EDI能清除职能部门之间的障碍，使信息在不同职能部门之间通畅、可靠地流通，能有效减少低效工作和非增值业务。同时可以通过EDI快速地获得信息，更好地进行通信联系、交流和更好地为客户提供服务。

企业的内部联系与企业外部联系是同样重要的。比如，在企业内建立企业内部网络并设立电子邮件系统，使得职工能便捷地相互收发信息。国际互联网的应用可以方便地从其他地方获得有用数据，这些信息使企业在全球竞争中获得成功，使企业能在准确可靠的信

息帮助下作出准确决策。信息流的提前期也可以通过电子邮件系统和传真的应用得到缩短。信息时代的发展需要企业在各业务领域中适当运用相关的 IT 技术。

战略规划受到内部（生产能力、技能、职工合作、管理方式）和外部的信息因素的影响。而且供应链管理强调战略伙伴关系的管理，这意味着要处理大量的数据和信息才能作出正确的决策去实现企业目标。如电话会议、多媒体、网络通信、数据库、专家系统等，可用于收集和处理数据。决策的准确度取决于收集的内、外部数据的精确度和信息交换的难易度。

产品设计和工程、流程计划可被当做一个业务流程，产品本身需要工程、流程计划的设计，这些阶段可以用 CAD/CAE 和 CAPP 集成在产品开发中，考虑缩短设计提前期和在产品周期每个阶段的生产中减少非增值业务。

市场营销和销售是信息处理量较大的两个职能部门。市场研究在一定程度上是 IT 革新的主要受益者。市场营销和销售作为一个流程需要集成市场研究、预测和反馈等方面的信息，EDI 在采购订单、付款、预测等事务处理中的应用，可以提高客户和销售部门之间数据交换工作效率，保证为客户提供高质量的产品和服务。

会计业务包括产品成本、买卖决策、资本投资决策、财务和产品组合决策等。计算机信息系统包括在线成本信息系统和数据库，主要采用在线共享数据库技术和计算机信息系统完成信息的收集和处理。技术分析专家系统（Expert System for Technology Analysis, ESTA）、财务专家系统能提高企业的整体投资管理能力，而且在 ESTA 中应用人工智能和神经网络技术可以增强某些非结构性问题的专家决策。人工智能的应用可以提高质量、柔性、利用率和可靠性，EDI 和 EFT（Electronic Funds Transfer）应用在供应链管理当中可以提高供应链节点企业之间资金流的安全和交换的快速性。

生产过程中的信息量大而且繁杂，如果处理不及时或处理不当，就有可能出现生产的混乱、停滞等现象，ERP、JIT、CIMS、MIS 等技术的应用就可以解决企业生产中出现的多种复杂问题，提高企业生产和整个供应链的柔性，保证生产及供应链的正常运行。

客户服务技术可以应用于企业之间的信息共享，以改善企业的服务水平，同时各种网络新技术的应用也可以改善企业之间的信息交互使用情况。信息自动化系统提高了分销、后勤、运输等工作的效率，减少了纸面作业，从而可降低成本和提高用户服务水平。

五、创建供应链成本文化

成本意识的培养依赖于一个组织的整体氛围。单个企业的管理模式正向扩展企业的管理模式——供应链管理的转变已成为不可逆转的潮流。与此相适应，企业文化的建设也应扩展至整个供应链范围。成本文化作为企业文化的一个重要方面，要想真正在供应链范围内发挥作用，就必须在供应链范围内进行构建。供应链成本文化是指在一个供应链网络中的所有成员企业和所有员工都具有强烈的成本意识，形成相同或相近的成本文化，不仅每个成员企业要自觉维护供应链成本，还应尽可能地督促同一供应链中的其他企业控制供应链成本。不仅如此，由于成本管理的目标是通过革新来降低成本、提高质量和节约时间，强调成本的持续降低而避免短期行为。因此，创建供应链成本文化，不仅是供应链成本管理的基础，也是提升供应链竞争力的保证。

第十四章

环境成本管理

本章学习目标

- 理解环境成本的概念及其内容；
- 了解环境成本的计量方法；
- 理解环境成本报告的内容；
- 了解环境成本的分配方法；
- 理解企业环境成本的目标及其管理方法。

第一节 环境成本概述

 一、环境问题及其经济本质

从与人类的关系上说，所谓环境，是指"影响人类生存和发展的各种天然和经过人工改造的自然因素的总体，包括大气、水、海洋、土地、矿藏、森林、草原、野生生物、自然遗迹、人文遗迹、自然保护区、风景名胜区、城市和乡村等"。如果就环境的影响而言，它可分为地球环境（物理性因素、化学性因素）、生态环境（又叫生物环境，即生物循环因素）与人为环境（人对自然的利用和改造而产生变化因素）。它是人类进行生产和生活活动的场所，它构成人类生存和发展的物质基础。

环境问题是指由自然力和人力引起生态平衡破坏，最后直接或间接影响人类的生存和发展的一切客观存在的问题。由于自然力引起的环境问题称为原生环境问题，例如，地震、洪涝、干旱、滑坡等，目前人类对其的抵御能力还较为薄弱。由于人类活动引起的环境问题称为次生环境问题，主要包括环境污染和生态环境破坏。人们所说的环境问题主要是指第二类的环境问题。这类环境问题随着人类改造自然活动的发展而产生。不同的社会阶段有不同的环境问题。例如人类社会发展初期，人口数量有限，生产力水平低，人类对环境的作用微弱，人为的环境问题尚未出现。进入现代工业社会以后，由于发达国家不惜一切代价地追求经济的增长，走先污染后治理的道路，从而给人类带来了严重的生态灾难。酸雨、温室效应、臭氧层遭破坏等全球性的问题给整个人类敲响了警钟。

从经济学的角度来说，环境问题根源于外部性，具体来说是外部不经济。环境资源是一种共有资源，具有非竞争性和非排他性。在完全自由放任的状态下，将产生外部性——并不直接反映在市场中的生产和消费的效应。外部性可以是有益的（外部经济），也可以是不利的（外部不经济）。例如，在河的下游，渔民们靠在河中捕鱼为生，当一家钢厂向河中倾倒废物时，负的外部性就产生了。对环境问题而言，外部不经济性的表现非常明显。当每个经济主体都可以从资源的利用开发中获得正效益，而由此产生的负效益则由其他主体及后来者承担。若众多经济主体共同进行资源的无偿开发，对污染的结果不承担任何责任，必然导致资源的枯竭，造成严重的环境问题。

随着环境问题的日趋严重，环境成本在企业的成本费用中所占的比例越来越大，企业的生产经营决策不能再忽视环境成本因素了。现在，在许多国家，环境监管都已大大加强，对违反环境的行为通过法律加大处罚，甚至实施严厉的刑罚。而且，经过多年的实践经验总结，监管者和企业都开始意识到防止环境污染的成本会比治理污染的成本更小，企业也发现实现企业目标和处理环境问题并不是互相排斥的。首先，提高生态和经济业绩可以而且也应该是互补的；其次，提高环境业绩不应该再被看做是一种慈善和公益活动，而应该被视为企业取得竞争力的活动；最后，生态效益是可持续发展的补充和支持。

二、环境成本的概念及其分类

联合国国际会计和报告标准政府间专家工作组（International Standard for Accounting and Report，ISAR）第十五次会议文件《环境会计和财务报告的立场公告》认为：环境成本是指本着对环境负责的原则，为管理企业活动对环境造成的影响而采取或被要求采取的措施的成本，以及企业因执行环境目标和要求所付出的其他成本。例如，避免和处置废物，保持并提高空气质量，清除泄漏油料，去除建筑物中的石棉，开发更有利于环境的产品，开展环境审计和检查等方面的成本。

广义地讲，经济主体的一切经济活动都不能脱离自然环境而进行，所有对自然资源的耗用，其价值就是环境成本。这些成本包括在目前的经济、法律和市场条件下对环境造成影响的部分，也包括那些可能对未来的环境造成影响的部分。由于环境成本与环境恶化的出现、检测、补救和预防相关，环境成本也可以指环境质量成本，即由于恶劣的环境质量的存在而引起的成本。

（一）按照环境质量成本组成内容分类

根据上述定义，环境成本可以分为四类：环境保护成本、环境检测成本、环境内部失败成本和环境外部失败成本，而外部失败成本又可以细分为已支付的外部失败成本和未支付的外部失败成本两类。

1. 环境保护成本

环境保护成本（Environmental Prevention Cost）是指为了防止污染物的产生和对环境有破坏性的废弃物的产生而执行的作业所带来的成本。导致环境保护成本的作业通常被称为是"P2"作业。环境保护作业包括：为了控制污染而评价和挑选供应商以及评价和挑选设备；为了降低或消除污染而设计流程和产品，培训员工，研究环境影响，审查环境风险，开展环境研究，建立环境管理系统，回收利用产品和获得 ISO 14001 认证。

2. 环境检测成本

环境检测成本（Environmental Detection Cost）是指由于检测企业的产品、流程或其他作业是否符合恰当的环境标准而发生的成本。一个企业要遵守的环境标准包括三方面：①政府的监管法规；②由国际标准协会制定的非强制性标准（ISO 14000）；③由管理层制定的环境政策。环境检测作业包括：审查环境作业，检查产品和流程（是否遵守了有关环境法规），制定环境业绩指标，开展污染测试，检查供应商的环境业绩和计量污染的程度。

3. 环境内部失败成本

环境内部失败成本（Environmental Internal Failure Cost）是指由于污染和废弃物已经生产出来但是还没有排放到环境中去的成本。因此，内部失败成本是为了消除和治理已经产生的污染和废弃物而产生的。内部失败作业有以下目标：①确保生产出来的污染和废弃物不会排放到环境中去；②降低排放出来的污染水平，使其符合环境标准的要求。内部失败作业包括操作设备来减少或消除污染，处置和治理有毒物质，维护治理污染的设备，为产生污染的设备申请许可以及回收废料。

4. 环境外部失败成本

环境外部失败成本（Environmental External Failure Cost）是指由于在污染和废弃物已经排放到环境中去后的作业而产生的成本。已支付的外部失败成本（Realized External Failure Cost）是指企业已经支付的由于污染和排放废物而产生的成本。未支付的外部失败成本 [Unrealized External Failure Cost（Societal Cost）]（社会成本）是指由于企业排放污染和废弃物，但是却由外部机构或人员支付的成本。社会成本可以进一步划分为：①由于环境恶化而产生的成本。②与使个人的财产或福利受到负面影响有关的成本。在以上任一情况下，即使是企业排放了这些污染物和废弃物，这些成本都是由其他人支付而不是由企业支付。在四类环境成本中，外部失败环境成本是最有破坏性的。表14-1总结了四种环境成本的类型而且详细地列示了引发每一种类型的成本的作业。在外部失败成本这一种类中，社会成本用"S"来注明。由企业负责支付的成本称为内部成本（Private Costs）。所有没有标"S"标签的成本都是内部成本。

表14-1 按照不同的作业对环境成本分类

环境保护作业	内部失败作业
评价和挑选供应商	操作污染治理设备
评价和挑选环境控制设备	处置和处理有毒废弃物
设计流程	维护治理污染的设备
设计产品	为产生污染的设备请求许可批准，回收废料
开展环境研究	
审查环境管理系统	外部失败作业
研制环境管理系统	
回收产品	清理被污染的湖
获得 ISO 14001 认证	清理石油泄漏
	清理被污染的土壤
环境检测作业	处理（与环境有关）的人身伤害索赔
	将土地恢复原来的自然状态
审查环境作业	由于恶劣的环境声誉而损失的销售
检查产品和流程	无效率地使用原材料和能源
建立环境业绩指标	由于空气污染而接受医疗护理（S）
检测污染	由于污染而失业（S）
检查供应商的环境业绩	一个湖不能再用于娱乐用途（S）
测量污染程度	由于处理固体废弃物而破坏生态系统（S）

注："S"为社会成本。

(二) 按照环境成本的负担者与成本的产生者之间的关系分类

环境成本按成本的负担者与成本的产生者之间的关系,可以分为外部成本(社会成本)和内部成本(私人成本)。

1. 外部成本

外部成本指的是成本的产生与某一主体的环境影响有关,但却由造成成本或获得利益以外的主体承担的成本。外部成本减少了经济的总体效益,但在产生外部成本主体的传统的会计领域中是不反映的。

2. 内部成本

内部成本是指在造成成本的主体里进行会计反映的成本。比如在当前法律体系下应由企业支付的排污费等。内部成本与外部成本之间的界限并不是固定的。随着环境问题压力的增大,一些政府正试图将外部成本内部化,随着污染者付费原则的实施,一些外部成本将转为内部成本。

从企业立场来看,内部环境成本又可以有两种分类方法。一是按环境资源输入企业和企业活动对环境输出的资源流转平衡来进行分类,主要可分为:①事后的环境保全成本,即企业生产完工后对废弃物的处理成本。②事前的环境保全预防成本,即在企业活动中的回避、减少管理环境负荷而追加的成本。③残余物发生的成本,即被投入的物质能构成产品实体或是为了生产产品创造条件而未完全消耗掉的物质,通常以废品、废渣、废水、废气等形式出现。④不含环境成本费用的产品成本,即从构成产品的物质能源消耗费用中扣除环境费用后的有效成本,包括构成产品实体的材料零件和与生产有关的直接人工费用、管理费用等。二是根据环境成本各组成部分在不同阶段对环境负荷降低的功能作用不同,主要可分为:①企业在生产过程中直接降低排放污染物的成本。主要包括生产废弃物的处理,再生利用系统的运营,对环境污染大的材料替代、节能设施的运营等成本。②生产过程中为预防环境污染而发生的成本。包括环保设备的购置、职工环境保护教育费,环境负荷的监测计量,环境管理体系的构筑和认证等成本。③企业对产品采用环保包装或回收,客户使用后与环境污染有关的废品、包装等所发生的成本。④企业有关环保的研究开发成本。如环保产品的设计,对生产工艺、材料采购路线和工厂废弃物回收再利用等进行研究开发的成本。⑤有助于企业周围实施环境保全或提高社会环境保护效益支出的成本。包括企业周边的绿化、对企业所在地区域环境活动的赞助、环境信息披露和环境广告等支出。⑥其他环保支出。主要包括由于企业生产活动造成对土壤污染、自然破坏的修复成本及支付的公害诉讼赔偿金、罚金等。

为使管理决策更好地关注环境成本,美国环保总局和全球环保管理促进会的环境成本倡议书均采用类似的组织框架对环境成本进行了分类:①传统成本,通常包括使用原料、设施、资本物和物料的成本。②可能隐藏成本,是指通常隐藏在制造费用中的成本,例如对废物进行管理、测试、检测和监控的成本。③或有成本,是指某一成本在未来的某一时点可能发生,也可能不发生的成本,比如因意外事故造成的石油泄漏而带来的修复及赔偿费用。④形象与关系成本,其发生旨在影响管理者、客户、员工、社区和执法者的主观判断,例如提供环境报告的成本,为环境活动如清理沙滩垃圾而发生的成本等。

(三) 按照环境成本管理过程分类

从管理过程的角度看,环境成本的管理已从事后处理延伸到事前预防,据此可以将环境成本分为以下两类：

1. 环境控制成本

环境控制成本是指企业为履行环境责任而产生的成本，具体表现为资源维护、环境保护等行为发生的支出。一般来说，该项成本越高，表明企业主动履行环保责任的程度越高。

2. 环境故障成本

环境故障成本是指除环境控制成本以外与环境问题有关的支出。如果企业在履行环保责任的程度上打了折扣，则会发生诸如资源效用降级、环保处罚等支出，这些支出归为环境故障成本。一般来说，如果企业的环境控制成本较高，则企业履行的环保责任程度较高，相应的违规支出也会减少，因此环境故障成本就会较低。

第二节　环境成本的计量

一、环境成本确认

环境成本一般包括四项内容：①环境污染预防成本。它是指企业为了预防与生产经营活动有关的环境污染的产生而发生的成本。例如，以绿色原材料替代原有原材料的成本，采用环境生产工艺替代原有生产工艺的成本，采用绿色包装物替代原有包装物的成本、环保产品和环保技术的开发成本、环保设备设施的折旧费，其他环境污染预防资产的摊销费等，以及与此有关的管理费用支出。②环境污染治理成本。它是指企业为了治理由生产经营活动造成的环境污染而发生的成本。例如，为减少和消除"三废"排放而发生的成本，为消除生产场地的噪声、辐射而发生的成本，为消除生产场地的土壤和地下水污染而发生的成本，污染治理设施设备的折旧费，其他环境资产的摊销费等，以及与污染治理有关的管理费用支出。③废弃物回收再利用成本。它是指企业为了对生产经营过程中产生的废弃物，以及使用后废弃的产品和包装物进行回收再利用而发生的成本。废弃物的回收成本、分拣成本、处理和再利用成本等，以及与此有关的管理费用支出。④环境损失。它是指企业承受的各类与环境保护有关的损失。例如，企业因污染环境而向消费者、所在地区居民或社会其他方面支付的损害赔偿费，向政府有关机构缴纳的环境罚款和环境缴费，与环境污染有关的诉讼费等。环境成本一般包括前三项内容，即环境污染预防成本、环境污染治理成本和废弃物回收再利用成本。这三项成本是企业经常性的生产经营活动引起的，因而与企业的收益存在着一定的相关性。因此，凡是与这三项活动有关的成本都可以确认为环境成本。环境损失中，不论是向他方支付的环境赔偿费，还是向政府机构缴纳的环境罚款和缴费，都与企业的收益没有相关性。但是，目前国内外的环境会计理论都把环境损失包括在环境成本的范围之内，因此，我们也把环境损失作为环境成本的一部分。

二、环境成本计量

目前在理论和实践中对环境成本的计量主要采用完全成本计算法、生命周期成本计算法和环境质量成本计算法。

(一) 完全成本计算法

完全成本会计法是指将与企业的经营、产品或劳务对环境产生的影响有关的内部成本和外部成本综合起来的方法。完全成本计算法可以使不同层次，不同职能部门的管理者了解内部环境成本的成因，获得这些成本与特定产品、服务、过程和投入之间的关系，从而更好地做出包括定价决策、资本投资等在内的决策，制定出更好的环境策略。

(二) 生命周期成本计算法

生命周期成本计算法是指估计和积累产品（或设备）全生命周期成本的方法。传统的成本计算只局限于生产者成本领域，而不涉及使用者成本问题。但我们必须看到，许多耐用品的使用成本与废置时的处置成本的总和往往比这些产品的生产成本要大得多。对于生产者成本的计算，传统的做法只重视产品制造成本的计算，而对这些产品在规划设计与研究开发方面未给予充分重视，这与当代科学的飞速发展背道而驰。因此，生命周期成本计算超出传统的只从产品生产者的角度计算成本，而进一步扩展到从产品使用者的角度计算成本，即从成本的企业观发展到成本的社会观。

(三) 环境质量成本计算法

采用环境质量成本定义和计量环境成本，企业可以据此分析确认环境保护成本、环境检测成本、环境内部失败成本和环境外部失败成本。在总环境质量模型中，以对环境的零破坏作为理想状态。采用环境质量成本计算法，要使企业在向零缺陷推进的时候，其符合性成本（保护和检测）和非符合性成本（内外部成本）都下降。推行环境质量成本计算时，首先要对理想环境下的符合性成本和非符合性成本进行确认和计量，然后为各类成本的各个成本项目设定一个目标。

三、环境成本分配

(一) 环境产品成本的分配

环境成本确定后，一个重要的工作就是进行环境成本的分配。现行的环境产品成本分配方法主要有完全环境成本法和完全内部成本法两种。

完全环境成本法是指将包括内部和外部所有的环境成本都分配到产品中去的环境成本分配方法。在这种方法下，环境成本可以分配到企业内部流程所生产的产品中。

完全内部成本法是指只将内部成本分配到单个产品中去的环境成本分配方法。因此，内部成本法将那些由组织内部流程导致的环境成本分配到产品中。内部成本法也许对许多企业来说是一个很好的起点，因为可以利用企业内部的数据来分配内部成本。而完全环境成本法则要求收集公司外部第三方所提供的数据。

将环境成本分配到产品中，可以揭示某个产品是否比其他产品更应该对有毒的废弃物负责。这个信息可以促使企业提出新的产品设计方案，或者将生产该产品的流程设计得更有效率，对环境更有利。它同时也可以揭示当环境成本恰当地分配后，产品是否还盈利。这就使企业可以判断是否停止生产该产品，以显著地改进其环境业绩和经济效益。

(二) 职能基础的环境成本分配

在传统的会计领域里，环境成本是隐藏于制造费用之中的。在我们刚刚建立的环境成本定义和分类的框架下，必须首先将环境成本分离出来，单独放进一个环境成本库中。一旦环境成本分离出来，进入环境成本库，传统的成本系统就会将这些成本采用某种分配标准，比如直接人工小时和机器工时等将其分配到各个产品中去。这种方法在产品相似时非常有效；不过，在产品种类繁多的企业，采用这种方法会造成成本扭曲。

例如，假设一个公司生产两种类型的产品：A型号产品和B型号产品。每种型号的产品都生产了40 000个，每一个产品花费0.5个机器小时。假设该公司采用机器工时来将环境成本分配到产品中去。在生产产品的时候，会排放出C种物质。为了获得C种物质的排放许可，该公司必须支出400 000元来购买排放许可。该许可每4年必须更新。因此，许可成本每年是100 000元。该许可批准企业在规定限度内排放C种物质。如果C种物质排放超过了允许的标准，公司就会遭到罚款。而每一季度公司都会遭到突击检查。该公司平均每年为C种物质排放超标而支出60 000元。因此，该公司每年在排放物上的支出费用为160 000元（100 000+60 000），每机器小时的环境成本是4.0元（160 000/40 000）。按照这个比率，每件产品的环境成本是2.0元（4.0×0.5）。

由于成本的发生与费用的分配标准之间缺乏直接的因果关系，往往导致成本信息的扭曲。比如，当A型号产品应该为全部或者大部分产品排放C种物质负责时，那么A型号产品的环境成本应该是每件4元，而B型号产品的环境成本是每块0元。在这种情况下，A型号产品的环境成本被低估了，B型号产品的环境成本被高估了。

(三) 作业基础的环境成本分配

作业基础成本法的出现，将环境成本追溯到应为环境成本负责的产品；这是一个健全的环境会计系统的最基本的要求。采用因果关系来分配成本的这种方法正是ABC所采用的。

仍以上述例子为例，C种物质排放是一项环境作业（在这里是外部失败作业）。作业成本是罚金和排放许可费：160 000元。假设现在C种物质排放的数量是作业产出的指标。假设C种物质排放的数量为20 000单位。作业分配率是每单位C种物质排放8.0元（160 000/20 000），如果A型号产品排放了20 000单位，B型号产品排放了0单位的C种物质，这时成本应该如下分配：A型号产品应承担160 000元（8.0 × 20 000），B型号产品承担0元。这种作业成本分配方法使A型号产品承担的环境成为4元（160 000/40 000），B型号产品的环境成本为0元。

在这个例子中，分配的成本全部是内部成本。但是也可能存在社会成本。如果存在社会成本，并且它们的数额可以估计的话，就可以采用一种更完全的成本分配方法。比如，假设排放的C种物质致使受到污染的当地居民每年医疗费用为150 000元。在这种情况下，A型号产品每单位的成本就会近似翻一番。

在上述排放C种物质的例子中，导致环境恶化的只有一项作业。而在现实生活中，对环境产生污染的有许多环境作业。成本将被分配到每一项作业中，而且作业分配率也将会被计算。企业就可以根据这些作业分配率来对作业分配环境成本。表14-2显示了当存在多项作业时，环境成本分配到两种产品上去的过程。这种成本分配使得管理人员可以知道这两种产品有关的环境经济效应。从环境成本反映环境破坏这一角度来说，环境单位成本同时也可以作为产品清洁程度的一个指数或指标。"肮脏"的产品就会成为提高环境业绩和经济效益的重点。比如，表14-2揭示了B产品比A产品带来了更多的环境问题。B产品的环境成本总计400 000元（4.0 × 100 000），是总制造成本的18.6%。另外，B产品的环境失败成本是358 000元，占总环境成本的89.5%。A产品的情况较好一些。它的环境成本共有121 000元，占全部制造成本的13%，环境失败成本占总环境成本的33.9%。很明显B产品存在更大的环境和经济改进的潜力。

表14-2　ABC环境成本计算　　　　　　　　　　　　　　　　　　单位：美元

作　　业	A产品	B产品
评价和挑选供应商	0.40	0.07
设计流程（为了减少污染）	0.30	0.30
检测流程（寻找污染问题）	0.10	0.05
发现和处理氯氟化碳	0.03	1.08
维护环境保护设备	0.00	0.40
有毒废弃物处理	0.30	1.90
原材料滥用	0.08	0.20
每单位环境成本	1.21	4.0
每单位其他（非环境）制造成本	8.09	17.50
总单位成本	9.30	21.50
产量	100 000	100 000

第三节　环境成本报告

　　为揭示环境成本的构成内容，提供每一类环境成本的相关数据及环境成本对公司盈利性的影响，一个组织应该编制环境成本报告。表14-3是纳姆爱德公司20××年12月31日按类别列示的环境成本报告。

　　表14-3是通过将环境成本表述成总营运成本的百分比，从而揭示了环境成本的重要性的报告。在这份报告中，环境成本是总营业成本的30%，看起来占的比例相当大。从实践中看，环境成本只有在数量非常大时才会引起管理人员的注意。尽管环境成本管理报告还处在发展的初期，但是已经有一些与这些方面有关的案例了。环境成本报告同时还提供了与环境成本分配有关的信息。在全部环境成本中，只有20%的成本属于环境检测和环境保护成本。因此环境成本的80%属于环境失败成本——由于低下的环境业绩而导致的成本。

表 14-3 纳姆爱德公司环境成本报告
20××年12月31日

项目	环境成本（美元）	占营运成本的百分比（%）
环境保护成本：		
员工培训	60 000	
产品设计工	180 000	
挑选设备	40 000	2.80
小计	280 000	
环境检测成本：		
检查流程	240 000	
制定指标	80 000	3.20
小计	320 000	
内部失败成本：		
操作污染控制设备	400 000	
维护污染控制设备	200 000	6.00
小计	600 000	
外部失败成本：		
清理湖泊	900 000	
恢复土地自然状态	500 000	
财产损失索赔	400 000	18.00
小计	1 800 000	
合计	3 000 000	30.00

注：总营运成本为 10 000 000 美元。

　　环境成本的付出必然带来一定的环境效益。为清晰反映付出上述环境成本所形成的效益，每一个组织除了报告环境成本之外还应报告环境效益。在既定的期间里，企业获得的环境效益有三种类型：收入、当期节约和成本避免（持续的节约）。收入是指由于实施环境保护措施，比如回收废纸、寻找无害废品的新的应用方式（比如，用木头碎片生产木制国际象棋和木板）而产生的效益，由于提高了环境形象而增加的收入。成本避免指的是对以前年度支付的成本的持续节约。当期节约指的是当年发生的环境成本节约。通过比较在既定期间内发生的环境成本所带来的效益，环境财务报表就产生了。管理人员可以使用这个报表来评价成果（带来的效益）和可能的支出（环境成本）。环境财务报表同时也成为每年向股东提供的环境改进报告的一部分。表 14-4 是纳姆爱德公司 20××年12月31日的环境财务报告。表上显示的成本节约是当期节约与前期环境措施导致的成本避免之和。报告的效益揭示了良好的成果，但是成本仍然接近效益的三倍，这意味着企业的环境成本管理需要再加以改进。

表 14-4　纳姆爱德公司环境财务报告

20××年12月31日　　　　　　　　　　　　　　　　　　　　　　　单位：美元

项　目	金　额	项　目	金　额
环境效益：		环境成本：	
成本节约污染物	300 000	保护成本	280 000
成本节约有害废弃物处理	400 000	检测成本	320 000
回收收入	200 000	内部失败成本	600 000
能源节省成本节约	100 000	外部失败成本	1 800 000
包装物成本节约	150 000	总环境成本	3 000 000
总环境效益	1 150 000		

第四节　环境成本管理

一、环境成本管理的目标

企业环境成本管理的目标是为了优化协调环境成本与环保效果及经济效益之间的联系，以最少的环境成本投入取得最佳的环境保护效果和经济效益。这一目标在企业的环境保护活动中主要体现在以下三个方面：

（1）自然资源和能源利用的最合理化。即以最少的原材料和能源消耗，生产尽可能多的产品，提供尽可能多的服务。

（2）经济效益最大化。即通过不断提高生产效率，降低生产成本，增加产品和服务的附加值，以获取尽可能大的经济效益。

（3）对人类和环境的危害最小。即把生产活动和预期的产品消费活动对环境负面影响减至最小。

从理论上来说，以最小的环境成本投入获取最佳的环境保护效果和环保经济效益应是所有企业追求的目标；但从实务角度来看，各个企业因具体情况不同，其环境成本管理目标的侧重点也有所差异。首先，企业对环境成本的投入源于环境负荷的降低，立足于这种观点的管理目标侧重于降低企业活动对环境和人类健康的负面影响。其次，有些企业则偏重于经济效益的提高而进行环境成本的投入，如为了适应国际贸易中发达国家对进口商品采取"环保贸易壁垒"的要求，增加出口产品的环保功能，采用环保包装等，其主要目的则是出于扩大出口和国际市场占有率的需要。立足于此种观点的企业，其环境成本管理的目标则侧重于经济效益的提高。

二、环境成本管理的意义

进行企业环境成本管理有着十分重要的意义，具体体现在以下两方面：

（一）贯彻环境法规的要求

有关环境保护的国际宣言、ISO 14000 系列的环境管理国际标准及世界各国的法律、法规相继出台，要求企业实施环境成本管理。我国也已颁布了包括《中华人民共和国环境保护法》在内的一系列环保法规，违反了这些法规要受到查处，这就迫使企业按照其要求采取必要的手段，力争使自己的生产经营活动符合法规的要求。由此可见，随着环境保护政策、法规、标准的不断出台和严格执行，企业将逐步向"环境保护导向型"过渡。

（二）适应市场经济的需要

目前，消费者对绿色产品日益青睐，国际贸易出现了"绿色贸易壁垒"，有些国家已禁止无环境（绿色）标志的商品进入市场；我国也于 1992 年正式开始了产品环境标志认证工作，这使对环境有害的产品终将被排斥在市场之外。同时我国的筹资机制也开始注重环境形象，中国人民银行已规定各级银行发放贷款时必须配合环境保护部门把好关，对环境部门未批准的项目一律不予贷款。因此，企业要打破这些"绿色壁垒"势必要实施环境成本的控制管理。

三、环境管理国际标准——ISO 14000

20 世纪 80 年代，欧美一些大公司就已开始自发制定企业的环境政策，委托外部的环境咨询公司来调查他们的环境绩效，并对外公布调查结果（这可以认为是环境审核的前身），以此证明他们优良的环境管理和引为自豪的环境绩效。他们的做法得到了公众对企业的理解，并赢得广泛认可，企业也相应地获得了经济与环境效益。为了推行这种做法，到 1990 年末，欧洲制定了两个有关计划，为企业提供环境管理方法，使其不必为证明信誉而各自采取单独行动。第一个计划为 BS 7750，由英国标准所制定；第二个计划是欧盟的环境管理系统，称为生态管理和审核法案（Eco—Management and Audit Scheme，EMAS），其大部分内容来源于 BS 7750。很多企业试用这些标准后，取得了较好的环境效益和经济效益。在此基础之上，1993 年 1 月，国际标准化组织建立了环境管理技术委员会（TC 207），开始着手制定标准序号为 14000 的系列环境管理标准。目前，该系列标准已经被美国、日本、澳大利亚等发达国家采用。在我国也有不少企业已经获得了 ISO 14001 标准的认证。

ISO 14000 系列标准作为国际标准化组织 ISO/TC207 负责起草的一份国际标准，是一个环境管理的系列标准，包括环境管理体系、环境审核、环境标志、生命周期分析等国际环境管理领域内的许多焦点问题，旨在指导各类组织（企业、公司）取得和表现其正确的环境行为。ISO 为 14000 系列标准共预留了 100 个标准号。该系列标准共分七个系列，其编号为 ISO 14001—14100。

根据 ISO/TC207 的分工，各分技术委员会负责相应的标准制定工作。其标准号的分配如表 14-5 所示。

表 14-5　ISO 14000 系列标准的构成内容

分技术委员会	名　称	标　准　号
SC1	环境管理体系 EMS	14001～14009
SC2	环境审核 EA	14010～14019

(续)

分技术委员会	名　　称	标　准　号
SC3	环境标志 EL	14020～14029
SC4	环境行为评价 EPE	14030～14039
SC5	生命周期评估 LCA	14040～14049
SC6	术语和定义 T&D	14050～14059
WG1	产品标准中的环境指标	14060
	（备用）	14061～14100

从表14-5可以看出，ISO 14000系列标准是个庞大的标准系统，它由六个子系统构成。

SC1分技术委员会制定的ISO 14001～ISO 14009环境管理体系标准，是ISO 14000系列标准中最为重要的部分。它要求组织在其内部建立并保持一个符合标准的环境管理体系。该体系由环境方针、规划、实施与运行、检查和纠正、管理评审等五个基本要素构成，通过有计划地评审和持续改进的循环，保持组织内部环境管理体系的不断完善和提高。实施环境管理体系标准可以帮助组织建立对自身环境行为的约束机制；同时，它也使系列标准中其他标准得以有效实施，先进环保思想与技术得以发挥最大作用的基础，从而促进组织环境管理能力和水平不断提高，最终实现组织与社会的经济目标。

SC2分技术委员会制定的环境审核标准是体系思想的体现。环境审核和环境检测标准（ISO 14010～ISO 14019）着重于"检查"，为组织自身向第三方认证机构提供一套标准化的方法和程序，对组织的环境管理活动进行监测和审计，使得组织可以了解掌握自身环境管理现状，为保障体系有效运转，改进环境管理活动提供客观依据，更是组织向外界展示其环境管理活动对标准符合程度的证明。

SC3分技术委员会制定的环境标志标准，是为了促进组织建立环境管理体系的自觉性。ISO 14000系列标准中包含了环境标志标准（ISO 14020～ISO 14029）。通过环境标志对组织的环境表现加以确认，通过标志图形、说明标签等形式，向市场展示标志产品与非标志产品环境表现的差别，向消费者推荐有利于保护环境的产品，提高消费者的环境意识，形成强大的市场压力和社会压力，以达到影响组织环境决策的目的。

SC4技术委员会制定的环境行为评价标准，在环境管理体系建立和运行过程中，建立起一套对组织的环境行为进行评价的系统管理手段。通过连续的数据对组织环境行为和影响进行评估是ISO 14000系列标准的另一重要组成部分，即环境行为评价标准（ISO 14030～ISO 14039）。这一标准不是污染物排放标准，而是通过组织的"环境行为指数"表达对组织现场环境特性、某项具体排放指标、某个等级的活动、某产品生命周期综合环境影响的评价结果。这套标准不仅可以评价组织在某一时间、地点的环境行为，而且可以对环境行为的长期发展趋势进行评价，指导组织选择更为环保的产品以及预防污染、节约资源和能源的管理方案。

SC5分技术委员会制定的生命周期评定标准是为了从根本上解决环境污染和资源能源浪费问题。ISO 14000要求从产品开发设计、加工制造、流通、使用、报废处理到再生利用的全过程通过产品生命周期评定标准（ISO 14040～ISO 14049），对这个过程中每一个环节的活动进行资源、能源消耗和环境影响评价。这使得对组织环境行为的评价越出了组织的地理边界,包括了组织产品在社会上流通的全过程,从而发展了环境评价的完整性。

SC6 分技术委员会制定的环境管理方面的术语与定义。

▶ 四、环境成本管理方法

从成本发生的时间角度看,通用的成本管理方法不外乎两种,事前管理与事后管理。西方国家的企业对环境成本的管理正在由事后处理法转向事前规划法。

(一)事后处理法

事后处理法就是企业在污染发生后设法予以清除,把发生的支出确认为环境成本的方法。比如企业将生产过程中产生的废水交由废水处理厂处理。该方法发生名目繁多的各项支出,诸如:排污费用、记录成本、储存成本等,均计入环境成本。

(二)事前规划法

事前规划法是指综合考虑整个生产工艺流程,把未来可能的环境支出进行分配并进入产品成本预算系统,提出各项可行的生产方案;然后对各项可能的方案进行价值评估,从未来现金流出的比较中筛选出支出最少的方案来实行,以达到控制环境成本的目的。该方法力求达到环境控制成本和环境故障成本的均衡。绿色生产方案就是事前规划法的深化运用,企业可以以生产过程无污染为目标规划出生产方案,并建立相应的支出收益预算。绿色生产的目的是完全消除环境故障成本,即将整个生产过程中的对外排污达到非常低的绿色标准,从而使企业自觉履行环保责任的程度达到最大。该生产模式不仅免去了未来一切的环境支出,更可以获得绿色生产带来的长期收益。执行绿色生产方案的代价是近期的巨大投资,因而需要事前严密地规划整个生产方案,否则会由于未来收支的不确定性而失败。

事前规划法体现了西方环境成本管理的发展趋势,与传统的事后处理法相比,两者在诸多方面存在明显区别。首先,两者的管理理念不同。采用事后处理法的企业对环境污染的预防意识不足,尽管环境控制成本较低,但对环境故障成本却无法控制,可能导致环境支出额巨大。而事前规划法则对环境污染采取了积极预防的态度,早期自行支出环境控制成本并控制未来的故障成本,取二者之和即环境成本较小者的方案,充分考虑了两种环境成本的内在联系。其次,两者的管理过程不同。事后规划法无需对原有的生产工艺流程做改动,因而对企业的日常生产经营活动影响不大。事前规划法却要对生产工艺流程进行优化设计,这要求企业要有获取环境信息的能力并要求企业内部各部门进行信息合作。最后,两者的管理效果不同。事后处理法作为传统的环境成本管理方式,着眼于对现行生产过程发生的环境支出进行控制,然而在生产工艺流程既定的情况下环境成本降低的空间不大,控制效果也不明显。事前规划法却有所不同,它在一个综合了各方面信息的规划指引下,环境成本被纳入生产工艺流程的设计过程,环境支出的可选性和可控性大大提高,再融入绿色成本战略思想,环境成本管理往往会出现意想不到的效果。

(三)事前规划法举例

F 公司有一项产品为安全牌锁具。该锁具的生产工艺流程如下:首先由工人伐木打磨,打磨时采用液化石油气系统清理金属废屑和冷却伐木器械;其次将金属薄片附上木具模型,结束后在锁具半成品上留下一定量的油脂残余物;为了保证锁具成品的坚固性必须将这些残余物重新脂化并去除。该公司采用一种蒸汽式脂化系统（TCE）作为去除工序。TCE 会产生一种废气，该废气被鉴定为有毒废气，相关法规规定产生该废气的生产过程要受到严格的管制以达到一定的安全标准。为达到安全标准，发生了一系列环境支出。针对这些支出公司管理层对现行的事后处理方法进行了分析。整个 TCE 的购买、清污等年度总费用为 92 000 元，其中包括公司为 TCE 工艺购买的材料支出 64 000 元、排污费用 17 600 元，培训成本 6 400 元以及监督成本 4 000 元。而上述支出预期从本年开始会由于某些原因而增长，比如 TCE 产生的废气的致癌性导致排污费用的增多，本年排污费会达到 22 400 元，在以后各年还会逐渐增长；又如政府针对 TCE 原料购买的税率增长使购买成本逐年增加；最后由于继续使用该工艺流程，公司必须每年追加一定的培训支出，以便员工获得正确处理污染物的技术。公司管理层对未来五年（包括本年）的现金支出编制了年度预算，如表 14-6 所示。如果以 12% 作为年贴现率对事后处理法的税前成本进行贴现，则现值为 872 344 元（现值计算过程略）。针对事后处理法的支出，公司认为可以实施事前规划以减少环境成本。于是，公司成立了一个独立的环境成本管理部门，该部门负责收集其他部门的生产信息并提出可能的管理方案，然后，该部门的管理层对各方案的结果进行规划，以选择最优的方案。

表 14-6 TCE 系统的年度支出预算　　　　　　　　　　　　　　　　单位：元

年数	资本支出	TCE 购买	TCE 排污	培训成本	监督成本	总现金支出	现值
1	8 000	66 400	22 400	6 400	17 600	120 800	120 800
2	4 000	98 400	27 200	8 000	6 400	144 000	128 571
3	28 000	136 000	32 000	9 600	8 000	213 600	170 281
4	40 000	216 000	52 000	16 000	12 000	336 000	239 158
5	40 000	216 000	52 000	16 000	12 000	336 000	213 534

鉴于 TCE 系统的排污支出较大，公司考虑采用一种类似 TCE 工艺流程的碱式工艺流程。碱式工艺流程的特点是仅产生含碱废料而不释放任何废气，替换工艺要求公司每年追加 148 000 元的设备投资，五年共支出 740 000 元。改换工艺后的流程会产生含碱的残余物，但是该残余物可以被一定的回收系统转化成肥料和制皂用碱。该回收系统的投资已经包含在上述的 740 000 元中，回收碱辅料则给企业带来一些现金流入。不仅如此，公司免去了原有的培训和监管费用，更由于改换工艺而提高了生产安全性，使公司的直接人工费每年减少40 000元，该规划的未来五年支出预算如表 14-7 所示。按 12% 的年贴现率计算得出该规划的综合税前成本的现值为 628 634 元。

表 14-7 碱式生产方案支出预算　　　　　　　　　　　　　　　　单位：元

年数	追加投资	新原料购买	回收碱辅料收入	直接人工减少	总支出	现值
1	148 000	48 000	−2 400	−40 000	153 600	153 600
2	148 000	50 400	−2 400	−40 000	156 000	139 286
3	148 000	52 000	−3 200	−40 000	156 800	125 000
4	148 000	52 000	−3 200	−40 000	156 800	111 607
5	148 000	52 000	−4 000	−40 000	156 000	99 141

最后，该公司出于绿色生产方案的考虑，进行了相应的无污染规划。无污染的生产过程受到绿色主义者的支持。为了达到生产过程无污染，公司必须采用非TCE原料，当然也就意味着产品的重新设计。重新设计产品的预计投资为12亿元，该产品已在市场流通了50年，然而有关新产品的研制、检测与投放市场必须在几年以内完成。更重要的是，新产品进入市场要花费相当可观的市场支出，未来的收益对公司来说又是那么不确定，在没有技术性支持的情况下，公司将绿色生产方案摆在了公司的长期经营战略上，一旦有了确信程度较高的详细规划，该方案将被执行。公司规划的结果是选择碱式流程，在5年中较事后处理法节约支出的现值总额为243 710元，比例高达27.94%。

以上是从企业的角度来论述环境成本管理。实际上，我们也已经在第一节中论及到了，环境问题的根源是外部性，因此环境问题更是一个社会问题。而企业环境成本管理是以单个企业的经济活动为研究对象的，其边界一般局限于企业的活动空间范围内。而环境相对于企业来说，具有公共产品的性质，使得企业对环境的利用往往构成经济活动的外部成本，由此客观上加剧了企业以破坏环境为代价的片面追求自身盈利的行为。因此，环境成本问题已不仅仅局限于单个企业的微观领域，环境遭破坏及对生物带来的影响需要从宏观领域整体来分析，也就说需要进行社会环境成本管理。但是囿于篇幅有限，以及社会环境成本问题之复杂，这里就不再对此问题进行论述。

第十五章 人力资源成本的核算与管理

本章学习目标

- 了解企业人力资源成本核算与管理的意义；
- 明确企业人力资源成本的内容；
- 了解企业人力资源成本的计量方法；
- 了解企业人力资源成本的核算程序；
- 了解企业人力资源成本信息的披露形式；
- 了解企业人力资源成本管理的价值评估模型。

第一节 概述

一、人力资源成本核算与管理的意义

（一）人力资源的内涵

关于人力资源的含义，可谓仁者见仁，智者见智。从宏观意义上解释，人力资源是指存在于劳动人口之中的创造社会价值的劳动能力；从微观意义上解释，人力资源是一个组织所雇佣的人员所具有的为组织创造经济价值的能力。人力资源是质和量的统一，作为劳动力的人的多少，是人力资源数量的体现；而反映劳动者体质和智能两方面统一的劳动者素质，则是人力资源质量的反映。劳动者的体质既是产生和发挥人力资源作用的生理基础，也是其智能不断提高的生理基础；劳动者的智能则包括文化科学知识、专门的劳动技能和生产经验，还包括其思想觉悟和道德水平。人力资源的质的规定性是人力资源不同个体或总体之间相互区别的关键。

（二）人力资源成本核算与管理的意义

1. 加强人力资源成本核算与管理是企业管理的需要

人力资源管理是现代企业管理的重要内容。在企业生产的诸要素中，人的因素即人力资源因素始终是最活跃的因素。企业为了实现生产，不仅要具备劳动资料和劳动对象这些物质资源，还必须拥有一定数量和质量的人力资源，必须使两者有机地结合起来。不仅如此，人力资源还是生产诸要素中唯一具有主观能动性的要素，它具有物质资源所不具备的创造性，不只是被动地利用企业的其他物质资源进行生产，还具备宏观经济管理和微观企业管理的知识和技能，能够通过合理布局生产力、优化生产组合、有效利用设备和材料等途径，不断提高企业的经济效益，从而成为企业资源中最为活跃的和起决定作用的要素。因此，一个企业

要提高经济效益,不仅需要重视物质资源的合理组织和有效利用,更需要充分、合理、有效地组织、开发和利用人力资源,并对投资于人力资源上的成本进行核算和管理。

在重视知识、技术、信息的知识经济时代,人力资源的投资开发更加重要,其占企业投资总额的比例日益增长,已经成为任何一个企业在激烈的市场竞争中立于不败之地的根本原因。在此情况下,对人力资源成本、收益进行核算和管理,有助于企业在人力资源管理时进行科学的预测、决策,从而杜绝人才浪费、人才攀比的现象,真正实现企业"以人为本"的思想理念,提高企业的经济效益。

2. 对人力资源成本进行核算与管理是国家宏观调控的需要

随着我国劳动人事制度改革的深入发展,人力资源的质量不断提高,人力资本投资的收益率也持续上升,对经济增长的贡献也越来越大。全社会已充分意识到人才的重要性,开始重视对人力资源的投资,要求确认、计量和记录人力资源的成本和价值,对人力资源开发的经济效益加以分析的呼声也越来越高。国家急需各行业人力资源开发和利用情况的信息,以便进行人力资源配置的宏观调控,从而建立适合于市场经济发展的人力资源优化配置格局。对人力资源成本进行核算与管理,可以直接提供人力资源开发和利用情况的信息,有助于国家实施宏观调控,实现人才兴国战略。

3. 对人力资源成本进行核算与管理是完善会计信息披露的需要

对人力资源成本进行核算是会计报表使用者对完善会计信息披露的要求。不仅企业内部十分重视人力资源的信息,企业外部投资者及其他信息使用者也都十分关心企业的人力资源状况。在传统会计中,对人力资源成本的处理存在两方面的缺陷:其一是把人力资源成本费用化,一次性地从收入中扣减,这种处理方法虽然实现了足够的补偿,但却违背了配比原则。因为人力资源成本的发生,并不仅仅是为了取得当期收益,更重要的是为了取得长期收益。按照配比原则,就应当在成本支出时确认为人力资产,并在受益期内根据耗用情况和提供收益的比例,逐期进行摊销,并逐步得到补偿。其二是人力资源成本的信息没有在财务报告中揭示,低估了企业总资产的价值。对人力资源成本进行核算,可以及时地揭示与披露企业人力资源的现状,以及利用和变动情况,既为企业管理层进行人力资源投资决策和有效管理提供依据,又为企业的外部信息使用者预计、比较、评估企业的资源状况和获利能力,进而做出正确的决策提供资料。

二、人力资源成本核算与管理的理论——人力资源成本会计的产生与发展

(一)人力资源成本会计产生的理论基础——人力资本理论

人力资本理论是 20 世纪 50 年代末期由美国经济学家舒尔茨倡导建立的一门新兴学科。该理论的建立为人力资源成本会计的产生与发展奠定了理论基础。早期的西方古典经济学家把各国经济发展中的人力资源假定成同质的、无差别的和无限丰富的,从而把注意力放在物质资本的积累上,认为物质资本决定经济的发展。新古典经济学理论同样忽略了个人行为的经济作用。第二次世界大战后,各国经济的增长速度快于物质资本存量增长的速度,而且在物质资本遭到严重破坏的德国和日本两国,在战后迅速得到复兴,这些现象成为传统理论无法回答的一个"谜"。在这一背景下,美国的经济学家舒尔茨提出了人力资本理论,解开了这个"谜"。舒尔茨否定了物质资本是经济增长的决定因素的观点,指

出国民收入增长的速度之所以比资源、劳动力、资本存量增长速度快,不仅是因为物质资本质量的改进,更重要的是人力资本的增加起到了关键作用。继舒尔茨之后,英国经济学家哈比森也指出,"人力资源是国民财富的最终基础"。后来,美国经济学家丹尼森在对经济增长的经验研究中进一步验证了舒尔茨等人的论点。在他著名的经济增长因素理论研究中,根据美国 1929~1969 年资料测算出,教育、医疗卫生及知识进展等因素对经济增长和贡献累计占余值增长率(扣除物质资本对经济增长的贡献之后的剩余增长率)的 60%,其中教育与知识进展两项就占 41.15%,足见人力资本对发达国家经济增长的重要贡献。随着近年来发展经济学研究的进展,人力资本理论又得到新的验证。

根据人力资本理论,人力资本和物质资本一样是重要的生产要素;不仅如此,人力资本还是经济发展中最主要的因素,提高人力资源的质量是经济发展的关键所在。在研究人力资本的特性时,该理论指出,人力资本是靠对人的投资形成的资本,它是体现在劳动者身上的、以劳动者的数量和质量表示的资本。凡是能形成这种人力资本的投入,甚至包括所有的时间,都是人力资本投资。从而人力资本的投资成本主要有以下三种形式:①教育和培训的费用。②卫生保健的费用。③人力资源流动的费用。以上观点的形成,直接导致了人力资源成本会计的产生。

(二)人力资源成本会计产生的经济背景

人力资源成本会计是在 20 世纪 60 年代开始出现的一个会计分支。第二次世界大战以后,资本主义的经济发展出现了三大特点。一是掠夺与垄断加剧。以美国为首的主要战胜国在经济上通过各种手段和渠道向国外拓展,不仅使得本国的经济得以空前超速增长,而且由于国家间资本的相互渗透,带动了全球经济的发展。经济的飞速增长和跨国公司的不断涌现,使得社会对劳动力即人力资源的需求急剧膨胀。二是科学技术的应用推动了生产力的迅速发展。随着战争的结束,战时为适应战争需要而开发的一些高科技在战后大量转为民用,因而对人力资源的素质提出了更高的要求。三是经济环境动荡不定,相互竞争更加激烈。许多实力雄厚的企业,由于用人不当,决策失误,在竞争中惨遭失败;一些濒临倒闭的企业,由于更换管理者,大力引进人才而起死回生。所有这些,促使人们逐渐认识到"人是一切财富的源泉"。于是,越来越多的国家和经济组织开始注重人力资源投资,对人力资源信息的需求也日益增加。然而,作为提供经济信息的主要载体——传统会计,所能提供的有关人力资源方面的信息却极为有限,远远不能满足经济决策的信息需要。正是在这种背景下,人们开始了对人力资源会计的探讨。

(三)人力资源成本会计产生的过程

人力资源成本会计起源于美国。20 世纪 50 年代,美国著名经济学家 W. 舒尔茨提出了人力资本投资理论,指出人力资本是经济增长的重要因素,引起了人们的广泛重视,为人力资源会计方法的产生提供了理论基础。20 世纪 60 年代,美国的巴登和霍曼逊首先提出建立人力资源会计的设想。1962 年,巴登提出,"经过良好组合而又忠贞的人员,是远较库存商品更为重要的一项资产",他建议把人力资源作为企业的一项资产进行登记。1964 年,霍曼逊发表了他的"人力资源会计"博士论文,对人力资源会计计量和报告进行了阐述。1966 年,密西根大学李克特教授领导的"人力资源会计联合开发小组"在巴里公司率先开展了人力资源会计的应用研究,并于 1968 年建立了该公司的人力资源成本会计制度。

美国会计学会对人力资源会计的研究也很重视，专门成立了人力资源会计委员会，并于1973年和1974年在《会计评论》上发表了研究报告，对人力资源会计的发展作出了积极的评价。进入20世纪80年代，世界范围内的竞争异常激烈，企业产品或服务的技术含量进一步提高，工业经济迈向知识经济的步伐加快，企业再次认识到人力资源的重要性。于是，1980年以后，会计界又陆续发表了许多有关人力资源会计方面的论文。与此同时，应用人力资源会计的企业和组织也在增加。一些大型企业和金融机构如美国电话电报公司、通用电气公司、加拿大林菲尔德航空工业公司和美国梅特罗商业银行以及美国海军研究所等都采用了人力资源会计，这标志着人力资源会计进入了广泛应用和发展的新阶段。

在我国，人力资源会计的研究始于20世纪80年代初期。1980年，上海《文汇报》发表了著名会计学家潘序伦先生的文章，提出我国必须开展人力资源会计的研究，建议既要计量人才成本，又要讲求效益，率先在国内提出了人力资源会计的研究问题。20世纪80年代中后期，我国会计界出现了人力资源会计研究的热潮，一方面介绍国外人力资源会计研究成果，另一方面针对如何建立适合中国国情的人力资源会计问题展开了讨论，取得了一定的成果。20世纪90年代后期，与世界经济环境相适应，我国会计界再度掀起人力资源会计研究的热潮。

第二节　人力资源成本的核算

一、人力资源成本的内容

企业为取得预期的收益或达到特定的目的，就会在人力资源上花费货币性支出或代价。凡是企业发生在人力资源上的支出或代价均构成人力资源成本的内容。具体可以分为以下五个具体的项目：

（一）人力资源的取得成本

人力资源的取得成本是指企业在招聘和录用职工的过程中所发生的成本，包括在招聘和录用职工的过程中所发生的招聘、选择、录用和安置费用。

1. 招聘成本

招聘成本是指为吸引和确定企业所需人力资源而发生的费用，包括招募人员的直接劳务费用、直接业务费用（如差旅费、广告费、宣传材料费、代理费、招聘洽谈会议费等）和间接费用（如行政管理费、临时场地及设备使用费）等。

2. 选择成本

选择成本是指企业为选择合格的职工而发生的费用，包括初选、面试、测试、调查、评价、体检等选拔过程中发生的一切与决定是否录用有关的费用。

3. 录用成本

录用成本是指企业为取得已确定聘任职工的合法使用权而发生的费用，包括录取手续费、调动补偿费、搬迁费等由录用引起的有关费用。

4. 安置成本

安置成本包括企业将被录用的职工安排在确定工作岗位上的各种行政管理费用；录用

部门为安置人员所发生的人工费用；为新职工提供工作所需装备的费用；从事特殊工种按人员配备的专用工具或装备费等。

（二）人力资源的开发成本

人力资源的开发成本是指为提高职工技能而发生的费用，包括岗前教育成本、岗位培训成本、脱产培训成本等。

1. 岗前教育成本

岗前教育成本是指企业对上岗前的新职工在企业文化、员工手册、规章制度、基本知识、基本技能等方面进行教育所发生的费用，包括教育和受教育者的工资、教育管理费、教育设备折旧费等。

2. 岗位培训成本

岗位培训成本是指在岗位技能要求得到满足后，为使职工达到新的要求而对其进行再培训所发生的费用，包括为培训而消耗的材料费、让受训者业余学习的图书资料费、缴纳的学费等。

3. 脱产培训成本

这部分成本主要是指企业根据生产和工作的需要，允许职工离开工作岗位接受短期（一年内）或长期（一年以上）培训而发生的成本。具体内容包括：外部培训机构收取的培训费，内部培训所需聘任教师或专家工资、附加工资，企业专门培训机构的各种管理费用，被培训人员在培训期间的工资及附加工资、差旅费、资料费等。

（三）人力资源的使用和保障成本

人力资源的一个显著特点是在劳动过程中要消耗脑力、体力，为维持或恢复其生命力和劳动能力，就需要通过生活资料的消费来补偿其脑力与体力消耗。这部分由企业支付的相当于劳动力使用权投入而需补偿的费用，构成人力资源的使用和保障成本。它主要包括职工的工资或薪金、奖金、福利费、抚恤金、退职金、退休金等。

（四）人力资源的离职成本

人力资源的离职成本是由于职工离开企业而产生的成本，包括离职补偿成本和空职成本。离职补偿成本是职工离开企业时，企业应补偿给职工的费用，包括一次性付给职工的离职金，必要的离职人员安置费等。空职成本是职工离职后，由于职位空缺而发生的损失，这是一种间接成本。

（五）日常人力资源管理成本

除了上述与人力资源的取得、开发直接有关的人事管理活动外，企业通常还设人力资源管理部门进行日常的人力资源管理，如档案管理、工资管理、考核管理、制度制定、对外联系等。这些费用因与人力资源的取得、开发无直接的联系，因而可以单独划为一项，即日常人力资源管理成本。它包括人力资源专职管理人员的薪金、奖金及其他福利开支、日常办公费、工作用设施的折旧费、对外招待费等。

二、人力资源成本的计量方法

对人力资源成本项目予以确认以后，需要进一步选择一定的计量基础和方法，将人力资源成本数量化,以作为记录的基础。人力资源成本计量的方法主要有历史成本法、重置成本法和机会成本法。

(一) 人力资源成本计量的历史成本法

以历史成本计价原则为基础,对人力资源的取得、开发和使用成本进行计量,反映了企业对人力资源的原始投资。其主要的会计程序和方法是:①将招聘、培训、组织和开发人才等一切人力资源的费用开支均列为对人力资源的投资。②按费用开支的受益期将其列为当期费用,或资本化为人力资产并在受益期内摊销。③当某项专业技能或专业知识作废时,记录作资产损失。④向企业管理人员定期报送人力资源状况及动态表。在历史成本计价方法下,人力资源历史成本计量模型如图 15-1 所示。

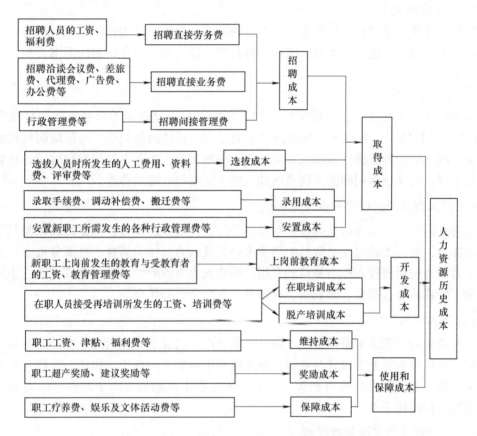

图 15-1 人力资源历史成本计量模型

在历史成本计价方法下,各成本项目以其实际发生的金额入账,从而具有以下优点:①人力资源历史成本的数据是根据原始凭证记录的,具有客观性和可验证性。②是对传统会计进行的合理改革,并未从根本上改变传统会计的程序和原则,易于操作。但是,这种方法也存在如下不足:①人力资产的实际价值可能会与历史成本有较大的出入。②人力资产的增加或摊销,并不与人力资产的实际生产能力的增减相关。

(二) 人力资源成本计量的重置成本法

人力资源重置成本是指在目前条件下重置人力资源所发生的成本。它通常包括为取得和开发一个替代者而发生的成本，也包括由于目前受雇的某一员工的流动而发生的成本。通常认为，与其从重置某个员工的角度考虑问题，不如从取得能在特定职位上提供相同服务的替代者的角度考虑问题。职务重置成本是指重新配备一名能够胜任某一职务的职工现在必须发生的成本。对于组织而言，极为关注的是职务空缺的补充问题。也就是说，一旦有人离职，重置能够胜任该空缺职务的人力资源成本到底有多大。

人力资源职务重置成本包括两个部分，一是现有人员离职所发生的成本，称为遣散成本，包括遣散补偿成本，遣散前业绩差别成本和空职成本；二是取得并开发替代者所发生的成本，即取得和开发成本。其中，取得和开发新的替代者所发生的取得成本和开发成本与前面历史成本法下的取得和开发成本内容是一致的。

综上所述，人力资源重置成本计量模型如图15-2所示。这里需要注意的是，重置成本强调的是一种重置或替换，故这里不包括维持成本；而历史成本计量强调的是一种实际支出原则，故一般应将人力资源维持成本核算在内，保证对人力资源成本核算的全面性和完整性。

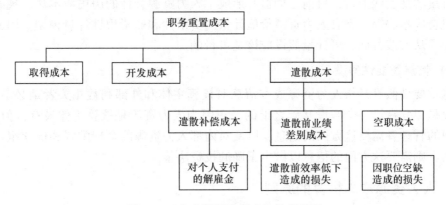

图15-2 人力资源重置成本计量模型

(三) 人力资源成本计量的机会成本法

人力资源成本计量的机会成本法是以企业因职工离职、管理混乱、人员怠工等所蒙受的经济损失作为人力资源的计价依据。企业所蒙受的经济损失，既包括企业在该人力资产方面的投资支出没有得到补偿的部分，又包括该资产可能创造的价值增值（或贬值）。以这种方法计算的人力资源成本不是现实成本，只是一种可能成本。这种方法适用于高科技企业以及企业中高级管理人员和科技人员的人力资源成本计量。使用机会成本法计量出的人力资源成本更接近于人力资源的实际价值，在加强人力资源流失管理方面具有重要意义。

三、人力资源成本核算的基本假设

对人力资源成本进行核算，反映的是人力资产这一企业特殊资产的各种成本，除应接受传统会计的会计主体、持续经营、会计分期和货币计量假设外，它还具有以下独特的假设：

(一) 人力资源是核算主体所拥有的最有价值的资源

这一假设意味着人力资源能够为企业现在或将来提供服务并创造经济价值。它包括两层含义：①人力资源会计核算的是核算主体所拥有的人力资源，若该项人力资源不为核算主体所拥有，则不在核算之列。②只有有价值的人力资源才是人力资源会计核算的对象，而无特殊价值的人力资源则不在核算之列，这里所说的价值是指它能给核算主体带来未来的经济利益。

（二）人力资源为核算主体服务的期限相对稳定

这一假设是指企业的人力资源可在预期的未来期间内存在于会计主体之中并为之服务。这是因为：①职工在聘用合同期限内不能自由流动。②从心理学角度看，人有一种追求稳定的心理。

只有在这一前提下，才能对人力资源的价值进行科学的计量。如果人力资源处在频繁的变动中，就难以对其进行核算和控制，人力资源会计也就没有存在的必要了。

（三）人力资源成本具有可计量性

从理论上讲，一个组织在人力资源的取得、开发、配置和维护过程中发生的成本均可用货币计量。从实践上讲，目前已创造并形成了人力资源会计的历史成本法、现时重置成本法和机会成本法等，又有人力资源价值计量的货币性和非货币性计量模型。因此，无论从理论还是从实践方面，可计量假设应该是可行的。

（四）信息重要性假设

信息重要性假设是指人力资源成本信息对核算主体和外部利益相关者是必不可少的。这一假设是建立在第一个假设基础之上的。正因为人力资源是核算主体最有价值的资源，因而组织的管理者需要这方面的信息，以便对内部人力资源的合理配置和优化组合。外部信息使用者则需要这方面的信息以做出正确的投资决策。

四、人力资源成本核算的原则

（一）权责发生制和配比原则

为了正确对人力资源的成本进行计量，必须对企业所发生的每一笔有关人力资源的耗费按其性质划分为收益性支出和资本性支出，并在各个会计期间进行核算，以如实反映企业的资产、成本费用以及收入和利润。

（二）分期核算原则

人力资源的投资不同于物质资源的投资。物质资源一经投资竣工，其本身就形成完整的生产能力，因而其投资成本就是完全成本，且其投资具有连续性，所以应遵循分期核算的原则。对人力资源成本计量时，不能像物质资源那样一定要取得完全成本以后才能从投资成本或其他项目转入资产账户，而是按每一会计期间发生的人力资源成本在该会计期间终了时予以确认，并记入人力资产账户，形成人力资产价值。

（三）相关性原则

人力资源成本核算的信息应当与经济管理决策紧密相关，满足各方面经济决策的需要，这是人力资源会计核算必须遵守的原则。例如，对人力资源投资成本的信息可以按分公司、事业部等归类汇总，以反映企业内部各部门人力资源的配置情况，同时对重要的职位及任职者可以按具体职位及人员单独反映其投资成本，并与各个层次、各个部门、各个职工创造的经济成果相联系，以反映各个类别人力资源的价值。

人力资源成本核算除需要遵循传统财务会计的如上原则外，人力资源成本计量的各种方法下还有其各自不同的核算原则。其中，人力资源历史成本会计模式是对传统会计内容的扩展，它完全继承了传统会计的会计原则，并尤其强调权责发生制原则；而现时重置成本法人力资源成本核算则抛开了传统会计的成本可靠性原则，以人力资源的现时重置成本作为人力资产。

五、人力资源成本核算时需要设置的账户和账务处理流程

（一）人力资源成本核算时需要设置的账户

人力资源成本核算的目的是向有关各方提供有关人力资源的会计信息。因此，对人力资源的成本进行归集与汇总，需要设置相应的账户并按照一定的程序将其加工成某种形式的会计信息，然后才能以财务报告的形式反映出来。对人力资源成本进行核算需增设以下会计科目：

1. "人力资产"科目

该科目主要用来核算企业对人力资源的取得、开发、使用、保障和离职等引起的人力资产价值的增加、减少及其余额情况。该科目的借方登记企业在其人力资源的取得、开发、使用、保障、离职等活动中发生的投资；该科目的贷方登记人力资源从企业退出或消失时对人力资源价值的冲减，但一般情况下贷方无发生额。

2. "人力资源取得成本"科目

该科目主要用来核算企业取得人力资源所发生的各种费用。该科目的借方登记企业在取得人力资源时，所发生的各种费用；贷方登记转入人力资产科目的人力资源的取得成本；该科目的期末余额在借方，表示尚未转入人力资产科目的人力资源的取得成本。该科目可下设招聘成本、选择成本、录用成本和安置成本四个明细科目。

3. "人力资源开发成本"

该科目主要用来核算企业对人力资源开发方面的投资支出情况。该科目的借方发生额反映企业在开发人力资源时，对人力资源投资的增加额；贷方发生额反映转入"人力资产"科目的人力资源开发成本；期末余额反映尚未转入"人力资产"科目的人力资源开发成本。

4. "人力资源使用成本"科目

该科目主要用来核算各会计期间企业对人力资源的使用方面的投资支出情况。该科目的借方发生额，反映每月企业使用人力资源时对人力资源投资的增加额；贷方发生额反映每月转入"人力资产"科目的人力资源使用成本；该科目期末无余额。

5. "人力资源离职成本"科目

该科目主要用来核算企业对人力资源在离职方面投资支出总额的增减及其余额。该科目借方发生额反映企业人力资源在离职时所发生的人力资源的增加额；贷方发生额反映转入"人力资产"科目的人力资源离职成本；期末余额反映还未转入"人力资产"科目的人力资源离职成本。该科目设离职补偿成本、离职管理活动成本、离职成本三个明细专栏。各专栏分别归集费用，考核企业对人力资源的管理情况。

6. "人力资源保障成本"科目

该科目主要用来核算各会计期间企业对人力资源保障方面的投资支出情况。该科目的

借方发生额反映每月企业对人力资源保障支出的增加额；贷方发生额反映每月转入"人力资产"科目的人力资源保障成本；该科目期末无余额。在该科目下可设劳动事故保障成本、退休养老成本、健康保障成本和失业保障成本四个明细科目。

7. "人力资产费用"科目

该科目主要用来核算各种人力资产的收益性支出，如工资、附加工资及本期生产经营成本负担的应摊销的资本性支出。该科目借方发生额反映企业当期应该计入生产经营成本的人力资源费用；贷方发生额反映企业本期已经分配计入生产经营成本的人力资源费用；期末该账户无余额。可按人力资产设明细科目，如开设总经理、部门经理、高级技术人员等科目。

8. "人力资产累计摊销"账户

该账户主要用来核算人力资产的累计摊销额。它包括从人力资源取得、开发、离职的摊销成本到使用、保障等计入当期生产经营成本的一切累计成本。摊销可采用个别摊销和集体摊销两种方法。该账户贷方发生额反映企业当期应计入生产经营成本的人力资源费用；平时借方无发生额，当人力资源从企业退出或消失时，才借记该账户，冲减企业已经摊销的人力资产费用；期末贷方余额为企业人力资产成本的累计摊销额。该账户应与"人力资产"账户的明细科目设置相同，即按各类人力资产设明细科目。

9. "人力资产损益"账户

该账户主要用来核算人力资产因变动和消失而产生的损益。该账户借方发生额反映人力资产退出或消失时，转销的人力资产的未摊销额；贷方发生额反映此时转销人力资产的多摊销额。如果该账户的期末借方发生额大于贷方发生额，将其差额从该账户的贷方转入"本年利润"账户的借方，冲减本年利润。

需要说明的是，人力资产账户的期末余额反映企业对人力资源的投资总额，即人力资产的原始价值；"人力资产累计摊销"账户期末余额反映人力资源投资累计摊销额，即人力资产累计摊销额；二者的差额即为人力资产净值。

(二) 人力资源成本核算的账务处理程序

人力资源成本核算的账务处理程序可以分为以下几步：

(1) 对人力资源的取得、开发和离职等进行资本性支出时，按照不同的成本与部门，应编制以下分录：

借：人力资源取得成本
　　人力资源开发成本
　　人力资源离职成本
　　贷：银行存款
　　　　库存现金
　　　　原材料等

(2) 每月计发工资、福利费等收益性支出时，按照不同的成本和部门，应编制如下的会计分录：

借：人力资源取得成本
　　人力资源开发成本

人力资源使用成本
人力资源保障成本
人力资源离职成本
贷：应付职工薪酬

（3）对职工的养老金等社会保障支出，可采用每月预提的方法，将预计支出的养老金等社会保障支出总额在职工有效服务年限内，分期记入"人力资源保障成本"账户；实际支付养老金时，冲减原预提的应付养老金。预提时，会计分录如下：

借：人力资源保障成本
　　贷：应付职工薪酬——社会保险费

（4）需结转各种人力资源成本时，应编制以下会计分录：

借：人力资产
　　贷：人力资源取得成本（随时结转）
　　　　人力资源开发成本（随时结转）
　　　　人力资源使用成本（每月结转）
　　　　人力资源保障成本（每月结转）
　　　　人力资源离职成本（随时结转）

（5）每月摊销人力资产成本时，按照不同的成本和部门，计算应由本期负担的人力资产费用（包括分摊的本期资本性支出和收益性支出），编制分录如下：

借：人力资产费用
　　贷：人力资产累计摊销

需要注意的是，人力资源成本摊销时，要确定摊销年限、摊销方法和摊销基础。摊销年限可以根据劳动合同确定的服务年限并结合企业职工的离职情况估计确定。摊销方法可以参照固定资产的摊销方法确定，一般采取直线摊销法即可。确定人力资源成本的摊销基础时，不能以人力资源的原始价值作为摊销基础，因为：一方面人力资产的价值在摊销期限结束后不可能为零，另一方面人力资产的原始价值会随着企业的培训等活动而不断地变化。为此应以人力资产的当期账面价值作为当期人力资产的摊销基础。

（6）月末将人力资产费用分配计入有关的生产经营成本，编制如下的会计分录：

借：生产成本——基本生产成本
　　生产成本——辅助生产成本
　　制造费用
　　管理费用等
　　贷：人力资产费用

（7）对离职等人力资产退出企业生产经营活动时，应将其人力资产未摊销额记入"人力资产损益"账户，同时注销账面已摊销额和人力资产的原入账价值；如收到赔偿，可冲减"人力资产损益"。转销人力资产价值时，可编制如下分录：

借：人力资产累计摊销
　　库存现金
　　银行存款

贷：人力资产
人力资产损益

科学技术的发展使企业不断加大人力资源的投资力度，从而必然使人力资源的成本增加，因此，对人力资源成本进行核算，正确使用配比原则分配人力资源成本，合理计量企业盈利，已成为当前企业必须重视的会计问题。人力资源成本会计单独计量了企业人力资源方面的实际支出，比较全面地反映了企业对人力资源的取得、开发、使用、保障、离职等方面的投资总额，按收益期转作费用，从而更符合配比原则并具体提供了有关人力资源支出状况的信息，可以促使管理当局全面考核人力资源的收益性。

上述人力资源成本核算的程序如图 15-3 所示。

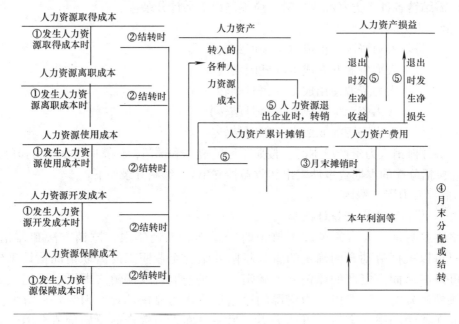

图 15-3　人力资源成本的核算程序

六、人力资源成本信息的报告和披露

人力资源成本信息的报告和披露对于企业加强人力资源管理十分必要，也是有关各方了解企业人力资源信息的需要。传统财务报告既不反映人力资产的价值，也不反映人力资本，将人力资源成本作为期间费用处理，未将它们按照资产的性质资本化为相应的人力资产，低估了企业资产总额；忽视了人力资源对企业的经济贡献，把为取得、开发人力资源而发生的费用全部计入当期损益的做法，背离了收入与费用配比的会计原则，歪曲了企业的财务状况和经营成果。所以有必要对传统的财务报告进行适当的调整，把人力资源这项十分重要的资产及其有关的权益和费用，在财务报告中予以充分揭示和披露。

人力资源成本信息的披露可以分为对外报告与对内报告两种形式。

（一）人力资源成本信息的对外报告

1. 人力资源成本信息在财务报表中的列示

传统的财务报表不反映企业对人力资源的投资，而是把其全部计入当期损益，极大地背离了收入与费用配比的会计原则，导致各期盈亏不实。对人力资源成本进行核算以后，可将企业人力资源信息中能够用货币计量的部分在财务报表中揭示和披露。在资产负债表中，可在"无形资产"后，增设"人力资产""人力资产累计摊销"和"人力资产净值"三个项目，反映人力资产的有关信息。在损益表中，在"管理费用"后，增列"人力资产费用"账户；在"营业外收入"项目后，增列"人力资产收益"；在"营业外支出"项目后，增列"人力资产损失"项目，具体如表15-1和表15-2所示。

表15-1 ××公司资产负债表（简表）

20××年12月31日

资　　产	序号	年初	年末	负债及所有者权益	序号	年初	年末
				流动负债			
流动资产				长期负债			
固定资产				所有者权益			
无形资产及递延资产							
人力资产							
减：累计人力资产摊销							
人力资产净值							
其他资产							
资产合计				负债及所有者权益合计			

表15-2 ××公司利润表（简表）

20××年12月

项　　目	行　　数	本　月　数	本年累计数
一、营业收入			
减：营业成本			
税金及附加			
管理费用			
人力资产费用			
销售费用			
财务费用			
加：投资收益			
二、营业利润			
加：营业外收入			
人力资产收益			
减：营业外支出			
人力资产损失			
三、利润总额			
减：所得税费用			
四、净利润			
……			

2. 人力资产成本信息在报表附注中的披露

人力资源成本会计报告除了将有关信息在财务报表中列示以外，还应包括一些附加报告，如人力资产成本变动及总成本报告和人力资源流动报告。

（1）人力资产成本变动及总成本报告。它反映企业人力资源应耗费或已耗费的成本信息，具体如表15-3所示。

表15-3　人力资产成本变动及总成本报告

成 本 项 目	本 月 数	本年累计数
人力资源取得成本		
其中：转为人力资产		
人力资源开发成本		
其中：转为人力资产		
人力资源使用成本		
人力资源保障成本		
人力资源离职成本		
人力资源成本合计		
其中：转为人力资产合计		
人力资产费用		

（2）人力资源流动报告。通过比较人力资源在期初与期末人员数量的变化情况，以及人力资源价值的评估变化情况，反映人力资源对企业盈利能力的影响。具体如表15-4所示。

表15-4　人力资源流动报告

部门——班组（科室）	上月末人数	本月招聘	本月企业内各部门间调动	本月解聘	本月退休	本月死亡	本月末人数
合计							

（二）人力资源成本的对内报告

人力资源成本的对内报告可以分为货币信息和非货币信息两部分。

1. 货币信息

货币信息主要是指人力资源投资报告。该报告反映企业在本期为招收、聘用职工而花费的人力资源取得成本和企业对职工进行培训而花费的人力资源开发成本，反映企业各部门占用的人力资源成本状况，具体如表15-5所示；对于一些高成本引入的重要人才，应单独分析其成本与其创造的效益，以确定其投资收益率，具体如表15-6所示。

表15-5　人力资源投资变动表（总体人员）

班组（科室）	上月末人力资源投资额	本月增加投资额	本月减少投资额	本月摊销额	本月末净额
合计					

表15-6　人力资源投资变动表（重要人才）

人员	上月末人力资源投资额	本月增加投资额	本月减少投资额	本月摊销额	本月末净额
合计					

2. 非货币信息

非货币信息主要反映目前企业的人力资源组成、分配及利用情况，对于一些高成本引进的重要人才，应予以重点揭示。由于目前对人力资源信息的货币计量还未形成统一的方法，因而对人力资源信息的反映还需借助非货币的计量单位。如编制企业职工技能一览表，将劳动者按职能部门分类列出各类职工的相关指标，主要包括各职能部门人数、平均年龄、知识水平分布、业务能力情况、工作业绩、平均工作年限、健康状况等，从而反映企业职工的盈利能力。

总之，为了促使企业有效利用和合理开发人力资源，科学地确认、计量和报告企业的人力资源情况具有十分重要的意义。考虑到人力资源成本会计尚未形成一套完善的理论体系和严密科学的处理方法、计量过于复杂等因素，现阶段应鼓励企业将人力资源会计信息先在内部报告中揭示，待条件成熟后，再将它纳入对外公布的会计报告中，为外部信息使用者提供相关的信息，以便逐步完善我国会计信息的披露机制。人力资源成本信息的对外披露可以有两种形式：一是通过财务报表的形式；二是通过人力资源会计信息的附加报告在报表附注中列示的形式。两种形式下披露的人力资源会计信息互相补充，共同构成企业人力资源成本的完整信息。

第三节　人力资源成本管理的价值评估模型

一、人力资源成本管理的手段——人力资源价值评估

人力资源的成本支出以后，其支出的效益如何，是人力资源成本管理应关注的重要内容。评价人力资源成本支出的效益，进行人力资源的成本管理，可以从投入成本所带来的人力资源产出增加的角度对企业所拥有的人力资源的价值进行评估。如果企业对人力资源的投资带来的人力资源经济价值的增加大于企业对人力资源的投资成本，则对人

力资源所支出的成本就是富有成效的。因此，要加强人力资源成本的管理，就需要对人力资源价值进行评估。

二、人力资源价值评估的理论基础

这里所指的人力资源价值，不是企业取得和开发或使用人力资源所发生的实际成本，而是企业人力资源本身所具有的经济价值，即企业人力资源所能创造的价值。它通常大于人力资源的投资成本，因为它包含了人力资源的自然增值因素。西方经济学家认为，人力资源的价值主要有个人价值和群体价值两种表现形式。

（一）个人价值

人力资源的个人价值反映职工个人在企业中可提供未来用途和服务的估计现值。它既取决于个人的素质和潜在的劳动能力，又取决于后天的开发，诸如文化知识的积累，从事科技和其他工作能力的培养等。

（二）群体价值

人力资源的群体价值反映某群体在企业中可提供未来用途和服务的现值。它既取决于每一职工的能力和态度，又取决于群体的领导能力、管理行为、组织机构、团结程度以及完成任务情况。通常某一群体价值并不等于个人价值的总和，而是既有可能大于个人价值之和，也有可能小于个人价值之和。也就是说，每一个体的主观能动性并不一定形成群体功能的最佳效应。

将人力资源的价值根据其表现形式划分为个人价值和群体价值，有利于企业管理当局实施对企业人力资源的管理。当人力资源群体价值大于个人价值之和时，说明人力资源的潜能得到了充分的发挥，人力资源管理工作是有成效的；反之，则说明人力资源管理工作中存在着不足之处，没能激发出人力资源的积极性，充分发挥人力资源的潜能。人力资源个人价值是反映企业人力资源状况的基础，人力资源群体价值可以根据人力资源个人价值和企业的经济效益综合反映出来，因而可以从人力资源的个人价值和群体价值两方面来评价人力资源管理的效果。

三、人力资源价值评估模型

对人力资源的价值进行评估，是人力资源会计领域的难点和热点之一。不少学者从不同的角度提出了人力资源价值评估模型。依据其所采用的计量单位，这些模型通常可分为人力资源价值货币性计量方法和非货币性计量方法。

（1）人力资源价值的货币性计量方法，是用货币单位为基础来计量人力资源的价值，包括未来工资折现调整模型、随机报酬模型、补偿模型、未来净产值折现模型等。

（2）人力资源价值的非货币性计量方法，是在对企业的人力资源价值进行计量时，主张运用主观判断、经济判断和预测判断等方法，对个人、群体和组织的行为进行衡量，同时考虑其他各种影响因素，来确认人力资源的价值。人力资源计量的非货币计量方法主要有人力资源信息库法、人力资源技术指标统计法、主观自我评议法和客观评议法等。已有的人力资源价值计量模型如图15-4所示。

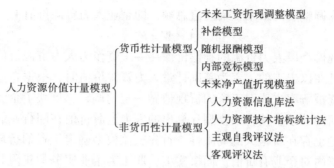

图 15-4 人力资源价值计量模型

（一）人力资源价值的货币计量模型

1. 未来工资折现调整模型

该模型是将预计的职工有效服务期间的全部工资报酬，按一定的折现率折为现值，作为人力资源的价值。该模型是由美国的霍曼逊提出的。1964 年霍曼逊在美国密西根州立大学发表题为"人力资产会计"的论文，他在论文中指出企业支付给职工的工资，是对职工的补偿价值，基本上反映了企业对职工价值的评价，因而可以按调整以后的未来工资折现值总额来计算职工对企业的经济价值。其具体计算步骤可概括如下：

第一步：预计职工未来 5 年内每一年的工资收入 W_t；

第二步：计算 5 年工资收入的现值总额 W：

$$W = \sum \frac{W_t}{(1+i)^t}$$

式中　t——时间，年；

　　　i——贴现率；

　　　W_t——第 t 年的工资收入。

第三步：计算确定过去 5 年内每一年企业的投资报酬率与同行业平均投资报酬率之比 R_t：

$$R_t = \frac{(ROI)_t}{(AROI)_t}$$

式中　R_t——第 t 年企业投资报酬率与同行业平均投资报酬率之比；

　　　$(ROI)_t$——第 t 年企业的投资报酬率；

　　　$(AROI)_t$——第 t 年同行业平均投资报酬率。

第四步：计算效率系数 F。效率系数是指过去 5 年内企业投资报酬率与同行业投资报酬率之比的反序年数加权平均数。采用反序加权的目的在于使越靠近计算期的投资报酬率之比对效率因子越有大的影响，其计算公式是：

$$F = \frac{\Sigma(t \cdot R_t)}{\Sigma t}$$

假设 20×1 年至 20×6 年某企业的投资报酬率与同行业平均投资报酬率之比依次为 1.20，1.15，1.05，1.30，1.20，则效率系数为：

$$F = \frac{1.20 \times 1 + 1.15 \times 2 + 1.05 \times 3 + 1.30 \times 4 + 1.20 \times 5}{1+2+3+4+5} = \frac{17.85}{15} = 1.19$$

第五步，计算调整后的未来工资现值总额，即企业人力资源价值 V：

$$V = W \times F$$

未来工资折现模型以人力资源的补偿价值——工资作为人力资源价值的计量基础，具有合理的因素，且在以未来的工资为基础计量人力资源价值时，根据企业的投资报酬率与同行业的平均投资报酬率之比对工资的折现值做一定的调整，反映了企业盈利水平与企业人力资源价值之间的关系，使得该模型计算出的人力资源价值在同行业的不同企业间具有可比性。但该模型也存在着很大的局限性。首先，该模型确定工资的折现值为5年，也就暗示着职工在5年内对企业有价值。而事实上，职工为企业服务的年限并非都是5年，因此，该模型权数的确定带有一定的主观因素。其次，职工未来5年的工资报酬的确定若不考虑岗位变动、职位提升等引起工资变动的因素则不够合理；若考虑这些引起工资变动的因素，则带有预测的成分，具有很大的主观性。另外，仅以职工的工资收入来计算职工的价值，不能全面反映职工所创造的价值，忽略了剩余价值，即没有全面反映人力资源的实际价值。

2. 补偿模型

补偿模型又称未来盈利贴现法，是美国学者李弗（Baruch Lev）和舒尔茨（Aba Schwartz）于1971年在"论人力资本之经济概念在财务报表中的应用"一文中提出的。他们认为，按照经济学中资产价值的概念，人力资产的价值是其未来收入的贴现总值。根据这一概念，一个年龄为 y 的职工的人力资源价值，是其今后工作年限（直至退休）内工资收入的现值总额，即

$$V_y = \sum_{t=y}^{T} \frac{I_t}{(1+R)^{t-y}}$$

式中　V_y——年龄为 y 的职工的人力资源的价值；

　　　I_t——该职工第 t 年的预计年收入；

　　　R——折现率；

　　　T——退休年龄；

　　　y——职工现在年龄。

上式中的 I_t 可根据性别、工种、年龄分组的历史统计资料进行推测。例如，若物价水平不变或变动幅度不大，则一个20岁的技术人员在未来每一年的收入，就可以分别用本年度年龄为21岁、22岁……的技术人员的实际工资收入代替；若物价水平变动较大，则应按物价变动的水平调整计算。

该模型计量的是职工在剩余工作年限中创造的价值，比上面的未来工资折现调整模型仅以职工未来5年内创造的价值计量人力资源的价值更为合理，但该模型也具有以下致命的弱点：①职工剩余工作年限的确定带有主观因素。②未来每一年工资的确定没有考虑影响工资变动的因素。③仅以工资为基础计量人力资源的价值，不是完全的人力资源价值。

3. 随机报酬模型

随机报酬模型是弗兰霍尔茨于1971年提出的。弗兰霍尔茨认为，一个职工对企业的价值不是抽象的，是能够提供未来的用途与服务，而提供的未来服务的状态是随机的。因此，计量个人对企业的经济价值时，不可能得到肯定的结果，只能计算个人服务价值的数学期望。在计量个人对组织的价值时，必须考虑如下四个因素：①个人预计为组织提供服

务的时间期限。②个人可能处于的服务状态。③个人在一个特定时期内处在每一种服务状态时组织可获得的价值。④个人在未来特定时期内处在每一服务状态的概率。从而可以建立计量人力资源价值的如下模型：

$$V = \sum_{t=1}^{n} \left[\frac{\sum_{i=1}^{m} S_i \cdot P(S_i)}{(1+r)^t} \right]$$

式中　V——某人力资源的价值；
　　　S_i——该人力资源在第 t 种服务状态下的预期服务价值；
　　$P(S_i)$——职工处在第 t 种服务状态的概率；
　　　m——一系列服务状态；
　　　r——折现率。

该模型考虑了职工在各种服务状态下的概率，考虑了职工的流动情况，因而在技术上能比较正确地反映人力资源价值的各有关影响因素，是理论上比较完善的模型；但该模型却未能解决具体的操作问题，如每种服务状态下的预期服务价值的测定问题。因而，该模型实际上很难适用于实践。

4. 未来净产值折现模型

该模型是我国学者文善恩在经济价值模型的基础上，通过在模型中加入工资因素并剔除物质资产因素后建立的一种新模型。该模型可用如下公式表示：

$$GV = \sum_{t=1}^{n} \frac{(V_t + m_t)}{(1+r)}$$

式中　GV——人力资源群体价值；
　　$(V_t + m_t)$——第 t 年的预期净产值；
　　　n——时期数；
　　　r——贴现率。

综合以上各种人力资源价值计量的货币性方法，可以看出，人力资源价值评估的货币性计量方法是从经济学观念下对资产价值的界定角度计量人力资源价值的，即以人力资源所能创造的经济价值作为人力资源的价值。这种评估观念的优点是可以反映企业人力资源的经济价值，可以为企业内部管理的决策者提供相关的会计信息，可用于企业对人力资源投资效果的内部评价和管理。

(二) 人力资源价值的非货币模型

人力资源价值评估的非货币方法的核心在于以人力资源（个人或群体）的才干和运用知识的能力来决定其在企业中的价值。影响人力资源非货币价值的因素主要有：现有人员的文化程度，技术职称或技术职务，技术工种、实际年龄、工龄、健康状况等。人力资源价值的非货币评估模型就是以上述因素为基础，建立的反映职工真实面貌和工作能力的人力资源管理档案。人力资源价值的非货币评估模型主要有以下几种：

1. 人力资源价值信息库法

该方法是指将人力资源的技能信息、人力资源的特殊信息等记录存储在信息库中，通过计算机程序处理汇总出各种人力资源价值管理和评价所需的资料，为人力资源价值管理决策提供信息的方法。这种方法包括企业人力资源技能信息库法和企业人力资源特殊信息库法。

企业人力资源技能信息库法需编制职工技能资料记录表，以反映职工的年龄、工龄、性别、学位、学历、专业、技术职称、技术等级等指标；编制职工技能专门资料汇总表，以反映企业各种领域、各种工作年限，各种受教育水平的人员总量及其分布情况。

企业人力资源特殊信息库法是利用计算机信息库，归集和汇总企业人力资源特殊信息的方法。这些特殊信息包括职工的技术水平如外语证书、会计师证书、特许金融分析师证书、精算师证书等的取得情况；职工、科技人员发明创造，为企业创造声誉的情况等。通过将注册会计师证书这些特殊资料汇总成一览表的方法，提供人力资源管理部门所需要的专门信息。

2. 人力资源价值技术指标统计法

该方法是指利用统计方法计算一些有利于人力资源价值计算和分析的人力资源价值技术指标的方法。常用的统计指标包括：职工离职概率，职工年龄结构变动、职工工时利用率，各类人员结构比率等。通过这些指标进行计算所得到的数据，可用于人力资源价值的非货币计量方法中，也可用于货币性计量模型的辅助信息。

3. 人力资源价值的主观自我评议法

该方法是指通过企业职工自我评价，掌握职工对企业安排的工作满意程度、个人工作能力发挥情况、个人对自己工作业绩评价等资料，以分析企业人力资源价值情况的方法。进行人力资源价值主观自我评议可分别采用个人工作绩效等级自我评价、内部招聘、个人工作满意程度测定等方法。

4. 人力资源价值的客观评议法

该方法是指请管理人员、专家或员工等给其他员工的工作成绩、工作态度、工作潜力等作出评价的方法。这种方法包括工作绩效客观评价法、工作态度客观测定法、潜力评价法、专家打分法和群众打分法。

在评估人力资源价值时，非货币性方法和货币性方法互为补充。非货币性方法提供人力资源的非量化信息，如人力资源的技能、文化程度、年龄、健康状况等，对这些因素，用非货币性计量方法比货币性计量更恰当。但是，由于企业决策中普遍采用的是以货币为计量单位的信息，用货币计量也是会计信息的重要特征之一。因此，在可能的情况下应尽量采用货币性计量方法，辅之以非货币性评估方法。

第十六章

成本报表的编制和分析

本章学习目标

- 了解企业成本报表的作用和种类；
- 理解成本报表的编制要求；
- 掌握主要成本报表的编制方法；
- 掌握成本分析的方法。

第一节 成本报表概述

一、成本报表的含义

美国注册会计师协会（AICPA）于1970年10月发布的第四号声明（APBStatement No.4）对会计报表所做的定义如下：会计报表是会计人员根据一般公认的会计原则，应用系统的会计处理程序和方法，将企业某种特定期间的经济活动的财务资料汇编而成，藉以显示该企业某特定日期的财务状况、某特定期间的经营成果、所有者权益变动情况以及营业活动现金流量等信息。企业会计报表按服务对象划分为两类：一类为向外报送的会计报表，如资产负债表、利润表、现金流量表等；另一类为企业内部管理需要的报表，如成本报表等。上述第一类会计报表的编制是财务会计所阐述的内容，第二类会计报表是本章主要阐述的对象。成本报表是根据企业日常成本核算和计量的有关资料编制的，用来反映企业某一时期的产品成本构成及其变化，以及企业费用预算和产品成本计划执行情况的书面性报告文件。成本报表的编制和披露过程实质上是将企业日常核算所形成的大量分散的成本信息，进行全面分类、概括、综合并使其系统化的过程。它为成本信息的使用者定期了解和掌握企业全面的成本信息提供了可能，使企业管理当局能及时把握各项成本的变动态势和发展趋势，并采取必要的改进措施以降低成本。

成本报表作为满足企业内部经营管理需要的内部报表，一般不需要对外报送或公布。因此，与企业的财务会计报表相比较，具有如下三个特点：

（1）成本报表服务于企业的内部经营管理需要。在企业内部的生产经营管理工作中，企业的成本费用水平和成本构成等信息是十分重要的。企业只有正确、及时地编制和报送成本报表，才能有效地考核企业成本计划的执行情况，分析成本管理中的成绩和存在的问题，为挖掘降低成本、节约费用的潜力和进行成本决策提供有用的成本信息资料。

（2）成本报表是会计核算资料与其他技术经济资料结合的产物，能够综合反映企业各个方面的工作质量。通过成本报表中的相关指标可以直接或间接地反映企业经营管理工作的质量，包括企业产品产量的多少、产品质量的优劣、原材料消耗的节约和浪费、劳动生产率的高低、固定资产的利用程度以及企业生产经营管理工作的好坏等。

（3）成本报表的种类、内容和格式较为自由。现行会计制度中对外报告的会计报表的种类、格式、内容以及报送对象等均由国家统一规定，但成本报表的种类、格式、项目和内容则可以由企业自行决定和设计。企业可以根据不同的管理要求，定期编制反映企业成本计划整体完成情况的报表，还可以针对某个特殊问题编制报表进行重点反映；成本报表的格式、内容和指标可以根据具体情况或多或少，或详或简，可以事后编报，也可以事中、事后编报，力求简明扼要，讲求实效。

▶ 二、成本报表的作用

定期编制企业成本报表是成本会计信息系统的一项重要内容，它对加强成本管理，提高企业的整体经营管理水平具有重要的作用，主要表现在如下几个方面：

1. 提供综合的成本管理信息

企业的定期成本报表能向企业的管理当局和所有的成本信息使用者提供综合的成本信息，使他们能完整全面地了解企业各种产品、部门和特定管理范围内的成本、费用的发生情况及其变动状况，全面掌握成本计划、费用预算和有关成本管理标准的执行情况，对于制定企业的整体经营战略具有重要意义。

2. 揭示成本变动的结构和原因

通过企业的定期成本报表，可以全面了解和掌握企业和企业内各部门成本变动的具体项目，通过比较和分析，可以查明各项成本变动的原因，从而为寻求降低成本的途径和进一步有效地控制成本与费用水平指明方向。

3. 为制定新的成本计划提供依据

通过编制企业定期的成本报表，及时揭示企业成本变动的内容和原因，能为有效制定新的成本计划和费用预算提供依据，能够明确努力的方向，并且将各项具有针对性的改进措施融入新的成本计划中，使企业的成本管理水平不断提高。

4. 为实施企业各项特定成本管理目的提供依据

各项特定的成本管理报告能为企业的成本决策、控制、考核、分析和评价提供依据，如通过成本报表可以了解企业有关部门的预算执行情况是否良好，责任成本的考核制度是否健全，成本决策是否达到一定水平，部门成本控制效果是否理想，并为企业进行全面的业绩评价和成本分析等提供依据。因此，为特定成本管理要求所编制的成本报表，对于及时披露有关成本管理信息和促进企业综合成本管理水平的提高具有重要的作用。

另外，成本报表对于企业员工、部门经理、企业管理当局和上级公司都具有重要的信息价值。员工关注成本的高低和企业的效益与自身的利益，部门经理主要注重计划和预算的执行情况，管理当局关心企业的整体成本水平变化与市场的竞争能力，而上级公司着重于对企业成本管理的指导和监督。总之，企业的成本报表是企业各有关部门了解企业成本计划和费用预算等执行情况的主要途径，也是对企业各部门进行成本考核的重要手段。

三、成本报表的种类

企业一般的财务报表都是对外报告，如资产负债表、损益表和现金流量表等，它们的编制和报送等都必须符合严格的公认程序。由于企业的成本信息是一种商业机密，一般不对外披露，所以企业的成本报表是内部报告，主要目的是服务于企业内部的成本管理要求，其报告格式、编制要求和报送时间等，一般都是由企业及其主管部门根据企业生产和经营过程的特点及成本管理的要求而确定。

企业的成本报表种类繁多，但一般分为两类：一类是日常的生产成本报表，这是企业最主要的成本信息，直接关系到企业产品在市场上的竞争能力和企业一定时期的盈利水平。这类成本报表主要有：商品产品成本汇总表、主要产品单位成本表、制造费用明细表、职工薪酬明细表、生产费用表、管理费用明细表和其他成本报表。上述这些日常成本报表之间都有一定的内在联系，它们之间具有相互补充的关系，构成了一个完整的反映企业生产成本计划和相关费用预算执行情况的报表体系。另一类是根据企业成本管理的特殊要求编制的成本报表，主要用来考核和分析企业有关成本管理目标的完成情况，它们没有统一的格式，完全根据企业不同时期的成本管理要求和目标编制，在编制时间上也是灵活的。主要有产品生产和销售成本预测报告，部门成本分析报告，产品或部门成本预算完成报告，产品或部门成本控制报告，部门成本业绩评价报告，项目成本决策分析报告，标准成本差异分析报告，总成本变动因素分析报告等。由于企业成本管理的要求是多方面的，所以用于特殊管理目标的成本报表的编制可能永远都没有标准的种类和固定的格式，成本会计人员应该根据企业管理当局和不同成本信息使用者的要求编制不同种类的成本报表，并要根据客观经济环境的变化和企业及部门成本管理要求的发展，及时修正和改善成本报表的编制格式，以满足企业成本管理的要求。

成本报表按其编制时间可以划分为年度报表、半年度报表、季度报表、月度报表以及旬报、周报、日报和班报。为了及时地向企业管理部门提供成本信息资料，成本报表除了年度报表、半年度报表、季度报表和月度报表外，应突出采用旬报、周报、日报和班报等形式，以满足企业生产经营管理对于成本的控制与考核方面的需要。

第二节 成本报表的编制

一、成本报表的编制要求

为了充分发挥成本报表的作用，必须做到数字准确、内容完整和编制及时。

数字准确，是指报表的指标必须如实地反映企业成本工作的实际情况，不得以估计数字、计划数字、定额数字代替实际数字，更不允许弄虚作假，篡改数字。企业在编制成本报表之前，所有经济业务都要登记入账，要调整不应列入成本的费用，做到先结账，后编表；应认真清查财产物资，做到账实相符；应核对各账簿的记录，做到账账相符。报表编制完毕，应检查各个报表中相关指标的数字是否一致，做到表表相符。

内容完整，是指应编制的成本报表的种类必须齐全；应填列的报告指标和文字说明必须全面；表内项目和表外补充资料，不论根据账簿资料直接填列，还是分析计算填列，都应当完整无缺，不能随意取舍。

编制及时，是要求按照规定期限报送成本报表，以便有关方面及时利用成本资料信息进行检查、分析等工作。为此，企业财会部门要提前做好编制报表的准备工作，并且要加强与有关部门的协作和配合，以便尽可能提前或按期编送各种报表，满足各方面的需要。

二、商品产品成本表

（一）商品产品成本表的概念和作用

商品产品成本表是反映企业在报告期内生产的全部商品产品的总成本和各种主要产品的单位成本和总成本的报表。根据商品产品成本表提供的资料，可以考核企业全部商品产品和主要商品产品成本计划的完成情况。

（二）商品产品成本表的内容

商品产品成本表主要按全部产品列示其单位成本、本月总成本和本年累计总成本三项内容。以上三项内容又分别按上年实际、本年计划、本年实际和本年累计实际四项内容反映。具体格式如表 16-1 所示。

（三）商品产品成本表的编制方法

1．"产品名称"项目

"产品名称"项目应填列全部商品产品，主要商品产品的品种要按规定填写。

2．"实际产量"项目

"实际产量"项目反映本月和从年初起至本月末止各种主要商品产品的实际产量。应根据"成本计算单"或"产成品明细账"的记录计算填列。

3．"单位成本"项目

（1）"上年实际平均"反映各种主要商品产品的上年实际平均单位成本。应分别根据上年度所列各种商品的全年实际平均单位成本填列。

（2）"本年计划"反映各种主要商品产品的本年计划单位成本。应根据年度成本计划的有关数字填列。

（3）"本月实际"反映本月生产的各种商品产品的实际单位成本。应根据有关产品成本计算单中的资料，按下列公式计算填列：

$$\frac{某产品本月}{实际单位成本} = \frac{某产品本月实际总成本}{某产品本月实际产量}$$

（4）"本年累计实际平均"反映从年初起至本月末止企业生产的各种商品产品的实际单位成本。应根据成本计算单的有关数字，按下列公式计算填列：

$$某产品本年累计实际单位成本 = \frac{某产品本年累计实际总成本}{某产品本年累计实际产量}$$

4．"本月总成本"项目

（1）"按上年实际平均单位成本计算"是用本月实际产量乘以上年实际平均单位成本计算填列。

（2）"按本年计划单位成本计算"是用本月实际产量乘以本年计划单位成本计算填列。

表 16-1 商品产品成本表

编制单位：精英铸造厂 20××年12月 金额单位：元

产品名称	计量单位	实际产量		单位成本				本月总成本			本年累计总成本		
		本月	本年累计	上年实际平均	本年计划	本月实际	本年累计实际平均	按上年实际平均单位成本计算	按本年计划单位成本计算	本月实际	按上年实际平均单位成本计算	按本年计划单位成本计算	本年实际
		①	②	③	④	⑤=⑨÷①	⑥=⑫÷②	⑦=①×③	⑧=①×④	⑨	⑩=②×③	⑪=②×④	⑫
甲产品	件	40	500	74	72	73	71	2 960	2 880	2 920	37 000	36 000	35 500
乙产品	件	30	300	760	750	740	763	22 800	22 500	22 200	228 000	225 000	228 900
丙产品	件	20	300	—	86	88	87		1 720	1 760		25 800	26 100
全部商品产品	—	—	—	—	—	—			27 100	26 880		286 800	290 500

（3）"本月实际"是根据本月产品成本计算单的资料填列。

5. "本年累计总成本"项目

（1）"按上年实际平均单位成本计算"是用本年累计实际产量乘以上年实际平均单位成本计算填列。

（2）"按本年计划单位成本计算"是用本年累计实际产量乘以本年计划单位成本计算填列。

（3）"本年实际"是根据本年成本计算单的资料填列。

三、主要产品单位成本表

（一）主要产品单位成本表的概念和作用

主要产品单位成本表，是反映企业在报告期内生产的各种主要产品单位成本的构成情况和各项主要技术经济指标执行情况的报表。主要产品单位成本表是对商品产品成本表的有关单位成本资料所做的进一步补充说明。根据该表可以考核各种主要产品单位成本计划的执行结果；可以分析各成本项目和消耗定额的变化及其原因，分析成本构成的变化趋势；有助于生产同种产品的不同企业之间进行成本对比。总之，利用该表有助于分析成本变动的内在原因，挖掘降低成本的潜力。

（二）主要产品单位成本表的内容

主要产品单位成本表分为上、下两部分。

上半部分分别按成本项目列示历史先进水平、上年实际平均、本年计划、本月实际和本年累计实际平均的单位成本。下半部分则分别按主要技术经济指标列示历史先进水平、上年实际平均、本年计划、本月实际和本年累计实际平均的单位用量。

主要产品单位成本表的格式和内容如表 16-2 所示。

（三）主要产品单位成本表的编制方法

主要产品单位成本表应按每种主要产品分别编制。

（1）"本月计划产量"和"本年累计计划产量"项目应根据本月和本年产品产量计划资料填列。

（2）"本月实际产量"和"本年累计实际产量"项目应根据统计提供的产品产量资料或产品入库单填列。

（3）"成本项目"项目应按规定进行填列。

（4）"主要技术经济指标"项目是反映主要产品每一单位产量所消耗的主要原材料、燃料、工时等的数量。

（5）"历史先进水平"是指本企业历史该种产品成本最低年度的实际平均单位成本和单位产品实际耗用量，应根据历史成本资料填列。

（6）"上年实际平均"是指上年实际平均单位成本和单位耗用量，应根据上年度本表的本年累计实际平均单位成本和单位耗用量的资料填列。

（7）"本年计划"是指本年计划单位成本和单位耗用量，应根据年度成本计划中的资料填列。

（8）"本月实际"是指本月实际单位成本和单位耗用量，应根据本月完工的该种产品成本资料填列。

编制单位：精英铸造厂

表16-2 主要产品单位成本表
20××年12月

金额单位：元

产品名称	甲产品		本月计划产量	200
规格			本月实际产量	210
计量单位	台		本年累计计划产量	2 000
销售单价	140		本年累计实际产量	2 200

成本项目	行次	历史先进水平(2000年)		单位成本						差异						本年累计实际平均	
				上年实际平均		本年计划		本月实际		本月实际与上年平均		本月实际与本年计划		本月实际与历史先进			
		用量	金额	用量	金额	用量	金额	用量	金额	用量	金额	用量	金额	用量	金额	用量	金额
直接材料	1	20	50	16	60	15	58	17	55	1	−5	2	−3	5	5	56	
直接人工	2	10	20	10	22	11	20	10	20	0	−2	−1	0	−3	0	20	
制造费用	3		10		14		14		15		1		1		5		13
合计	4	36	80	42	96	40	92	36	90	−6	−6	−4	−2	0	10	89	

主要技术指标	单位	用量	金额	用量	金额	用量	金额	用量	金额	用量	金额	用量	金额	用量	金额	用量	金额
1. 普通材料	kg	20	2.0	16	2.5	15	2.4	17	2.0	1	−0.5	2	−0.4	−3	0	15	2.4
2. 优质材料	kg	10	1.0	10	2.0	11	2.0	10	2.1	0	−0.1	−1	−0.1	0	1.1	10	2.0
3. 工时	h	36	—	42	—	40	—	36	—	−6	—	−4	—	0	—	38	—

(9)"本年累计实际平均"是指本年年初至本月末止该种产品的实际平均单位成本和单位用量,应根据年初至本月末止已完工产品成本计算单等有关资料,采用加权平均计算后填列,其计算公式如下:

$$某种产品实际平均单位成本 = \frac{该产品累计总成本}{该产品累计产量}$$

$$某产品实际平均用量 = \frac{该产品累计总用量}{该产品累计产量}$$

需要注意的是,本表中按成本项目反映的"上年实际平均""本年计划""本月实际""本年累计实际平均"的单位成本合计,应与商品产品成本表中的各该单位成本的数字分别相等。

四、制造费用明细表

(一)制造费用明细表的概念和作用

制造费用明细表是反映工业企业在报告期内发生的制造费用及其构成情况的报表。本表只反映基本生产车间的制造费用,不包括辅助生产车间制造费用,以免重复。

利用制造费用明细表所提供的资料,可以考核制造费用计划的执行情况,分析制造费用的构成情况和增减变动原因,以便进一步采取措施,节约开支,降低费用。

(二)制造费用明细表的结构

制造费用明细表的结构是按规定的制造费用项目,分别反映"本年计划""上年同期实际数""本月实际"和"本年累计实际数"的数据。具体结构如表16-3所示。

表16-3 制造费用明细表

编制单位:精英铸造厂　　　　　20××年××月　　　　　　　　　单位:元

项目	计划数			实际数		差异		
	上年同期实际数	本月计划数	本年计划数	本月实际数	本年累计实际数	本月与上年同期差异	本月与计划数差异	本年实际与计划数差异
职工薪酬	(略)	(略)	(略)	(略)	(略)	(略)	(略)	(略)
折旧费								
办公费								
水电费								
机物料消耗								
低值易耗品摊销								
劳动保护费								
⋮								
制造费用合计								

(三)制造费用明细表的编制方法

(1)"本年计划数"栏的各项数字根据制造费用预算中的有关项目数字填列。

(2)"上年实际数"栏的各项数字应根据上年本表的"本年累计实际数"填列。如果表内所列费用项目和上年度的费用项目在名称或内容上不相一致,应对上年的各项数字按照表内规定的项目进行调整。

(3)"本月实际数"各项数字应根据制造费用明细账上本月发生数填列。

(4)"本年累计实际数"各项数字填列自年初起至编报月末止的累计实际数,应根据"制造费用明细账"的记录计算填列,或根据本月实际数加上期本表的本年累计实际数填列。

五、期间费用报表

(一)期间费用报表的概念和作用

期间费用报表是反映企业在报告期内发生的管理费用、财务费用和销售费用的报表。使用期间费用报表可以考核期间费用计划或预算的执行情况,分析各项费用的构成和增减变动情况,以便进一步采取措施,不断降低费用水平。

(二)期间费用报表的结构

期间费用报表一般包括管理费用明细表、财务费用明细表和销售费用明细表。它们的结构基本相同,都是按照规定的费用项目,分别反映"本年计划数""上年实际数"和"本年实际数",这样便于用本年实际数分别同本年计划数和上年实际数进行比较,以便加强对费用的控制和管理。具体格式如表16-4、表16-5和表16-6所示。

表16-4 管理费用明细表

编制单位:精英铸造厂　　　　　20××年度　　　　　　　单位:元

项目	行次	计划数		本年实际数	差异	
		本年计划数	上年实际数		本年与计划差异	本年与上年差异
职工薪酬	1	(略)	(略)	(略)	(略)	(略)
折旧费	2					
办公费	3					
修理费	4					
差旅费	5					
物料消耗	6					
劳动保险费	7					
待业保险费	8					
低耗品摊销	9					
⋮	⋮					
其他	12					
合计	13					

表 16-5　财务费用明细表

编制单位：精英铸造厂　　　　　　　　　20××年度　　　　　　　　　　　　　单位：元

项目	行次	计划数		本年实际数	差异	
		本年计划数	上年实际数		本年与计划差异	本年与上年差异
利息支出	1	（略）	（略）	（略）	（略）	（略）
金融机构手续费	2					
汇兑损失	3					
其他	4					
合计	5					

表 16-6　销售费用明细表

编制单位：精英铸造厂　　　　　　　　　20××年度　　　　　　　　　　　　　单位：元

项目	行次	计划数		本年实际数	差异	
		本年计划数	上年实际数		本年与计划差异	本年与上年差异
职工薪酬	1	（略）	（略）	（略）	（略）	（略）
折旧费	2					
办公费	3					
修理费	4					
差旅费	5					
物料消耗	6					
运杂费	7					
包装费	8					
保险费	9					
⋮	⋮					
其他	12					
合计	13					

（三）期间费用报表的编制方法

（1）"本年计划数"栏各项目数字根据本年度各项费用预算填列。

（2）"上年实际数"栏各项目数字根据上年度本表的"本年实际数"栏相应数字填列。如果表内所列费用项目与上年度的费用项目在名称和内容上不相一致，应对上年度的各项数字按本年度表内项目的规定进行调整。

（3）"本年实际数"栏各项目数字根据本年度"管理费用明细账""财务费用明细账"和"销售费用明细账"中各项费用的累计数填列。

第三节 成本分析

一、成本分析的概念及作用

(一) 成本分析的概念

成本分析是根据成本核算资料和成本计划资料及其他有关资料,运用一系列专门方法,揭示企业费用预算和成本计划的完成情况,查明影响成本计划和费用预算完成的原因,计算各种因素变化的影响程度,寻求降低成本、节约费用的途径,以便进一步认识和掌握成本变动的规律,充分挖掘企业内部降低成本潜力的一项专门工作。

广义的成本分析可以在成本形成前后进行事前、事中和事后分析。而狭义的成本分析主要是指事后成本分析。事后成本分析是以成本核算提供的数据为主,结合有关的计划、定额、统计、技术和其他调查资料,按照一定的原则,应用一定的方法,对影响成本和成本效益升降的各种因素进行科学的分析,查明成本和成本效益变动的原因,制定降低成本的措施,以便充分挖掘企业内部降低成本和提高成本效益的潜力。

(二) 成本分析的作用

企业定期和不定期的成本分析,在查明费用预算和成本计划的完成情况下,找出成本管理工作中的成绩和问题,明确成本管理的责任,挖掘降低成本、费用的潜力,为及时编制成本计划,进行成本预测和决策提供资料等方面有着重要的意义。

(1) 通过成本分析,可以随时查明各项定额、费用指标和成本计划的执行情况,及时采取有效措施,使各项消耗和费用开支控制在预先制定的标准限度内,达到降低成本的目的。

(2) 通过系统地、全面地分析成本计划完成或未完成的原因,可对成本计划本身及其执行情况进行评价,对成本管理的经验教训进行总结,逐步认识和掌握产品成本变动规律,为下期成本计划的编制提供重要依据。

(3) 通过对各种备选方案的成本分析及经济效果比较,为确定最佳方案提供客观依据,对企业正确地进行生产、技术和经营决策具有重要意义。

二、成本分析的方法与程序

(一) 成本分析方法

对成本报表进行分析时,为了测定各种因素变动对成本指标的影响程度,必须运用适当的数量分析方法。常用的分析方法有以下几种:

1. 比较分析法

比较分析法是指通过指标对比,从数量上确定差异的一种分析方法。对比分析的基数由于分析的目的不同而有所不同。实际工作中通常有以下几种形式:①以实际成本指标与计划或定额成本指标对比,分析成本计划或定额的完成情况。②以本期实际成本指标与前期(上期、上年同期或历史最好水平)实际成本指标对比,观察企业成本指标的变动情况和变动趋势,了解企业生产经营工作的改进情况。③以本企业的实际成本指标与国内外同行业先进指标对比，在更大范围内寻找差距，推动企业改进经营管理。比较分析法只适用于同质指标的对比，因此，运用此法时要注意对比指标的可比性。

2. 比率分析法

比率分析法是指通过计算和对比经济指标的比率来进行分析的一种方法，常用的比率分析法有以下几种：

（1）相关比率分析。相关比率是将两个性质不同但相关的指标对比的比率。如：

$$产值成本率 = \frac{产品成本}{商品产值} \times 100\%$$

$$销售成本率 = \frac{产品成本}{产品销售收入} \times 100\%$$

$$成本利润率 = \frac{产品销售利润}{产品成本} \times 100\%$$

通过相关比率的计算，可以排除企业与企业之间或同一企业的不同时期之间的某些不可比因素，将某些条件下的不可比指标转化为可比指标。

（2）构成比率分析。构成比率是指某项经济指标的各个组成部分占总体的比重。如：

$$直接材料费用比率 = \frac{直接材料费用}{产品制造成本} \times 100\%$$

$$直接人工费用比率 = \frac{直接人工费用}{产品制造成本} \times 100\%$$

$$制造费用比率 = \frac{制造费用}{产品制造成本} \times 100\%$$

3. 因素分析法

因素分析法又称连环替代法，是指顺序用各项因素的实际数替换基数，用来计算某项经济指标各影响因素的变动对该项指标影响程度的一种方法。采用比较分析法、趋势分析法以及比率分析法，可以揭示本期实际数同基期数之间的差异，但却不能反映产生差异的深层次原因。而采用因素替换法就可以解决这个问题，揭示问题的实质。因素分析法主要应用于寻找问题成因，寻找成本管理中出现问题的根源，为下一步有针对性地解决问题提供信息，并为企业内部考核提供依据。因素分析法计算的一般步骤如下：

（1）根据所计算的指标，确定影响指标变动的因素。确定分析指标同影响因素之间关系的方法，通常采用指标分解法。通过因素分解，可以说明有哪些因素影响指标以及这些因素之间的相互关系。

（2）排列各因素的顺序，确定分析对象。排列各因素的顺序应根据指标的经济性质、各个组成因素的内在关系和分析的具体要求而定，一般原则是：①先数量指标，后质量指标。②先实物指标，后价值指标。③先分子指标，后分母指标。④同一性质的指标，依据指标间的依存关系。

（3）连环替代各个因素，计算替代结果。顺序地将前一项因素的基数替换成实际数，将每次替换以后的计算结果与其前一次替换以后的计算结果进行对比，顺序计算出每一项因素的影响数。每次替换一个因素，替换后的因素需要保留下来。

核对各个因素的替换结果。将各个因素的影响数（有正有负）汇总起来，与分析对象对比。如果二者数额相等，说明替换结果可能是正确的；如果数额不相等，则说明替换结果可能是错误的。

假设某一经济指标 D 是由相互联系的 A、B、C 三个因素组成,按照影响因素先后排列的顺序,假设就是按照这样顺序排列,计划指标和实际指标的公式为:

$$计划指标:D_0 = A_0 \times B_0 \times C_0$$

$$实际指标:D_1 = A_1 \times B_1 \times C_1$$

该指标实际差异($D = D_1 - D_0$)可能同时受到以上三个因素变动的影响。测定各因素变动对指标 D 的影响程度的顺序计算如下:

$$A 因素变动的影响:D_a = (A_1 - A_0) \times B_0 \times C_0$$

$$B 因素变动的影响:D_b = A_1 \times (B_1 - B_0) \times C_0$$

$$C 因素变动的影响:D_c = A_1 \times B_1 \times (C_1 - C_0)$$

$$影响合计:D = D_a + D_b + D_c$$

【例 16-1】 某企业某产品甲材料耗用的计划与实际情况如表 16-7 所示。

表 16-7 甲材料耗用的计划与实际情况

项 目	计划	实际	项 目	计划	实际
产品产量(件)	20	22	单价(元/kg)	120	130
消耗定额/kg/件	59	55	材料费(元)	141 600	157 300

具体分析步骤如下:

(1)确定分析目标,并用比较法分析总指标差异。

甲材料的实际耗用成本与计划耗用成本的差异为:

$$D = D_1 - D_0 = 157\ 300 - 141\ 600 = 15\ 700(元)$$

(2)确定影响分析目标产生差异的影响因素及替代顺序。

$$D_0 = 20 \times 59 \times 120 = 141\ 600(元)$$

$$D_1 = 22 \times 55 \times 130 = 157\ 300(元)$$

(3)确定各因素指标变动对总指标变动影响程度。

产量因素变动的影响:

$$D_a = (A_1 - A_0) \times B_0 \times C_0 = (22 - 20) \times 59 \times 120 = 14\ 160(元)$$

消耗定额因素变动的影响:

$$D_b = A_1 \times (B_1 - B_0) \times C_0 = 22 \times (55 - 59) \times 120 = -10\ 560(元)$$

单价因素变动的影响:

$$D_c = A_1 \times B_1 \times (C_1 - C_0) = 22 \times 55 \times (130 - 120) = 12\ 100(元)$$

$$影响合计 = 14\ 160 + (-10\ 560) + 12\ 100 = 15\ 700(元)$$

从分析结果看,由于产量增加使得材料费用增加了 14 160 元,由于实际消耗定额比计划定额低,使得材料费用减少 10 560 元,另外,由于材料单价的升高使材料费增加 12 100 元,总计影响 15 700 元。

应用因素分析法,必须注意以下四个基本要点:

(1)经济指标体系的组成因素,必须是确实能够反映形成该项指标差异的内在构成原因。例如,如果将材料费用这一经济指标改为由两个因素(工人人数×每个工人平均用料额)所组成,就没有分析的意义。

(2) 分析某一因素变动对经济指标差异的影响程度,必须暂定其他因素不变,以便舍去其他因素的影响。

(3) 各因素对经济指标差异数的影响,必须顺序连环地逐一进行计算,不可采用不连环的方法计算。否则,算出的影响程度之和不能等于经济指标的差异数。

(4) 确定各因素影响时,是以以前各因素已经变动而其后各因素尚未变动为条件的,如果将各因素替代的顺序改变,则各因素的影响程度也将不同。因此,在分析工作中必须从可能替代程序中确定比较正确的替代程序。

(二) 成本分析的基本程序

成本分析的基本程序应确定分析工作各个步骤的名称、顺序、内容和要求,一般分为分析准备阶段、分析实施阶段和分析报告阶段。

1. 成本分析准备阶段

(1) 明确成本分析目的。成本分析的主要目的是全面分析成本水平与构成的变动情况,研究影响成本升降的各种因素及其变动因素,以便挖掘降低成本的潜力,控制成本,促进经济效益的提高。制定成本分析计划是为了保证分析工作有目的、有步骤地进行,并且不遗漏任何重要问题。

(2) 确定成本分析标准。进行成本分析,通常情况下是以企业制定的成本计划指标作为成本分析标准。具体是将企业的实际成本指标与计划进行对比,指出差异并分析原因。

(3) 收集成本分析资料。在进行成本分析时,必须首先收集内容真实、数据正确的资料,这不仅需要收集各种核算的实际资料,还要收集有关的计划、定额资料。另外,还需要收集国内同行业先进企业的资料,甚至是国际先进企业的资料。

2. 成本分析实施阶段

(1) 报表整体分析。工业企业编制的成本报表,主要有商品产品成本表、主要产品单位成本表和制造费用明细表。进行成本分析前,首先要把这些表的总额与计划成本进行对比,说明总体的变化情况。

(2) 成本指标分析。成本指标分析又称为成本指标对比,是在已经核实资料的基础上,对成本的各项指标的实际数进行各种形式和各方面的比较。成本指标分析是在报表整体分析的基础上,对表中具体指标进行对比分析,寻找产生问题的原因。

(3) 基本因素分析。在成本指标分析的基础上,要相互联系地研究各项成本指标发生差异的原因。影响成本指标发生差异的因素很多,一般有技术因素、生产组织因素、经济方面和非经济方面因素、企业内部因素和外部因素等。

3. 成本分析报告阶段

(1) 得出成本分析结论。首先,要在研究有关成本指标差异形成过程的基础上,进行因素分析;其次,将有关因素加以分类,衡量各个因素对指标差异产生的影响程度和影响方式;最后,综合分析各方面因素对指标差异的影响程度。

(2) 提出可行的措施和建议。成本分析在揭露矛盾和分析矛盾以后,要对企业成本工作作出评价,提出可行的措施和建议。

(3)编写成本分析报告。成本分析报告,是在完成成本分析全部程序之后,对成本分析结果做出的文字分析与报告。

三、全部商品产品成本分析

全部商品产品成本分析,主要是全部商品产品成本计划的完成情况分析和产品成本降低目标的完成情况分析。

(一)全部商品产品成本计划完成情况分析

全部商品产品成本的分析不能用全年实际总成本与上年实际总成本对比,只能用本年实际总成本同本年计划总成本进行对比。在比较分析时,由于实际总成本是以实际产量乘以实际单位成本计算的,而计划总成本是以计划产量乘以计划单位成本计算的,这样,总成本的升降不仅受到单位成本变动的影响,还受到产量变动的影响。为了使成本指标具有可比性,在分析全部商品产品计划完成情况时,应剔除产量变动对成本计划完成情况的影响,对实际总成本与计划总成本一律按实际产量计算。

全部商品产品成本计划完成情况的分析,是一种总括性的分析,它可以分别按产品品种和成本项目进行分析。

1. 按产品品种分析

全部商品产品成本的品种分析,是根据全部商品产品按产品品种分别编制的商品产品生产计划成本表和商品产品成本表进行的,其分析目的是确定哪些产品成本变动和变动的幅度以及变动的方向,为进一步深入分析指明方向。

【例16-2】 某企业商品产品成本表如表16-8所示。

表16-8 商品产品成本表　　　　　　　　　金额单位:元

产品名称	实际产量(件)	单位成本			本年总成本(实际产量)		
		上年实际	本年计划	本年实际	按上年实际单位成本计算	按本年计划单位成本计算	实际成本
甲产品	30	1 050	1 035	1 020	31 500	31 050	30 600
乙产品	35	1 350	1 275	1 245	47 250	44 625	43 575
丙产品	20	—	600	690	—	12 000	13 800
合计					78 750	87 675	87 975

注:丙产品是企业本年度开始进行生产的产品。

(1)全部商品产品成本计划完成的绝对数分析。

$$全部商品产品成本变动额 = 实际总成本 - 计划总成本$$
$$= \sum(实际产量 \times 实际单位成本) - \sum(实际产量 \times 计划单位成本)$$
$$= 87\,975 - 87\,675 = 300(元)(超支)$$

(2)全部商品产品成本计划完成的相对数分析。

$$全部商品产品成本计划完成率 = \frac{实际产量的计划总成本}{实际总成本} \times 100\%$$
$$= \frac{87\,675}{87\,975} \times 100\% = 99.66\%$$

该企业商品产品成本分析表如表 16-9 所示。可见,全部产品的实际成本比计划成本超支 300 元,计划完成率为 99.66%。那么,究竟是哪些产品成本超支了呢?

表 16-9　商品产品成本分析表（按产品品种）　　　　　金额单位:元

商品产品	实际产量（件）	实际成本	计划成本	实际与计划的差异	
				升(+)降(-)额	升降率(%)
甲产品	30	30 600	31 050	-450	-1.45
乙产品	35	43 575	44 625	-1 050	-2.35
丙产品	20	13 800	12 000	1 800	15
合计	85	87 975	87 675	300	0.34

从分析的结果看,该企业全部商品产品成本发生了超支,但甲产品和乙产品都比计划成本有所降低,产生超支的主要是由丙产品引起的,需要进一步分析丙产品的超支原因。

2. 按成本项目分析（见表 16-10）

表 16-10　商品产品成本分析表（按成本项目）　　　　　金额单位:元

成本项目	全部商品产品		节约(-)或超支(+)		各项目的差异对总成本影响的百分比(%)
	实际成本 ①	计划成本 ②	绝对数 ③=①-②	百分数(%) ④=③/②	⑤=③/87 675
直接材料	62 784	61 456	1 328	2.16	1.51
直接人工	14 967	16 784	-1 817	-10.83	-2.07
制造费用	10 224	9 435	789	8.36	0.90
合计	87 975	87 675	300	0.34	0.34

从表 16-10 分析结果看,导致商品产品成本超支的原因主要来自于直接材料和制造费用的超支,尤其是制造费用超支 8.36%,但由于直接人工下降较多,才没有导致实际成本超支过多。需要对直接材料和制造费用项目进行详细调查,寻找造成超支的具体原因。

（二）全部商品产品成本计划完成情况的因素分析

【例 16-3】 假设 XZ 企业 20××年度产品计划成本和实际完成情况的有关资料如表 16-11 所示。

表 16-11　商品产品成本计划完成情况表　　　　　金额单位:元

产品名称	实际成本			计划成本			实际成本与计划成本差异
	实际产量（件）	实际单位成本	实际总成本	计划产量（件）	计划单位成本	计划总成本	
甲产品	45	740	33 300	60	700	42 000	-8 700
乙产品	60	780	46 800	32	820	26 240	20 560
合计	105		80 100	92		68 240	11 860

影响产品成本降低任务完成情况的因素主要有三个:产品产量因素、品种构成因素和单位成本因素。

$$总成本变动 = \sum 产品产量 \times 产品品种构成 \times 单位成本$$

$$= \sum \frac{实际}{总产量} \times \frac{实际}{品种构成} \times \frac{实际}{单位成本} - \sum \frac{计划}{总产量} \times \frac{计划}{品种构成} \times \frac{计划}{单位成本}$$

$$= \left(105 \times \frac{45}{105} \times 740 + 105 \times \frac{60}{105} \times 780\right) - \left(92 \times \frac{60}{92} \times 700 + 92 \times \frac{32}{92} \times 820\right)$$

$$= 11\ 860(元)$$

从表 16-11 的分析结果可以看出，实际成本比计划成本超支了 11 860 元，但超支金额分别由产品产量、产品构成比例以及单位成本三个因素变动共同作用而形成。使用因素分析法可以得到这三个因素对最后成本超支金额的影响数额。

1. 产品产量

$$产品产量变动对成本影响额 = \sum \frac{实际}{总产量} \times \frac{计划}{品种构成} \times \frac{计划}{单位成本} - \sum \frac{计划}{总产量} \times \frac{计划}{品种构成} \times \frac{计划}{单位成本}$$

$$= \left(105 \times \frac{60}{92} \times 700 + 105 \times \frac{32}{92} \times 820\right) - \left(92 \times \frac{60}{92} \times 700 + 92 \times \frac{32}{92} \times 820\right)$$

$$= 9\ 642.61(元)$$

由于产品总产量由计划的 92 件上升到了 105 件，这样的绝对数量上的提高使总成本提高了 9 642.61 元。

2. 产品品种构成

产品品种构成也称品种结构，是指各种产品数量在全部产品数量总和中所占的比重。

$$品种构成变动对成本影响额 = \sum \frac{实际}{总产量} \times \frac{实际}{品种构成} \times \frac{计划}{单位成本} - \sum \frac{实际}{总产量} \times \frac{计划}{品种构成} \times \frac{计划}{单位成本}$$

$$= \left(105 \times \frac{45}{105} \times 700 + 105 \times \frac{60}{105} \times 820\right) - \left(105 \times \frac{60}{92} \times 700 + 105 \times \frac{32}{92} \times 820\right)$$

$$= 2\ 817.39\ (元)$$

由于单位成本较高的乙产品的数量比重的提高，导致总成本上升了 2 817.39 元。

3. 单位成本

$$单位成本变动对成本影响额 = \sum \frac{实际}{总产量} \times \frac{实际}{品种构成} \times \frac{实际}{单位成本} - \sum \frac{实际}{总产量} \times \frac{实际}{品种构成} \times \frac{计划}{单位成本}$$

$$= \left(105 \times \frac{45}{105} \times 740 + 105 \times \frac{60}{105} \times 780\right) - \left(105 \times \frac{45}{105} \times 700 + 105 \times \frac{60}{105} \times 820\right)$$

$$= -600\ (元)$$

虽然甲、乙两种产品的单位成本的总额并没有发生变化，但由于加权平均单位成本的降低，导致了总成本下降了 600 元。

综合三个因素的影响结果可以发现，导致成本大幅度上升的主要因素是产品产量的上升以及单位成本较大的乙产品在生产品种结构中的上升。另外，平均单位成本的下降对成本的下降起到一定的推动作用，但相比而言，影响数额较小。

四、产品单位成本分析

（一）产品单位成本分析的意义

产品单位成本分析的意义在于揭示各种产品单位成本及各个成本项目以及各项消耗定额的超支或节约情况，尤其是能够密切结合产品设计、生产工艺、以及各项消耗定额等的变化对产品成本的影响，查明各种产品单位成本升降的具体原因。同时，对产品单位成本进行分析，有助于对全部商品产品成本和产品成本脱离计划的原因进行分析，正确评价企业成本计划完成情况，并针对存在的问题，采取改进措施，提高企业的成本管理水平。

产品单位成本分析主要有两方面内容：一是产品单位成本计划完成情况分析，即总括分析产品单位成本及其各成本项目的升降情况；二是产品单位成本各主要项目分析，即按照直接材料、直接人工和制造费用等主要成本项目对产品单位成本进行分析，查明造成产品单位成本升降的原因。

（二）产品单位成本计划完成情况分析

产品单位成本计划完成情况分析，是对产品单位成本及各成本项目的本期实际数与计划数、上期数和历史先进水平的升降情况进行的分析，分析依据是主要产品单位成本表等核算资料。

【例 16-4】 假设某企业 20××年 A 产品单位成本表如表 16-12 所示。

根据表 16-12，可以编制 A 产品单位成本计划完成情况分析表（见表 16-13），分析 A 产品单位成本的升降情况和原因。

表 16-12　A 产品单位成本表　　　　　　　　金额单位：元

产品成本	A 产品	计量单位	件	计划产量	60	实际产量	45		
		上年实际平均单位成本		本年计划单位成本		本年实际平均单位成本			
成本项目	直接材料	350		340		345			
	直接人工	220		210		250			
	制造费用	210		150		145			
	合计	780		700		740			
		上年数			计划数			实际数	
		单耗	单价	金额	单耗	单价	金额	单耗	单价	金额
明细项目	材料甲	30	9.5	285	27.5	10.4	286	30	9.4	282
	材料乙	10	6.5	65	9	6	54	9	7	63
	工时	26			20			25		

从表 16-13 可以看出，A 产品的实际单位成本比计划超支 40 元，超支率为 5.7%，成本超支的主要原因是直接材料和直接人工项目成本上升。因此，需要进一步分析直接材料和直接人工成本提高的原因，以便作出正确的分析评价。

表 16-13　A 产品单位成本计划完成情况分析表　　　　　金额单位：元

成本项目	实际成本	计划成本	降低（－）或超支（+）		各项目升降对单位成本的影响（%）
			金额	百分比（%）	
直接材料	345	340	+5	+1.5	+0.7
直接人工	250	210	+40	+19	+5.7
制造费用	145	150	－5	－3.3	－0.7
合计	740	700	+40	+5.7	+5.7

（三）产品单位成本各主要项目分析

1. 直接材料项目的分析

直接材料成本通常占产品单位成本的比重较大，这一项目的升降对单位成本的高低有着重要的影响，所以直接材料项目的分析是产品单位成本分析的重点。

首先，将各种主要材料的本期实际成本与计划成本进行比较，查明哪些材料成本升降较大；其次，分析直接材料成本升降的原因。一般来说，直接材料成本高低取决于单位产品材料消耗数量和材料单价，这两个因素变动对直接材料成本影响的计算公式如下：

$$\frac{\text{材料耗用量}}{\text{差异的影响}} = (\text{实际单位耗用量} - \text{计划单位耗用量}) \times \text{材料计划单价}$$

$$\frac{\text{材料价格}}{\text{差异的影响}} = \text{实际单位耗用量} \times (\text{材料实际单价} - \text{材料计划单价})$$

根据表 16-13 数据，A 产品直接材料单位成本实际比计划超支了 5 元，根据成本计划和甲产品单位成本核算资料，可以编制直接材料成本分析表，如表 16-14 所示。

表 16-14　直接材料成本分析表　　　　　金额单位：元

材料名称	材料耗用量/kg		材料单价		材料成本		差异	
	计划	实际	计划	实际	计划	实际	数量	价格
甲	27.5	30	10.4	9.4	286	282	+26	－30
乙	9	9	6	7	54	63	0	+9
合计					340	345	+26	－21

根据表 16-14 的资料，可分别计算单位产品材料消耗数量和材料单价对 A 产品直接材料成本变动的影响：

$$\text{材料耗用量差异的影响} = (30 - 27.5) \times 10.4 = 26(\text{元})$$

$$\text{材料价格差异的影响} = 30 \times (9.4 - 10.4) + 9 \times (7 - 6) = -21(\text{元})$$

由此可见，材料消耗数量的上升使得 A 产品直接材料成本提高了 26 元，而材料单价的降低，使得 A 产品直接材料成本超支额由 26 元下降到 5 元。

需要说明的是，上述材料价格差异对材料成本影响的计算方法，主要适用于材料按实际价格计价的企业。而材料按计划价格计价时，对每项发出材料都按照材料目录上预先规定的计划单价进行计价，月末根据材料价格差异率将发出材料的计划价格调整为实际价格。这样就不必按上述公式计算材料价格差异，而是根据成本核算资料直接查明。

2. 直接人工项目的分析

对直接人工项目进行分析，需要结合不同的工资制度和直接人工的分配方法来进行。

（1）计时工资制度。采用计时工资制度时，在工资费用直接计入产品成本的企业里，单位产品的直接工资成本的高低，取决于生产该种产品的产量增减和工资总额高低两个因素。它们直接关系可以表示为：

$$单位产品直接工资 = \frac{直接工资总额}{产品总量}$$

可见，如果产品产量增长的速度超过工资增长的速度，单位产品成本中的工资额就会相应下降；反之，如果产量增长的速度低于工资增长速度，单位产品的工资额就会增加。产品产量和生产工人工资额对单位产品工资成本影响的计算方法如下：

$$产量差异的影响 = \frac{直接工资总计划数}{产量实际数} - 单位产品直接工资计划数$$

$$直接工资额差异的影响 = 单位产品直接工资实际数 - \frac{直接工资总计划数}{产品实际数}$$

【例16-5】 假设某企业20××年只生产乙产品，乙产品的直接工资资料如表16-15所示。

表16-15 乙产品直接工资资料

项　　目	计量单位	计　划　数	实　际　数	差异（实际数−计划数）
直接工资	元	7 800	9 300	+1 500
产品产量	件	120	150	+30
单位产品直接工资	元	65	62	−3

产量差异的影响 = 7 800/150 − 65 = −13（元）

直接工资额差异的影响 = 62 − 7 800/150 = 10（元）

分析单位产品直接工资成本变动，在对产品产量和工资总额因素进行分析的基础上，还要进一步分析影响产品产量和工资总额变动的原因，以寻求降低工资成本的有效途径。

但在大多数企业里，各生产车间和班组生产的产品品种有多种，工资费用一般是按照生产工时消耗分配计入产品成本的。因此，单位产品直接工资成本的多少，取决于单位产品的生产工时和小时工资率两个因素。它们之间的关系可用计算公式表示如下：

$$单位产品的直接工资 = 单位产品的生产工时 \times 小时工资率$$

单位产品的生产工时（简称效率）和小时工资率两个因素变动对单位产品直接工资成本的影响，可按下列公式进行计算分析：

$$\text{单位产品生产工时差异的影响} = \left(\text{单位产品的实际生产工时} - \text{单位产品的计划生产工时}\right) \times \text{计划小时工资率}$$

$$\text{小时工资率差异的影响} = \text{单位产品的实际生产工时} \times (\text{实际小时工资率} - \text{计划小时工资率})$$

在表 16-13 中，A 产品直接工资的实际单位成本比计划成本增加了 40 元，根据成本计划和甲产品单位成本核算资料，可对直接工资项目进行分析，编制直接工资成本分析表，如表 16-16 所示。

表 16-16　直接工资成本分析表

项　目	单　位	计 划 数	实 际 数	差　异
单位产品的生产工时	h	20	25	+5
小时工资率	元/h	10.5	10	−0.5
单位产品直接工资	元	210	250	+40

$$单位产品的生产工时差异的影响 = (25 - 20) \times 10.5 = 52.5(元)$$
$$小时工资率差异的影响 = 25 \times (10 - 10.5) = -12.5(元)$$

由此可见，单位产品的生产工时增加使得 A 产品直接工资成本提高了 52.5 元，而小时工资率的降低，又使 A 产品直接工资成本下降了 12.5 元。两个因素共同作用的结果使 A 产品直接工资成本增加了 40 元。

（2）计件工资制度。一般说来，在采用无限制计件工资制度的企业中，单位产品直接工资成本的高低，取决于计件单价。如果计件单价不变，生产工人劳动生产率的变动不会影响单价产品直接工资成本。但会通过产量影响那些计入产品成本中的非工作时间的工资、奖金和其他工资构成的明细资料进行分析。在采用有限制的计件工资制的企业中，工人超产达到一定限度时，如超过这个限度，不再支付工资，那么，劳动生产率的提高，就会使单位产品成本中的工资相应地降低。

3．制造费用项目的分析

制造费用项目的分析与单位产品直接工资项目的分析比较类似。在制造费用按照生产工时消耗分配计入产品成本的企业里，单位产品制造费用成本，取决于单位产品的生产工时和小时工资率两个因素，计算公式如下：

$$单位产品的制造费用 = 单位产品的生产工时 \times 小时费用率$$

$$其中：小时费用率 = \frac{制造费用总额}{生产工时消耗总额}$$

单位产品的生产工时和小时费用率两个因素变动，对制造费用成本的影响可按下列公式计算：

$$效率差异的影响 = \left(\begin{array}{c}单位产品的\\实际生产工时\end{array} - \begin{array}{c}单位产品的\\计划生产工时\end{array}\right) \times 计划小时费用率$$

$$小时费用率差异的影响 = \begin{array}{c}单位产品的\\实际生产工时\end{array} \times \left(\begin{array}{c}实际小时\\费用率\end{array} - \begin{array}{c}计划小时\\费用率\end{array}\right)$$

在表 16-13 中，A 产品单位成本的制造费用实际成本比计划成本减少 5 元，根据成本计划和 A 产品单位成本核算资料，对制造费用项目进行分析，可以编制制造费用分析表，如表 16-17 所示。

表 16-17 制造费用分析表

项 目	单 位	计 划 数	实 际 数	差 异
单位产品的生产工时	h	20	25	+5
小时费用率	元/h	7.5	5.8	-1.7
单位产品制造费用	元	150	145	-5

$$单位产品的生产工时差异的影响 = (25 - 20) \times 7.5 = 37.5 (元)$$
$$小时费用率差异的影响 = 25 \times (5.8 - 7.5) = -42.5 (元)$$

由此可见，单位产品的生产工时上升使得 A 产品制造费用提高了 37.5 元，而小时费用率的降低，又使 A 产品制造费用下降了 42.5 元，两个因素共同作用的结果使 A 产品制造费用下降了 5 元。

参 考 文 献

[1] 亨格瑞, 达塔尔, 拉詹. 成本会计：以管理为重点[M].王志红, 译. 14版. 北京：清华大学出版社, 2015.

[2] 马赫. 成本会计：为管理创造价值[M]. 姚海鑫, 等译. 5版. 北京：机械工业出版社, 1999.

[3] 希尔顿. 管理会计[M]. 耿建新, 等译. 4版. 北京：机械工业出版社, 2000.

[4] 汉森, 莫文. 成本会计[M]. 曹玉珊, 译.2版. 大连：东北财经大学出版社, 2017.

[5] 汉森, 莫文. 成本管理——决算与控制[M]. 王光远, 等译. 北京：中信出版社, 2003.

[6] 欧阳清, 杨雄胜. 成本会计学[M]. 北京：首都经济贸易大学出版社, 2003.

[7] 王立彦, 刘志远. 成本管理会计[M]. 北京：经济科学出版社, 2000.

[8] 库珀, 卡普兰. 成本管理系统设计：教程与案例[M]. 王立彦, 等译. 大连：东北财经大学出版社, 2003.

[9] 焦跃华. 成本会计学[M]. 北京：中国财政经济出版社, 2002.

[10] 徐政旦. 成本会计[M]. 上海：上海三联书店, 1995.

[11] 张鸣. 成本会计：侧重于管理[M]. 上海：上海三联书店, 2002.

[12] 张培莉, 王俊秋. 新编成本会计学[M]. 广州：华南理工大学出版社, 2002.

[13] 陈珂. 成本会计学[M]. 北京：经济科学出版社, 2002.

[14] 黄毅勤, 刘志翔. 成本会计学[M]. 北京：首都经济贸易大学出版社, 2001.

[15] 王盛祥. 成本会计学[M]. 大连：东北财经大学出版社, 1997.

[16] 李连燕. 成本会计[M]. 北京：经济科学出版社, 2001.

[17] 杨公遂, 何敏, 高玉荣. 战略成本管理会计理论与实务[M]. 大连：东北财经大学出版社, 2013.

[18] 刘希宋, 方跃, 邵晓峰, 等. 作业成本法：机理·模型·实证分析[M]. 北京：国防工业出版社, 1999.

[19] 雷夫. 成本管理研究：英文[M]. 大连：东北财经大学出版社, 1998.

[20] 刘运国, 梁得荣, 黄婷辉. 管理会计前沿[M]. 北京：清华大学出版社, 2003.

[21] 周朝琦, 侯文龙, 孙学军. 目标成本管理[M]. 北京：经济管理出版社, 2000.

[22] 卡普兰, 阿特金森. 高级管理会计[M]. 吕长江, 等译. 3版. 大连：东北财经大学出版社, 1999.

[23] 秦毅. 成本会计学[M]. 徐州：中国矿业大学出版社, 1994.

[24] 欧阳清. 成本会计学[M]. 大连：东北财经大学出版社, 2001.

[25] 林万祥. 质量成本管理论[M]. 北京：中国财政经济出版社, 2002.

[26] 李守明. 成本与管理会计[M]. 武汉：武汉大学出版社, 2002.

[27] 谌新民, 刘善敏. 人力资源会计：第二辑 人力资源管理实战精解[M]. 广州：广东经济出版社, 2002.

[28] 张文贤. 人力资源会计[M]. 大连：东北财经大学出版社, 2002.

[29] 张涛. 管理成本会计[M]. 北京：经济科学出版社, 2001.

[30] 中国会计学会. 人力资源会计专题[M]. 北京：中国财政经济出版社, 1999.

[31] 陈良华, 韩静. 成本会计[M]. 北京：经济科学出版社, 2012.

[32] 桂良军. 供应链成本管理研究[M]. 北京：中国经济出版社, 2006.

[33] 朱伟生，张洪革. 物流成本管理 [M]. 北京：机械工业出版社，2003.
[34] 吴雪林. 目标成本管理 [M]. 北京：经济科学出版社，2006.
[35] 万寿义，任月君. 成本会计 [M]. 大连：东北财经大学出版社，2007.
[36] 胡玉明. 成本会计 [M]. 北京：清华大学出版社，2005.
[37] 汉森，莫文. 管理会计 [M]. 陈良华，杨敏，译. 8版. 北京：北京大学出版社，2010.
[38] 莱恩，安德森，马厄. 成本会计精要 [M]. 刘宵仑，朱晓辉，译. 2版. 北京：人民邮电出版社，2012.
[39] 加里森，诺林，布鲁尔. 管理会计 [M]. 罗飞，等译. 11版. 北京：机械工业出版社，2013.
[40] 亨格瑞，森登，斯特尔顿，等. 管理会计教程 [M]. 潘飞，沈洪波，译. 15版. 北京：机械工业出版社，2012.
[41] 瑞夫·劳森. 管理会计在中国 [M]. 杨继良，姚炜，译. 北京：经济科学出版社，2010.
[42] 希尔顿，马厄，塞尔托. 成本管理 [M]. 罗飞，温倩，等译. 3版. 北京：机械工业出版社，2010.
[43] 亨格瑞，达塔尔，福斯特，等. 成本与管理会计 [M]. 王立彦，刘应文，罗炜，译. 13版. 北京：中国人民大学出版社，2010.
[44] 上海国家会计学院. 战略成本管理 [M]. 北京：经济科学出版社，2011.
[45] 阿特金森，卡普兰，玛苏姆拉，等. 管理会计 [M]. 刘曙光，陈静，等译. 6版. 北京：清华大学出版社，2011.
[46] 潘飞，乐艳芬. 成本会计 [M]. 5版. 上海：上海财经大学出版社，2018.